当法律遇上经济

U0881077

“廿一世纪中国法律文化史论丛”编委会

丛书主编：
苏基朗（香港科技大学）

丛书副主编（按姓氏笔划排序）：
尤陈俊（中国人民大学）
江照信（山东大学）
吴海杰（香港大学）

顾问委员会（按中文名笔划排序）：
马若斐 Geoffrey MacCormack（［英］阿伯丁大学）
夫马进（［日］京都大学）
寺田浩明（［日］京都大学）
巩涛 Jérôme Bourgon（［法］法国国家科学研究院）
苏成捷 Matthew H. Sommer（［美］斯坦福大学）
岸本美绪（［日］御茶之水女子大学）
於兴中（［美］康奈尔大学）
科大卫 David Faure（香港中文大学）
黄源盛（台湾辅仁大学）
梁治平（中国艺术研究院）
彭文浩 Michael Palmer（［英］伦敦大学）
曾小苹 Madeleine Zelin（［美］哥伦比亚大学）

启真馆 出品

廿一世纪
中国法律文化史论丛
苏基朗 主编

当法律遇上经济

明清中国的商业法律

邱澎生 著

ZHEJIANG UNIVERSITY PRESS
浙江大学出版社

出版说明

本丛书以“廿一世纪”为名，旨在展现多元的全球性法文化观点，不囿于上世纪学术主流的西方中心主义。中国法律文化史固以中国为主要研究对象，但全球观点史学应怀抱平等的跨文化比较视野，期使中国社会的历史经验，对促进当世各地人民的福祉，亦能做出重要的贡献。讨论法律文化及历史，不能与现实社会脱节而做无根之谈，故本丛书特重法律与历史文化的互动及相依。二十世纪以前，中国法律和社会及文化传统本环环相扣，有机结合。过去一个世纪的中国法律转以移植继受为主，法律与本土文化的融合创新，自为当今急务。此亦本丛书尤为关注的课题。最后，从廿一世纪的观点出发，研究对象内容尽可包罗上下数千载，亦无妨通古今之变，并非仅仅限于廿一世纪的历史而已。

简体版自序

这部拙著试图论证明清中国经济、法律与文化的互动关系及其历史意义。构成本书主体的七篇论文原来各有发表出处，2008年受台湾大学历史系高明士教授青睐，有幸收入其在五南图书出版公司主编的“中国法制史丛书”发行繁体中文版。多年后，这个台北版在书店已颇难找到，能有简体中文版问世，笔者既感兴奋，又觉荣幸。

繁体版发行至今已经九年，世势快速转移固不待论，我的工作地点也由台北变到香港。当年拙著台北版的自序末尾有段话：“读者不嫌本书内容烦琐无味，也欢迎逛访笔者网页‘阿牛说的历史故事’（http://www.sinica.edu.tw/~pengshan/），上面另有相关讨论可供采择与辩难。”笔者创于1999年2月的那个网页，已随我任职香港中文大学历史系而不复存在。尽管如此，我始终记得自己更新“阿牛说的历史故事”网页每常出现的愉悦心情；该网页的创建宗旨为：“我喜欢由经济、法律与文化不同场域的复杂互动，检视古今中外人们如何在强大的结构制约之下仍然出乎意外地产生‘私利’与‘公利’之间新形态的相互协调，这是我喜欢阅读与观察的历史故事，请同好们批评指正。”怀着类似的期待心情，我将这部论证明清中国的经济、法律与文化复杂互动进而涌现私利与公利新结合形态的拙著，敬献给读者，并诚挚欢迎批评与指正。

明清经济史研究不断翻陈出新，妙义纷现，海内外名家辈出，老壮青各代学者也多能和乐交流。多年以来，或拜读宏文，或亲聆教益，都使我受惠良多。有幸追随时贤，略附骥尾，既常庆幸，又且由衷感激。承蒙苏基朗教授与尤陈俊教授将拙著纳入他们主编的“廿一世纪中国法律文化史论丛”，浙江大学出版社王军先生于此期间多所协助，五南图书出版公司也帮忙处理版权事宜，一并致上最深的谢忱！是为序。

邱澎生

2017 年 4 月

自 序

本书取名《当法律遇上经济：明清中国的商业法律》，拟与另部预拟出版的拙著《当经济遇上法律：明清中国的市场演化》相呼应。这两部书主要都改写自笔者近年来发表的几篇论文，此次重新改写并集结成书，希望能更有系统地描述并论证明清中国经济与法律的发展历程及其历史意义。

拙书有幸纳入五南图书出版公司的"中国法制史丛书"，既出于高明士教授的引介，也承蒙高教授给予许多宝贵的修改建议，十二万分地感谢。本书主要改写自笔者过去发表的七篇论文，其原本篇名与刊载出处依序为：一、《由市廛律例演变看明清政府对市场的法律规范》（见台湾大学历史系编，《史学：传承与变迁学术研讨会论文集》，台北：台湾大学历史系，1998）；二、《有资用世或福祚子孙：晚明有关法律知识的两种价值观》（台湾《清华学报》，新33，1，2003）；三、《以法为名：明清讼师与幕友对法律秩序的冲击》（《新史学》，15，4，2004）；四、《真相大白？明清刑案中的法律推理》（见熊秉真编，《让证据说话——中国篇》，台北：麦田出版公司，2001）；五、《也是"商法"问题：试论十七世纪中国的法律批判与法律推理》（《法制史研究》，8，2005）；

六、《18世纪中国商业法律中的债负与过失论述》(《复旦史学集刊》第1辑《古代中国——传统与变迁》, 上海: 复旦大学出版社, 2005); 七、《禁止把持与保护专利: 试析清末商事立法中的苏州金箔业讼案》(《中外法学》, 3, 2000)。藉此再向当年审阅各篇拙文的审查人以及接受拙文刊登的期刊与出版社致谢。

自1995年完成博士论文以来, 这是笔者出版的第一部专书, 出版前夕, 真是充满许多感激。首先, 是几位授业恩师长期的教诲: 徐泓老师给予的学术启蒙与身言二教, 刘翠溶老师、郑培凯老师、章英华老师、陈永发老师与黄应贵老师的启迪提拔, 都是永志铭感。多年来, 刘石吉老师、滨岛敦俊老师与王芝芝老师经常指点迷津, 而郝延平先生与黄静嘉律师也常提携勉励, 前辈师长张伟仁、李伯重、熊秉真、林丽月、何汉威、柯戴维(David Faure)、森正夫、夫马进、足立启二、岸本美绪、寺田浩明、范金民、周绍明(Joseph McDermott)、王国斌、黄源盛、那思陆、白牧之(E.Bruce Brooks)、何谷理(Robert Hegel)、柯丽德(Katherine Carlitz)的指点与帮助, 在此谨申谢忱。陈国栋、王明珂、林素清、沈松侨、卢建荣、陈弱水、魏凯力(Kelly Olds)、刘志伟、陈春声、郑振满、赵世瑜、吴仕侃、刘序枫、甘怀真、阎鸿中、陈正国、王世宗、宋家复、颜世铉、王鸿泰、邱仲麟、巫仁恕、李卓颖、陈雯怡、费丝言、和文凯、刘光临、康豹(Paul Katz)、赖惠敏、李达嘉、黑田明伸、步德茂(Thomas Buoye)、巩涛(Jérôme Bourgon)、陶安(Arnd Helmut Hafner)、孙慧敏、刘瑞华、黄春兴、张明宗、简资修、郑陆霖、林开世、邓亦兵、王振忠、龙登高、冯筱才、夏冰、卞利、徐忠明、王志强、陈新宇、麦哲维(Steve B. Miles)、谷井俊仁、谷井阳子、卜永坚、邱明弘、刘恒妏、林文凯、唐立宗、黄丞仪诸位女士先生, 也曾指正拙文误失、慨赠关键史料或是论证学术源流，隆情高谊，不敢或忘。

近十年来，笔者对明清中国“商业法律”这样内容广泛而又复杂的议题，只做了初步探讨，日后仍得补强更多关键史料并研求更具说明效用的分析概念；同时，对中国以外地区类似现象的变迁过程也要有广泛而深入的认识，这才可能真做出能统观全局而又扎实细致的研究。学海无涯，定当努力，也盼师长与友朋不嫌驽钝继续指点。若读者不嫌本书内容烦琐无味，也欢迎逛访笔者网页“阿牛说的历史故事”（http：//www.sinica.edu.tw/~pengshan/），上面另有相关讨论可供采择与辩难，敬请读者与网友一并赐正。

邱澎生

目 录

导论
明清中国的经济变迁与法律调整

尽管学界对明清中国的经济史与法制史都已累积许多成果，然而在许多人的历史意识当中，明清中国仍然只是一个在经济上属于“农业社会、前工业化社会”，而且在法律上也缺乏“司法独立、基本人权保障”的时代。简言之，在许多人心目中，明清中国即是一个在经济与法律上没有重要变化的“传统社会”。

如果只能在“传统社会”与“工业社会、民主宪政”二选一的话，则明清中国被分类为“传统社会”可能也没有大错；然而，究竟什么才是“传统社会”的实质内容？“传统社会”是否也有自己的变迁轨迹值得探究？对于这类课题，许多人可能并不真的在意，因为他们相信只要未曾出现类似工业革命或民主宪政的变化，则这个“传统社会”便没有什么历史变迁值得讨论。这是一种自我封闭但却又影响深远的历史意识，这种意识将人类历史区划为两个主要类型：一类是“已经出现”工业革命、民主宪政，另一类则是“没能出现”工业革命、民主宪政；前一类被泛称为“现代社会”，而后一类则被归类为“传统社会”。在此种历史意识的作用下，人们用来评价“传统社会”的唯一标准，似乎也只剩下“有没有”出现工业革命、民主宪政；而对“传统社会”

的研究兴趣，也经常只剩下“为何没能出现”工业革命、民主宪政。

这种对“有没有”以及“为何没能出现”工业革命或是民主宪政等人类重大历史问题的强调与关心，源自于一种特殊的历史意识，它不仅将人类历史简化并切割为两类不同“本质”的社会类型，并还鼓舞或刺激人们只以工业革命、民主宪政那些肇始于西方近代历史的现代社会“本质”，来作为评断西方以外地区“传统社会”有无变化甚或是有无“进步”的唯一标准。这种将近代西方“现代社会”与非西方地区“传统社会”二元对立起来做比较并做价值评断的历史意识，也有学者简称其为“西方中心主义”史观。

本书反对上述那种“西方中心主义”史观，但笔者反对的主要理由，并非是认为近代西方工业革命或是民主宪政的历史经验不能用来与明清中国的社会变迁做比较，而是强调在与近代西方历史经验做比较的同时，必须更加重视历史现象的复杂性，不能预先拿着自己想象中的“现代社会”内容作为唯一的标准，然后再去对照出一个与“现代社会”相对立的“传统社会”，并强将明清中国套入这个以所谓“近代西方”为代表的现代社会比较框架；毕竟，相互比较只是手段，深入理解才是更关键的目标，如果比较框架反而妨碍我们深入理解明清中国历史变迁的实质内涵，则这类历史比较手段的有效性便当然应该大打折扣甚至予以搁置。职是之故，本书所谓的反对“西方中心主义”史观，并不是要拒绝将近代西方的工业革命、民主宪政历史经验作为重要的比较对象，而是要强调这种历史比较手段不能倒过来妨碍我们深入理解包含明清中国在内的非西方地区历史。

为了消减或祛除“西方中心主义”史观的限制，本书内容基本上都围绕着下述的论证线索：尽管明清中国没有发生十八世纪后期欧美“工业革命”那种开始以机器大规模生产的经济变化，而且在清末之前也并未出现“民主宪政”之类的法律与政治改革运动，但是明清中国历史仍然出现许多有意义的社会变迁，笔者以“商业法律”为主要探究课题，便是要说明一些重要的经济与法律变迁究系如何逐渐地由明清中国部分地区往外扩散到全国。

顾名思义，“商业法律”是一种试图规范并能影响商业发展的法律。当本书提出明清中国也有商业法律的主张时，主要是由以下两个层次立论：一是商人经商过程中发生的许多纠纷与诉讼，确实受到明清政府相关法律规范的影响；二是伴随明清中国长程贸易与全国市场的发展，不仅刑部官员、幕友、讼师等法律专业人士愈来愈能在司法场域中发挥功能，部分经济发达城镇地区的司法官员也有更多机会响应一些新兴经济现象的挑战，从而在调解与审理商业纠纷过程中丰富了既有的法律推理。本书将由这两个层次做论证，检视明清中国商业法律的变动历程。

在此要先澄清不必要的误会：尽管本书主张明清中国确曾出现商业法律方面的重要变动，但这绝非表示笔者认为明清中国的“商业法律”可以轻易地等同于欧洲历史上的“商人法”或是“商法”（拉丁文的 Lex mercatoria，或是英文的 the Law Merchant）。一如明清中国“商业法律”有其自身的发展脉络，欧洲历史上的“商法”或是“商人法”也是极复杂的法律与历史现象。

在中文的学术场域中，欧洲“商法”常被简化成一种直线发展的演进历程，许多人相信欧洲自十一、十二世纪的中古晚期即有“商法”，并认为中古晚期欧洲“商法”既往上承接了罗马法的相关法学传统，同时又往下开启了近代欧洲各国的“商法典”或是个别领域的商事立法。[1]然而，这种看法其实简化了欧洲“商法”在历史上的复杂演变过程，既模糊了“商法”一词的多义性，更忽略了这套有关中古晚期欧洲即已出现“商法”并且源远流长的历史论述其实“虚实参半”，许多内容是在特定脉络下被有意建构出来的一种学术想象。如学者指出的：在很大程度上，正是因为英国始终缺乏一套独立自主于普通法之外的商法，才使十七世纪以来一些普通法（Common Law）律师能够成功地建构一套有关欧洲“商法”源远流长的历史论述。[2]以下，笔者将分两点略予澄清欧洲“商法”论述的复杂性。

首先，“商法”这个名词在欧洲历史上具有多重意涵。有学者即曾将“商法”区分为五种不同含义：一是作为“商法典客体”的商法，二是作为“商人特别法”的商法（采取此种立法体例的国家，先规定商人，再从商人定义推导出商事行为，此可以德国法系为代表，也称“主观体系、商人法主义、商业法主义”），三是作为“特定行为类型”的特别法（采取此种立法体例的国家，先规定商行为之概念，再导出从商人之概念，此可以法国法系为代表，也称“客观体系、商事法主义、商行为法主义”），四是作为“实证上理解商业与商人之间关系”的法律，五是作为历史发展上“与民法独立发展之商法学门”。[3]法国、德国、英国等等不同欧洲国家，在不同时期采取了不同的立法模式，致使这些国家的“商

[1] 这方面的相关论述很多，典型的例证可以参见：伯尔曼（Harold J. Berman），《法律与革命》，贺卫方、高鸿钧、张志铭、夏勇译，北京：中国大百科全书出版社，1993，第11章“商法”，页406-433。

[2] Mary Elizabeth Basile, Jane Fair Bestor, Daniel R. Coquillette, and Charles Donahue, Jr. edited, translated, and introduced, *Lex Mercatoria and Legal Pluralism: A Late Thirteenth-century Treatise and its After Life*, Cambridge: The Ames Foundation, 1998, p.186.

[3] 陈自强，《民商合一与民商分立》，见氏著《代理权与经理权之间——民商合一与民商分立》，台北：元照出版公司，2006，页256-257。

法”经历了由商业习惯转变为国家法律的不同演变历程，无法一概而论。

第二，欧洲“商法”其实是种种商业习惯、法律实践与历史论述的统合；它虽然确实包含许多涉及销售、信用、保险、运输或是合伙等商业行为的法律规则（commercial law rules）[4]，但不少所谓“商法”的内容，实际上是出诸十七至十九世纪之间一些欧美法制史家、律师、法学者等人士的有意建构甚或是夸大渲染。[5]有学者明白指出：自十七世纪以降的数百年间，“许多史家为了解决其面临的当代对外贸易问题，乃不断自欧洲中古时期遗存的种种证据当中，去找寻一种独立自主而且只由商人专享的商业法律系统”。这些史家将“商法”想象成是“欧洲商人组成跨国境群体的法律产物”，想象它曾经遍存欧洲各国而“不仅仅适用于个别商人行会（merchant guild）或是单一国家”，这种想象甚至还断定当时“存在一套足以使欧洲商人免于地方法律与地方领主宰制的新的法律秩序”；然而，细究其实，这些提法在很大程度上只不过是一套有关“商法”如何适用于全体欧洲商人的“浪漫式”（“Romantic”）论说。[6]

欧洲的“商法、商人法”是个复杂的历史概念，而明清中国的“商业法律”也是亟待分梳的历史议题，尽管基本上没有前述欧洲五项“商法”含义中的“商法典客体、商人特别法、特定行

---

[4] Richard A. Epstein, “Refelections on the Historical Origins and Economic Structure of the Law Merchant,” *Chicago Journal of International Law*, 5, 1 (2004—2005): 1.

[5] J. H. Baker, “The Law Merchant and the Common Law before 1700,” *Cambridge Law Journal*, 38, 2 (1979): 295-322. Charles Donahue, Jr., “Medieval and Early Modern *Lex mercatoria*: An Attempt at the *probatiodiabolica*,” *Chicago Journal of International Law*, 5, 1 (2004—2005): 21-37.

[6] Stephen E. Sachs, “From St. Ives to Cyberspace: The Modern Distortion of the Medieval ‘Law Merchant’,” *American University International Law Review*, 21 (2006): 688.

为类型、与民法独立发展之商法学门”等四项内容，但是，作为“实证上理解商业与商人之间关系”的法律，则确实也以不同名称、形式与内容存在于明清中国，在明清中国形成种种用以规范市场交易、解决商事纠纷以及裁定经商契约权利义务关系的“商业法律”；这些商业法律固然有源自明清法典的法律规则（rules）与原则（principles），但也受到十六至十九世纪之间长程贸易与全国市场发展的冲击与影响。

为使读者能够容易理解当时中国经济与法律互动的复杂性，有必要先对十六至十九世纪之间的中国经济变动趋势做些简单介绍，以便利本书各章展开对明清中国商业法律的说明与分析。近半个世纪以来的许多明清史研究可以证明：就算没有发生类似西欧工业革命或是近代资本主义的经济增长模式，明清中国还是出现不少有意义的经济变迁，这是颇为重要的历史事实，值得更多读者注意与正视。到底当时明清经济发展有什么特殊性？有学者曾做了颇好的综述：十六世纪以后，中国经济变迁可归纳为以下六个大趋势：大商人资本的兴起、包括“散工制”（putting-out system）在内的工场手工业巨大发展、因为“一条鞭法”普及而更加确立的财政货币化发展、“押租制”与“永佃制”普及所导致的土地经营权与所有权相互分离而出现的租佃制变动、“短工”与“长工”在法律上的人身自由进一步获得解放而形成雇工制演变，以及民间海外贸易所带来大规模的世界白银内流中国等六大范畴。[7]

在十六世纪以后发生于中国的这场经济变迁长期过程中，长

[7] 吴承明，《现代化与中国十六、十七世纪的现代化因素》，见《中国经济史研究》，4（1998）：页6–7。

程贸易与区域分工是启动这场经济变迁的最主要力量。至少到了十八世纪，在中国全国范围内已清楚出现了三大区域之间的经济分工现象：长江下游与东南沿海地区，成为向中国其他地区输出手工业产品、输入粮食与工矿原材料的“已开发区域”；长江中游与华北地区，变成向外输出农产品而向内输入手工业品的“开发中区域”；而云贵高原与西北地区，则成为输出工矿原材而输入粮食与手工业品的“未开发区域”。众多的人口与劳动力在此三大区域间迁移，大量不同商品也在此三大区域间相互输出与输入，构成了当时中国内部隐然成形的“已开发、开发中、未开发”经济分工格局。[8]

要先澄清的是：所谓的“已开发、开发中、未开发”三大经济区域是以当时中国不同地区经济发展的相对程度而立论，并非完全套用近代经济成长的“经济起飞”解释模式。举例而言，当我们说长江下游与东南沿海是当时中国的“已开发”经济地区，并不必然指的是该地区民众平均所得已经进入持续增长的“经济起飞”阶段，而只是对比于中国其他地区而言，长江下游与东南沿海地区确实已经演变成一个持续输出本地手工业产品并且进口其他地区粮食与工矿原料的地区，并且与其他两个“开发中、未开发”地区在经济上相互补充，从而彼此整合成为一个区域分工的经济体系。这个区域分工的经济体系，不仅表现于一些商品在更大区域空间内出现更密切的价格整合与彼此连动现象；而且也反映出当时的商业信息、市场组织、法律体系甚至是意识形态等方面，也在更大区域空间内出现更频繁的互动及更好的统整。

姑且不论海外市场的发展以及大量美洲与日本白银的流入，

---

[8]　王业键，《清代经济刍论》，见《食货复刊》，2，11（1973）：页 541－550。

即使单论中国国内市场中的长程贸易，也在十六至十八世纪的三百年间有着重要成长，既在流通商品的数量上巨幅增加，也在流通商品的结构上发生重要转变。特别是棉布逐渐取代了食盐，成为长程贸易流通商品中仅次于粮食的第二大宗商品，这里反映出手工业产品在当时流通商品结构中有更重要地位，超过了原先财政税收意味浓厚的食盐。[9] 同时，随着粮食、棉花、盐、丝织品、木材、药品等商品的流通，以及各地商业组织的兴起与发展，劳力、资金、信息愈来愈整合成为一个功能更加清楚的"全国市场"。[10]

全国市场的兴起与发展，加速了手工业、农业与工矿原料在不同区域间的分工化与专业化，有助于各区域更有效率地利用各自的资源禀赋（endowment），并且使用更专业化的生产方式以将商品投入市场贩卖，进而提升了自然与人力资源在全国范围内的更有效利用，这可称为是一种经济上的"斯密式成长"（Smithian growth），有学者强调其中的重要性并不亚于"技术密集、资本密集、组织创新"等另外三类不同的经济成长模式。[11] 以经济变迁中的"斯密式成长"命题为核心，一些学者不仅以此论证区域经济分工化与专业化带动明清经济成长的重要贡献，也藉此批判过去那些总是强调明清中国未曾出现"技术密集"与"资本密集"两

[9] 吴承明，《中国资本主义与国内市场》，北京：中国社会科学出版社，1985，页 217-246、247-265。

[10] 李伯重，《中国全国市场的形成》，见氏著《千里史学文存》，杭州：杭州出版社，2004，页 269-287。我们可以争论这个"全国市场"的整合程度到底有多高，然而，这个全国范围内的市场整合趋势仍可以是如李伯重先生所论证的具体存在。

[11] 王国斌，《转变中的中国——历史变迁与欧洲经验的局限》，李伯重、连玲玲译，南京：江苏人民出版社，1998，页 7-55。对王国斌专书的简介，参见：李伯重，《"相看两不厌"——王国斌〈转变的中国：历史变迁及欧洲经验的局限〉评介》，见《史学理论研究》，2（2000）：页 148-158。

类经济成长模式的片面性与局限性。[12]

要之，学者关于明清中国经济出现“斯密式成长”的提法，不只是要肯定明清中国经济发展的正面意义，也是要藉以重新评估那些只重视工厂制、机器大规模生产等近代西欧工业革命“独特性”的经济史解释。工业革命或是资本主义何以只在近代西欧出现？学界早已累积了众多论证这类“欧洲独特性”的研究，但质疑这类研究的学者，则将这些研究分类为人口结构、生态环境、资本累积、市场制度、公司组织与经济制度等不同面向，由明清中国乃至于印度、日本、东南亚等地的经济变迁历史，批判那些所谓的“西方中心论的经济成长故事”。[13] 因而，探究明清中国经济史的重要意义，不仅是要更全面地认识当时中国的历史，也是要进一步将“非西方”地区的历史更完整地纳入，挑战并改写既有的近代世界经济史。

既然十六到十八世纪这三百年间的长程贸易与全国市场在中国有重要发展，而且许多与市场经济发展相关的现象也并非是近代欧洲所独有，那么，要如何更细致地界定工业革命、资本主义这些主要由近代欧洲经济史中发展出来的重要史学概念？有学者

[12] 有关“斯密式成长”如何带动专业化与分工化，及其对整体经济所能产生的贡献，参见：王国斌，《农业帝国的政治经济体制及其当代遗绪》，邱澎生译，见卜正民（Timothy Brook）、Gregory Blue 编，郭慧英等译，《中国与历史资本主义：汉学知识的系谱学》，台北：巨流图书公司，2004，页 293–296。对彭慕兰专书的介绍与评论，参见；史建云，《重新审视中西比较史——〈大分流：欧洲、中国及现代世界经济的发展〉述评》，见《近代史研究》，3（2003）：页 198–223；吴承明，《西方史学界关于中西比较研究的新思维》，见《中国经济史研究》，3（2003）：页 3–7；王家范，《中国社会经济史面临的挑战：响应〈大分流〉的“问题意识”》，见《史林》，4（2004）：页 46–52。

[13] Kenneth Pomeranz, *The Great Divergence: China, Europe, and the Making of the Modern World Economy*, Princeton University Press, 2000, Introduction. 也可参考本书中译：彭慕兰（Kenneth Pomeranz），《大分流：中国、欧洲与现代世界经济的形成》，邱澎生等译，台北：巨流图书公司，2004，页 1–37。

建议可由“政治经济体制”（political economy）来区分明清中国与近代西欧的历史，并且大力强调：既要更加整体地认识中、西双方历史发展中的相异点，也要能辨识明白中、西历史发展中的相同之处。简单地说，“斯密式成长”即是十六至十八世纪之间欧洲与中国经济发展史上的“同”；而明清中国的“农业型政治经济体制”以及近代欧洲的“商业型政治经济体制”，则是影响双方历史不同发展路途的“异”。[14]过度地强调双方的异或同，都非合适的历史比较方式。

在某个意义上说，本书即是将“斯密式成长”的经济变迁概念拿到明清中国的法律领域做检视，特别是“商业法律”如何伴随经济变迁而出现演变与发展，便是本书论证的最主要焦点。同时要再先说明的是：为了更好地说明商业法律的演变与发展，笔者也将研究视角做了较大范围的扩充，本书不单是讨论那些处理市场交易、商事纠纷与商业契约的法律规范本身，也要分析当时中国用以运作商业法律的制度变迁。本书所谓的“制度”，指的是一群熟悉法律规范的“法律专业人士”赖以互动的游戏规则，这些游戏规则既包括了商业讼案在内的所有法律案件审理程序，也包括那群法律专业人士经常诉诸的法律价值观、法律信念与法律推理。

何以要分析“制度”及“制度变迁”？因为在分梳商业法律时，不能不留意那些为包含商人在内民众主持案件审理工作的法官，以及协助法官审理案件的幕友，还有私下为民众起草状纸与为胜诉而出谋划策的讼师。相对而言，法官、幕友与讼师都是比较熟悉当时法律规定并能影响案件审理过程的法律专业人士；就算这些法律专业人士并未特别标榜商业诉讼在司法体系中的重要性

[14] 王国斌，《转变中的中国——历史变迁与欧洲经验的局限》，页265。

或独特性，但他们毕竟都是日常生活中影响包括商业诉讼在内各类讼案甚巨的重要人物。因而，中央与地方司法衙门中的主事官员、审案法官聘用的幕友，以及收取费用的讼师，这些人物所经常援用于商业诉讼的法律推理，以及他们抱持并宣扬的法律价值观、法律信念，以及规范这些法律专业人士相关司法制度的演变，都会影响到明清商业法律的运作与发展，从而也是分析商业法律时不能不留意的重要对象。

除了导论与结论之外，本书共分七章。第一章讨论明清政府专门用以管理市场制度的法律条文，透过仔细检视明律与清律《户律》编《市廛》章的五条律文和二十六条例文内容的变化，用以分梳明清政府与市场关系的重要演变线索。第二章至第四章，则针对明清任职刑部与其他熟悉司法实务官员、幕友、讼师等掌握当时法律体系与司法诉讼的专家，分析他们如何在外在制度条件变动的限制下而发展出种种不同的法律价值观与法律推理方式。这些法律价值观与法律推理方式，虽然并不一定都直接影响到明清的商业经营实务，但却构成有利当时商人寻求司法奥援的重要制度背景，从而影响到明清中国商业法律的运作与演变。第五章与第六章，则以苏州、上海地区碑刻数据以及“省例”等法律条文的变动，分析民间通行的一些商业经营习惯如何融入地方司法实务，并且在当地上升为“恤商美政，有益国课”等有利商人经营的制度条件。第七章则以一些发生于清末苏州的商业讼案为例证，点出当时商人如何因应清朝政府引入近代西方商业法典的通变之道，藉以呈显传统到近代“商业法律”变迁实况的部分重要内涵。结论则将综合本书论证，并对明清商业法律课题提供些许反思。

第一章　由市廛律例演变看政府对市场的法律规范

明清以前传统中国政府对市场的法律规范早已存在。[1] 同时，尽管没有专门成编的商业法典或是特别汇集的商业判案，但对明清时代广大的民间工商业者而言，政府所公布的种种市场法律规范，也仍然或多或少影响到他们在市场上的交易行为。

如果不是只着眼于西方式的票据、海商、公司、保险等商业法典或是商业判案在传统中国的付诸阙如，而也愿意回过头来好好检视传统中国法律究竟如何伴随市场经济发展而变化；则探究明清政府藉以规范市场的法律条文如何变化，以及论证这些法律条文变化的背后是否也反映当时政府与市场之间的一种制度性变迁，也将会是有意义的课题。本章即是要由集中检视明清两代律例中的《户律》编《市廛》章法条内容，说明其中主要的演变线

---

[1] 明清以前政府对市场的法律规范，参见：李学勤，《"市法"讲疏》，见氏著《简帛佚籍与学术史》，台北：时报文化出版公司，1994，页 380-387；杜正胜，《战国的轻重术与轻重商人》，见《"中央研究院"历史语言研究所集刊》，61，2（1990）：页 481-532；俞伟超，《汉代的"亭"、"市"陶文》，见《文物》，2（1963）；刘志远，《汉代市井考：说东汉市井画像砖》，见《文物》，3（1973）：页 52-56；纸屋正和，《两汉时代の商业と市》，见《东洋史研究》，52，4（1994）：页 655-682；陶希圣，《唐代管理"市"的法令》，见《食货半月刊》，4，8（1936）：页 1-8；佐藤武敏，《唐代の市制と行》，见《东洋史研究》，25，3（1966）：页 1-25；Denis Twitchett，"The T'ang Market System." *Asia Major*，*A British Journal of Far Eastern Studies*，new series，12，2（1966）：202-248.

索，进而论证这些法条内容变化背后反映“政府—市场”关系的制度性变迁。

在分梳法律条文的变化之前，也有必要先介绍本章对“市场”议题的一些基本预设，希望这会对本章分析市场经济与法律规范如何互动等相关课题时会产生较好的澄清效果，以避免不必要的误会。

首先是语义学上的问题。“市场”其实至少可以指涉市场地（marketplace）、市场交易行为以及市场制度三个不同层次。“市场地”的范围小大有异，由跳蚤市场、定期市集、市镇、城市商业街区、国内长程贸易区域、国际商品贸易网，乃至于股票市场、期货市场，都可以是“市场地”的不同空间形式。“市场交易”则是一种经济行为，是买卖双方基于价格机制所做的财货或劳动力的交换。至于“市场制度”，则是买卖双方为了顺利完成财货、劳动力交换而必须相互遵守的规则或法令。

简单做个区分与综合，则“市场”指的是买家与卖家面对既有“市场制度”而在特定“市场地”移动某些财货或劳力而从事“市场交易”时所采取的一连串经济过程（economic process）。表面上，一件市场交易的完成，只是买卖双方依从“贱买贵卖”的价格机制所从事的财货或劳动力交换；但实际上，任何市场交易都需要一套相应的市场制度做基础，才能使市场价格机制顺利运作。

如同制度经济学家所指出的：在市场交易过程中，其实充满了包含“信息、测量、谈判、监督、执行”等不同内容的“交易成本”（transaction cost）问题，因为这些问题的存在，而使交易双方使用价格机制时必须要在商品本身价格之外再多支付许多“交易成本”。为了降低这些林林总总的交易成本，有些市场制度应运而生；同样的道理也可以反过来说：因为某些市场制度的存在，乃使买卖双方使用价格机制时必须另外支付商品价格以外的特定交易成本。[2] 形成市场制度的要素，至少包括道德习俗、产销组织以及法律规范等，这些要素以不同方式存在一个经济区域，为区域内从事市场交易的双方提供不同水平的“交易服务”（transaction services）[3]，降低不必要的交易成本，或是形成特定的交易成本，进而便利市场机制的有效运作。

当市场交易愈益频繁，衍生的交易成本问题也愈益复杂，价格机制的顺利运作因而面临更多挑战，连带降低了对资源、人力和技术的运用效率。此时，习俗道德与产销组织的帮助，固然都能发挥降低交易成本的作用，但却经常不若一套运作有效的法律规范以及相应的司法制度来得更有效率。[4] 以人类近代经济成长经验为例，政府提升其对国家总体财富政策的支持，以及制定颁布破产法、公司法、票据法、海商法、保险法等相关法律规范的运作，都曾经致使财产权的界定移转以及市场制度的运作获得较大且较快的改善，促使市场交易能适应更复杂的新兴经济活动，进而提升整体经济资源的运用效率。

---

[2] Ronald H. Coase, “The Nature of the Firm.” In idem, *The Firm, the Market and the Law*, Chicago and London: The University of Chicago Press, 1988. pp.35-40.（或参见本书中译：科斯，《厂商、市场与法律》，陈坤铭、李华夏译，台北：远流出版公司，1995，页47-51。）Douglass C. North, *Institutions, Institutional Change and Economic Performance*, Cambridge: Cambridge University Press, 1990, pp.27-33.（或参见本书中译：诺斯，《制度、制度变迁与经济成就》，刘瑞华译，台北：时报文化出版公司，1994，页37-46。）

[3] John Wallis and Douglass North, “Measuring the Transaction Sector in the American Economy, 1870—1970.” In Stanley L. Engerman and Robert E. Gallman edit,. *Long-Term Factors in American Economic Growth*, Chicago and London: The University of Chicago Press, 1986, pp.95-161.

[4] Douglass C. North, *Institutions*, *Institutional Change and Economic Performance*, pp.33-35.

十六至十九世纪末年的中国市场经济虽然有更大成长，[5]然而，相较于商人在市场上扩充资本、介入生产活动以及组织团体等各类经济活动的发展活力，政府则一直未形成一套以扶持本国工商业发展、增进国家总体财富为目标的经济发展政策。[6]这种政府功能的“缺失”，降低了民间经济活动复杂化过程中提升市场运作效率的可能性，也阻碍了近代经济成长在中国出现的速度。限于能力，笔者无法在此讨论明清政府功能和法律规范对中国出现近代经济成长的不利影响。本章讨论重点在于：透过明清政府对市场所做法律规范的变迁，分析影响当时市场制度发展的法律规范，究竟曾经出现过何种形式的变化。

本章以明清律例《户律》编《市廛》章内容为主要素材，藉以分析明清政府规范市场法律条文内容的演变。要再声明的是：并非只有明清律《户律》编《市廛》章法条内容才能影响当时市场制度的运作，[7]

[5] 明清时代市场经济比前代有更高发展，尽管这种市场经济的发展别于近代经济成长，有学者用“密集型增长”（王业键，《明清经济发展并论资本主义萌芽问题》，见《中国社会经济史研究》，3（1983）：页30−39、54），或是“过密型增长”、“无发展的增长”（黄宗智，《中国研究的规范认识危机——社会经济史中的悖论现象》，见氏著《中国研究的规范认识危机：论社会经济史中的悖论现象》，页16−17）等名词来描述明清经济发展的特征。明清时代市场经济的发展，一直未能带动“国民所得持续成长”以及“经济结构转型”，因而未能符合近代经济成长的基本定义。虽然如此，但至少自十六世纪以后，长江中下游地区、大运河沿岸、京畿天津附近、珠江三角洲等地，却因为市场经济成长而发生许多社会经济变化，影响到明清的国民所得与经济结构。

[6] 相对而言，在清末以前，明清政府对于经济事务始终未能形成积极保护与鼓吹提倡的经济发展政策。直至二十世纪初年，清政府创设“农工商局”和“商部”等商务行政组织、倡设商人团体与制定民商法典之后，才出现根本转变。清末政府经济职能的变化，参见：朱英，《论晚清的商务局、农工商局》，见《近代史研究》，4（1994）：页73−91；朱英，《论清末的经济法规》，见《历史研究》，5（1993）：页92−109。

[7] 学者曾指出清代《户部则例》类型的公文书档，其实即是一部“经济法规”大全。清代规范经济事务的“经济法规”，在法律体系中占有不小分量，其中许多内容也构成民事和商事的法律规范。这方面讨论，参见：张晋藩，《论中国古代民法研究中的几个问题》，见氏著《法史鉴略》，北京：群众出版社，1988，页118−142；经君健，《清代关于民间经济的立法》，见《中国经济史研究》，1（1994）：页42−55。

即使是在明清律的《户律》编中，足以影响市场的法条内容也并不单单限于《市廛》一章，其他诸如《债负》、《田宅》、《课程》等章的内容，也会影响当时市场交易的进行。但是，只以明清律中的《户律》编《市廛》章内容而论，就充满了复杂而丰富的重要史料，为了集中讨论明清法律规范与市场制度之间的变化，故而本章即特别挑选明清律例《户律》编《市廛》章的内容做分析。

第一节 明清市廛律的承继与变动

明清法律中都有《户律》编《市廛》章的设计，章中包括五条“律文”:《私充牙行埠头》、《市司评物价》、《把持行市》、《私造斛斗秤尺》、《器用布绢不如法》，同时，并在前三条律文之内，逐步发展出至少二十六条“例文”。由这五条律文和二十六条例文的内容来看，明清法律“市廛章”中的例文变化，的确要比律文的变化为巨。可以说，表面看来，明清“市廛章”的变化主要是表现在例文的不断增加；然而仔细分析则可发现：无论是“市廛章”律文或是例文的变化，其实都直接反映着明清五百多年间政府对市场所做法律规范的制度性变化。

姑且不论市廛例的变化，若仅以市廛律而言，其实绝大部分明清“市廛章”的律条都不算新创，至少在唐律中已有许多同样或类似的法条。虽然唐律未以“市廛”专章来归类这些类似的律文，但和明清“市廛章”律文全同或是相似的法律规范都已存于唐律之中。许多明清注律专家都注意到明清“市廛律”和唐律间的沿革关系，如明代注律名家王肯堂即曾做过比较：“唐《杂律》

中，有《校斛斗秤度》、《私作斛斗秤度》二条，明时并为一。改《卖买不和》为《把持行市》，欲人易晓也。增《私充牙行》一条。余二条（按：指《市司评物价》和《器用绢布行滥》二项）仍旧。”[8] 清代注律名家沈之奇也说：“市廛之事，《唐律》在《杂律》中。明，分出名篇，而增改焉。国朝亦仍其名。贸易之地曰市，市之邸舍曰廛。”[9] 这种规范交易地点（“贸易之地”）和交易铺舍（“市之邸舍”）的法律，其实在唐律中即已存在，只是《唐律》将诸条文收在《杂律》一编内，未以《市廛》立为专章。

由表一所列明清市廛律名称看来，除了第一条《私充牙行埠头》是唐律所无的法条之外，其余《市司评物价》、《私造斛斗秤尺》、《器用布绢不如法》三条名称与唐律全同；《把持行市》条名称虽和《卖买不和较固》不同，但规范对象也与唐律相似（详见后列表一之3）。为进一步分析明清市廛章律文和唐律间的内容异同，再列为表一之1至之5，以资说明。

由表一之1至5所列律文的整体内容来看，明清律市廛章的最大改变，基本上都和对牙行的规范有关，清代律家沈之奇甚至提出清代市廛律内容“皆言牙侩所犯也”的论断，[10] 然而，这个论断其实不够全面；应该这么说：明清市廛律的重要变化内容，主要是表现在“编审行役制”的消亡以及“官牙制”的逐渐完善这两个层次上。由于明后期以下“编审行役制”逐渐式微，入清之后，“官牙制”又做过更多的改良，这种时代性的制度变迁，使乾隆年间沈之奇注律时，已无法观察到这个制度变迁

[8] （明）王肯堂，《王肯堂笺释》，书前有明万历四十年（1612）著者原序，另有清康熙三十年（1691）顾鼎重辑，台湾“中央研究院”历史语言研究所藏本，卷十《户律：市廛》。

[9] （清）沈之奇原著，洪皋山增订，《大清律集解附例》，影印乾隆十一年新镌本，北京：北京大学出版社，1993，卷十《户律：市廛》，册二，页587。

[10] 沈之奇，《大清律集解附例》，卷十《户律：市廛》，册二，页587。

的全貌，因此未留意到原先“编审行役制”在明代前中期的重要作用。因此，沈之奇所提市廛律“皆言牙侩所犯也”的论断，基本上对清律市廛章适用，但对明律市廛章的核心内容则已不能尽括。

除了第一条《私充牙行埠头》律文是明律新创之外，明清市廛律的其他内容，也多和牙行制度的发展相互关联。明清市廛章中的《私造斛斗秤尺》和《器用布绢不如法》两条律文和唐律基本无异，看不出和牙行的关系，但是，在《市司评物价》和《把持行市》二条律文中，却可看到条文中因为加入了对“牙行”的相关规范，而使律文内容有了转变。

以《私充牙行埠头》列入全国性法典，是明律的新创。虽然由唐至元代间，政府也确曾对牙行颁布过一些相关法律规范，但正式将牙行规范列入全国性法典，并作为专章专条，明律则属首创，清律沿袭之。《大明律直引》对《私充牙行埠头》的字义解释是:“牙行，主城市乡村买卖者；埠头，主船舶客商货物者”。[11] 由市场交易过程来看，“牙行”中介一般商品的买卖，“端口头”则中介商船运输货物，两者其实都是一种广义的“牙行”。《王肯堂笺释》解释此条律文:“凡各处府州县城市、乡村镇集，诸色贸易物货去处，则有牙行；各河港聚泊客船去处，则有埠头。此二项人，凡客商货物，皆凭藉以贸易往来者也。”[12] 牙行数量的成长，和市场交易数量的增加同时进行。在此过程中，唐代以下政府屡次颁布法令，试图解决那些随市场交易数量和牙行数量增加而衍生的收税、债务纠纷甚至社会治安等问题；到了明代，正式将牙行的管

[11] 《大明律直引》，卷 3，页 50 上。

[12] 《王肯堂笺释》，卷 10，页 1 下。

理纳入全国性的法律规范，一体适用于在全国各地“府州县城市、乡村镇集”参与市场交易的牙行与端口头。

另外，由“表一之2”《市司评物价》律文，则可看到和“官牙制”以及“编审行役制”相关的重要转变，唐律中规定由“诸市司”官员“评物价”，转为明清律中的由“诸物行人，评估物价”；诸物“行人”原先不皆指牙行商人，而是“编审行役制”下的铺行“行头”，如约于弘治年间刊行的《大明律直引》与正德年间刊行的胡琼《大明律解附例》中，皆未专以“牙人”解释“诸物行人”；但自嘉靖年间以后通行的明律注释中，对“诸物行人”的解释就多明白以“牙人”解释“行人”，如嘉靖年间应槚《大明律释义》即谓：“诸色行人，如米行、猪行之类牙人”[13]；万历年间，无论是高举的《大明律集解附例》，还是姚思仁的《大明律附例注解》，在纂注或注解中，都已直接将“凡诸物行人”律文解释成：“诸物行人，谓诸色货物本行之牙人”、“凡诸色货物牙行人。”[14] 清顺治三年颁布大清律时，也直接将嘉靖、万历以来通行律注的注释文字添入，作为律文的补充说明，《市司评物价》律文即改为“诸物（牙）行人，评估物价”。[15] 可以说，《市司评物价》律文中的“市司”，在明代中期以前仍总括一般“行人”和“牙人”，此后，即在许多商业发达地区逐渐缩小为专指“牙人”而言。

由“表一之3”来看，尽管律文名称不同，但由唐律“较、固

---

[13]（明）应槚，《大明律释义》，据日本内阁文库藏明嘉靖二十八年（1549）刊本照相复印，藏于台湾“中央研究院”史语所傅斯年图书馆，卷10，页2上。

[14]（明）高举，《大明律集解附例》，影印万历年间浙江官刊本，台北：台湾学生书局，1970，卷10，页898。姚思仁，《大明律附例注解》，影印明刊本，北京：北京大学出版社，1993，页456。

[15]《大清律》，清顺治年间刊本，台湾“中央研究院”历史语言研究所藏。

取”和明清律“把持行市”的律文内容来看，两者极为相似。[16]不过，仔细比较律文内容仍然可以发现：律文相关规范已由原先唐律中对不指定特定商人“贱买贵卖”连手操纵物价行为的处罚，转为明清律中特别标出“贩鬻之徒，通同牙行，共为奸计，卖物以贱为贵，买物以贵为贱者”的处罚，特别加入了对牙行非法交易行为的处罚。

总体来看，明清市廛律固然有沿袭唐律处，但也有重要变化，这些变化主要都和“编审行役制”以及“官牙制”的发展有关。有关明清律和唐律的异同，早有学者做过比较分析，[17]我在此处则着重由经济行为和政府制度改变的角度做考察。简言之，“市廛章”律文内容的变化其实反映政府对民间工商业者财货和劳动力控制方式的改变，这基本上是由唐至明清之间政府对市场进行法律规范的一种制度性转变。这个制度性转变的过程，大体包含二个阶段：一是唐末八世纪以下“市制”的衰落以及其后“编审行役制”的起而代之；二是由北宋末年至明清间“官牙制”的逐步确立和推广，以及晚明以下伴随“官牙制”改革发生的“编审行役制”

[16] “把持”见于史书，但多半用于政治事务上，诸如“把持公事”、“把持选举”等，宋代有用于地方诉讼上的“把持县官”，一些类似明清讼师的人物则被称为“把持人”（参见：陈智超，《宋代的书铺与讼》，见《刘子健博士颂寿纪念宋史研究论集》，东京：同朋舍，1989，页116-117），用于市场交易方场合则有其渐进发展。“把持”用于经济场合，正式始于明律《户律：市廛》的“把持行市”条。不过，近似“把持行市”罪名的用语则已见于元代的“把握行市”（《元史》，新校本，卷97《食货志五：盐法》，页2485：“元统二年四月，御史台备监察御史言：窃观京畿居民繁盛，日用之中，盐不可阙。大德中，因商贩把握行市，民食贵盐，乃置局设官卖之”）、“占据行市”（《通制条格》，黄时鉴点校，杭州：浙江古籍出版社，1986，页227）、“把柄行市”（《大元圣政国朝典章》，台北：台北“故宫博物院”，影印元刊本，1972，典章57《刑部：杂禁：斛斗秤尺牙人》）。明律将“卖买不和”改为“把持行市”，其原因正如明代注律名家王肯堂所指出的：“改卖买不和为把持行市，欲人易晓也。”（《王肯堂笺释》卷十《户律：市廛》）

[17] 林咏荣，《唐清律的比较及其发展》，台北：编译馆，1982，页319-498；桑原骘藏，《唐明律の比较》，见氏著《支那法制史论丛》，东京：弘文堂书房，1935，页133-202。

逐渐式微。

一、由“市制”到“编审行役制”

由汉至唐，历朝政府原则上都以“市制”控制民间工商业者的财货和劳动力，并以此管制工商业者在市场上的交易行为。“市制”有三项基本内容：一是坊市隔离制，二是市官市署管理制，三是市籍登录制。在坊市隔离制下，市场交易受到“市官”的控制，同时，民间工商业者也因为“市籍”的存在，在购买田宅、远方服役和贡举任官等方面，都遭到不利的差别待遇。尽管唐初的“市籍”已和秦汉时代稍有不同，脱离了原先不属“良家子”的卑贱身份，在任官限制方面也有改善。[18]但是，在“市制”存在的前提下，民间工商业者的交易行为仍受到很大的管制。在“市制”之下，市场交易受到市令、市丞等“市官”（唐律所谓的“诸市司”）的严格管理，不仅市场交易被限制在特定的“坊市”之中，依定点、定时进行交易；市场交易的价格机制，也依法受到“诸市司”的管制。同时，民间工商业者更因为“市籍”的特殊法律身份，使其财货和劳动力，都要依法接受政府的无偿征调和役使。尽管有某些特定的大商人曾经坐拥巨赀，受到政府的礼遇，不受“市制”的约束；但人数更多的全国一般民间工商业者，其市场交易行为和财货劳力，都在“市制”的管控之下。这是唐律“市廛”法律的基本制度背景。

八世纪唐末以后，“市制”逐步解体。市制的解体，伴随着全国各地市场交易数量的增加，民间许多工商业者不仅不再在身份上被特别归类为“市籍”，同时，营业范围也不再强制限定在固定

[18] 姜伯勤，《从判文看唐代市籍制的终结》，见《历史研究》，3（1990）：页 18–26。

的市场专门地点。[19] 为了应付市制解体后政府官员对民间工商业者财货和劳动力征调的需要，保障皇室和各级政府所需物质和劳力能及时填补，由晚唐至明初，政府即逐步形成一套“编审行役制”，将民间工商业者强制编入册籍中，宋代多称“团行”，明代则泛称“铺行”。被编入册籍的民间工商业者即称为“当行”，每行选充一名负责人，称为“行头”。[20]

在“编审行役制”下，民间工商业者虽然不再在户籍上被特别编成“市籍”，但仍依行业不同被政府编入供应货品和劳动力的册籍，当皇室与各级政府对货品和劳动力有所需求时，即按册索骥，向“当行”的“团行、铺行”工商业者，“购买”货品和劳动力。[21] 刊行于十六世纪明代万历年间的《宛署杂记》，即曾描述明代中期以前的“编审行役制”简要内容：“铺行之起，不知所始，盖铺居之民，各行不同，因以名之”；“编为排甲，而以其所业所货注之籍。遇各衙门有大典礼，则按籍给值役使，而互易之，其名曰行户。或一排之中，一行之物，总以一人答应，岁终践更，其名曰当行”。[22]“按籍给值役使”一词，正明白指出这种“编审行

[19] 姜伯勤，《从判文看唐代市籍制的终结》；刘淑芬，《中古都城坊制的崩解》，见《大陆杂志》，82，2（1991）：页 31－48。

[20] Lien-sheng Yang（杨联升），“Government Control of Urban Merchants in Traditional China.” *The Tsing Hua Journal of Chinese Studies*, new series, 8: 1－2 (1970), pp.186－209.

[21] 加藤繁，《唐宋时代の商人组合“行”に就いて》，见白鸟博士还历纪念编委会编，《白鸟博士还历纪念东洋史论丛》，东京:岩波书店，1925，页 293－350；日野开三郎，《唐宋时代の商人组合“行”の研究》，见氏著《东洋史学论集》第七卷，东京：三一书房，1983，页 263－504；古林森广，《北宋の免行钱について——宋代商人组合“行”の一研究》，见《东方学》，38（1969）：页 1－14。魏天安，《宋代行会的特点论析》，见《中国经济史研究》，3（1993）：页 141－150；魏天安，《宋代行会制度史》，北京：东方出版社，1997；赵毅，《铺户、商役与明代城市经济》，见《东北师大学报（哲学社会科学版）》，4（1985）：页 34－40；唐文基，《明代的铺户及其买办制度》，见《历史研究》，5（1983）：页 140－150。

[22]（明）沈榜，《宛署杂记》，北京：北京古籍出版社，1982，卷 13《铺行》，页 103。

役制”，其性质介于有价购买的“给值”以及无偿强制的“役使”之间。

“编审行役制”与“市制”的不同，除了坊市隔离制、市官市署管理制和市籍登录制的消失之外，还在于：虽然政府仍将民间工商业者编入册籍，但“理论上”政府并不能再和过去“市制”一样，在“编审行役制”下，政府“依法”要付予民间工商业者一定的价格，不能无偿征调民间工商业者的货品和劳动力，这种政府依法购买民间工商业者财货劳力的新制度，就是晚唐以下政府向民间工商业者进行的“和买”。元代除“和买”之外，还有“和雇、和籴”等不同名称，但基本上都是在向民间工商业者“购买”财货和劳动力。在“和买”过程中，常造成许多官员吏胥苛扣价款，不按财货和劳力市场价值给价的情形，对民间工商业者带来很大的财货劳力损失。[23]

政府“和买”造成工商业者损失，有其必然性。当民间工商业者彼此进行市场交易时，因为交易双方彼此身份基本上平等，故可依照市场价格进行买卖；但当政府向民间工商业者“和买”时，名为“买卖”，实则经常难免官员吏胥的“强取”。在“官尊民卑”的政治架构和文化传统下，民间工商业者在“和买”过程中，常难免损失财货和劳动力，不肖官员吏胥时常以“低价”甚或“白夺”的方式进行“和买”。“和买”经常造成民间工商业者损失，但在“编审行役制”下，各行业工商业者还是无法拒绝政府的“和买”，由宋至明初，政府持续凭藉着“编审行役制”的实施，得到所需的财货和劳力。

---

[23] 陈高华，《元代的和雇与和买》，见《元史论丛》第三辑，北京：中华书局，1986，页130－143。

由宋至明，历代政府为解决“和买”过程中产生的纰政，使工商业者少受损失，至少在北宋即已发展出“时估”制度，由官员向各“团行”行头询问货品和劳动力的市场价格，每十天定价一次，称为“旬价”，这便是“时估”制度。[24]北宋天禧二年（1018）有道诏令对“时估”程序做了颇具体的描写：“令诸行铺人户，依先降条约，于旬假日齐集，定夺次旬诸般物色见卖价，状赴府司。候入旬一日，牒送杂买务，具言诸行户某年月日分时估”。[25]由这段史料可以见到政府即是按照“时估”而得到各类货品与劳动力的“旬价”，再拿此种“旬价”去向“团行”这类民间工商业者团体“和买”其所拥有的货品或劳动力。元代情形基本相似，不过有些地方已将“旬价”改为“月价”：“街市货物，皆令行人每月一平其直，其比前申，有甚增减者，各须称说增减缘由自司县申府，由本路申户部”。[26]

依照元代的“和买”和“时估”经验来看，除了民间工商业者受到损失之外，有时候也有官员联合“当行”业者共同浮报“月价”藉以侵吞公款的情形。[27]“时估”得来的民间工商业者财货劳力“价格”，基本上是供官府“和买”之用的“官价”，和市场交易中的“市价”相比，通常必定有差距。明初仍以“时估、和买”，配合“编审行役制”的运作。

明初对“时估”的规定是：“凡民间市肆买卖，一应货物价值，须从州县亲民衙门，按月从实申报。合干上司，遇有买办军需等

---

[24] 魏天安，《宋代的科配与时估》，见《河南师范大学学报（哲学社会科学版）》，4（1982），页27-36。

[25]（清）徐松辑，《宋会要辑稿》，北京：中华书局，1957，第147册，《食货》55，页5756。

[26]《大元圣政国朝典章》，典章26《户部：科役：物价》。

[27]《大元圣政国朝典章》，典章26《户部：科役：和买》。

项，以凭照价收买。"[28]《读律琐言》有份《奏行时估例》作为附录，内容主要是将民间商品分为金银铜锡珠玉、罗缎布绢丝绵、巾帽衣帐、米麦、蔬果、牲畜、器用等七大类，并且分别开列不同数量单位商品如何换算大明宝钞的"价格"，[29]这即是具体反映明初"时估"制度运作的产物。明初的"时估"，仍是由"铺行"中的"当行"工商业者，奉命配合政府官员进行"按月从实申报"财货劳力价格的工作。正统二年（1437），政府下令："买办物料，该部委官一员，会同府县委官，拘集该行铺户，估计时价。"[30]

直至明代中期之前，一些地方官执行"时估"时仍然是由从属于"铺行"的工商业者提供协助，如叶春及在福建即做成如此规定："每月，令老人估物，列于左方。官民一以为率，舍中有不如此，即役人侵之，以告其余。违者，以把持行市论。"[31]在这份规定中，可以看到叶春及希望以市廛律第三条的"把持行市"罪刑，阻止胥吏衙役侵夺"铺行"工商业者的财物，以保障"和买"和"时估"制的正常运作。

尽管政府三令五申，但政府"和买"的弊病依然如昔，"时估"制所设定的"照价收买"理想，其实很难在"编审行役制"下达成。《大明令》卷1《户令》载有洪武二年（1369）明太祖的禁令："凡内外军民官司，并不得指以和顾、和买扰害于民。如果官司缺用之物，照依时值，财物两平收买。或客商到来，中卖物

[28]《诸司职掌》，见《玄览堂丛书》初辑本，台北：台北图书馆，1981，册12，《户部：金科：权量：时估》，页239。

[29]（明）雷梦麟，《读律琐言》，影印明嘉靖四十二年重刊本，台北：台湾学生书局，1986，页1124–1136。

[30]《正德大明会典》，东京：汲古书院，1989，卷36《时估》，页401。

[31]（明）叶春及，《石洞集》，影印文渊阁四库全书本，台北：台湾"商务印书馆"，1986，册1286，卷9《公牍：时估》，页564。

货，并仰随即给价。如或减驳价值及不即给价者，从监察御史按察司体察，或赴上司陈告，犯人以不应治罪。”[32]“照依时值，财物两平收买”在理论上本应是当时市场交易的常态，但在官尊民卑的政治结构下，民间工商业者面对的其实是威权式的强制交换物资，尽管有“时估”制度的配合，政府“指以和顾、和买扰害于民”总是经常发生的纰政。惟有藉助“编审行役制”的运作，才能强制将民间工商业者的财货和劳力按时征调到皇室和政府部门。

尽管有“时估”、“和买”等制度的辅助，“编审行役制”在实际运作中，仍常“滑落”到接近强制性质的徭役，而非是基于价格机制运作的市场交易。这种“编审行役制”固然仍使民间工商业者受到损失，但和唐代以前的“市制”相比，不能不说是有所改善。这种制度性的变化，落实到唐律和明律的差异上，正是《市司评物价》律文内容的转变：由“诸市司”评定物价，到由“诸物行人”评定物价。

二、“官牙制”的确立和推展

“市制”在晚唐以下开始衰落，历两宋、元朝，直到明初，这种“编审行役”、“和买”与“时估”相搭配的一套制度更加成形，终于成为政府掌控民间工商业者财货劳力的基本政令，这也正是明律《市廛》章《时估》条法律运作的制度背景。与此同时，全国许多城镇、市集中的新兴中介商人“牙行”，也愈来愈多，在“编审行役制”下，牙行当然也与其他一般的民间工商业者一体编入“团行、铺行”之中，以协助政府“时估”与“和买”，除

[32] 《大明令》，见《皇明制书》，台北：成文出版社，影印万历年间刊本，1969，册 1，页 27。此令文颁于洪武二年（1369），参见:《万历大明会典》，台北：国风出版社，1963，卷 37《课程》6，页 698。

此之外，政府还对民间“牙行”发布一些其他的法律规范，试图建立起一种“官牙制”。“官牙制”到明初正式成为全国通行的制度，“私充”者要被“杖六十”，而且，“所得牙钱入官”。在法律上，合法牙行都是“官牙”，官牙成为一种法定制度，以明初市廛律《私充牙行埠头》条的规定来看，“官牙制”的具体内容即是：“选有抵业人户充应。官给印信文簿，附写客商·船户住贯、姓名、路引字号、物货数目，每月赴官查照”。

大致看来，晚唐以下政府对牙行的规范，至少有三个考虑。一是将“牙行”纳入“诸物行人”的范围内，藉牙行和其他非中介性民间工商业者的“当行”，辅助政府进行“时估”和“和买”；二是应用“包”的原则，协助政府在市场交易过程中征税，藉以降低政府原应支付的收税成本；三是应用“保”的原则，建立一些保障商业契约执行的市场制度，以减少交易纠纷的发生。[33]以下分别做些说明。

首先，在时估和买方面。由于“官牙制”是与“编审行役制”同时发展的新制度，在“编审行役制”建立的过程中，牙行并不例外，也和其他行业民间工商业者一体编入“团行、铺行”，协助政府时估与和买。因此，明律市廛章规定的“诸物行人，评估物价”，当然也包括牙行在内。当某些城镇的商业发达，外来客商和买卖商品数量愈多，牙行的数量也就愈多，此时，该地的政府官员也就愈加重牙行在时估和买中的责任。

[33] 斯波义信比较强调其中“保”的原则，认为是由于当时市场的“分散孤立性”及“不透明性”，为了保障交易的安全进行，乃在官府监督下成立“半官半民”的牙人组织，这是宋代牙人组织发达的基本原因（参见：斯波义信，《宋代商业史研究》，东京：风间书房，1968，页 405－406）。另外，有学者也略举过中国史上一些有关运用“包”、“保”原则的事例，参见：杨联升，《中国文化中“报”、“保”、“包”之意义》，香港：中文大学出版社，1987，页 11－19、27－35。

以首善之区的明初南京城而言，明太祖在洪武元年对中书省诏令中，即特别强调牙行商人（牙侩）在时估中的角色："命在京兵马指挥司并市管司，每三日一次，校勘街市斛斗秤尺；稽考牙侩姓名，平其物价。在外府州各城门兵马司，一体兼领市司。"[34] 京城的消费能力要比其他一般都市为高，也同时吸引更多的外来客商。客商多，商机众，经营中介商业的牙行也便有更好的发展空间。所谓的"稽考牙侩姓名"，即是对牙行的"编审行役"，也就是"当行"；牙行"当行"替"在京兵马指挥司"等政府官员"平其物价"，虽然也有维护市场交易价格稳定的用意，但"时估"以利政府"和买"，在当时仍是主要目的。然而，在绝大部分各级地方政府辖区内的城镇和市集，因为市场交易数量有限，不能吸引足够客商前来买卖，当然也无法产生足够的牙行为各级地方政府"当行"时估与和买。可以说，因为工商业发展的限制，明初"诸物行人，评估物价"的"行人"固然包括牙行，但绝大部分被编入"团行、铺行"的"行人"，仍是其他一般民间工商业者，而非"牙人"。

其次，除了一体"当行"协助政府时估和买之外，牙行也常为政府代收或是稽查税款，具有减低收税成本进而增加政府财入的作用。因为由牙行按期认缴一定数额的税款，或是监督客商交易货品数量的多寡，可以省去政府征税、核税、查税等过程中必须花费的人力物力，这是一种"包"原则的运用。

至少由唐后期开始，政府即开始偶而以牙人代收税款。唐德宗建中四年（783），户部侍郎赵赞"以军须迫蹙，常平利不时集，

[34] 《明太祖实录》，台湾"中央研究院"历史语言研究所编，台北：台湾"中央研究院"历史语言研究所，1966，卷 37，洪武元年十二月壬午条。

乃请税屋间架、算除陌钱”，“除陌法：天下公私给与货易，率一贯旧算二十，益加算为五十。给与他物或两换者，约钱为率算之。市牙各给印纸，人有买卖，随自署记，翌日合算之。有自贸易不用市牙者，验其私簿；无私簿者，投状自集。其有隐钱百者，没入；二千，杖六十；告者，赏十千，取其家资。法既行，而主人、市牙得专其柄，率多隐盗。公家所入，曾不得半，而怨讟之声，嚣然满于天下”；“至兴元二年正月一日（785）赦，悉停罢”。[35] 这是八世纪末唐代中央政府试图以“市牙”协助征收交易税的一次试验。元代也曾以牙人代收商税。[36] 嘉靖四年（1525），江苏省江阴县也有以牙行代收税款的例子：“巡抚都御史朱寔昌以征税烦扰，更为门摊（税），令牙行四季收贮本县，岁终起运如数。”[37] 明代仍有其他政府以牙行代收政府商业税收的例子，[38] 点出政府确立和推广官牙制的一层主要考虑。除了直接向买卖双方代收交易税之外，官牙也可以监督商人是否有逃漏税额，《王肯堂笺释》对明律市廛章所列“官牙制”法律规范的解释即指出：“官为（牙行）出给印信文簿，遇有客货到彼住卖，其各牙行、埠头即将文簿附写客商·船户住贯、姓名、路引、字号、物货数目，每月赴官查照。则客商有所察，而无越关之弊；物货有所稽，而无匿税之弊。”[39] 这里明白地指出了政府可以透过官牙稽查客商“越关”漏税与“匿

---

[35] 《旧唐书》，新校本，台北：鼎文书局，1981，卷 49《食货志》下，页 2128。

[36] 宫泽知之，《宋代の牙人》，见《东洋史研究》，39，1（1980）：页 188–189。

[37] 嘉靖《江阴县志》，影印天一阁明代方志选刊，台北：新文丰出版社，1985，卷 5，页 76。

[38] 佐久间重男，《明代の商税制度》，见《社会经济史学》，13，3（1943）；新宫学，《明代后半期江南诸都市の商税改革と门摊银》，见《集刊东洋学》，60（1988）：页 93–113；佐藤学，《明代の牙行について——商税との关系を中心に》，见《山根幸夫教授退休纪念明代史论丛》，东京：汲古书院，1990，页 841–860。

[39] （明）王肯堂，《王肯堂笺释》，卷 10，页 10 下 –11 上。

税”的目的，说明了官牙制能够降低政府对商业税收的征税成本。

最后，在减少市场交易纠纷方面，至少有田宅典卖以及客商、牙行商业纠纷两大部分。以田宅典买而论，政府愈来愈加重牙行的责任，希望以此保障典卖契约的执行，藉以减少增多的田土典卖讼案。北宋以下，随着商业的发展，某些地区城镇中的各类牙人愈来愈多，诸如牲畜、奴婢、布帛、粮食、田土、庄宅，甚至典当和放债取息等行业，都产生相关的牙人居间买卖。地方和中央政府也曾将某些牙人纳入管理，除了也有代收税款的功能之外，并且协助政府认证各项买卖契约的合法性。[40]以牙行协助收税是为增加政府税收；认证民间买卖契约的合法性，则旨在减少市场交易过程中的纠纷和诉讼。特别是自宋、元以来，某些地区的民间田土买卖纠纷和讼案愈来愈多，[41]面对这些层出不穷的田宅讼案，政府开始尝试将牙行纳入认证契约的法定程序，至少自南宋开始，即有政府官员要求田土房屋买卖、典当等交易契约上面必须要有牙人的押署签名，[42]这其实即是一种“保”原则的应用。

值得注意的是，有些官员很快即发现：透过对牙人的管理，而使协助收税和认证契约合法性两项政务更有效地结合在一起。最

[40] 李伟国，《宋代经济生活中的市侩》，见《历史研究》，2（1992）：页110-124；宫泽知之，《宋代の牙人》；梁庚尧，《从田宅易纠纷的防治看宋代的庄宅牙人》，见《薪火集：传统与近代变迁中的中国经济》，台北：稻乡出版社，2001，页99-127；梁庚尧，《宋代牙人与商业纠纷》，见《燕京学报》，新14期（2003）：页41-70。

[41] 如宋人有“千年田换八百主”的谚语（辛弃疾，《最高楼》，见徐汉明编，《稼轩集》，台北：文津出版社，1991，页105，转引自：梁庚尧，《从田宅易纠纷的防治看宋代的庄宅牙人》，页99），田产交易频繁，难免引来更多交易纠纷，其结果正如元大德八年（1304）诏书描绘的“近年以来，田宅增价，民讼繁滋”（《大元圣政国朝典章》，典章2《圣政：简诉讼》）情景。

[42] 北宋政府在颁布田宅买卖、典当相关法令中所施加牙人的连带保证责任，参见：梁庚尧，《从田宅易纠纷的防治看宋代的庄宅牙人》，页104-110；梁庚尧，《宋代牙人与商业纠纷》，页46-47。

晚在北宋末年，已有地方官在辖区实施这种综合收税与认证两种功能的“官牙制”，如李元弼的设计即是：“某县某色牙人某人，付身牌开坐”，以颁发“身牌”的方式，来核可“官牙”设立，不仅以“官牙”认证合法的买卖契约，也协助政府收取田土等项商品交易“印税”；并规定：“不得将未经印税物货交易。”[43]宋代“官牙制”的法律规范已日益显现，但尚未成为全国性制度，[44]到了元代，官牙制有进一步发展，至元十年（1273）八月，中书省断事官建议：“今后，凡买卖人口、头匹、房屋一切物货，须要牙保人等，与卖主、买主明白书写籍贯、住坐、去处，仍召知识卖主人，或正牙保人等保管，画完押字，许令成交，然后赴务投税。仍令所在税务，亦仰验契完备，收税明白，附历出榜，遍行禁治相应”，[45]中央政府核定这项建议使之成为全国性制度。[46]元代这种以“官牙制”兼具代收税收和认证契约两项功能的设计，可谓直接承袭北宋末年以来的发展。到了明初，更将官牙制度完整地列入《大明律》中，政府据以作为官员管理市场的全国性法律规范。

在客商与牙行的商业纠纷方面，“官牙制”的推广也有助于为政府解决这类日增的商业讼案。除了担任本地农村物资流向城镇的市场交易中介之外，商业愈发展，牙人和外来的客商就有着愈密切的关联。由市场交易过程来看，牙人这种中介商人对客商提

[43]（宋）李元弼，《作邑自箴》，合肥：黄山书社，1997，见《官箴书集成》第一册，卷8《牙人交付身牌约束》。

[44] 李伟国，《宋代经济生活中的市侩》，页122。宋代区别“官牙人”与“私牙人”的法令不若明代以后清楚，从而引发当代学者对宋代“官牙人”界定方式的争议。日本与中国学者对此问题的不同看法，参见：梁庚尧，《宋代牙人与商业纠纷》，页64，注4。

[45]《通制条格》，卷18《牙保欺蔽》，页226－227。

[46] 如胡祗遹（1227—1295）任官山东时，即以“官牙人”和“写契人”作为认证田土等商品交易契约合法性以及代收契税的人物，“不经此二人成交者，毁交，治买主、卖主罪”，参见：（元）胡祗遹，《杂著》，见《吏学指南外三种》，杭州：浙江古籍出版社，1988，《革婚田弊榜文》，页221。

供许多帮励，能在市场上为客商提供种种“交易服务”，降低客商的“交易成本”。诸如提供有公信力的度量衡（测量服务）、撮合买卖双方进行交易（信息服务），有时甚至兼营提供仓储和住宿功能。因此，牙人是因应市场交易的发展而出现，能降低客商以及本地商人、工匠和农民在交易过程中的交易成本。但在另一方面，由宋至明之间，也发生许多的客商、牙行冲突，并且屡屡形诸政府官员的禁令判文或是方志笔说之中。[47]“官牙制”的确立和推广，使政府能藉以减少客商与牙行间的商业纠纷。以明律市廛章《私充牙行埠头》条对官牙“选有抵业人户充应”的规范而言，《王肯堂笺释》即有所阐述，提出官牙制对降低客商、牙行纠纷所起的保障作用：“有抵业人户，谓其人有家业，可以抵当客货也”，“有抵业人户充应，庶有所顾惜，无诓骗之弊；虽或被彼诓骗，而有所还，无亏折之患”。[48]

总结来看，自中唐市制解体之后，“市司”官员对市场设立时空、物价变动以及市籍登录的管制，已愈来愈难执行，为了降低商业税的收税成本、强固田宅典卖认证的法定程序、减少客商与牙行间的商业纠纷，乃逐渐建立起“官牙制”，将民间牙人转为“官牙”，予以相关的法律规范。

伴随官牙制度的发展，徭役制度也在明代后期开始产生均徭、条编等一系列重大的役法转变，直至清代雍正、乾隆年间，大体在全国完成了“摊丁入亩”的地丁合一改革，[49]中国历史上的徭役

[47] 李伟国，《宋代经济生活中的市侩》，页 121－123；邱澎生，《由苏州经商冲突事件看清代前期的官商关系》，见《文史哲学报》，43（1995）：页 66－68。

[48] 《王肯堂笺释》，卷 10，页 10 下。

[49] 唐文基，《明代赋役史》，北京：中国社会科学出版社，1991，页 265－311；庄吉发，《清世宗与赋役制度的改革》，台北：台湾学生书局，1985，页 61－99；袁良义，《清一条鞭法》，北京：北京大学出版社，1995，页 51－62、355－399。

制度至此产生了划时代变动：人民"依法"不需再向政府负担任何徭役。在明代后期开始的役法改革过程中，民间工商业者的"编审行役制"也逐步发生改变。无论是"商役"优免，[50]还是铺行"买办"制度的改革，[51]都使政府以"编审行役制"控制民间工商业者财货劳力的能力逐渐松动；特别是在江南等商业较为发达的地区，晚明以来各地颁发的"禁革行役"政令更是愈来愈多，以明末苏州府的常熟县为例，许多当地存留的明末碑刻资料都可证明"禁革行役"在当时当地的逐步推行。[52]

"禁革行役"是在全国各地由许多不同地方官员逐步开展的改革。而由明末到清朝的雍正年间，这个改革过程的时间拖得颇长，从而在各地的完成时间也不尽相同。[53]清代乾隆年间出版的《新编文武金镜律例指南》，编者凌铭麟即收录一位地方官下令推行"禁革行役"的公文告示："官吏军民人等知悉，一切当官名色，尽行革除，需用物件，给银平买，毋许空票白取"的纪录；编者凌铭麟还加上自己对当时仍有地方官编审行户"票取"财货弊端的批评："幸则半价，甚者全亏。揆其情事，无异抢劫。况复有乘机中饱、额外使费之乎？此当官名色之所以宜禁绝也"。[54]

"禁革行役"使政府不再能藉助"编审行役制"收取民间工商业者的财货劳力，但是，官牙制度的推广则使政府可透过各业牙

---

[50] 佐佐木荣一，《明代の两京商人を对象とそる杂泛について》，见《文化》，17，6（1953）：页675–685；佐藤学，《明末京师の商役优免问题について》，见《集刊东洋学》，44（1980）：页64–78。

[51] 唐文基，《明代的铺户及其买办制度》；赵毅，《铺户、商役与明代城市经济》。

[52] 佐藤学，《明末清初期一地方都市における同业组织と公权力——苏州府常熟县"当官"碑刻お素材に》，见《史学杂志》，96，9（1987）：页1468–1487。

[53] 袁良义，《清一条鞭法》，页326–338。

[54]（清）凌铭麟辑，《新编文武金镜律例指南》，清康熙年间刊本，台湾"中央研究院"历史语言研究所傅斯年图书馆藏，卷15《禁谕》，王汤谷《禁取铺行》条，页21上。

行在市场上代为购买所需之各类商品与劳动力，因此，政府对编审民间工商业“铺行”的迫切性也逐步降低。由明末到晚清太平军兴起之前，“编审行役制”在许多商业发展地区都逐步消失，至此，在承平时期，除了少数特别的货品和劳动力外，政府已不需要将一般的民间工商业特别编为“铺行”。政府购买商品和劳动力的“时估”工作，也转由牙行来汇报订定，政府依牙行所呈报的“时估”价格，由牙行在市场上向其他民间工商业者购买。“官牙制”的确立和推广，使政府可以越过“铺行”，由牙行的协助，及时得到所需的商品和劳动力。

与“禁革行役”同时，政府对牙行的依赖日深，更能逐步放松对“诸物行人”的管制。在政府对市场进行相关的法律规范时，官牙制度也愈显重要。

第二节 明清市廛例的演变及其运作原则

除了文句有些许调整或是添加一些小注之外，明朝至清朝间“市廛章”律文的内容基本上并未更动。然而，“律”文内容尽管未做太多更动，但在“例”文内容方面则有不少增减。由明代弘治年间开始，到清代道光年间为止，两代政府至少陆续增删过二十六条例文，从而对市场制定了许多新的法律规范。值得注意的是，二十六条“市廛章”例文的增删，特别集中在《私充牙行埠头》、《市司评物价》以及《把持行市》等三项条文内；至于《私造斛斗称尺》与《器用布绢不如法》两条，则未有任何例文加入律文。

明清政府逐步增修二十六条“市廛例”，是在补充原有“市廛律”应用于实际案例的不足。因为涉及律、例在明清法律体系中的位阶高低问题，故在正式讨论市廛例之前，有必要先对明清律、例关系演变做些说明。

基本上，“律”是中央政府正式公布的法典，在司法过程中具有极高的地位，但为应付不同案件缺乏适当律条以供援引的情形，早自汉代以下，即有“决事比”出现，以类推方式，扩大现有法条的适用范围，这种做法类似《荀子》中《大略》篇所说的“有法以法行，无法以类举”。在唐代，这种类推法条的方式，称为“比附”，其意义即是将某事项在现有法条中的规定，推及于类似事项而予以适用之谓。唐代“比附”至少有“罪名比附”、“加减等比附”以及“通例比附”三类。[55]在“比附”之外，另外用以解决无律可援困境的方式，主要是两类，一是由皇帝颁布“令、制、敕”，规范律文未规定充分的行为；二是由地方官在实际判案过程中，根据相关律文发展出补充性的解释和罚则，这就是“例”。

“例”在各级审案官员中流传通用之后，逐渐形成某种可直接归类在相关律文规范事项下面，成为类似律文性质的成文法条。这点便使“例”较“比附”更接近律文的司法适用性。当“例”愈积愈多，中央政府便会做出反应，有时下诏禁止，有时则删削增订，由皇帝明令颁布，与原有律文一体施行。“例”的产生有其必然性。中央政府颁布的法典，所收律文通常具有相当程度的稳定性，不易更改，因此，对于全国各地日常发生的各类大小案件，职司审案工作的各级官员经常面临无律可引的困扰，为按时作成司法判决，各种与现有律文不尽相合甚或有所抵触的“例”文便在全国各地不断涌现，有些例文并逐渐成为许多官员经常援引的

---

[55]　戴炎辉，《唐律通论》，台北：编译馆，1964，页14-18。

判案根据。对于皇帝和中央政府而言，这种“援例判案”的合法性经常受到质疑。

至少自北宋以来，为解决全国各地官员在实际审案过程中经常发生的“用例破律”问题，北宋政府即曾汇整一些流行的“例”文，由官员讨论、皇帝认可之后，正式承认某些判例的正当性，并将其编成例文汇编颁布，供各级官员援用。[56]到了明清，例文的正当性则又有更进一步的发展。

基本上，明清时代律、例关系不仅有重要改变，更可据以区分明清法律制度演变的不同阶段。以明律而论，正可以依照律、例关系在司法审判中的地位不同，将明代法律制度略分为三期：第一期包括洪武、永乐两朝，为“以榜文为主，以律为辅”时期；第二期包括仁、宣、英、景四帝，为“以洪武三十年所定律为主（包含《律诰》所载准赎死罪律九条），例的合法性仍有问题”时期；第三期则包括宪宗至明末，为“以例辅律”时期。[57]这三期明代法律体系的变化，基本上正反映着“律”与“例”关系的变化。明代“例”的法律地位逐渐明确，成为辅佐“律”的补充法规，同时，例的数量也逐步增加，万历十三年，刑部尚书舒化等奉命修辑例文时，“例”已定为382条。[58]

清代法律沿袭明代，但仍有改变。清代法律的变化，基本上集中在“例文”的增删以及“例文”法律位阶的大幅提升上，至于清律“律文”方面，虽亦曾有修订，但基本上变动不大。自雍

[56] 川村康，《宋代断例考》，见《东洋文化研究所纪要》，126（1995）：页107－160；郭东旭，《论宋代法律中“例”的发展》，见邓广铭、漆侠主编，《中日宋史研讨会中方论文选编》，保定：河北大学出版社，1991，页260－272。

[57] 黄彰健，《明洪武永乐朝的榜文峻令》，见氏著《明清史研究丛稿》，台北：台湾“商务印书馆”，1977，页237－286。

[58] 《明史》，新校本，台北：鼎文书局，1981，卷93《刑法志》一，页2287。

正三年（1725）开馆修律、雍正五年颁布律文之后，律文从此不删不修，而“例”则愈修愈多。清初曾删订明末遗留例文，康熙初年删存旧例仅321条，较明末为少。但此后则屡有增修，至雍正三年删修时，例文已总计815条；至嘉庆时，例文更增为1573条；同治九年（1870）修例，累积至1892条。[59] 由此可看到清代例文由雍正至同治的近一百五十年间，例文增加了1077条。除了例文数目增加之外，清例的法律地位也逐步上升，乾隆四十四年（1779）明令：“既有定例，则用例不用律”，“例”在法律运用上对“律”的优位性乃正式确定，成为清代法律定制。清代例文在数量上的大量增多，及其在司法实际运用上的普遍援引，不仅使例文愈益重要，也愈形复杂。[60]

在乾隆四十四年所谓“既有定例，则用例不用律”的诏令公布后，清例优位性正式确立，此下律、例关系已正式演变为如《大清会典》明文规定的：“有例则置其律，例有新者，则置其故者。律与例无正条者，得比而科焉，必疏闻以候旨”。[61] 光绪年间杨荣绪作《读律提纲》，对“律、例”关系以及“新例、故例”关系有所说明：“例较律加严密，故议狱者，有例，则引例，不引律”，所以然者，则有三种不同缘由：“例多补律之所未备”、“例较律为加重”、“例有由律而推广者”；同时，因为“新例视旧例为变

---

[59] 《清史稿》，新校本，台北：鼎文书局，1981，卷142《刑法志》一，页4185-4186。有关明清修例的简要讨论，参见：Derk Bodde and Clarence Morris，*Law in Imperial China: Exemplified by 190 Ch'ing Dynasty Case*，pp.64-68.

[60] 瞿同祖，《清律的继承和变化》，见《历史研究》，4（1980）：页133-143。许多清代地方官都对“例”文之复杂深有体会，如咸丰三年（1853）时任贵州黎平府知府的胡林翼即慨叹：“大清律易遵，而例难尽悉”（胡林翼，《胡文忠公文集》，台北：河洛图书出版社，1979，卷3《宦黔书牍：致左季高》，页626）。

[61] 《清会典》，据清光绪二十五年（1899）石印本影印，北京：中华书局，1991，卷54《刑部》二，册1，页500-501。

通”，“故治狱者，有新例，则用新例，不用旧例”。[62] 例的数量不断增加以及司法适用性的持续提升，都早自明宪宗成化年间“以例辅律”时代开始，并不始于清代；不过，乾隆年间的诏令则正式确立了“以例置律”这项立法原则。

由明清《市廛》章例文来看，也是约由明成化、弘治年间开始逐步增修，用以辅助相关《市廛》章律文的运行，此下愈添愈多，屡有增删，至清代咸丰年间，至少陆续添入了二十六条“例文”，全部集中分布在《市廛》章一至三条律文中（其内容可见后附表二之 1－3）。

明清“例”的变迁远比“律”为复杂，不论是例文的制订时间、归属律文的条目，或是例文文字的略微改动，都使精细的制表工作变得琐碎和困难[63]。表二之 1 至 3 的制作，所据例文时间、分属和文句等数据的考订，主要来自清代吴坛和薛允升两位律注名家的著作。明清私家注律书籍众多，一些注律名家的意见更深刻影响到负责审案和修律的官员。[64] 吴坛和薛允升等清代注律名家的作品，基本上都承袭了明代应槚、雷梦麟、王肯堂等名家的律

[62] （清）杨荣绪，《读律提纲》，影印清光绪三年（1877）启秀山房丛书本，见《丛书集成三编》，台北：新文丰出版公司，1997，页 31。

[63] 明代诸种私家律注书籍在《市廛》章各条例文中插入的“批注文字”，其实也稍有不同，如《户部》编《市廛》章《把持行市》条律文中有关朝贡贸易的五条例文，在《大明律疏附例》（隆庆二年重刊）和《大明律集解》（约正德十六年刊行）两部明律注本中，即是收在《兵部》编《私出外境及违禁下海》章的律文（黄彰健，《〈明代律例汇编〉序》，见氏著《明代律例汇编》，台北：台湾“中央研究院”历史语言研究所，1979，页 104－105）。但明后期以下至清代的律注本又都是皆归类于《市廛》章律文中。

[64] 据不完全统计，清代私家注律书籍至少有一百五十多种，而其中对清律修订影响较大者即约有六十余种；六十余种律注书籍中，依其编写方式的不同，约可分为“辑注本、考证本、司法应用本、图表本、歌诀本”五大系统。发达的注律传统不仅便利各级官员审案时适当地援用法条，也使政府修订律例时不断受到律注家的影响，参见：张晋藩，《清代私家注律的解析》，见氏著《清律研究》，北京：法律出版社，1992，页 164－188；张伟仁，《清代的法学教育》（下），见《台湾大学法学论丛》，18，2（1989）：页 26－36。

注精华，对明清各款例文的考订有相当的权威性；同时，本表更偏重在例文基本定型之后的演变结果，清例内容常是明例运作定型以后的结晶，[65]更适合用于本章所论明清政府对市场的法律规范。[66]笔者乃依吴坛和薛允升的考订制成表格以资说明。不过，由于清代刻意避讳本朝曾臣属明廷的历史以及文字中的“夷人”字眼，因此曾特别删改明代《把持行市》例文，所以表二再加入万历年间刊行的高举《大明律集解附例》相关例文，并补入前辈学者的考订。综合这些资料和考订，将明清“市廛例”增修情形做成表二之1至3。

由表中资料来看，可知在明清“市廛章”律文中，《私造斛斗秤尺》和《器用绢布不如法》两条，终明清两代似乎都未曾添入新增例文。“市廛例”二十六条例文的增删，都集中在其余三条律文，分别是《私充牙行埠头》八条、《市司评物价》四条、《把持行市》十四条。由例文首次出现的时间来看，明代有十一条，清代则有十五条。

一、“两平交易”与保障客商

由明到清，政府对牙行的法律规范集中在《私充牙行埠头》、《市司评物价》、《把持行市》三条“市廛律”内，彼此相互关联，而且条文愈来愈多。由“市廛例”规范牙行的内容来看，明代的规范比较零星，到清代则愈见详密，使“官牙制”的发展完备。由表二之1《私充牙行埠头》九条增订例文来看，就有八条是在

---

[65] 例如“各处客商辐辏去处，若牙行及无籍之徒，用强邀截客货者”例文，在一些明律注本原附于《私充牙行埠头》条（黄彰健，《明代律例汇编》，页577）。但这条例文的内容其实更接近《把持行市》的属性。因此，至少到清律时，此条例文即改属《把持行市》律条。

[66] 有关明例的详细变动情形，参见：黄彰健，《明代律例汇编》，页577−583。

清代康熙、雍正、乾隆三朝间陆续添入，确立了“清查换帖”的编审牙帖制度和“顶冒朋充霸开总行”的专门例文。由表二之2《市司评物价》例文看，也在乾隆年间加入对米铺米牙的粮价管制。由表二之3《把持行市》十四条例文看，除了二条例文用以规范朝贡贸易之外，其他例文主要都在禁止市场上的特权人物阻碍市场交易以及保障客商的财货安全。总结来看，这些市廛例的主要内容，都在保障客商财货不受侵夺以及维护买卖双方的“两平交易”。

明初律文只规定合法牙行必须要“官给印信文簿”，并对“私充”牙行者处以“杖六十，所得牙钱入官”的罚则。此下，在市廛例中开始有额外的补充：对委托牙行交易的客商，当其“病死”时所遗财货的处置方式（见表二之1）。弘治年间，更开始加入对牙行“用强邀截客货”的处罚例文，在市廛律中出现了新增例文：“各处客商辐辏去处，若牙行及无籍之徒，用强邀截客货者，不论有无诓赊货物，问罪。俱枷号一个月。如有诓赊货物，仍监追完足发落。若监追年久，无从陪还，累死客商。属军卫者，发边卫；属有司者，发附近，俱充军”（见表二之3）。这条例文，主要在限制“牙行及无籍之徒”对客商财货的安全威胁，旨在保障客商财货安全，对官牙制是个重要的补充。

明清时代的民间工商业者，在市场交易过程中，其实面临着许多财货安全和特权垄断的问题。市场交易情况在全国有较大的地区差异性，不同地区的民间工商业者，偶尔要受到严重程度不等的暴力抢夺种种生命财产威胁。排开治安因素不论，还时常有本地特权人物介入买卖过程，希冀在市场交易中分得利益，民间工商业者必须交纳额外的费用或是“馈赠”，才能顺利买卖财货和劳动力，这些特权人物以非价格机制的手段形成实质的市场垄断，使当地市场交易无法依照价格机制的变动来进行。影响市场交易的特权人物具有不同身份，皇亲贵族、军人、宦官、官员、胥吏，乃至本地的乡族、豪强，以及一些与官府吏胥互换利益的“行头”，都可能阻碍市易交易依正常价格机制而运作。社会治安愈好，以及市场制度愈健全的地方，免除了暴力威胁，也使“互惠分享”式的经济行为得以降低作用，才能愈使价格机制顺利展开，便利“市场交易”式经济行为的运作。

市场交易带来物资的流动，自然引起各种权势人物的兴趣，有的使用公然的暴力掠夺，有的则要求“贿赂”或是收取非法的“税金”，手段不同，但都阻碍了价格机制的正常运行。这种情况早在明清以前即不断出现，举一条元代至元二十八年（1291）三月的诏书做典型例证：“数年以来，所在商贾，多为有势之家占据行市，豪夺民利，以致商贾不敢往来，物价因而涌贵。在都，令监察御史，在外，令按察司，常切用心纠察按治。”[67] 这些“有势之家”多半不是普通平民，常和高官显要有密切关系。举明代嘉靖四十五年（1566）四月下诏编审清理京师铺行的例子，“时锦衣（卫）官校，多占市籍，大兴知县高世儒等奉诏召之承役”，结果，“左都御史朱希孝言：禁卫亲军，例当优免”，反而指控高世儒“奉诏无状”；御史颜鲸因而参劾朱希孝“庇群小，挠法市恩”，指出：“禁军依冯社城，操奇赢以游都市。既非人人在官，晏然囊金篇帛，吏不得问其尺帛铢金，世儒召行户，非勾禁军也。”最后，从事铺户生意的锦衣卫禁军不仅不必被编入一般铺行应役，甚至连支持高世儒编审铺行的颜鲸还因为“忤旨”罪名而谪官。[68] 文中所

[67] 《通制条格》，卷 18《关市：牙保欺蔽》，页 227。

[68] （明）谈迁，《国榷》，新校本，台北：鼎文书局，1978，卷 64，嘉靖四十五年四月己卯条。

指的那些“锦衣官校”，不仅是“操奇赢以游都市”、“吏不得问其尺帛铢金”，而且更有“左都御史”朱希孝为靠山，连劾奏的御史颜鲸都因而受祸，更不用说一般与之接触的民间工商业者。

这种特权人物的存在，在中国历史上举不胜举，并非明代特有的疵政。笔者要特别指出的是：在宋、元、明、清以来市场经济愈来愈发展的过程中，市场交易固然持续增加，但也不要忽略了因之而来的暴力掠夺与特权人物对价格机制正常运作的干预，以及政府和民间的因应对策。

市场上的特权人物很多，有不少人表面上是“牙行”，但其实不单纯是市场交易过程中的中介业者，其身份反而更接近本地市场上的特权人物，包含在市廛例中所举诸如“势豪之家”、“皇店”或是“王、贝勒、贝子、公、大臣、官员家人”等人物，对市场交易有不利的影响，这些表面上像牙行而实际上是市场上的特权人物，在明清时代常被称为“奸牙”或是“行霸”。以明末清初的华北市集为例，许多华北方志即指出市集上充斥本地“奸牙”，而且这些“奸牙”背后通常还有本地豪强或乡族的支持。为了减少奸牙和豪强、乡族对本地物资流通的不利影响，另有一些本地乡绅乃在政府允许下成立禁设“奸牙”强收税金的“义集”，[69] 使市场交易能按价格机制顺利运作。明清时代地方乡族控制“牙行”抽取利益的例子不限于华北，[70] 如晚明江南一些乡镇志中也有所描写：“旧时，棍徒赤手私立牙店，曰行霸。贫民持物入市，不许

[69] 山根幸夫曾针对山东等华北地区市集中的牙行与绅士、豪民互动问题撰有三篇专文，参见：山根幸夫，《明清华北定期市の研究》，东京：汲古书院，1995，页 27-54、55-76、103-123。

[70] 其例至少可见于傅衣凌先生《论乡族势力对于中国封建经济的干涉》与《明清时代江南市镇经济的分析》两篇文章，二文见傅衣凌，《明清社会经济史论文集》，北京：人民出版社，1982，页 78-102、229-238。

私自交易，横主价值，肆意勒索，名曰用钱。”[71]这类“奸牙”或“行霸”都不是正常的中介商人，是市场上阻碍价格机制运作的特权人物。

无论是以哪种身份出现的特权人物，在市场交易逐渐发达的过程中，总会以赊买财货或是强索金钱等方式，对民间工商业者带来损害。由明清市廛例的发展来看，明清两代政府的确在法律上增加对市场交易正常运作的法律保护。姑不论实际成效如何，至少法律规范上的变化是很清楚存在的。弘治年间“各处客商辐辏去处”例文，对“诓赊”客商财货的“牙行及无籍之徒”列有“枷号”的罚则，并规定要“监追”所诓赊的财货，如“监追年久，无从赔还”，则人犯“属军卫者，发边卫；属有司者，发附近，俱充军”。另外，明代另二条纳入《把持行市》市廛例的规定，也都有将犯者发配充军的罚则。如“凡捏称皇店”条例文，对“捏称皇店”的特权人物订出罚则，若“邀截客商，掯勒财物者”，“枷号三个月，发极边卫分，永远充军”；再如“杨村、蔡村、河西务等处”条例文，规定“如有用强拦截民运粮船，在家包雇车辆、逼勒多出脚钱者，问追给主，仍发边卫充军”（表二之3）。一般说来，类似这种侵夺客商财货或是民运粮船的案件，罚则多半在“杖、笞”两刑之间（参见前章表一之1、表一之3的相关市廛律文，罚则多在杖八十、杖六十、笞五十、笞四十之间），原属州县“自理刑案”的“细事”范围[72]，现今则提高罚则到充军甚或

[71]（清）张人镜纂，《月浦志》，见《中国地方志集成：乡镇志专辑》，第4集，上海：上海古籍出版社，1992，卷9《风俗志》，页434。

[72] 州县“自理案件”是指州县长官具有司法终审权的案件，在刑度上一般是指笞刑、杖刑的案件，在案件类型上一般属户婚田土钱债等诉讼。有关清代州县“自理案件”的界定和处理，参见：郑秦，《清代司法审判制度研究》，长沙：湖南教育出版社，1988，页206–209。

“永远充军”，在刑度上确实提高甚多。弘治年间以后政府针对客商财货损失订出的这种提高刑度作法，不是发生在明初洪武与永乐两朝的“榜文峻令”时代，[73] 反而是在废除明初酷刑、重刑的明代中后期，这是很可注意的现象。

处罚市场上的特权人物，使交易双方能“两平交易”，是明清市廛律例规范的重要内容。牙行因为在市场交易过程中愈来愈重要，对官牙制的改革重点之一，也因此集中在处罚不能“两平交易”的牙行。如万历年间刊行的坊刻政书《新例三台明律招判正宗》，即收有一份专为知县禁示牙行所用的告示“范本”，其中指出：

> 夫民用资贸易之利，物价凭牙侩之评估。不可一偏，彼此须求两利。有等猾牙，阿私附势，变乱时价。为贾客则以贱作贵，护贩家则以贵降贱。或己利于贩买，则故遏绝外贩，致货物壅滞，然后乘贱居积，肥己瘠人，坐收厚利，作弊生奸，惟牙行最甚。为此示：仰诸色牙家务宜公心直道，依物估价，两不相亏。如卖弄商人、抑扬物价，告发，定行重究不贷，故示。[74]

这份告示点出了“作弊生奸”的牙行，在交易过程中“以贱作贵”和“以贵降贱”的实际手法，这些手法都对客商造成损害，官员乃以“须求两利”和“两不相亏”的原则，要求牙行不得“阿私附势，变乱时价”。这也是市廛律例要求“两平交易”的基本原则，也正是《把持行市》规范的基本内容，无论是“凡买卖

[73] 黄彰健，《明洪武永乐朝的榜文峻令》，页 237−286。

[74] 《三台明律招判正宗》（据内阁文库藏万历三十四年［1606］刊本摄制，台湾“中央研究院”历史语言研究所傅斯年图书馆藏），卷 4，页 19 上。

诸物，两不和同，而把持行市，专取其利”，“贩鬻之徒，通同牙行，共为奸计，卖物以贱为贵，买物以贵为贱者”，或是“若见人有所买卖，在傍高下比价，以相惑乱，而取利者”，这三种现象都是政府《把持行市》律要处罚的不正当市场交易行为。乾隆年间，沈之奇对《把持行市》的注释是：“把持行市，则公然恃强以取利；通同为奸，则暗地作弊以谋利。情虽不同，而皆扰害市廛，故其罪同。”[75] 无论是处罚“公然恃强以取利”，或是“暗地作弊以谋利”，《把持行市》律的主旨即在处罚“扰乱市廛”藉以维持“两平交易”。明代市廛例文增入对牙行和其他市场特权人物的加重处罚，正是维护“两平交易”原则的运用。

清政府继续增加对市场上特权人物的处罚，市廛例增入更多的相关条文，如《把持行市》康熙六年（1667）新增例文，即对“内务（府）人员家人，及王、贝勒、贝子、公、大臣、官员家人，领本生理，霸占要地关津，倚势欺陵，不令商民贸易者”，制订罚则，“将倚势欺陵之人，拟斩监候”。已将罚则由充军升高为“死刑”的最高额度“斩刑”（死刑分“斩、绞”两种，绞刑较轻），同时规定：“内府人员家人及王以下大臣官员家人，指名倚势，网收市利，挟制有司，干预词讼，肆行非法；该主遣去者，本犯枷号三个月，鞭一百；本犯私去者，照光棍例治罪；王贝勒贝子公失察者，俱交与该衙门照例议处；管理家务者，革职；大臣官员失察者，亦俱革职。不行察拏之该地方文武官，交该部议处。”（表二之3）这实在是很严的罚则，其规范对象正在那些干预市场交易正常运作的各类“特权人物”。为了进一步避免任何特权人物

[75]（清）沈之奇，《大清律集解附例》，卷10《户律：市廛：把持行市》，册二，页593、594。

充任牙行，乾隆五年规定“各衙门胥吏，有更名捏充牙行者”要加以“杖一百、革退”的处罚，如“地方官失于觉察，及有意徇纵”，则“交部议处”(表二之1)。发展到清中叶，领帖的官牙要缴交甘结，在通行的甘结格式中，即规定该牙人必须“本身必非生监、吏胥”。[76]

除了加强对市场上特权人物的罚则和规范，由康熙至雍正年间也制订了更多规范，用以完善“官牙制”。市廛律《私充牙行埠头》例文中，康熙四十五年(1706)新增“凡在京各牙行领帖开张，照五年编审例，清查换帖”的规定，希望藉由按期更换牙帖，清除那些表面上从事中介商业但事实上属于“顶冒朋充，巧立名色，霸开总行，逼勒商人不许别投”的奸牙(表二之1)，这条例文成为日后市廛律例中经常援引的《顶冒朋充、霸开总行例》。至于如何“清查换帖”，则有许多另外的辅助规定，因为这些规定不是提供官员作为判案定刑的法条之用，故不收入市廛律例中，而在《清会典》、《六部则例》等书中有较清楚的规范。清代对官牙制的细密规定，大致包括七类内容：承充牙行的条件和手续、对各地牙行数额上限的规定、对各行业牙行分类名称的编设和调整、定期清查牙帖与禁止滥发牙帖的规定、划定牙行等则及相应税则、禁止牙行的对商民的刁难勒索，以及禁止牙行间的非法竞争行为。[77]

康熙四十五年规定的五年编审牙帖制度，系指“在京各牙行”，至于其他地方政府所管辖的牙行，则不一定五年换帖，有时是随各地情况不同而有所变通，但原则上都有按期换帖的规定。定期换帖固然可以剔除那些妨碍市场交易的“奸牙”，但是，这种

[76] (清)刚毅辑，《牧令须知》，影印清光绪十五年(1889)刊本，台北：文海出版社，1971，卷3《户房文移稿件式：税务：请领印帖》，页116。
[77] 吴奇衍，《清代前期牙行制试述》，见《清史论丛》，6(1985)：页26-52。

经常性的换帖政务其实也为地方官员开启了纳赂机会，有时官员为求多收牙帖税，反而轻易允许一些不适任的“奸牙”领有牙帖，既破坏市场秩序，又增加民间商人的负担。雍正十一年（1733）的谕令即曾指出：“各省额设牙帖，皆由藩司颁发，不许州县滥给，所以杜增添之弊，不使贻累于商民也。近闻各省牙帖岁有加增”，“牙帖纳税，每岁无多，徒滋繁扰，甚非平价通商之本意”，乃下令：“直省督抚饬令各该藩司，因地制宜，着为定额，报部存案，不许有司任意加增。嗣后，只将额内各牙退帖顶补之处察明，换给新帖。再有新开集场应设牙行者，酌定名数给发，亦报部存案”。[78] 这道谕令使各省牙帖数额变得比较固定，定期换帖修改为定额换帖，各省牙帖数目以及更换情形，便变为比较复杂，没有全国一致的数量和时间，但原则上仍是一种编审牙帖的制度。以江苏省为例，道光十九年（1839），江苏省官员曾指出：“定例五年编审，系指在京各牙，外省不得援办。如有曾经办理者，概行停止”；“查各属牙行，于乾隆三年定额汇颁给帖，所有旧式司帖，概营销毁，在案”；“嗣后，遇有新帖，取具地邻、同业互保各结加结，详办在案”。[79] 规定地方政府不适用五年换帖的规定，可以减轻贿赂和扰民的程度，但地方政府仍然要执行清查牙帖和颁发新帖的工作，只是时间不一致，没有全国一体适用的时限规定而已。[80]

除了“牙行”之外，“埠头”亦是政府直接规范的职业，清代

---

[78] 《钦定大清会典则例》，影印文渊阁四库全书本，台北：台湾“商务印书馆”，1983，册 621，卷 50，页 567。

[79] （清）不著撰人，《苏藩政要》，清抄本，台湾“中央研究院”历史语言研究所傅斯年图书馆藏。

[80] 日本“东洋文库”藏有咸丰、同治、光绪、宣统年间不同年代的清代数省牙帖 168 份，由其中一些内容，可以看到晚清湖北、甘肃、江西、江苏等省颁发换领牙帖的不同规定（山根幸夫，《东洋文库所藏の清代“牙帖”》，见氏著《明清华北定期市の研究》，页 125−153）。

即对运输船户制订了船行“写字”制度。[81]雍正十三年（1735）在《私充牙行埠头》律文增入例文时，即是特别针对“写船保载”进行规范，制定了对“恃强代揽，勒索使用，以致扰累客商者”的罚则。乾隆年间，许多地方官员仍较忠实地执行船行埠头的“写字”制度，如《谋邑备考》即收有一件案例：“陶宏士籍隶汉阳，驾船为业，于乾隆九年八月间，凭船行吴廷臣写，载卢源裕生铁二千二百零五觔；又凭余万和，搭载谢淳初桐油一百零三篓，并篾箱一只、草纸十块、皮纸四块。均议装送芜湖交卸。卢、谢二客，于另船先行。”[82]这件船家偷盗客商财货案件详细记载了客商托运财货的数目，从而反映汉阳地方埠头所执行的“写字”制度。这条雍正年间新增的例文，其立法用意主要在于排除不适任的埠头，让这项便于客商降低被船家侵吞财货风险的“写字”制度可以持续运作。

对客商财货安全的保障也表现在对牙行长久积欠客商财货的处罚规范上。牙行积欠客商情形的严重，自明后期以来的许多史料中都有生动的描写，如万历年间李乐描述湖州府乌、青两镇的情形是：“两镇通患通弊，又有大者。牙人以招商为业”，商货“初至，牙主人丰其款待”，“商货散去商本，（牙）主人私收用度，如囊中已物，致（客）商累月经年坐守”，“情状甚惨”，“这商货中间又有藉本置来者，举家悬望，如合负了他？负了他，天不容，地不载，世间极恶大罪也。余目击心伤，载笔至此”。[83]万历中叶的叶权（1522—1578）也记载：牙行将客商“货物入手，无不侵

---

[81] Ts'ui-jung Liu（刘翠溶）, *Trade on the Han River and Its Impact on Economic Development, c. 1800—1911*. Taipei: The Institute of Economics, Academia Sinica, 1980, pp.28-32.

[82] 《谋邑备考》，清乾隆年间刊本，台湾“中央研究院”历史语言研究所傅斯年图书馆藏，《盗案》。

[83] （明）李乐，《续见闻杂记》，见《见闻杂记》，上海：上海古籍出版社，1986，卷11，第29条。

用，以之结交官府，令商无所控诉，致贫困不能归乡里。”[84] 清康熙四十六年（1707），福建巡抚张伯行的《严禁牙棍扛吞示》也指出：“为商贾者，出其汗，积微资，越境贸易”，“乃牙店无体恤之意，而棍豪怀诈骗之谋，或仗衙胥而硬取，或勾党类而朋吞，或饰诈于赊营，或狡情于揭藉，诓银入手，视为己财，营室肥家，罔知客困”，客商“赴公府而投诉，其如吏黠官尊，谁怜越陌度阡、目断家园于异国？遂使本亏货折，泪洒悯救之无门，种种弊端，深可怜恻”。[85] 为了改善这些社会经济积弊，乾隆二十三年（1758）新增的《把持行市》例文，主要即在规范“牙行侵欠控追之案”；这条例文规定了牙行负欠客商货款的种种“照例勒追”办法：“审系设计诓骗，侵吞入己者”，牙行“照诓骗本律，计赃治罪；一百二十两以上，问拟满流；追赃给主”。若只是牙行因为他故无法收到买主货款，“牙行并无中饱者”，“一千两以下，照例勒追，一年不完，依负欠私债律治罪；一千两以上，监禁严追，一年不完，于负欠私债律上加三等，杖九十。所欠之银，仍追给主”。同时，更规定了官府受理客商控告牙行负欠案件之后，“承追之员，按月册报巡道稽查，逾限不给者，巡道按册提比。如怠忽从事，拖延累商者，该巡道据实揭参，照事件迟延例议处；有意徇纵者，照徇情例，降二级调用；如有受财故纵者，计赃从重，以枉法论”（表二之3）。

牙行负欠客商货款，在明清律中原属于笞、杖刑以下的“细事”，是州县“自理刑案”的范围，政府官员在审理态度上，本来

---

[84]（明）叶权，《贤博编》，见《明史资料丛刊》第一辑，南京：江苏人民出版社，1981，页179。

[85]（清）张伯行，《正谊堂集》，影印光绪五年（1879）刊行，吴元炳编《三贤政书》本，台北：学生书局，1976，卷5，页32上–32下。

即不若处理命、盗“重案”积极。对于州县“自理刑案”，政府法律还有“农忙停讼”的规定，“岁以四月始，七月止。户口、婚姻、田土细事，不得受理；命盗重案，不在此限”。[86]牙行负欠客商货款原也列在“停讼”范围内。但至乾隆四年（1739）则改变了原先的规定：“嗣后，凡有民间远年钱债细事，与侵骗客本者有间，于停讼之时，仍照例不准受理外，其实系奸牙铺户，骗劫客货资本者，地方官受词，确查有据，许其控追比给，以恤远人而惩奸骗”。乾隆五年随即做了更明确的规定：“每年自四月初一日至七月三十日，时正农忙，一切民词，除谋反、叛逆、盗贼、人命，及贪赃坏法等重情，并奸牙铺户骗劫客货查有确据者，俱照常受理外，其一应户婚、田土等细事，一概不准受理。”[87]乾隆二十三年《把持行市》新增例文，正是在政府加强处理牙行负欠客商货款讼案改变下的具体反应。

总结来看，明清市廛例对官牙制的补充规范，主要表现在加重对“奸牙”、皇亲国戚、高官巨珰、地方豪强等市场特权人物的罚则，保持“两平交易”的市场秩序，以及增加对客商财货安全的法律保障。

二、由“干预”物价到“管制”粮价

除了官牙制继续发展之外，明清市廛例的变化，还集中表现在政府政令对价格机制的不同作用上。在明末“禁革行役”之前，政府藉由“时估和买”，造成了“官价”和“市价”的区分，干预了价格机制在市场交易过程中的正常运作。“禁革行役”逐步实施

[86]《钦定大清会典则例》，册 619，卷 69，《刑部：听断》，页 637。

[87]（清）昆冈等奉敕著，《清会典事例》，据清光绪二十五年（1899）石印本影印，北京：中华书局，1991，册 281，卷 817，《刑部：刑律诉讼：告状不受理》。

之后，政府不再主动以“官价”干预“市价”，改由牙行在市场上以“市价”代替政府购得所需财货；与此同时，清代政府又开始透过对米牙、米铺的辅助，试图“管制”米价，以降低米粮市场上价格波动对小民生计造成的危害。以政府政令对市场价格的作用而言，“干预”和“管制”其实是相对来说的，在“时估和买”制度下，政府常以远低于市场价格的“官价”（甚或完全不给价）来“购买”商品和劳动力，这是一种对市场价格的“干预”；在米牙米铺辅助下，政府试图在市场上增加或减少流通的米粮数量（甚至是银、铜货币数量），希望以供需数量的变化影响市场价格的升降，这即是本章所谓的“管制”。简言之，由明至清，政府政令对价格机制的变化，表现在由原先对全部商品劳动力市场价格的“干预”，转变成对粮食商品市场价格波动的“管制”。这个转变构成了明清《市司评物价》例文和《禁止把持》例文的变化基轴。

自晚唐“市制”逐渐衰落之后，“编审行役制”即成为《市司评物价》律文运作的制度背景。在此制度背景下，政府为方便“和买”的进行，“时估”制也因运而生，此下历宋、元、明初，无论是“旬估”或是“月估”，基本上都是政府以强编“团行、铺行”方式做成的“官价”，理论上“官价”不该脱离“市价”，但实际运作上，由于官吏对于“诸物行人”的尊贵地位，使得“官价”经常低于“市价”。自明后期江南地区开始出现“禁革行役”改革，“编审行役制”逐步解体，牙行加速在各地取代“诸物行人”在“时估和买”中的义务，代替官府在市场上向民间工商业者购买货品和劳动力。尽管明后期《市司评物价》律文还存有“诸物牙行人，评估物价”的“时估”规定，但这种“评估”物价其实已更接近“市价”，是民间工商业透过牙行中介买卖时的市场交易价格。因为“官牙”身份和其他民间工商业者相同，官牙没有强制民间工商业者以“官价”卖出商品劳动力的特权，因而政府间接购入的商品劳动力，其价格也更近于“市价”。在此新制度背景之下，政府对以“时估”定出各类商品和劳动力“官价”的需要也日渐削减。

虽然如此，但在政府委由牙行采买过程中仍然经常产生弊端，从而需要政府的主动除弊。如乾隆元年（1736）新增《把持行市》例所申禁的：“大小衙门公私所需货物，务照市价公平交易，不得充用牙行，纵役私取。即有差办，必须秉公提取，毋许藉端需索”（表二之3）。但这已是制度改革后仍然遗留的弊端，从制度而言，“牙行采买”已经正式取代了“铺行当行”，各类物品和劳动力的市场价格，也从而能较少受到政府“时估和买”的干预。

然而，粮食价格的变动，又逐渐在康熙年间以降成为政府极为关注的重要事务，致使清朝政府远比明代更加重视粮食价格的稳定。至少到乾隆年间，清代已完整地发展出维持粮价稳定的两大制度，并且相当有效地运作：一是粮价奏报制度，自康熙三十二年（1693）开始由地方官员奏报各地粮价，到乾隆初年即确立了要求全国官员每个月奏报粮价，在奏报内容中，一律要包括“中价、贵价、贱价”三种粮食市场价格，中央政府藉此留意全国各省府州县不同地区的粮价波动；[88] 二是以常平仓为主体的仓储制度，使用诸如平粜、出藉和赈济等手段，特别是经由“平粜”进行春粜秋籴，调节常平仓积谷数量，藉以平稳粮价。[89]

---

[88] 陈春声，《市场机制与社会变迁：十八世纪广东米价分析》，广州：中山大学出版社，1992，页279。王业键，《清代的粮价陈报制度》，见《故宫季刊》，13: 1（1978）：页53–66。王道瑞，《清代粮价奏报制度的确立及其作用》，见《历史档案》，1987: 4（1987）。

[89] 刘翠溶，《清代仓储制度稳定功能之检讨》，见《经济论文》，8，1（1980）：页5–16。Pierre-Etienne Will, *Bureaucracy and Famine in Eighteenth-Century China*. Translated by Elborg Forster, Stanford, California: Stanford University Press, 1990, pp.176–225.

粮价奏报和常平仓这两项制度，构成了清代粮价管制政令的基础，清代《市司评物价》增入的三条例文，都和清政府管制粮价的措施有关，都在维持京城附近和运河沿线米粮市价的稳定。乾隆四十年（1775）的新增例文，是在透过处罚收买政府“平粜”米石的铺户，藉以维持常平仓“平粜”的平抑粮价效果；同时，该条例文也特别对“逾数囤积居奇”米铺订定罚则。嘉庆十九年（1814）和道光二十一年（1841）的两条新增例文，则是对管制粮价的进一步做法，侧重在管制存留京城和漕河沿线的漕粮数量，主要处罚两种行为：一是贩出京城漕米的“回漕”行为，二是在运河沿线收买北上漕船载运米粮的米铺（表二之2）。这三条新增例文的主要立意，都在于维持粮价的稳定。很明显地，由这三条例文的规定来看，政府都不是强令民间工商业者“时估”订出和实际“市价”有所差异的“官价”，和粮价奏报制度、仓储制度一样，政府的基本做法都在首先承认米粮市场交易中的价格机制运作现况，然后试图以汇集更准确的市价波动以及释放出更适当的米粮数量，藉以影响市场价格的波动，将市价波动对民生的不利影响减到最低，这是清政府管制粮价的基本特色。正由于政府对管制粮价的重视，才使市廛律中新增的清代三条《市司评物价》例文，尽是和辅佐粮价管制手段相关的规范和罚则。

因为重视粮价的管制，清政府也很重视米粮市场上是否受到人为操纵的问题，这就涉及市廛律例中《把持行市》条所规范的内容。一方面，米牙最直接经手米粮在本地市场上的贩卖，可以协助官员呈报市场上的粮价变动；但另一方面，米牙和米铺（可视为兼营批发零售的中介牙行）也常因为囤积粮食而遭政府处罚，被列为破坏政府管制粮价的因素之一。乾隆年间曾有一场有关米牙存废的讨论，讨论过程中可以看出一些封疆大吏对米牙功能的评价，到底是接近协助政府管制粮价的帮手？还是“把持行市”操纵米粮市场的元凶？

乾隆二十八年（1763）四月，乾隆帝据奏，以为九年前杨应琚任两广总督时，曾未经户部议准径行革除广东省米牙行，并误为这个裁革米牙的措施是造成广东米价停止持续上昂的主因，乃要求时任陕甘总督的杨应琚和两江总督尹继善等地方大员讨论废除米粮官牙是否可以防止粮价波动。针对这个问题，乾隆二十八年六月和同年九月，杨应琚和尹继善两人分别有所疏陈，可看到当时地方大吏对米牙功能的认知。[90]两江总督尹继善指出江苏省的情形:“米粮牙行，民食所关，尤为紧要。其间，米色之高下、斗斛之大小、时价之低昂，必须诚实牙行为之经理”；“四方（客米）商贾到时，人地生疏，全赖牙行为之引领，方得买卖无亏。故历久相沿，商民称便。若一旦议裁，则远来之商无所依归，必致观望不前，粮食不能流通，转恐日渐昂贵”。尹继善对米牙在粮价管制功能的肯定，主要着眼在米牙能便利众多米粮客商到本省交易米粮，使本地米粮市场活络，进而使民食不缺；基本上，尹继善并不认为米牙不能控制粮价的高低:“米价之贵贱，全视产地之丰歉、贩运之多寡，随时低昂，此理势之必然，亦非牙行人等所能操纵”。杨应琚的看法和尹继善基本略同（认为米粮客商“人地生疏，非藉牙行引领，难以觅主求售。而粮色之高低、价值之差等，非藉牙行评论，亦未免彼此各有争竞”），但对牙行能否操纵粮价，杨氏则认为要看地区差异:

[90] 杨应琚奏折与尹继善奏折，分别参见:《宫中档乾隆朝奏折》，台北：台北“故宫博物院”，1983，册18，页152-155、825-826。

> 广东、两浙，村庄稠密，食指殷繁，每日需米，难以数计。官仓米石，本有定数。当谷贵之时，纵减价平粜，不过附近居民零星买籴，往往平粜已据报完，而市值仍未平减。若秋收之后，即遇岁稔粮多，而各处商贩纷纷籴运，殆无虚日，亦无藉官为收买。惟甘（肃）省则远在西陲，人户较少，除东与陕省接壤外，其余三面，俱无邻近省份。一遇丰收，则粒米狼戾，若于购籴之无人；一遇歉收，则无处挽运，势须仰于官粟。[91]

在杨应琚看来，各地粮食市场流通规模的不同，会严重影响仓储制度藉谷数调节管制粮价的政策效果。因此，广东、两浙这些“食指殷繁，每日需米，难以数计”的地区，米粮“市值”很难因为开仓“平粜”而减价，也无必要在谷价下跌时“官为收买”补入常平仓中，因为“遇岁稔粮多，而各处商贩纷纷籴运，殆无虚日”。在这种地区，连储存大量积谷官府都没有管制粮价的效果，更何况一般的米牙了。在“人户较少”的甘肃地区，因为粮食市场规模小，政府平粜政策才较有作用，但杨氏补充：因为甘肃地区缺少“携重资以囤积”的商人，所以也不必担心米牙等商人把持粮食市场。只有在陕西地方，因为有些州县的米行“尚有家道稍裕之人”，而且还有“歇家广建房屋囤积米粮，每岁为数甚多，必待价昂，始分发售卖”，对于这些米行和“歇家”，杨氏认为要“严行饬禁，有犯，必重加惩治在案”。究竟米牙当禁与否？杨应琚的结论是：“稽查牙行，查拏囤积，亦系除弊之一端”，但是“地方情形各有不同，欲使驵侩无以售奸、粮价不致腾涌”，“全在斟酌时地之相宜，难拘一定之规制”，“务期市值可平，民无食

[91] 《宫中档乾隆朝奏折》，册 18，页 154－155。

贵”。乾隆皇帝也欣赏杨应琚这种洞见，并在朱批其奏折中称赞道：“可谓通达时务之论”。[92]

明清“把持行市”例并未直接规范米牙在米粮市场交易价格中的作用。不过，由康熙四十八年（1709 年）六月初一日政府官员讨论革除无帖私牙时强调：“贸易货物，设立牙行，例给官帖，使平准物价”[93]，可知“平准物价”仍是官员对牙行职责的重要认知。

小结

尽管明清《户律》编《市廛》章的内容只有五条律文和二十六条例文，但明律《市廛》章以专章形式出现，其实已反映政府对民间工商业者财货、劳动力管制方式的两大制度性变化：“编审行役制”取代“市制”的发展，以及“官牙制”的发展。这两大发展滥觞于晚唐，历两宋与元代，延至明初，则绾合这两大制度的相关法律，正式列为专门章节，成为通行明清两代的全国性法律规范。

由明至清，“市廛律”基本不动，“市廛例”则屡有增修；由明代中期以至清代后期，陆续添入《市廛》章中二十六条例文。市廛例的增修则反映着“编审行役制”的逐步废除以及“官牙制”的进一步完善。政府一方面改革官牙制度，以加强对客商财货的保障；一方面则缩小对市场上一般商品价格的行政干预，政府只集中管制粮食价格。随着禁革“编审行役制”的普及，政府对市场

[92] 《宫中档乾隆朝奏折》，册 18，页 154－155。
[93] 《大清圣祖康熙皇帝实录》，台北：台湾华文书局，1964，卷 238，页 3188。

价格的影响，由原先透过“时估、和买”制订“官价”，转变为透过平粜政策设法平抑粮价，形成一个由“干预物价”变为“管制粮价”的制度性变化。

本章论证了明清《市廛》章律例所反映的政府和市场关系的变化，这些变化构成了明清政府对市场所做法律规范的重要内容。由广义的法律规范而言，会典也具有规范百姓行为的宣示作用，然而，政府编订律例与会典两类法律规范的最大不同，在于律例是要作为全国各级官员审判量刑的标准，律例规范虽然远比会典简要，却和百姓与官员的实际生活更加关联密切。明清会典编成后，罕见注家注释和书坊刻印，但明清律例则一直有着众多注释专书的流传与刻印。市廛律例的形成和修订，主要是要在处理市场上可能的冲突和讼案，用做定罪与否、判刑轻重的全国性标准，不只是在一套政府管理市场的“宣示”或“理想”。

对明清市场法律规范的更全面分析，实应同时包含对较多数量而且较好质量的实际案例做讨论，才能真正探究市廛律例实际运用到诉讼过程中的真实效用。[94]然而，在尚未分析相关司法档案中的案例之前，至少由明清《市廛》章律例变化看来，其内容则确实反映明清众多民间工商业者所面对的“市场制度”，确已因为

[94] 近年来有更多学者以清代巴县档案、淡新档案等地方司法讼案研究明清民商法律发展实况，从而提出了一些挑战性看法，相关介绍可参见：Philip C.C. Huang, “Civil Law in Qing and Republican China: The Issues.” In Kathryn Bernhardt and Philip C.C. Huang eds. *Civil Law in Qing and Republican China*, Stanford, California: Stanford University Press, 1994, pp.1－6; Madeleine Zelin, “A Critique of Rights of Property in Prewar China,” in Madeleine Zelin, Jonathan K. Ocko and Robert Gardella eds. *Contract and Property in Early Modern China*. Stanford: Stanford University Press, 2004, pp.17－36. 但专门针对市场规范相关司法案例所做分析则仍然少见。尽管近年有学者取材几件明清判牍案件试做一般性推论（童光政，《明律“私充牙行埠头”条的创立及其适用》，见《法学研究》，26，2（2004）：页 116－125），但判牍毕竟比不上司法档案的完整性，加上又只是使用数量有限的判牍案例，恐怕仍不足以有效论证《市廛》法律与相关讼案间的关联性。

“编审行役制”的消失、“官牙制”的确立推广而与前代不同；因而，有可能减低政府官员在制度上任意破坏市场价格正常运作的可能性，从而摆脱原先比较恶劣的经商环境。

由明清市廛律例的演变来看，政府对市场的法律规范已由经常性的“干预”市场，逐步变为选择性的“管制”市场。至少到十八世纪左右，基本上，政府已不再以经常性的“编审行役”和“时估”制度，向各行业工商业者“和买”财货和劳动力，政府部门每年对财货劳力的经常性需要，基本上不再以“干预”破坏原先市场价格机制来完成，而改由委任官牙间接在市场上进行。官牙不过是领有固定年限营业执照的中介商人，不是直接登录“官价”的官府，这使“官价”与“市价”的区隔较易松动，价格机制可以在市场上运作的更有效率。

与此同时，清政府还试图建立粮价管制制度，其做法也不是任意干预米粮在市场上的售价，而是藉“粮价奏报”制度搜集各地随时波动的粮食市价，然后以释放或购入常平中所存贮不同数量的米粮，在市场上“调控”粮价。政府对粮价的调控能力，依各地粮食市场规模大小而有所不同，有些十八世纪的清政府官员也的确认识到此点，对于政府管制和市场机制之间的份际，乃有愈来愈多的理解。[95]因为粮食波动直接牵动“小民生计”，清政府对米粮市场的管制才有积极的动力去认真执行，所以是种选择性的“管制”，并不扩及对经营其他行业的市场管制。对于粮食市场以外的市场交易问题，政府主要是透过官牙制度来进行管理。政府在市廛例中制定了一些相关的法律规范，由管理、惩处牙行在

---

[95] 除本章前引杨应琚的例子外，同时期官员陈宏谋对市场价格机制的“自发秩序”也有相当的认识，参见：William T. Rowe，“State and Market in Mid-Qing Economic Thought: The Career of Chen Hongmou, 1696—1771，” *Etudes Chinoises,* 12, 1 (1993), pp.7-39.

市场上的不正当行为，改善特权人物“强买强卖”以及拖欠客商货款等问题。

市场交易的复杂化，带来更多的交易成本问题，政府法律规范和经济行政的适时支撑，对建立更有效率的市场制度和促使经济发展，是相当重要的配合因素。无论是制定合宜的法律规范或是推展配合的经济行政，都需要政府规模的扩大。然而，比起十八、十九世纪的英国，[96]清政府在经济事务方面的行政规模看来成长过小。尽管民间商人可以透过产销组织的创新以及道德习俗的推展，藉以降低市场复杂化后上升的交易成本，进而提升经济效率；但是，缺乏政府法律规范和经济行政的更有效支撑，仍然使改善市场制度、降低交易成本、提升市场交易过程中对经济资源的利用效率等方面，都造成不利的影响，阻碍了清代经济成长的进行速度。

不过，和十八、十九世纪英国市场制度做比较是一回事，若和明清以前相比，则明清中国市场制度确实已因政府法律规范变化而有明显差异。至迟到清代前期，随着“编审行役制”的废除以及“官牙制”的完善，民间工商业者基本上有了比昔日更好的市场交易环境，诸种具有降低交易成本作用的市场制度已然体现到全国通行的法律条文中。由明清市廛律例修订过程来看，这些法律规范的演变其实反映两方面的重要变化，一是市场制度因政府法令变化而改善，二是政府功能因市场发展而有所调整，这两方面变化构成了明清中国“政府—市场”关系演变的重要一环。

---

[96] Markham Lester, *Victorian Insolvency: Bankruptcy, Imprisonment for Debt, and Company Winding-up in Niniteenth-Century England*. Oxford: Clarendon Press, 1995, pp. 6-8. Oliver. MacDonagh, “The Nineteenth-Century Revolution in Government: A Reappraisal,” *The Historical Journal,* 1:1 (1958), pp. 52-67.

附 表

表一　明清律《市廛》章、唐律《杂律》编相关律文名称比较

明律、清律《户律：市廛》	唐律《杂律》[1]
1.《私充牙行埠头》	（无）
2.《市司评物价》	《市司评物价》
3.《把持行市》	《卖买不和较固》
4.《私造斛斗秤尺》	《校斛斗秤度》《私作斛斗秤度》
5.《器用布绢不如法》	《器用绢布行滥短狭》

表一之 1 《私充牙行埠头》律文

律典	律文	引文来源[2]
明律	1. 凡城市乡村，诸色牙行，及船埠头，并选有抵业人户充应。官给印信文簿，附写客商·船户住贯、姓名、路引字号、物货数目，每月赴官查照。 2. 私充者，杖六十，所得牙钱入官。 3. 官牙埠头容隐者，笞五十，革去。	黄彰健，1979：577
清律	1. 凡城市乡村，诸色牙行，及船（之）埠头，并选有抵业人户充应。官给印信文簿，附写（逐月所至）客商船户住贯姓名、路引字号、物货数目，每月赴官查照（其来历引货）。 2.（若不由官选）私充者，杖六十，所得牙钱入官。 3. 官牙埠头容隐者，笞五十，（各）革去。	吴坛，1992：529。注：此仍明律，其小注，顺治三年添入（薛允升，1970：405）
唐律	（无）	

---

[97] 唐律《杂律》编相关条文的次序为《校斛斗秤度》、《器用绢布行滥短狭》、《市司评物价》、《私作斛斗秤度》、《卖买不和较固》等四条律文（《唐律疏议》，页 497-500），表一为配合明清市廛律的次序而将唐律条文次序更动。

[98] 表一征引史料简称说明：刘俊文，1986（长孙无忌等撰，《唐律疏议》，刘俊文点校，台北：弘文馆出版社，1986）；黄彰健，1979（黄彰健编，《明代律例汇编》，台北：台湾"中央研究院"历史语言研究所，1979）；吴坛，1992（吴坛，《大清律例通考校注》，约编成于乾隆四十四年（1779），新校本，北京：中国政法大学出版社，1992）；薛允升，1970（薛允升，《读例存疑（重刊本）》，黄静嘉编校，台北：成文出版社，1970）。

表一之 2 《市司评物价》律文

律典	律文	引文来源
明律	1. 凡诸物行人，评估物价，或贵或贱，令价不平者，计所增减之价，坐赃论。 2. 入已者，准窃盗论，免刺。 3. 其为罪人估赃不实，致罪有轻重者，以故出入人罪论。受财者，计赃以枉法从重论。	黄彰健，1979：578
清律	1. 凡诸物（牙）行人，评估物价，或（以）贵（为贱），或（以）贱（为贵），令价不平者，计所增减之价，坐赃论。（一两以下，笞二十，罪止杖一百、徒三年）。 2. 入已者，准窃盗论，（查律坐罪），免刺。 3. 其为（以赃入罪之）罪人估赃（增减）不实，致罪有轻重者，以故出入人罪论（若未决放，减一等）。受财（受赃犯之财，估价轻；受事主之财，估价重）者，计赃以枉法从重论（无禄人，查律坐罪）。	吴坛，1992：531。 注：此仍明律，其小注，顺治三年添入（薛允升，1970：408）
唐律	1. 诸市司评物价不平者，计所贵贱，坐赃论；入已者，以盗论。 2. 其为人评赃不实，致罪有出入者，以出入人罪论。	刘俊文，1986：498

表一之 3 《把持行市》/《卖买不和较固》律文

律典	律文	引文来源
明律	1. 凡买卖诸物，两不和同，而把持行市，专取其利；及贩鬻之徒，通同牙行，共为奸计，卖物以贱为贵，买物以贵为贱者，杖八十。 2. 若见人有所买卖，在傍高下比价，以相惑乱，而取利者，笞四十。 3. 若已得利物，计赃重者，准窃盗论，免刺。	黄彰健，1979：579
清律	1. 凡买卖诸物，两不和同，而把持行市，专取其利；及贩鬻之徒，通同牙行，共为奸计，卖（己之）物以贱为贵，买（人之）物以贵为贱者，杖八十。 2. 若见人有所买卖，在傍（混以己价）高下比价，以相惑乱，而取利者，（虽情非把持），笞四十。 3. 若已得利物，计赃重者，准窃盗论，免刺。	吴坛，1992：532。 注：此条唐律系“买卖不和较固”，明始改为“把持行市”。其小注系顺治初年律内集入（吴坛，1992：532）
唐律	1. 诸卖买不和，而较、固取者（较，谓专取其利。固，谓障固其市）；及更出开闭，共限一价（谓卖物以贱为贵，买物以贵为贱）；若参市（谓人有所卖买，在傍高下其价，以相惑乱），而规自入者：杖八十。 2. 已得赃重者，计利，准盗论。	刘俊文，1986：500

表一之 4 《私造斛斗秤尺》/《校斛斗秤度》《私作斛斗秤度》律文

律典	律文	引文来源
明律	1. 凡私造斛斗秤尺不平，在市行使，及将官降斛斗秤尺作弊增减者，杖六十。工匠同罪。 2. 若官降不如法者，杖七十。提调官失于较勘者，减一等。知情与同罪。 3. 其在市行使斛斗秤尺虽平，而不经官司较勘印烙者，笞四十。 4. 若仓库官吏，私自增减官降斛斗秤尺收支官物而不平者，杖一百。以所增减物计赃，重者坐赃论。因而得物入己者，以监守自盗论。工匠杖八十。监临官知而不举者，与犯人同罪。失觉察者，减三等。罪止杖一百。	黄彰健，1979：582
	1. 凡私造斛斗秤尺不平，在市行使，及将官降斛斗秤尺作弊增减者，杖六十。工匠同罪。 2. 若官降不如法者，（官吏、工匠）杖七十。提调官失于较勘者，减（原置官吏、工匠罪）一等。知情与同罪。 3. 其在市行使斛斗秤尺虽平，而不经官司较勘印烙者，（即系私造），笞四十。 4. 若仓库官吏，私自增减官降斛斗秤尺收支官物而不平（纳以所增，出以所减）者，杖一百。以所增减物计赃，重（于杖一百）者坐赃论。因而得（所增减之）物入己者，以监守自盗论（并赃不分首从，查律科断）。工匠杖八十。监临官知而不举者，与犯人同罪。失觉察者，减三等。罪止杖一百。	吴坛，1992：537。注：此条唐律内系“较斛斗秤度”、“私作斛斗秤度”二条，原附杂律内。明始并为“私造斛斗秤尺”。其小注系顺治初年律内集入（吴坛，1992：537）
唐律《校斛斗秤度》	1. 诸校斛斗秤度不平，杖七十。监校者不觉，减一等；知情，与同罪。	刘俊文，1986：497
唐律《私作斛斗秤度》	1. 诸私作斛斗秤度不平，而在市执用者，笞五十；因有增减者，计所增减，准盗论。 2. 即用斛斗秤度出入官物而不平，令有增减者，坐赃论；入已者，以盗论。 3. 其在市用斛斗秤度虽平，而不经官司印者，笞四十。	刘俊文，1986：499

表一之 5 《器用布绢不如法》／《器用绢布行滥短狭》律文

律典	律文	引文来源
明律	1. 凡造器用之物，不牢固真实，及绢布之属纰薄短狭而卖者，各笞五十。其物入官。	黄彰健，1979：583
清律	1. 凡民间造器用之物，不牢固正实，及绢布之属纰薄短狭而卖者，各笞五十。	吴坛，1992：537。注：此条系仍唐律，查原律内“笞五十”下有“其物入官”四字，乾隆五年馆修，以民间市卖之物，造不如法，笞以惩之足矣，其物入官，滋弊无穷。且向来并未照此条行，因删如前律（吴坛，1992：537）
唐律	1. 诸造器用之物及绢布之属，有行滥、短狭而卖者，各杖六十（不牢谓之行，不真谓之滥。即造横刀及箭镞用柔铁者，亦为滥）。 2. 得利赃重者，计利，准盗论。贩卖者，亦如之。市及州、县官司知情，各与同罪；不觉者，减二等。	刘俊文，1986：497–498

表二之 1　明清“私充牙行埠头”新增例文

修例时间	内容	数据源[1]
明代例	凡客店，每月置店簿一本。在内赴兵马司，在外赴有司署押讫，逐日附写到店客商姓名、人数、起程月日，各赴所司查照。如有客商病死，所遗财物，别无家人亲属者，官为见数行移，招召父兄子弟，或已故之人嫡妻，识认给还。一年后无识认，入官。	薛允升，1970：405
康熙年间例。乾隆五年删改。	旗、民遇有丧葬，听凭本家之便，雇人抬送，不许仵作私分地界，霸占扛抬，分外多取雇值。如有恃强搀夺，不容本家雇人者，立拏，枷号两个月，杖一百。	薛允升，1970：405

[99] 表二征引史料简称说明：高举，1970（高举，《大明律集解附例》）；黄彰健，1979（《明代律例汇编》）；吴坛，1992（《大清律例通考校注》）；薛允升，1970（《读例存疑（重刊本）》）。

续表

修例时间	内容	数据源[1]
康熙四十五年例，咸丰二年改定	凡在京各牙行领帖开张，照五年编审例，清查换帖。若有光棍（注：咸丰二年改为棍徒）顶冒朋充，巧立名色，霸开总行，逼勒商人不许别投，拖欠客本，久占累商者，问罪枷号一个月，发附近充军。地方官通同徇纵者，一并议处。	薛允升，1970：406
雍正十三年例	京城一切无帖铺户，如有私分地界，不令旁人附近开张；及将地界议价若干，方许承顶；至发卖酒斤等项货物车户，设立名牌，独自霸揽，不令他人揽运，违禁把持者，枷号两个月，杖一百。	薛允升，1970：406
雍正十三年例，乾隆二十一年增定	各处关口地方，有土棍人等，开立写船保载等行，合伙朋充，盘踞上下；遇有重载雇觅小船起剥，辄敢恃强代揽，勒索使用，以致扰累客商者，该管地方官查拏，照牙行无籍之徒用强邀截客货例，枷号一个月，杖八十。	薛允升，1970：406
雍正八年例，乾隆五年删	私立水窝之人，照把持行市律治罪；该地甲役通同容隐不报者，笞五十；该地方官不行严禁，交部议处。	薛允升，1970：407
雍正十二年例，乾隆五年删	五城地方开设猪圈之家，藉养猪名色，勒措猪客需索银钱者，计赃论罪。若用强霸占，不容他人生理，照把持行市律，杖八十。	薛允升，1970：407
乾隆五年例，咸丰二年改定	各衙门胥吏，有更名捏充牙行者，照更名重役例，杖一百，革退。如有诓骗客货，累商久候，照光棍（注：咸丰二年改为棍徒）顶冒朋充霸开总行例，枷号一个月，发附近充军。若该地方官失于觉察，及有意徇纵，交部分别议处；受财故纵，以枉法从重论。	薛允升，1970：406

表二之 2　明清《市司评物价》新增例文

修例时间	内容	数据源
明代例	在外问刑衙门以赃入罪，除估价已定，照旧施行外；若有货物估价，该载未尽，及原估粗旧等物，今系新美者，许量照时值拟断。	黄彰健，1979：578

续表

修例时间	内容	数据源
乾隆四十年例，嘉庆六年改定	五城平粜米石时，如有贩卖收买官米十石以下者，将贩卖之人，在于该厂地方枷号一个月，杖一百；收买铺户，照不应重律，杖八十；米石仍照交该厂另行粜卖。至十石以上，贩卖之人枷号两个月，杖一百；铺户杖九十。如所得余利，计赃重于本罪者，计赃治罪。各铺户所存米麦杂粮等项，每种不得过一百六十石。逾数囤积居奇者，照违制律治罪。	薛允升，1970：408
嘉庆十九年例，道光十四年改定	京城粗米，概不准贩运出城。如有违例私运出城者，除讯有回漕情事即照回漕定例办理外，若讯无回漕情事，实系仅图买回食用，或转卖渔利者，一石以内，即照违制律，杖一百；一石以上，杖一百，枷号一个月；十石以上，杖一百，枷号两个月；二十石以上，杖六十，徒一年；三十石以上，杖七十，徒一年半；四十石以上，杖八十，徒二年；五十石以上，杖九十，徒二年半；六十石以上，杖一百，徒三年；一百石以上，发附近充军；五百石以上，枷号两个月，发边远充军；一千石以上，枷号三个月，发极边足四千里充军。至乡民有进城买细米食用者，一石以内，准其出城；一石以上，即行严禁。如有逾额贩运，照违制律，杖一百。若一年之内，偷运细米出城，至一百石以上者，加枷号两个月；五百石以上者，枷号两个月，发近边充军；一千石以上者，枷号三个月，发边远充军。米石变价入官。各门兵丁失于觉察者，如运米本犯罪杖徒，兵丁笞五十；运米本犯应拟军，兵丁杖一百；失察之官弁，交部分别议处；知情故纵者与同罪；受财者，计赃，以枉法从重论。	薛允升，1970：408
道光二十一年例	滨临水次各铺户，向粮船承买余米时，由该管官出示晓谕，无论米数多寡，均饬令于次年南粮未经北上三个月以前，一律碾细，不准藉词延宕。届期仍由该管上司密派员役，分赴各处确查。傥仍有收存粗米，讯明业经旗丁买米回漕者，即照回漕例分别定拟。如尚未售卖，存米不及六十石者，照回漕例减一等，杖九十，徒二年半；六十石以上者，杖一百，徒三年。至六百石者，发边远充军，仍均起米入官。	薛允升，1970：409

表二之 3 明清《把持行市》新增例文

修例时间	内容	数据源
明弘治四年例	光禄寺买办一应物料：奸顽之徒，称是报头等项名色，在街强赊作弊害人的，拏来枷号三个月。满日，还，从重发落。	高举，1970：903–4
明代例	会同馆内外四邻军民人等，代替夷人收买违禁货物者，问罪，枷号一个月，发边卫充军。	高举，1970：904
明代例，顺治年间删改，嘉庆六年改定	（凡夷人）朝贡到京，会同馆开市五日。各铺行人等，将不系应禁之物入馆，两平交易；染作布绢等项，立限交还。如赊买及故意拖延骗勒远（夷）人至起程日不能清还者，照诓骗律治罪，仍于馆门首枷号一个月。若不依期日，及诱引远（夷）人潜入人家私相交易者，私货各入官。铺行人等以违制论，照前枷号。（通行守边官员，不许将曾经违犯夷人，起送赴京）。	高举，1970：904–5；薛允升，1970：410；黄彰健，1979：580–581
明弘治十一年例	迤北小王子等，差使臣人等赴京朝贡，官员军民人等与他交易，止许光素纻丝绢布衣服等件，不许将一应兵器并违禁铜铁等物。敢有违犯的，都拿来处以极刑。	高举，1970：905
明代例，雍正三年修改，乾隆五年改定	甘肃西宁等处，遇有番夷到来，（本都司）所在该管官司委官关防（提）督查，听与军民人等两平交易。若势豪之家，主使弟男、子侄、家人（头目人）等，将（夷）远人好马奇货包收，逼令减价、以贱易贵；及将（粗重）一切货物（并受损）头畜拘收，取觅用钱，方许买卖者，（听使之人，问发附近卫分充军）；主使之人问发附近地方充军；听使之人，减主使一等；（干碍势豪及）委官知而不举、通同分利者，参问治罪。	高举，1970：905–6；薛允升，1970：410
明成化十四年例	辽东开设马市，许令海西并朵颜等三卫夷人买卖。开元每月初一日至初五日，开一次；广宁每月初一日至初五日、十六日至二十日，开二次。各夷止将马匹并土产物货赴彼处，委官验放入市；许赍有货物之人入市，与彼两平交易。不许通事交易人等将各夷欺侮愚弄、亏少马价及偷盗货物；亦不许拨置夷人，指以失物为由，扶同诈骗财物分用。敢有擅放夷人入城，及纵容官军人等无货者任意入市、有货者在内过宿，规取小利、透露边情，事发，问拟明白，俱发两广烟瘴地面充军，遇赦，并不原宥。	高举，1970：906–7

续表

修例时间	内容	数据源
明弘治年间例	各处客商辐辏去处，若牙行及无籍之徒，用强邀截客货者，不论有无诓赊货物，问罪。俱枷号一个月。如有诓赊货物，仍监追完足发落。若监追年久，无从陪还，累死客商。属军卫者，发边卫；属有司者，发附近，俱充军。	高举，1970：908； 黄彰健，1979：577
明弘治年间例，顺治至雍正年间仍之，乾隆五年删	杨村、蔡村、河西务等处，如有用强拦截民运粮船，在家包雇车辆、逼勒多出脚钱者，问追给主，仍发边卫充军。	高举，1970：908； 吴坛，1992：535； 黄彰健，1979：577
明代例，顺治、康熙年间仍之，雍正三年删	凡捏称皇店，在于京师内外等处，邀截客商，措勒财物者，俱拏送法司问罪。就于害人处所，枷号三个月，发极边卫分，永远充军。	高举，1970：908–9； 吴坛，1992：535； 黄彰健，1979：580
康熙六年例，雍正三年修改，乾隆五年改定	凡内府人员家人，及王、贝勒、贝子、公、大臣、官员家人，领本生理，霸占要地关津，倚势欺陵，不令商民贸易者，事发，将倚势欺陵之人，拟斩监候。如民人藉贷王以下大臣官员银两，指名贸易，霸占要地关津，恃强贻累地方者，亦照此例治罪。又，内府人员家人及王以下大臣官员家人，指名倚势，网收市利，挟制有司，干预词讼，肆行非法；该主遣去者，本犯枷号三个月，鞭一百；本犯私去者，照光棍例治罪；王贝勒贝子公失察者，俱交与该衙门照例议处；管理家务者，革职；大臣官员失察者，亦俱革职。不行察拏之该地方文武官，交该部议处。	薛允升，1970：411
乾隆二十三年例	牙行侵欠控追之案，审系设计诓骗，侵吞入己者，照诓骗本律，计赃治罪；一百二十两以上，问拟满流；追赃给主。若系分散客店，牙行并无中饱者，一千两以下，照例勒追，一年不完，依负欠私债律治罪；一千两以上，监禁严追，一年不完，于负欠私债律上加三等，杖九十。所欠之银，仍追给主。承追之员，按月册报巡道稽查，逾限不给者，巡道按册提比。如怠忽从事，拖延累商者，该巡道据实揭参，照事件迟延例议处；有意徇纵者，照徇情例，降二级调用；如有受财故纵者，计赃从重，以枉法论。	薛允升，1970：411–412

续表

修例时间	内容	数据源
乾隆二十九年例	粮船雇觅短纤，如有棍徒勒价聚众攒殴等事，押运员弁交地方官审实，将为首及下手伤人之犯，俱问发近边充军；余俱杖一百，枷号两个月，于河岸示众。	薛允升，1970：412
乾隆三十五年例	京城官地井水，不许挑水之人把持多家，任意争长价值，及作为世业私相售卖；违者，许该户呈首，将把持挑水之人，照把持行市律治罪。	薛允升，1970：412
乾隆元年例	大小衙门公私所需货物，务照市价公平交易，不得充用牙行，纵役私取。即有差办，必须秉公提取，毋许藉端需索。如有纵役失察，交部分别议处。其衙役照牙行及无籍之徒用强邀截客货者，不论有无诓赊货物例，枷号一个月，杖八十；如赃至三十五两者，照枉法赃问拟。所得赃私货物，分别给主入官。	薛允升，1970：412–413

第二章　晚明有关法律知识的两种价值观

明清中国曾经出版为数不少的法律书籍，以现存这类书籍数量而论，出版于明代者约为一百零一种，出版于清代者则约一百六十余种；[1] 而以其性质而论，则也有不同类别，单以涉及当时统称“律例”的政府法条书籍而言，即可区别为“辑注本”、“考证本”、“司法应用本”、“图表本”和“歌诀本”等五类。[2] 在编著、出版与流通这些法律书籍的过程中，其作者和出版者当然各有种种不同目的，值得进行多方面的研究；而本章所欲探究的主题则是：当时人们在阅读法律条文和法律书籍时，抱持着何种价值观？当时人们究竟如何看待法律书籍的编写、出版与流通？简言之，笔者更关注的是有关法律书籍的读者问题：哪些人在阅读法律书籍？用何种方法阅读法律书籍？以何种价值观去看待法律知识？我挑选晚明两部重要法律书籍，追溯其编写、出版、重制与流通过程中所涉及的读者问题，进而论证当时人们阅读法律书籍所展现的两种价值观。

王樵（1521—1599）的《读律私笺》，以及王肯堂（1549—

[1]　何勤华，《中国法学史》，第二卷，页 198-208。

[2]　张晋藩，《清代私家注律的解析》，见氏著《清律研究》，页 164-188。

1613）的《律例笺释》，同为明代两部重要的法律书籍，前者出版于1590年代，后者出版于1610年代，王樵是王肯堂父亲，虽然王肯堂承续了父亲的法律家学传统，但在对待法律知识的价值观上，两人却有明显不同。尽管王肯堂《律例笺释》在后代受到颇高的评价，[3] 但事实上这是王肯堂在王樵《读律私笺》一书既有基础上所扩编增辑而成。值得注意的是，两书关系如此密切，两位作者也都对法学知识展现了较大兴趣，但是，他们在讨论如何阅读法律条文以及如何定位法律知识性质等问题上，则表现了不同旨趣。透过两位作者在阅读法律时所展现的不同旨趣，我将藉以分析当时人们阅读法律书籍的价值观，配合明末清初逐渐兴起的以阅读法律为谋生工具或是正式职业的讼师、幕友等人物，我希望能对当时法律与经济关系的变化，提供一些有用的观察。

本章主要分为三节。第一节讨论王肯堂《律例笺释》的前身《读律私笺》，说明此书如何反映王樵倡议“治律令，如士人治本经”的法律阅读习惯，分析王樵这种法律阅读习惯背后的心理因素，并讨论其中所涉及的价值观:法律书籍也能像儒家经典一般“有资用世”。第二节以王肯堂《律例笺释》的长篇自序为焦点，分梳晚明“阴谴”与“功过格”结合风气对当时司法审判的影响，既用以说明王肯堂诠释“祥刑”字义的特殊历史背景，也突显王肯堂所提出的有关阅读法律书籍的另一种价值观：讲究法学知识也能“福祚流及子孙”。第三节为回响与小结，既综述本章主旨，也进一步讨论王樵与王肯堂父子代表两种法律价值观在清初的余绪与回响。

[3] 何勤华曾指出：王肯堂《律例笺释》在明清众多律学著作中“无疑是最为重要的”，它也是后来“清代律例注释书引用最多的明人作品”，以清末法学名家薛允升为例，在其所著《唐明律合编》的征引法学著作书籍中，即以《律例笺释》的次数最高，竟达“一百二十多次”（何勤华，《中国法学史》第二卷，页236）。

第一节　王樵的法律阅读与法学注释

王肯堂《律例笺释》约出版于明代万历四十年（1612），全书正文共计三十卷，此外，卷首和书末分别另收一些相关数据：卷首分别收录了明洪武三十年（1397）的大明律序文、王肯堂写于万历四十年的自序、万历十三年（1585）刑部尚书舒化等人向政府上呈的“进新刻大明律附例题稿”，以及各种法条补充图表；书末则附录了王肯堂所辑著的《慎刑说》。[4] 尽管不少后代学者高度评价王肯堂的《律例笺释》，但此书明刊本的流通量似乎并不算大，后人所见到王肯堂《律例笺释》的最流通版本，并非明代刊制，而是清代康熙三十年（1691）由顾鼎重新改编并更换出版书名的《王肯堂笺释》（或另称是《王仪部先生笺释》）。[5]

王肯堂字宇泰，金坛县人，明万历十七年（1589）进士。自晚明以来即以医学专家闻名，[6] 此外，王肯堂同时也是一位法学专

[4] 这部明刊本王肯堂《律例笺释》现存北京图书馆，依该馆书目卡片载，此书原为十二册线装书，但笔者在该馆只曾读到据原书摄制的微卷。该书首册封面列有三栏文字：右上方署名“王宇泰先生著”，正中间题名“律例笺释”，左下方标记“本衙藏版”。

[5] 海内外不少图书馆藏有此本清代重刊的线装书。近年来，这部清代重刊本被影印出版，但书名并未沿用清初重刊本封面上的《王肯堂笺释》，而是以原书各卷卷头刻印的《王仪部先生笺释》命名（见：影印清康熙三十年（1691）顾鼎重辑刻本《王仪部先生笺释》，见《四库未收书辑刊》第1辑，第25册，北京：北京出版社，1997）。一般说来，古籍线装书书名不似现代有更为统一的著录名称，这部王肯堂律例注释书在清初重制时，于书体不同地方同时出现《王仪部先生笺释》与《王肯堂笺释》两个“书名”。书名所称“笺释”都以王肯堂名字或是其任官称谓的“王仪部”颜首，主要是重制出版时改编者特别想表达其对王肯堂《律例笺释》的佩服与崇敬，改编者顾鼎如是说道：“今得原本，重编而付之剞劂。因举世爱读此书，故不敢讳先生之名，即标于封面，阅是编者，其恕余之妄，而鉴余之心，幸矣。”（《王仪部先生笺释》，页264）

[6] 正史称其：“好读书，尤精于医，所著《证治准绳》，该博精粹，世竞传之。”（《明史》，卷221，页5818）有关王肯堂的简要传记，参见：王重民，《王肯堂传》，见氏著《冷庐文薮》，上海：上海古籍出版社，1992，页166-168。

家，在所著《律例笺释》中，即充分展示了他对明代法律条文源流、演变与意旨的娴熟掌握，清初法学专家对此书已有很高评价："王君《律例笺释》，其照律条贯，备悉诠解，脍炙人口，已非一日。"[7] 然而，王肯堂《律例笺释》却并非是他一人的成绩，而是承继了王樵《读律私笺》既有注律基础而扩大增辑而成，这点在明刊本《律例笺释》的作者题记上，其实已经做了清楚标明，只因后代流传较广的《律例笺释》是清初改编本，而此改编本书名不仅被改为《王肯堂笺释》，改编者更拿掉了作为共同作者王樵的名字，从而模糊了此书来历。事实上，在明刊本《律例笺释》全书三十卷正文的每卷卷首的作者栏内，都清楚刊题着"王樵私笺，肯堂集释"字句。[8]《读律私笺》约于万历二十三年（1595）九月出版，[9] 比起王樵、王肯堂父子合著《律例笺释》的出版时间万历四十年，约早了十七年。

尽管《律例笺释》是以《读律私笺》为基础，但内容则又多出甚多，二书既有清楚的承继关系，也带有王肯堂个人克绍箕裘发扬家学的新创成分，《律例笺释》可谓是王肯堂在王樵《读律私笺》既有基础上而扩大编成的法学著作，说是王樵、王肯堂父子合著固然没错，但称其为王肯堂个人专著也讲得通。

在分析王肯堂《律例笺释》如何表达对法律知识的评价之前，

---

[7] 王明德，《读律佩觿》（影印清康熙十五年（1676）年王氏冷然阁重刻本，见《四库全书存目丛书》，台南：庄严文化公司，1995，子部，第 37 册），页 530。

[8] 此处所用"私笺"字眼，既是动词也是名词；以名词论，正暗指了作为王肯堂"集释"基础之一的王樵法学专著书名:《读律私笺》。然而，这里确实又有疑点：在明刊本《律例笺释》第一册线装书封面何以只单独题记"王宇泰先生著"？其中可能涉及此书出版或重制时的种种细节，证据太少，故难多论。惟明刊本封面虽未题王樵名字，但《律例笺释》正文各卷卷首则确实皆题刻"王樵私笺，肯堂集释"，这仍清楚载明父子两人在此书的共同作者关系。

[9] 万历年间刊本的王樵《读律私笺》现藏北京图书馆，全书有正文二十九卷与附录一卷，书前录有题于万历乙未年（二十三年，1595）九月的王樵自序。

我要先集中讨论王樵如何看待法律知识，这对理解王肯堂如何叙说法律知识的重要性，将有很好的参照作用，合而观之，正可为勾画明末清初中国法律阅读习惯的演变，提供一些有用的观察线索。

王樵花了三十年以上心血撰著《读律私笺》，[10] 这个长时间的写书过程，固然可以反映他本人对法律知识的重视，然而，笔者更感兴趣的是：王樵究竟采用何种文字论述的语句或是非文字论述的姿态，去向人们论证法律知识的重要性？王樵当时其实是以撰注儒家经典而闻名，正史曾如此形容王樵的学术："邃经学，易、书、春秋，皆有纂述。"[11] 王樵学术活动之所以能获得社会好评，基本上是由于他注疏儒家经典；然则，王樵在注疏儒家经典同时，又以三十年心血撰著一部法学专书，他究竟是如何看待法律知识与儒家经典之间的关系呢？对人们一般只看重他注释儒家经典而未留意他同样费心注释法律条文的成绩，王樵是否也曾感到如鲠在喉？一位曾经花费三十年工夫研读法律条文而撰成法学专书的学者，但别人似乎总只是知道他注释儒家经典的成绩，王樵是否感到有必要提醒别人也该注意他注释法律条文所付出的心血以及其所达到的成就？这里面其实存在几个不同层次的脉络，我将依序区别与说明。

一、王樵阅读与注释法律的心理背景

王樵何以在注释儒家经典之外而又同时重视法学知识？这里可以先提供一个直接而又隐微的原因：王樵年轻时担任司法工作时

---

[10] 《读律私笺》出版前数年，在一封寄给侄儿王尧封的家信上，王樵如此形容此书的草稿："初稿五巨册，盖吾三十年之精力在焉。"（参见：王樵，《方麓集》，影印文渊阁四库全书本，台北：台湾"商务印书馆"，1983，册 1285，卷 9，页 281）

[11] 《明史》，卷 221，页 5818。

的挫折或受辱经验，刺激了他开始阅读和钻研法律知识。王肯堂的《律例笺释》自序对此有如下记载：

> 先少保恭简公为比部郎时，尝因鞫狱引拟不当，为尚书所诃，发愤读律，是以有“私笺”之作。两出持宪，一东衮，一嘉湖，皆最烦剧地，而案无留牍，庭无冤民，有余暇焉，自以为比部“笺律”效也。[12]

“少保恭简公”用的是王樵卒后朝廷追赠的谥号，而文中提及的“比部郎”和“两出持宪，一东衮，一嘉湖”，则是指王樵任职刑部员外郎和先后出任山东佥事、浙江佥事的经历。至于王肯堂两次提及的“私笺”与“笺律”，指的正是王樵辑著的《读律私笺》。王肯堂这篇序文的重点，其实是要向读者说明《读律私笺》这部书对他父亲为官政绩的巨大帮助（“案无留牍，庭无冤民”），这种文字论述既宣扬了《读律私笺》的重要性，也连带宣扬了自己在《读律私笺》基础上撰成《律例笺释》的重要性。然而，王肯堂在此处则无意或有意地留下了一段王樵当年“发愤读律”的往事：在刑部员外郎任内，曾因覆审法律文书时援引法条不当而被刑部尚书责骂，因而“发愤读律”。

王肯堂写这篇序文时，《读律私笺》已出版十七年，而王樵也

[12] 此段文字根据于明刊本《律例笺释》卷首的王肯堂《自序》。值得注意的是，明刊本王肯堂《自序》文字和一般常见重编本《王仪部先生笺释》（或称《王肯堂笺释》）所刻王肯堂《自序》稍有出入，何勤华先生敏锐地点出其中两处重要差异：一，明刊本“是以有私笺之作”字句，在重编本则刻成“是以有笺释之作”；二，明刊本“比部笺律效也”句文，重编本刻为“比部笺释效也”（何勤华，《中国法学史》第二卷，页 245）。清初重编者一律以“笺释”二字取代明刊本《自序》确曾出现的“私笺”与“笺律”等字词，这使以后读者很容易忽略王肯堂此书其实源于王樵《读律私笺》的承继关系。

已谢世十三年，王肯堂回忆父亲当年“鞫狱引拟不当，为尚书所诃”而“发愤读律”的往事，如此细节，当是确曾亲闻于父亲之口。考察王樵任官履历，他是在嘉靖三十六年（1557）到三十八年（1559）间任职刑部员外郎，[13] 此时王樵约当三十七到三十九岁之间，这段因“鞫狱引拟不当，为尚书所诃”的往事，可能确曾对当时王樵造成不小刺激，这才让王肯堂在父亲卒后十三年时才又重新公布了这段往事。

然而，也不能过于夸张这段受挫与受辱往事的实际作用，毕竟王樵三十多年持续阅读法律的一种读书习惯，实在很难将其简化为一桩突发事件刺激的结果。此处暂时不谈王樵曾为刑部长官指责而“发愤读律”的心理动机究竟如何影响他阅读法律的习惯，我想指出另外两个影响王樵重视法律知识与出版法学专书的二个重要因素：一是王樵一生任官过程的特殊性，他有大半时间辞官家居，而实际任官时间则大都担任司法审判工作；二是王樵在万历二十三年八月受到其他官员上疏攻击而退休，这个退休时机正好紧接着他出版《读律私笺》的日期：万历二十三年九月，这里反映了一些王樵当时出书时的重要心理动机。

首先简介王樵颇为引人注意的任官经历。王樵（字明远[14]，号方麓）一生具有官员身份的时间（当时称此为“通籍”）长达四十九年，但实际任官时间则不到一半，大部分时间都是辞官家居。王樵为嘉靖二十六年（1547）年进士，初授行人司行人；来

---

[13] 此期间任职刑部尚书者，先后有三位，分别是：欧阳必进、贾应春和郑晓（《明史》，卷112《七卿年表》，页3466－3467），责骂王樵的官员到底是谁？仍待考究。

[14]《明史》收录王樵传略与生平（卷221，页5817－5818），载明是“王樵，字明远”（页5817）；但在王樵谢世后家属委请王锡爵所撰的墓志铭，则又写录为“公讳樵，字明逸”（王樵，《方麓居士集》，明崇祯八年（1635）补刊万历年间刊本，据台北图书馆藏本翻拍微卷，卷首）。

年即因母亲过世而回家守丧；直至嘉靖三十二年（1553）四月，才得重返北京补官，任职刑部主事；同年十一月，又因父亲王臬（1447—1553）过世而二度回家守丧；嘉靖三十六年（1557）始回北京补官，任职刑部员外郎；这大约便是他"发愤读律"的时期。嘉靖三十八年（1559），王樵由刑部外放出任山东等处提刑按察司佥事；嘉靖四十年（1561），与首辅严嵩党人间的政治冲突升高，因而称病辞官回乡，这是王樵的首次辞官。在家居住十三年后，直至万历二年（1574），才因张居正推荐而复出任官，担任浙江等处提刑按察司佥事；万历三年（1575）四月，王樵重返北京，任职尚宝司少卿；万历四年（1576）二月，因未积极支持张居正不愿请假回家守丧的所谓"夺情"事件，而开罪张居正，后乃被长官藉故由北京外放到南京，担任鸿胪寺卿；万历五年十二月（1578），王樵第二次辞官，又在家闲住了十四年。万历十九年（1591）十一月，王樵再被重荐为官，出任南京太仆寺少卿，此时王樵已年高七十有一。同年十二月，迁任南京光禄寺卿；万历二十年十二月（1593），升任南京大理寺卿；万历二十二年（1594），转任南京刑部右侍郎；万历二十三年（1595）六月，发布升任南京都察院右都御史。任命甫下，随即有官员攻击其年龄过高，王樵上疏请辞；同年八月，在四次坚持自己年老体病而辞职获准。[15] 这

[15] 《明史》有王樵传记（卷221，页5817–5818），王樵生卒年考订及其他传记数据索引则参见：台北图书馆编，《明人传记数据索引》上册，台北：台北图书馆，1965，页73。本章有关王樵任官经过，系整理自下列资料:《明史》王樵本传、（明）过庭训，《本朝分省人物考》（影印明天启二年（1622）刊本，台北：成文出版社，1971，卷29，页2433–2437），以及王樵《方麓集》所收奏疏、记文等资料（页98–104、129–130、238–242、242–244、248–249、314、354–355）。至于王樵与其所处明代后期政局关系，则可参见程一凡对当时京官流派所做的细致区分与讨论，参见：I-fan Ch'eng（程一凡），"Development and Frustration of Statecraft in mid-Ming China: As Reflected in the Experiences of the Gu Family of Jiangnan during the Sixteenth Century." Ph.D. Dissertation, University of California, Berkeley, 1988, pp.253–284.

是王樵的第三次，也是最后一次辞官，时年七十五。万历二十七年（1599），王樵谢世，享年七十九。

由上述王樵一生任官履历看来，他由嘉靖二十六年（1547）任官到万历二十三年（1595）退休致仕，在前后四十九年“通籍”时间中，即有二次长期辞官在家，扣掉这二次辞官的二十七年，王樵实任官职时间只有二十二年，比他辞官居家时间还少五年。在这段“通籍”而又二次长期辞官的时间里，王樵由二十七岁的青壮年变成了七十五岁的老人。

尽管王樵一生仕途并不顺利，但他在实际任官的二十二年时间里，所司职掌泰半都与司法工作有关。他曾两次任职北京刑部，一任主事，一任员外郎，前者任期约九个月，后者则为一年多。晚年第二次复出任官，则都在南京，先后出任南京大理寺与刑部，加上最后他致仕退休的机关南京都察院，王樵等于历任了明朝中央朝廷编制最重要的三个司法机关（时称刑部、大理寺、都察院为“三法司”），这段时间约计四年。除了任职中央级司法机构外，王樵也先后掌管较高层级的地方司法机关，如山东等处提刑按察司佥事、浙江提刑按察司佥事等职务。要之，王樵实际任官期间所负责职务，多属中央或地方层级的司法实务。无论他青壮年时“鞫狱引拟不当，为尚书所诃”而“发愤读律”的心理动机有多么关键，那毕竟是桩突发性事件；长期任职中央与地方司法职务的实务工作需要，才是王樵阅读法律与撰著法律书籍的重要背景。

然而，王樵在任职司法实务工作期间所累积的丰富法律知识，并不如他撰著儒家经典的广为时人所知。他在晚年退休前夕所遭遇的人身攻击事件，实在很带有某种戏剧性；对一位长期阅读法律、娴熟法律的法学专家而言，这次人身攻击事件确实显得突兀与讽刺。

万历二十三年六月，王樵刚升任南京都察院右都御史，南京兵科给事中卢大中即上疏攻击其年龄过高不适任此职，卢姓官员在奏疏中使用轻薄语句建议朝廷强迫王樵退休："五十年进士，犹恋仕途；八十岁老人，奚堪风宪。但其生平清谨，素无显过，或当加恩加衔，致仕以示优处。"[16]攻击者不仅嘲讽王樵年老不适任南京都察院工作，更以"素无显过"来试图总结王樵一生为官政绩。[17]更讽刺的是，卢大中还抨击王樵任职刑部期间的庸碌无能，王樵在写给王肯堂的家信中，转述了卢大中的抨击语句：

> （此君）谓我在刑部，一应文移、招详，唯凭司官可否，不唯全不经心，抑且通不入目。[18]

王樵不仅被批评是无心司法审案工作（"全不经心、通不入目"），更被质疑是完全没有处理各类司法文件（"文移、招详"）的专业能力，只能靠刑部僚属帮忙（"唯凭司官可否"）。

卢大中的公开言论攻击与王樵的四次上疏辞职，集中发生在万历二十三年的六月到八月前后。而王樵的《读律私笺》则大约出版在同年的九月，两者在时间上的相近，应有相当因果关系。《读律私笺》出版时，书前所附王樵自序，署记时间为万历二十三年（1595）九月，署题官衔则为"资善大夫南京都察院右都御史

[16] 王樵，《方麓集》，卷 9，页 314。因为都察院负责评定全国官员考绩，故常以"风宪官"代称此部长官；所谓"八十岁老人，奚堪风宪"，即讥讽王樵难以胜任南京都察院职掌。

[17] 王樵在给王肯堂家信中，谈及卢大中言行也极生动："此君在此相处颇久，每次相见接语，亦颇洽。不意一转都察院，攻我者乃出"（王樵，《方麓集》，卷 9，页 314）。卢大中和王樵一同任官南京，总有碰面机会。

[18] 王樵，《方麓集》，卷 9，页 314。

王樵”，这正是王樵辞官获准后的第一个月，[19] 尽管王樵辞官前后的心情看来不算太坏，[20] 但对卢大中的批评其实仍是很难释怀，此君批评他年老固然无可辩白，但在奏议上向皇帝和全国官员公开说他“在刑部，一应文移、招详，唯凭司官可否，不唯全不经心，抑且通不入目”，这便不是一生对阅读法律极有兴趣而且研读法律也有成绩的王樵所能接受的诬语。然而，王樵并不选择直接响应卢大中的攻讦；而是在万历二十三年九月出版了《读律私笺》。这本书籍的出版，其实是用具体法学撰著向外界更大程度地公开自己长期阅读法律的事实，王樵藉此展现自己对法律条文的娴熟；此书紧接着卢大中攻击王樵不懂司法实务之后出版，当然不能全属巧合，而其实是一种形式特殊的辩诬行动：他不直接响应卢大中的诬语，而是径自出版一部法学专书。

更值得注意的是，王樵在《读律私笺》自序里绝口不提他长期研读法律的个人经历，他不仅不回应攻击自己不懂法律的诬语，反而好整以暇地评论当时法律注释书籍流行体例的不当；此外，王樵还在此篇自序的结尾附加了一小节题为《法原》的文字，历历细数了由《周礼》、李悝《法经》、秦汉魏晋、唐宋元代乃至明代法典的利弊得失。[21] 王樵这些文字都在在展现了他丰厚的法学素

[19] 万历二十三年王樵辞职回家后未久，即写信给任官外地的长子王启疆，信中标明他自南京返回家乡金坛县的时间：“已于九月三十日到家”；然则，王樵那篇署期万历二十三年九月的《读律私笺》自序，便极可能是他在南京退休束装返乡之前所写文字。

[20] 王樵在万历二十三年写完第一封请辞奏疏后，即写信王肯堂谈及此番他遭受攻击的前因后果与自己的此时心境：“大抵自我起用之后，暗算之人，无日不有。但命数有定，人力安排不得，故得延引四年，待卢君而结局。我官至二品，归得善归，又何尤哉！儿辈知之而已，逢人牢闭口。”（王樵，《方麓集》，卷 9，页 314）信中所述，正指王樵在万历十九年底重出任官南京以至万历二十三年升任南京都察院右都御史一职期间于官场所受攻击。

[21] 参见：王樵，《读律私笺》万历年间刊本自序。这篇自序文字在后来编辑《方麓集》时也被见，但篇名则改作《大明律解序》（《方麓集》，卷 2，页 139－143）。

养，当时一般读者只要看到此书和此书自序，大概都很难相信卢大中指控王樵对司法实务“不唯全不经心，抑且通不入目”的说词；在我看来，王樵出版《读律私笺》可谓是一种不屑直接响应卢大中诬语的姿态，他无需争辩自己究竟是否在刑部时“一应文移、招详，唯凭司官可否”，而是直接出版一部法学专书，透过专书内容与自序文字，王樵向时人展现了自己一生长期阅读法律的具体成绩，既强烈彰显了卢大中诬语的可笑，也或多或少地吐露了自己法学素养丰厚而却一生仕途不顺的官场际遇。

要之，王樵在万历二十三年出版《读律私笺》，主要可视为是他展现法学素养的一种姿态；只是，王樵从头到尾都未曾在书内或自序里提及法学知识是否重要、何以重要等问题，也并未揭示自己何以长期阅读法律的具体理由，因而，这部专书的所有文字，都并非是一种有关界定法律知识重要性的论述。

王樵在晚年辞官之际立即出版《读律私笺》，的确带有上述以出版行动辩诬的心理动机，但是，此书毕竟是他多年研读法律的心得，不可能是卢姓官员一句诬语即能逼使此书突然产生。只能说，王樵在退休前夕所碰到的不实指控，或许加速了王樵出版他累积多年阅读法律心得的过程。总而言之，无论是早年在刑部员外郎任上被长官指责援引法律不当而“发愤读律”，或是晚年自南京三法司任上受人攻讦不懂“文移、招详”而在辞官后随即出版法学专书，这些因缘际遇都只能从侧面说明王樵阅读与出版法律书籍的一些未曾明言的心理动机与情绪反应。然而，到底王樵如何看待法律知识的重要性？他如何处理法律价值观的问题？下文将续做说明。

二、治律如治经：王樵“有资用世”的法律价值观

王樵曾撰有《西曹记》，这才是反映他法律价值观的主要文字。西曹即指刑部，王樵在此文中忆及当年他任职北京刑部时和长官、同僚的相处，并记录了他当时努力研读法律的情景：

> 惟西曹燕叙以齿，不以官事。至分理，有疑相酌；政事之外，道义切磋，真有朋友之义焉。且牍必自成，不假吏手，故居是官者，多精于吏事。刑虽一职，而诸事之情伪，无不在焉，非通于诸事之情伪者，不足以决狱。予在刑部，治律令，如士人治本经；后两任按察，皆得其力。[22]

所谓的“予在刑部，治律令，如士人治本经”，不仅记录了王樵当年初任刑部主事与刑部员外郎的认真阅读法律情景，更交待了他对本朝“律令”和儒家“本经”的一体重视。

王樵《西曹记》一文可能写成于万历五年十二月（1578）他第二次辞官时间的前后。[23]以此估算，他当时已约五十八岁，距他三十七至三十九岁任职刑部的“发愤读律”往事，已相隔二十年之久。《西曹记》里也提及王樵自己两次外放山东佥事与浙江佥事时政绩受惠于研读法律的事实，只是在这篇文字里，他则已经有意地略去（或者是无意地遗忘）了王肯堂所提及的“为尚书所诃，

[22]　王樵，《方麓集》，卷 6，页 225。

[23]　《西曹记》结尾提及王樵批驳嘉兴府知府送呈司法案件，发生于万历二年、三年间（1574—1575）王樵在浙江等处提刑按察佥事的职位上。同时，王樵此文也只评论了有关严嵩、海瑞等人涉及的嘉靖朝几项政治事件，并未提及张居正“夺情”一事在当时的重大朝野论争，或许正是身处此间而事涉敏感。若辞官之后才写此文，则应会多少提及当时张居正“夺情”事件的线索。故笔者推测此文应写于万历五年十二月王樵第二次辞官前后。

发愤读律”往事，他在这里记得与强调的，是嘉靖三十六（1557）至三十八年（1559）间他和刑部同僚们的“朋友之义”，这里包括了王樵和刑部同事们交往互动的两类主要内容：一是刑部官员依所属职司分别处理全国各省上送疑难覆审案件的日常工作，王樵回味了他们当年共同集会研商案件疑义的往事（“至分理，有疑相酌”）；二是王樵和刑部同僚在认真讨论法律案件之际也不忘怀的人生事业：“政事之外，道义切磋。”

除了回忆刑部同僚们的“朋友之义”与自己在刑部时的“治律令，如士人治本经”之外，王樵在《西曹记》中也进一步劝人努力研读法律：

> 予见人多以留心案牍为俗吏，专以文墨诗酒为风雅，往往法律都不细观，鞫问又不耐烦□□于此无所用心，饱吃官饭，受成胥吏，而可谓之风雅乎？[24]

王樵对时人“往往法律都不细观，鞫问又不耐烦”深致不满，他不仅警醒时人“多以留心案牍为俗吏，专以文墨诗酒为风雅”的不当，也讥刺了“饱吃官饭，受成胥吏”的所谓“风雅”。

王樵不仅劝人要“细观”法律、要“耐烦”审案（“鞫问”），更用一种异常仔细而且严肃的态度来研读法律条文与法律书籍，用他自己的话说即是：“治律令，如士人治本经。”王樵将阅读法律模拟于阅读儒家经典的态度，不只表现在他对自己研读法律的回忆，也反映在他自己撰著法律专书所提倡的特殊体例。在《读律私笺》自序上，王樵倡议要以“先儒释经”体例来撰写法律专书：

[24] 王樵，《方麓集》，卷6，页228。

> 伏以大明律乃我太祖高皇帝圣制，近年诸方刻本，多附入臣下私注，不无混错制书。窃考先儒释经，不连经文，自为一书，恭依此例。有律条指掌，有律令通旨，有律例通旨，有律中疑义，有引拟指诀，有律互见，有律无文。初各为卷，今分附各条之下。解说律意，各采诸家之长，不复识别。[25]

王樵强调《读律私笺》的独特性，即是仿效“先儒释经，不连经文，自为一书”的体例，他要将其应用到法律书籍上。至于王樵批评的“近年诸方刻本”，则大约即指的是他在十六世纪末所见到诸种流行的法律书籍。王樵虽然也承认“近年诸方刻本”法律专书对“解说律意”的贡献，但他对当时法律书籍的编撰体例提出严重批评：这些法律书籍在体例上将政府官颁法律条文不当地“附入臣下私注”，从而产生擅改政府颁定法律原文的“不无混错制书”弊端。

王樵所做法律注释工作极为仔细，这明白表现在他《读律私笺》自序中提及自己注释内容的七种类别：“律条指掌、律令通旨、律例通旨、律中疑义、引拟指诀、有律互见、有律无文。”然而，这些仔细的法律注释工作仍不是王樵最想强调的重点，他对自己《读律私笺》引以为傲的最大特色，仍在他所标举的对法律“律文”和“注文”的严格区别，而这个区别则正是来自于他援引古代儒家的注释体例：“窃考先儒释经，不连经文，自为一书，恭依此例。”

---

[25] 王樵，《读律私笺》（万历刊本）《序》（册 1，页 1 上）。不过，这篇序文后来见《方麓集》时，其中一句文字“近年诸方刻本”则改刻为“近年诸坊刻本”（卷 2，页 139），此“方”非彼“坊”，若非错字，则一字之差，也可能隐含以经营商业出版牟利性质的“书坊”暗贬这些法律书籍的刊刻者。

王樵撰编的《读律私笺》，采取了当时最严格区分法律正文与注文的体例：全书基本上不打印政府颁布的法律条文，而只录入自己阅读法律正文的心得以及他采辑诸家法律注释书籍的文字；王樵再将这些阅读心得与采辑整理，按照政府公布法律条文的目录次序“分附各条之下”。然则，何以要严格区别法律“律文”和“注文”？王樵强调两个原因：一是明朝颁订的法律条文，原本是明太祖“高皇帝圣制”，而“近年诸方刻本，多附入臣下私注，不无混错制书”；另一原因则是“窃考先儒释经，不连经文，自为一书，恭依此例”。

前一原因是王樵对当时明朝法律书籍出版体例的观察与批评。但由现存明代流行的法律注释书籍看来，王樵对“近年诸方刻本，多附入臣下私注，不无混错制书”的批评，其实过于严苛。以雷梦麟撰著的《读律琐言》为例，这书出版于嘉靖年间，此书体例则是以“琐言曰”区分法律正文与注文。[26] 这是一部在明清时代流传较广的法律书，究竟这样的体例是否仍算是王樵批评的“多附入臣下私注”？尽管王樵并未指名他批评为“混错制书”的法律注释书，但以王樵《读律私笺》单录法律注文而不附法律正文的体例来看，看来即使连《读律琐言》也不符合王樵的体例要求，都算是所谓“附入臣下私注”的书籍体例。然则，使用“琐言曰”区分律文与注文，真的便会让读者分不清楚“臣下私注”与“高皇帝圣制”的法律注文与正文间的区别吗？这样的区分仍会容易造成“混错制书”的弊端吗？持平而论，若说明朝当时一般读者会将“琐言曰”的“臣下私注”法律注文误认为政府颁布的“高皇帝圣制”法律正文，这是很令人怀疑的，从此角度看，王樵批评“近年

[26] （明）雷梦麟，《读律琐言》。

诸方刻本，多附入臣下私注，不无混错制书”，确是过于严苛。[27]

《读律琐言》单以“琐言曰”区分律文与注文的体例，仍在王樵批评的“附入臣下私注”范围，而王樵之所以主张这种体例仍会“混错制书”，真是他采用更严格体例区分律文、注文的关键理由吗？我比较持疑，在我看来，王樵对《读律私笺》特殊体例所说的两个理由：“近年诸方刻本，多附入臣下私注，不无混错制书”、“窃考先儒释经，不连经文，自为一书，恭依此例”，其实前者的批评有些过甚其辞，并无明显证据可支持王樵对当时法律注释书籍“混错制书”的指控；因此，我认为王樵在倡议分别刊印法律注文与正文时所最主要要求的重点仍是后者：他这部《读律私笺》在体例上是援用正统的儒家经典注释传统：“先儒释经，不连经文，自为一书。”

而在我看来，王樵这个要求的最直接目的，则是要向读者指出他在这本法律注释专书所做的工作，其实即是等同于他自己也同时从事的注释儒家经典工作。

在《读律私笺》之外，王樵注释了不少儒家经典，他的《尚书日记》、《书帷别记》、《春秋辑传》、《周易私录》、《周官私录》、

[27] 其实，王樵将法律注文单独成书的体例反而不便读者阅读，因为这使读者还得另外准备刊录法条正文的书籍，才能对读其注释法律文字。只是，若从重制法律条文精确度的角度来评价，则王樵此种体例固然增加读者阅读法律书籍的成本，但在司法实务上可能仍有一定道理。以《读律琐言》为例，虽然其体例确实区分了法律正文与注文，但毕竟因为出版时必须要透过雕版或活字排印等方式才能重制政府核订颁布的法律条文，而于重制过程中若是未能花费足够人力校对排印的政府公布与不断修订的各种法律条文，则也很可能造成刊印法条时发生各种文句错误。而法条字词与文句错误，不仅可能致使全国官员或士子阅读法律条文时的失真或扭曲，甚至当各级官员操作司法实务时还可能发生援引法条适用判案的错误，危害反而更大。职此之故，王樵倡议的刊印法律书籍体例虽会造成读者不便，但若全国法律注释书籍都能严格遵循王樵的刊印体例，则对司法实务仍有一定帮助，可减低重制政府法条失误的风险，连带也有助于提升司法官员援引法条的精确性。只是，上述考虑仍是笔者个人的推想，其实并未出现于《读律私笺》序言中。

《四书绍闻编》等书，自出版以来即为时人所看重。[28] 以《尚书日记》而论，清人编《四库全书》时即如此称扬王樵："是书虽为举业而设，而于经旨实多所发明。可谓斟酌于古今之间而得其通者，固非剽剟、疏浅诸家所能及也"；而这部《尚书日记》的体例正是："不载经文，惟按诸篇原第，以次诠释大旨。"[29] 由此看来，《尚书日记》和《读律私笺》二书体例确是类同，都符合王樵《读律私笺》自序所标举的体例："先儒释经，不连经文，自为一书。"

王樵不只在《读律私笺》与《尚书日记》上采用"不载经文"的同种著书体例，也不仅使用"治律令，如士人治本经"语句描述他的法律阅读习惯，当他在劝家族晚辈多多读书、分享自己的读书经验，[30] 以及总结他的读书技巧时，[31] 王樵也都并不区别阅

---

[28] 张汝蕴在约作于万历二十七年（1599）的重刊王肯堂《尚书要旨》序文上说及："海内尚书家，屈指金沙王氏御史大夫方麓公，所著有日记、别记，业家持而户习之。而其仲子太史宇泰氏，复以得之殚见洽闻者，研以深心，勒成要旨一编。"（王肯堂，《尚书要旨》，见《四库全书存目丛书》，台南：庄严文化公司，1995，经部，册 51，页 493）其中所提的"日记、别记"即是王樵所著《尚书日记》、《书帷别记》。有关王樵出版活动的研究，参见：谷井俊仁，《王樵の著述出版活动》，见矶部彰编，《东アジア出版文化研究こはく》，东京：日本文部科の省特定领域研究"东アジア出版文化の研究"报告书，2004，页 61–103。

[29] 王樵，《尚书日记》（影印文渊阁四库全书本，台北：台湾"商务印书馆"，1983，册 64），页 221–222。王樵对撰写科举参考书也有一番看法，在《书帷别记》万历十二年（1584）自序上，王樵写道："举业之陋，日甚一日，至有全不为义理而专为应举之计者……然科举既未可废，则业举之言虽陋，无亦且导之，即所业而求诸义理，即所得而正学以言乎！予先年尚书有记，意颇在此，乃学者犹谓其不近于举业，欲予更约言之，则又为此编。诚能与《（尚书）日记》相参考而熟玩焉，于先圣之遗意，未必无所发明云。"（王樵，《书帷别记》，影印明万历王启疆等刻本，见《四库全书存目丛书》，台南：庄严文化公司，1995，经部，册 51，页 351–352）

[30] 王樵晚年曾向子侄与诸孙描述自己一生爱好读书的情形与成效："吾自少至老，惟喜读书，每日从朝至暮，手不释卷，虽当事冗，应酬少暇，未尝废览。道途车马之上，未尝废思。以故六经诸史百家，靡不淹贯；发明义理，敷叙事情，文章自然流出，不假安排。所以然者，只是熟而已；其熟者，只是专而已。"（王樵，《方麓集》，卷 13，页 375）

[31] "读书只在遍数多，不在强记"、"书贵熟读，须在隔夜，多者百遍，少者七、八十遍，随自家材性；纵然已熟，宁可加多，如此一年，何书不记"（王樵，《方麓集》，卷 13，页 375–376）。

读法律条文和阅读儒家经典的不同读书方法，他将自己所归纳的“读书三熟”（“读得熟、看得熟、做得熟”）与“手写”等读书方法，都同时应用到读经与读律上：

> 吾有一法，可以兼得读、看、做三妙者：手写也。手之所到，眼亦到，心亦到。写时默记，故可以兼读；写不妨思，有时不思，而新意自出，故可以兼看；随经发意，订正诸家，非有意于为文，而理趣所到，无往非文，故可以兼做。吾于经书，如《周易》、《尚书》、《春秋》、《周礼》、《大学》、《论语》、《孟子》、《中庸》，以至本朝法令，皆曾用此功、觉得此力。[32]

这里写得十分清楚，王樵将他阅读“《周易》、《尚书》、《春秋》、《周礼》、《大学》、《论语》、《孟子》、《中庸》”的读经过程，和阅读“本朝法令”的读律经验，等同起来做举证，用以传授子侄晚辈自己累积多年的读书方法。而由此处也正可见到王樵对阅读法律的重视，一如他在阅读儒家经典时般地认真与讲究，所谓“治律令，如士人治本经”，绝非是句空话，而是王樵一生“惟喜读书”及其阅读习惯中的具体实践。

《读律私笺》的正式出版，是王樵多年认真读律的心血结晶，从现有证据看，此书是他多次修改草稿的最后成果，出版该年，他已七十四岁，并于此书出版后四年谢世。而于万历二十年（1592）写给侄儿王尧封的信上，王樵即曾评价《读律私笺》在此书草稿阶段《大明律解》时的重要价值：“《律解》初稿五巨

[32]　王樵，《方麓集》，卷16，页449。

册，盖吾三十年之精力在焉；且系手迹，用为吾侄莅官之助。”[33]此信提及的《律解》，正是《大明律解》的简称，这应是王樵出版《读律私笺》之前曾经属意的书名；[34]他并使用“吾三十年之精力在焉”一语，藉以形容自己珍视《大明律解》初稿的特殊情感。

事实上，早在万历十七年（1589）八月间，王樵在给新任职翰林院的王肯堂写信，他将自己撰写中的“大明律解”与其他已批注完成的儒家经典并列一处：

> 附寄“春秋”五册、“周礼”四册，皆已脱稿，可细阅之，中有讹字、缺字，就校正之;有疑处及发明未尽处，别行札记；并汝所自得者，俱当下记了，勿忽勿忘，此便是一遍工夫也。“周易”、“律解”，亦已脱稿，俟下次寄来。当朝典故，且以《会典》为主，参以时论，而熟讲究之，此项工夫，不可看做第二义。[35]

王樵在此信里，既勉励王肯堂阅读包含《大明会典》在内的“当朝典故”等书籍，也期望他能帮自己对已经脱稿的经学著作以及仍处草稿阶段的“律解”专书进行校正或是建议修改。

王樵花了三十年精力撰写这部法律专书，那么，他又是如何看待自己这部书的贡献呢？在万历二十年（1592）另封王樵给王尧封的信上，他将这部法律书籍的实际用处概括为：“此书若成，

[33] 王樵，《方麓集》，卷 9，页 281。

[34] 如本章前所述及，王樵《方麓集》收录的《大明律解序》，其内容和之前编成王樵《读律私笺》的序文基本相同。

[35] 王樵，《方麓集》，卷 9，页 296。

不但有资于用世，即欲学文，亦可以得法也。”[36]可见王樵实以“有资用世”和“即欲学文，亦可以得法”两类用途概括《大明律解》这部法学专书的价值。相对来说，“有资用世”的内容比较模糊，主要指的是儒家修身、齐家、治国、平天下的一套学问，这和王樵《西曹记》劝人读律时所提及的“古人为学实用处”应是同义；至于后一类的所谓“学文得法”，则指的是王樵相信他这部法律注释书籍的内容可以有助于学习科举考试“八股文”那类论说性文章的写作技巧。

当王樵长子王启疆任官他乡时，王樵一样交付了自己仍在修补中的《大明律解》手稿，并且同样地深切叮咛：

> “大明律解”一部，计五本，系我手笔。汝趁闲时，可细阅一遍，此居家第一要务也。我经几番改削，未有人誊写。肯堂等又未暇及此，特以此付汝，汝可成父之志，清录一遍，以为刊刻之地。又新修条例一部，可俱查收。[37]

对王樵而言，这本累积他三十多年研读功力的法律著作，确是意义非凡，他甚至以帮他细阅和誊写《大明律解》手稿，来要求长子王启疆以此为“居家第一要务”。王樵在这信里，则另外点到了他对次子王肯堂当时“未暇及此”、不能帮他细阅《大明律解》手稿的失望。

王樵对法律知识的重视，不仅表现在他一体看待注释法律书籍与注释儒家经典的学术立场上，也表现在他一体看待阅读法律

---

[36]　王樵，《方麓集》，卷9，页280－281。
[37]　王樵，《方麓集》，卷9，页286。

书籍与阅读儒家经典的读书方法上，同时还表现在他将自己法学著述书稿一体委请爱子与爱侄阅读校改的体己态度上。这种完全将法律书籍当作儒学书籍一般，不仅自己阅读，也主动传给他人阅读，都是体现王樵重视法律知识的具体做法。然而，要注意的是，王樵此种关于法律知识的价值观，应该不是当时的主流，就算士大夫与官员不一定“多以留心案牍为俗吏，专以文墨诗酒为风雅”，但至少可肯定的是，要像王樵那般将阅读法律、注释法律提升到和阅读儒家经书、注释儒家经书的同等地位，应该仍是不太寻常的。

有趣的是，王樵这种提升法律知识重要性的做法，基本上都实行的十分自然，他似乎并未感到别人不将法律条文与儒家经书一体看重的社会压力，而只是乐此不疲地自己阅读并劝别人阅读法律知识。对王樵而言，若有人要问他阅读法律条文、研究法律知识到底有何用处？王樵的回答应是和劝人阅读儒家经典所能带来用处一样的，用王樵自己的话来简单地回答，即是：“有资用世”。王樵未曾提出一套论证何以阅读法律条文即和阅读儒家经书同等重要的理据，他只是很自然地如此实践：自己同时阅读法律、阅读儒经，同时注释法律、注释儒经，也同时劝人研读法律、研读儒经。这在一个基本上并不认为法律条文与儒家经书有同等重要性的时代环境里，益发显得王樵具有某种奇特的读书习惯与知识兴趣。

第二节　王肯堂对“祥刑”的新诠释

当万历二十三年（1595）王樵出版“三十年之精力在焉”的

法学专著时，用的仍是《读律私笺》书名，而并非称为《大明律解》；同时，王樵最终也将《读律私笺》手稿原件赠送给侄子王尧封，而不是传给王肯堂。[38] 当王樵《读律私笺》仍是手稿阶段时，王肯堂似乎未曾对父亲的法学专著表现出太大兴趣；然而，当王肯堂在万历四十年（1612）出版《律例笺释》时，他则一改前昔态度，不仅大幅扩编父亲《读律私笺》内容并增加不少自己对法律注释的看法，更明白提出一套论述法律知识对社会如何重要以及阅读法律如何可对个人带来好处的理由。

在万历四十年（1612）《律例笺释》自序中，王肯堂提及自己何以必须扩编出版父亲法学著作的三个理由：第一，当时书商刷印王樵《读律私笺》时发生了太多的文字错误："《私笺》仅存坊刻，讹不可读"；[39] 第二，王肯堂对当时市面上流通法律注释书籍内容的不满："他家注释，不得律意者多……《问刑条例》精严不下于律，而注释不及焉"，[40] 王肯堂在这里不仅批评了当时法律注释书籍的解释质量，也批评了这些书籍批注法律条文的数量。解释质量较难一概而论，要看个别法律书籍的注释质量；但批注法律条

[38] 这是王肯堂自己说及的事实："先公《私笺》手泽，亦已授从兄尔祝久矣。"（明刊本《律例笺释》卷首王肯堂自序）"从兄尔祝"，指的即是王尧封（1544—1613），王尧封，字尔祝，号华岗，明万历十一年（1583）进士，生平与任官事绩参见：（明）顾起元，《懒真草堂集》（影印明万历四十二年［1614］刊本，台北：文海出版社，1970），卷28，页3909—3925；（明）利瓦伊桢，《大泌山房集》（影印明万历三十九年［1611］刊本，见《四库全书存目丛书》，台南：庄严文化公司，1995），集部，册153，卷103，页97-99。

[39] 明刻本《读律私笺》的刊印与校对都有不错水平，至少以我所读内容看，很难说此书是"讹不可读"。当然，王肯堂当时批评的"仅存坊刻"，也许并不指的是这部现存的明刻本《读律私笺》；若当时市面流通的《读律私笺》真如王肯堂所见的"讹不可读"，则或许是当时真有书商重制《读律私笺》时发生许多校刻或刷印的错误。

[40] 明刊本《律例笺释》卷首王肯堂自序。

文的数量，王肯堂则确是足以自豪。[41]明朝政府在作为法律正文的既有“律文”之外，又随时间而陆续增订公布了“问刑条例”，从而使得政府正式承认公布的法律条文数量愈来愈多。然而，在王肯堂之前的法律注释书籍，一般都只批注“律文”而并未解释“例文”，王肯堂认为这种体例有所不妥。第三个理由，则是王肯堂出版父亲著作过程中所发生的一段心理转折：他由原先的“闻袁了凡先生言：流传法律之书，多招阴谴，惧而中止”，变成为二十年后悟出了“刑为祥刑”的道理，王肯堂体会到“律意必讲而后明”的重要性，从而提出“细讲”法律知识也可以“福祚流及子孙”的看法，因而毅然决然地扩编《读律私笺》而刊印了《律例笺释》。[42]

王肯堂《律例笺释》自序所提他编著此书的第三个理由，不仅说明了王肯堂有关出版法律书籍究竟会带来“阴谴”抑或“福祚”的心理转折，更涉及了王肯堂对法学知识重要性的特殊定位方式，他使用了“阴谴”抑或“福祚”的范畴来讨论法学知识的重要性，而不是使用王樵那种界定法律条文和儒家经典是否同样能够“有资用世”的讨论范畴。配合晚明的时代背景做佐证，王肯堂这段关于“阴谴”抑或“福祚”的讨论文字，恐怕并非只是他个人随意造作出来的出版促销词句，而其实反映当时人们对于阅读和研究法律条到底有何重要性的一种论述方式。

[41] 若以只注“律文”而未注或是少注“例文”的注释法律条文数量而论，王肯堂确是足以自傲，他不仅扩增了父亲对“律文”的注释文字，更添入大量有关明朝新增法律条文“例文”的注释，从而使《律例笺释》注释法条数量大幅扩增。在此要再声明的是：比较王肯堂和王樵父子注释法律内容的差异，并非本章重点，笔者关心的是他们父子如何论说法律知识重要性或法律价值观的问题。有关王樵、王肯堂二部法学专书内容的比较，已有学者举例做过些讨论（参见：何勤华，《中国法学史》第二卷，页 238-242）。

[42] 明刊本《律例笺释》卷首王肯堂自序。

一、流传法律之书，多招阴谴？王肯堂的“祥刑”论述

王肯堂如此形容自己二十年前一段不敢刊印父亲《读律私笺》的特殊心理状态：

> 余久欲锲行（《读律私笺》）于世。闻袁了凡先生言：流传法律之书，多招阴谴，惧而中止。二十年中，偃蹇场屋。已丑（万历十七年）登第，进学词林，又以文史为职。虽法曹致律例，礼曹致会典，而翰墨鞅掌，不能读也。壬辰（万历二十年），予告归于舍；无意复出，以辑方书。[43]

王肯堂在万历十七年（1589）考中进士，初授翰林院庶吉士，万历二十年（1592）则因上疏朝廷言事等政治事故而辞官回乡。由万历十七年到二十年间，王樵《读律私笺》其实仍处草稿阶段，王肯堂所谓的“久欲锲行于世”，指的至少是万历二十三年《读律私笺》出版以后的情形。由万历二十三年到万历四十年间，在这二十年不到的时间里，王肯堂一方面忙着整理刊布医学著作，另一方面则是惊慑于他自己当时也深信所谓“流传法律之书，多招阴谴”的观念，因而不敢重新刊印父亲的《读律私笺》。

万历四十年，王肯堂毅然决然地刊行他与父亲合著《律例笺释》这部“法律之书”，并非是他不再相信“阴谴”之说，而是他重新界定了刊布法律书籍与招致“阴谴”之间的因果关系，王肯堂对此中关系有较长讨论：在指出“恭惟我太祖高皇帝（按：即明太祖朱元璋）……特立《讲读律令》一条[44]：百司官吏务要熟读讲

[43] 明刊本《律例笺释》卷首王肯堂自序。

[44] 原文内容，参见:《大明律》（新校本，怀效锋点校，北京：法律出版社，1998），卷3，《吏律》篇《公式》门，《讲读律令》条（页36）。

明律令，每年终……按治考校，不能讲解、不晓律意者，罚、笞、降级”这段史事之后；他接着批评了当时的司法弊端：

> 今之仕宦者多不体此意，为经生时，既自不知律；及有民社之寄，又漫不经心，一切倚办吏书而已。其不任吏书者，又于原籍携带讼师、罢吏，同至任所，用为主文，招权纳贿，无所不至，已多冤民矣！又况锻炼以为能、钩距以示察，草菅千百命，以庄严一官者哉！夫小民无知而犯法，犹赤子无知而入井□□即使刑当其罪，已为不教而诛，谓之曰虐；况移情就律，枉滥实多乎！问刑官溺职若此，皆由内外风宪官员不行考校之过也。冤抑不平之气，上干天地之和，下为水旱灾沴，此问刑风宪官吏，安得无阴谴哉！[45]

在王肯堂提出的这个新看法之下，“法律之书”虽然仍与“阴谴”的观念密切关联，但是，其间的关联性已不再是“流传法律之书”即会“多招阴谴”的正比例关系，而是官员如果“不知律、移情就律”的对法律知识不够熟悉，则会造成社会充斥“冤抑不平之气”，从而“上干天地之和，下为水旱灾沴”，因而使得职司审判官员“安得无阴谴哉”！至此，“法律之书”与“阴谴”之间存在的其实是种反比例关系：官员愈少重视法律知识，即会愈多“阴谴”；愈多重视法律知识，才会愈少“阴谴”。

王肯堂在《律例笺释》自序的结语里，是以他所理解的“祥刑”意涵来概括他对法律知识的价值观：

---

[45] 明刊本《律例笺释》卷首王肯堂自序。

夫律意必讲而后明者，非独词旨简严奥博，不易讨究；而刑期无刑、用主不用，上帝好生之心、虞庭钦恤之意，(大明律)三十卷中，时隐时见，非俗吏桎梏章句者所知，是不可以不细讲也。则又安敢乐简恶繁之人情、而省约其文乎！世之司民命者，倘因余言而有感焉，体圣祖之心，遵圣祖之训，则刑为“祥刑”，而陶迈种德之一脉，为不断矣！福祚且流及子孙，而又何阴谴之有！故余与虞倩来初捐俸流通之，固了凡先生之意也。[46]

王肯堂在此强调明代政府公布法典具有两个性质：一是“好生之心、钦恤之意”贯穿法律条文之间而“时隐时见”，二是法律条文“词旨简严奥博，不易讨究”；因此，作为法律知识主要内容的“律意”，一定要由研读者克服“乐简恶繁”的“人情”心理，才能“细讲而后明”。在王肯堂的《律例笺释》自序里，“祥刑”不仅屡次与“阴谴”关联一起，更与“福祚流及子孙”相联系。

“祥刑”是儒家经典的既有词语，主要源出《尚书·吕刑》的两段文字。[47]明代丘浚汇辑宋、元经传注疏家对“祥刑”字义的解释时，将“祥刑”字义区分为三个不同层次：一是“详细”审讯，二是“慈祥”用刑，三是透过司法判决而“以中道除去不祥”。[48]由丘浚这部讨论传统政治与法律思想的重要专书看来，“祥刑”这

---

[46] 明刊本《律例笺释》卷首王肯堂自序。

[47] 《尚书·吕刑》两段提及“祥刑”的原文分别是：“有邦有土，告尔祥刑”、“受王嘉师，监于兹祥刑”，在后代经传注疏的传统里，“祥刑”之“祥”，多半都以引用《尔雅》字义而被解释成“善”，译成现今用语，较近于“妥善、详细”的意思，因此，不少传统文献提及“祥刑”时也直接写作“详刑”，例如：“如今使臧吏禁锢子孙，以轻从重，惧及善人，非先王详刑之意也”(《后汉书》，新校本，台北：鼎文书局，1981，卷39，页1309)。

[48] (明)丘浚，《大学衍义补》，影印文渊阁四库全书，台北：台湾“商务印书馆”，1983，册713，页179-181。

组源出《尚书》的经典词语，无论是“详细、慈祥、中道”的哪一种意涵，其解释重点主要都偏向职司审判官员面对刑案时的个人修养功夫，概括说来，即是对案件审判要“详细”，审讯良善百姓时要以“慈祥”心态来保障与护卫其身家安全，对罪犯则要以不偏不倚的“中道”心态来施刑与判罪。

比较说来，王肯堂《律例笺释》自序所诠释的“祥刑”，则分别放在两段和“阴谴、福祚”有关的文字脉络里：“冤抑不平之气，上干天地之和，下为水旱灾沴，此问刑风宪官吏，安得无阴谴哉！”“福祚且流及子孙，而又何阴谴之有！”这里其实反映了王肯堂对“祥刑”字义的重新诠释，[49] 在王肯堂的诠释脉络里，“祥刑”字义已由原先偏重司法人员面对刑案时的个人修养功夫，转变为更加强调“祥刑”对“天地之和、水旱灾沴”的作用以及对“问刑风宪官吏”因而招致“阴谴”或是“福祚流及子孙”的不同结果。“天地之和、水旱灾沴”谈的可谓是法律审判的社会效果，“阴谴、福祚”谈的可谓是法律审判对司法官员个人与家族利益的作用。

王肯堂由二十年前“闻袁了凡先生言”而不敢“流传法律之书”，到二十年后刊行《律例笺释》时强调讲明律意“固了凡先生之意”，自始至终，王肯堂都没忘了这位袁了凡先生有关“福祚、

[49] 由王樵与王肯堂父子对《尚书·吕刑》的解经文字看来，王樵基本上谨守着传统有关“祥刑”字义的看法：“刑皆得中，而有德于民，所以为祥刑也。”（《尚书日记》，卷 16，页 668）同时，王樵又再加上对佛家思想的评批：“佛氏有空寂之说，有祸福之说。如空寂为真，圣人之彝伦攸叙，皆无用矣！自祸福之说行，亦几于民神杂揉矣！”（《尚书日记》，卷 16，页 657）王肯堂批注《尚书·吕刑》时，虽然并未像《律例笺释》自序一般在“祥刑”字义中加入阴谴和福祚等观念，他也并不反对传统的注释大旨：“德与中，为吕刑一篇之纲领”（《尚书要旨》，册 52，卷 35，页 73），但却在注文中拿掉了父亲王樵《尚书日记》批评佛家“空寂、祸福”的相关文字。王肯堂《尚书要旨》至少成书于万历二十七年之前，下距他写《律例笺释》自序的万历四十年，仍有十三年。

阴谴”与法律书籍之间关系的意见；只是，王肯堂对刊印法律书籍的态度，在二十年间却发生很大转变：以前犹豫不印，而现在则毅然刊行。这个转变固然可由王肯堂自序对“祥刑”字义的重新诠释中看出梗概，然而，其中更涉及当时人对法律知识抱持价值观的转变，需要进一步分析，才能更清楚其中意义；特别是王肯堂重复提及的“袁了凡先生”，以及晚明“功过格”思想的提倡与流行，这些人物与思潮影响了人们对法律知识的既有价值观，说明其实际内容，将有助于厘清王肯堂《律例笺释》自序既承继而又有创新的重要意义。

二、“当官功过格”与“祥刑”论述的比较

袁了凡即是袁黄（1533—1606），他对明代后期“功过格”思潮的普及有很大影响。[50] 万历三十三年（1605），袁黄门生杨士范在《刻〈了凡杂著〉序》上描述了袁黄对当时社会的影响力：

> 四方从游者甚众，随缘接引，人人各有所得……先生又以其余力，发挥古先圣人之书。读易，则有《袁氏易传》三十卷；读诗，则有《毛诗袁笺》二十卷；读书，则有《尚书大旨》十二卷；读春秋，则有《义例全书》十八卷……皆未梓行。先梓四书、书经《删正》，已被指摘，然禁之愈严，而四

[50] 有关袁黄思想与明清功过格观念的研究，可参考：酒井忠夫，《袁了凡の思想と善书》、《功过格の研究》，二文均见氏著《中国善书の研究》，东京：国书刊行会，1960，页 318－355、356－403；奥崎裕司，《明末清初の利殖规范——功过格の一侧面——》，见《佐久间重男教授退休记念：中国史・陶磁史论集》，东京：燎原株式会社，1983，页 231－261；包筠雅（Cynthia J. Brokaw），《功过格：明清社会的道德秩序》，杜正贞、张林译，赵世瑜校，杭州：浙江人民出版社，1999；游子安，《明末清初功过格的盛行及善书所反映的江南社会》，见《中国史研究》，4（1997）：页 127－133。

> 方学者趋之愈众……先生识高古今，学贯天人，上自天文、地理、历、律、兵、刑之属，下至奇门、六壬、遁甲、翻禽、阴阳、选择之类，靡不涉其津而咀其真；听其言者，如闻萧韶雅乐之音，愈畅愈和，有不知足之蹈之、手之舞之者。士范游先生门下三十余年矣，仰之而莫测其高，探之而莫得其底……先生著述之大者，藏之名山大都以俟知己。小者十有余种，刻之家塾，以示子弟；建阳余氏传而梓之，而命予为序。[51]

建阳余氏即是晚明福建有名的出版商余氏家族，[52]余家书坊在当时所印书籍甚多，发行流通量很大。至于杨士范对袁黄的赞词，虽然也有“信者愈信”的同气相求性质，但的确也反映袁黄在十六、十七世纪中国社会的高知名度。王肯堂在《律例笺释》自序特别提及袁黄的“了凡先生言、了凡先生之意”，除了反映袁黄相关言论的影响力，也再次证明晚明“阴谴、福祚”等观念究系如何渗透到各种日常生活实践里，连刊布流传法律书籍的活动也不例外。

先简要地讨论“阴谴”和各类司法审判活动之间的关系。早在晚明王肯堂讨论“阴谴”和流传法律书籍关系之前，阴谴观念已经明显表现在官方的司法活动与民间的信仰仪式之中。阴谴观

[51] （明）袁黄，《了凡杂著》，影印明万历三十三年（1605）建阳余氏刻本，见《北京图书馆古籍珍本丛刊》，北京：书目文献出版社，1988，子部·丛书类，第80册，页513–514。

[52] 余象斗，字仰止；亦作余世瞻，字文台，自称“三台山人”，福建建安县人（参见：杜信孚，《明代版刻综录》，扬州：江苏广陵古籍刻印社，1983，第一卷，“三台馆”条，页5上）。对明代余氏书坊的介绍，参见：朱传誉，《明代出版家余象斗传奇》，见《中外文学》，16，4（1987）：页150–168；Lucille Chia（贾晋珠），*Printing for Profit: The Commercial Publishers of Jianyang, Fujian (11th–17th Centuries)*, Cambridge and London: Harvard University Asia Center, 2002, pp. 155–161.

念表现在记录传统官方司法活动的文字里，在唐代已见端倪；[53]至迟到了元代，这个阴谴与司法结合的现象则更加显著。[54]另外，阴谴观念不仅反映在解释官方司法审判活动的文字里，更早已深深嵌入部分民间信仰与仪式之中。举凡向东岳帝、城隍等神祇“告阴状”，或是在庙宇中执行“冥判”等相关信仰和节庆仪式，都表现了“阴谴”观念与非正式“司法审判”活动的相互连结，成为形构民间“法律秩序”的重要场域，这些信仰与仪式沿及明清时代依然。[55]无论是反映在记录官方司法活动的文字，或是呈显在民间信仰中的仪式，这些阴谴观念与法律审判之间的两相结合，都是明末以前即已存在的现象。当王肯堂提及“冤抑不平之气，上

[53] 唐代有关法官审判不公而“不得善终”的“冥报”主题小说情节以及当时“宗教论述”潜存于司法官员审案的线索，参见：卢建荣，《法官与政治威权：中古三法司联合审案制下的实际权力运作（514—755）》，见《台湾师大历史学报》，28（2000）：页1-67，特别见页54、63。这种司法审判招致“不得善终”的想法，已接近于宋元以后司法官员招致“阴谴”的观念。但另一个与司法审判相关联的“阴德”观念，则远早于“阴谴”观念进入与司法审判有关的言论中：“始定国父于公，其闾门坏，父老方共治之。于公谓曰：少高大闾门，令容驷马高盖车。我治狱多阴德，未尝有所冤，子孙必有兴者。”（《汉书》，新校本，台北：鼎文书局，1981，卷71，页3046）“阴德”观念不一定是“阴谴”观念的一体之两面，特别是在宋代以前更是如此。由汉代于定国父亲的言论看来，至少在汉代部分官员口中，已正式将“阴德”与司法活动相联系。

[54] 至少到了元代，有关司法活动中涉及“阴谴”的描写，已表现的十分明确，如《居家必用事类全集》在《仕宦》类收录的《十害箴》，其中第一害的“断狱不公”项下，即引用元代官员刘宣的话：“如或畏权势而变乱是非，徇亲故而交通贿赂，好恶喜怒，私意一萌，断无平允。明有官刑，阴遭谴责，可不慎欤！”（《居家必用事类全集》丙集，影印明刻本，见《四库全书存目丛书》，台南：庄严文化公司，1995，子部，册117，页116）另外，刊于十四世纪初年的《为政善报事类》（影印元刻本，有元延祐六年（1319）序，见《官箴书集成》第一册），编者叶留的自序有谓：“一念之善，流而为恶，况施于有政，可不慎哉！”；叶留编辑该书时，原名即是《善政报应事类》，他并说：“余岂不知隐恶扬善，长厚之事，善者吾之师，不善者吾之资，非假是，无以警动之，使知为善之可乐，为恶之可惧。”（页166）

[55] 康豹，《汉人社会的神判仪式初探：从斩鸡头说起》，《“中央研究院”民族学研究所集刊》，88（1999）：页173-202，特别见页184-189；巫仁恕，《节庆、信仰与抗争——明清城隍信仰与城市群众的集体抗议行为》，《“中央研究院”近代史研究所集刊》，34（2000）：页145-210，特别见页176-180。

干天地之和，下为水旱灾沴，问刑风宪官吏，安得无阴谴”的想法时，其实承继了许多既有观念，并无太大新意。

然而，当王肯堂将“阴谴、福祚”观念带入法律知识的讨论时，一种既承继而又创新的提法便具体成形，他在《律例笺释》自序中所铺陈的“祥刑”字义，其实是更有自觉地将“阴谴”观念并入了“律意必讲而后明”的法律知识讨论中，当“流传法律之书”不再是“多招阴谴”，而反倒是“福祚且流及子孙，而又何阴谴之有”，则法律知识的正当性问题，也被正式带入了既有“阴谴”观念与司法审判、法律秩序相结合的讨论里。

“福祚”和“阴谴”观念的两相结合，是晚明普及“功过格”思潮的一个基本特征，王肯堂以“福祚且流及子孙，而又何阴谴之有”一语批驳“流传法律之书，多招阴谴”，基本上也反映了他对晚明流行“功过格”思潮的承继；但是，王肯堂将法律知识对“福祚、阴谴”的作用正式带入讨论，则又同时反映着王肯堂对晚明“功过格”观念既承续而又创新的进一步发展。王肯堂《律例笺释》自序提及的“福祚且流及子孙”，究竟如何和晚明以来“功过格”观念逐步渗透司法活动风潮有着既承续而又创新的关系？可以例举当时流传的各种《当官功过格》、《公门不费钱功德》为代表来做两相对照。

“功过格”观念原来并不以司法活动为主要实践场域，其实践方式与基本思路，可以《了凡四训》这部晚明以来推广功过格最力的文本做说明。“令所行之事，逐日登记，善则记数，恶则退除”，这是功过格的主要实践方式；至于功过格的基本思路，则如：“造命者，天；立命者，我。力行善事，广积阴德，何福不可求！”“举头三尺，决有神明。趋吉避凶，断然由我。须使我存心制行，毫不得罪于天地鬼神，而虚心屈己，使天地鬼神时时怜我，方有受福之基”。虽然“力行善事”的实践方式与基本思路看来都是清楚明白，但是，一旦碰到日常生活中的人事千形百态，“善”的标准究竟要如何判定？《了凡四训》作者袁黄其实并未轻忽其中的复杂性，他区别了“善”的八种不同情境，提醒奉行善事者不可不辨：“若复精而言之，则善有真有假、有端有曲、有阴有阳、有是有非、有偏有正、有半有满、有大有小、有难有易，皆当深辨。为善而不穷理，则自谓行持，岂知造孽。枉费苦心，无益也”。因此，袁黄也强调须以“穷理”来“为善”。[56]当有人逐渐将功过格的“力行善事”原则应用到官员的行政与司法实务时，以《当官功过格》、《公门不费钱功德》为名的相关文本也逐渐流行，成为众多功过格类型中的一种。[57]

以明嘉靖年间《迪吉录》出版时所收的《当官功过格》版本为例，官员如何透过司法实务而“力行善事”？看来似乎都是简单明了。该书以“功格”五十条、“过格”三十八条来分类列举官员各种政治行为，其中属于司法审判政务者至少占了一半，“功格”诸如：“免冤大辟（按：即死刑）一人，当百功；免冤永戍（按：即流刑）一人，当五十功”；“惩治讼师、扛证（按：即做伪证），不得刁唆构衅，保人身家，算十功；能摘发奸蠹神棍，置之于法，不使骗诈愚民，算十功。凡听讼，能伸冤理枉，一事算一功；能诲诱顽民平其忿心，使息争讼，算十功”；“词状稍准，妇人非关

---

[56] （明）袁黄，《了凡四训》，影印重刻本，见蓝吉富主编，《大藏经补编》，台北：华宇出版社，1986，册28，页808、819–820、814。

[57] 如署名袁黄编辑的《功过格分类汇编》（影印清光绪二十七年（1901）仪征吴氏“有福读书堂”重刊本，见《丛书集成续编》，台北：新文丰出版社，1989，第62册），即见“敦伦格、修身格、劝化格、救济格”与“居官功过格”（页252–254）。至于大约是清刻本的《公门不费钱功德录》（见《丛书集成新编》，台北：新文丰出版社，1985，第32册），则以“官长、幕友、吏胥”三类人分别开列“不费钱功德”各项条目（页51–54）。

紧要，即与抹去，算二功；人犯一到即审，不令守候，算一功；耐烦受诉，使双方各尽其情，算二功;有力、稍力、无力，听其自认，不以赎锾谀上官，算一功”；“禁戢狱卒牢头，不肆凌虐，使囚得安宁，一人算二功……牢瘟传染，分付狱官卒扫除积秽，多燃苍术，[58]贮凉水，冬天给草荐姜汤，算十功”。“过格”诸如：“凡问罪成招，本有生路，不与开一线，只求上司不驳，算十过;泥成案，狥体面，不与开招，各随事之大小算过；上司怒人，而明知其枉，不敢辩救，算一过；受人嘱托，算一过，枉法者，算十过”；“人命不即简验伤证定案，致招情出入，拖累多人，算十过;情罪未核，杖死一人，算百过”；“事不即决，淹禁停滞，使讼中生讼，破人身家，算十过；服毒、投水、悬梁，图赖人命，审无威逼，辄断葬埋，以长轻生之习，一人算十过；不禁溺女恶习，算百过”。[59]这些列举出来的司法审判活动，广泛涉及审判结果、诉讼程序、验尸检伤过程以及监狱行政，而无论其被划分为是“功”是“过”，都成为联系“福报、阴谴”等宗教观念以及官员司法行政等日常生活实践之间的重要“善事”，这些“善事”不仅有“功、过”的“质性”属性，更具有“一、二、十、百”等数字计算的“量性”属性。而无论是由质性或质性而论，这些涉及司法实务的“善事”，看来都不难实践，也基本上不涉及袁黄所体会的“为善”与

[58] 晚明出版的一部本草医书如此描述“苍术”的功效：“除恶气，辟山岚瘴气，消癖气块、心腹胀痛，健胃，安脾，宽中，进食”（滕弘辑，《神农本经会通》，见《四库未收书辑刊》，柒辑，页409），袁黄命狱官狱卒在监狱中“多燃苍术”以“扫除积秽”，应有所据。

[59] （明）颜茂猷编，《迪吉录》，见《四库全书存目丛书》，子部，册150，页496–499。颜茂猷为福建漳州府平和县人，明天启四年（1624）举人，颜氏生平事迹及其著作对明清善书的影响，参见：游子安，《颜茂猷与明清劝善书》，见罗炳绵、刘健明主编，《明末清初华南地区历史人物功业研讨会论文集》，香港：香港中文大学历史系，1993，页243–254。

“穷理”间的紧张性，至少对撰写《当官功过格》的作者而言，为官者只要努力奉行“功格”、避免“过格”即可。基本上，在《当官功过格》这类文本中，袁黄提及“为善”与“穷理”间的紧张性并不构成有意义的问题。

比起《当官功过格》对司法活动中各种“质性、量性”的列举与定位，王肯堂《律例笺释》展现的功过格观念，在表面上看来当然要淡薄许多；但是，由王肯堂在自序中反映他与袁黄对待法律知识的不同态度，却使王肯堂的“祥刑”论述反而更具体突显了袁黄所谓“为善”与“穷理”在司法实务中的高度紧张性。流传法律书籍、讲究法律知识，这究竟是“善”或是“不善”？这个问题直接对王肯堂造成困扰：二十年前因为认为此举“不善”而不敢刊印王樵的《读律私笺》，二十年后则又因为转念认定此举为“善”而刊印自己和父亲合著的《律例笺释》，其间变化的关键，即是王肯堂在万历四十年提出的“祥刑”论述。不轻易判处重刑、不屈打成招、处罚唆讼者、改善监狱条件、下令禁止溺杀女婴，这些《当官功过格》所谓的“善事”，究竟是只要为官者努力施行就好，还是也要配合为官者对法律知识的细心讲究？一般奉行功过格者可能少有兴趣对此提问，但对王肯堂这位费心研读与注释律例的法学书籍作者而言，则严重关系到他是否继续奉行“善事”、免遭“阴谴”而需要解答的重大疑惑。从这个层面做观察，王肯堂在《律例笺释》自序中提出的“祥刑”论述，确是有其创新的意义。

若再以袁黄任官期间从事的司法审判与狱政工作做对照，也可突显王肯堂“祥刑”论述的创新意义。袁黄言论曾对王肯堂发挥重要作用，一句“闻袁了凡先生言：流传法律之书，多招阴谴”，拖慢了王肯堂刊印父亲《读律私笺》的速度，也带出了王肯堂

《律例笺释》的长篇自序。由此看来，王肯堂和袁黄对法律知识所抱持的价值观，确有不小差异。然而，尽管袁黄不一定肯定法律知识的价值，但他对司法审判和狱政工作其实是极为重视。由袁黄门生为其编著《宝坻政书》的内容看来，袁黄在司法施政上的主要作为，大致与前述《当官功过格》的“功格”内容相似，主要反映着一种“好生、慈悲”的原则。

袁氏曾任天津市宝坻区知县，《宝坻政书》的主要内容，是袁黄门生收录其对县衙内部吏、户、礼、兵、刑、工“六房”等部门发布施行的公文与示谕，“刑房”一节即收录袁黄对“刑房”属吏的各种指示，袁氏编辑门生在该节起始处对袁黄的司法施政有以下一段说明：

> 先生慎用刑，常终日不笞一人，经月不拟一罪，县中刑具，皆依《律》改正。民有犯罪者，必反复晓谕，令其悔悟。暇则亲至狱中，告诸囚以“为善得福，为恶得祸”之理，时有闻而涕泣者。故，（万历）十七年（1589）秋，大雨，墙圮，而重囚相戒守法，无一人敢逸。斯亦奇矣！[60]

“慎用刑”是其中的重要原则，而其亲赴县辖监狱为人犯讲述“为善得福，为恶得祸”的作为，也都和《当官功过格》奉行善事的基本理路相呼应。另外，在袁黄所写《示谕提牢监仓吏卒》文中，也分别提及：“今狱中诸囚，率念佛持经，有向善之意，知县有暇，不拘早暮，亲至狱中，为陈说处困履艰之理。尔狱吏狱卒，察有回心改过、实意向善者，指名举报，知县当厚给口粮，以优

[60] 《宝坻政书》，见《了凡杂著》，页 803。

异之”；不仅如此，袁黄也叮咛狱卒要注意解决狱中囚人的卫生与用水问题：“狱中瘟疫，皆由秽气。知县募二十壮丁，夜则直更看守，每日更轮二人打扫，须令洁净。冬月，五日一通粪道；夏月，日日除之。其枷钮、卧具，亦令时常拂饰，知县不时亲看”；“本县城中之水，远汲于外，故监仓中得水甚难。今各置一缸，每日雇人挑水贮满，月给银二钱四分，甚勿废之！”[61]然而，袁黄对司法审判与狱政事务的重视，却并未带出他对法律知识重要性的讨论；这方面的论述工作，要到同样重视司法审判和狱政事务的王肯堂，[62]才有所发展。这也是我强调王肯堂对“功过格”思想既承继而又创新的理由。

王肯堂不会反对袁黄在司法审判和狱政改良方面的绝大部分工作；但是，王肯堂与袁黄在“流传法律之书”方面的不同评价，则是王肯堂《律例笺释》自序有关“祥刑”论述的论辩重点，这里其实是王肯堂在有意无意之间对当时“阴谴、福祚、功过格”既有论述所提出的挑战。以袁黄言行与《当官功过格》为典型代表的当时既有论述看来，有关法律知识是否有其重要性的问题，就算不全都是“流传法律之书，多遭阴谴”的那类负面评价，至少也不是一个需要论辩的有意义问题。王肯堂并不质疑司法活动和狱政事务会影响“阴谴、福祚”，这是他对晚明“功过格”思潮的承继；然而，当王肯堂将法律知识是否重要的问题导入了既有“阴谴、福祚、功过格”论述时，那便成为一个富有创新意味的新发展。在我看来，《律例笺释》自序的关键意义，即是王肯堂将其对法律知识的重视，在整体认知与价值判断上做出合理性

[61] 《宝坻政书》，页805、806。

[62] 王肯堂对司法审判和狱政事务各种相关流程与细节的重视，直接反映在他出版《律例笺释》时所撰写的书末附录《慎刑说》诸段条目之中。

的说明。

王肯堂撰著与出版《律例笺释》时，他在自序中所特别提出的“祥刑”论述，不仅是对《尚书·吕刑》经书文字的简单继承，也不只是对晚明以下“阴谴、福祚、功过格（特别是各类“当官功过格”）”观念影响司法实务的承继，而是在自己钻研法律书籍与继承王樵《读律私笺》家学的过程中，将晚明流行“功过格”观念中的“为善”与“穷理”内部紧张性，更具体地呈显在有关法律知识的价值观问题上，从而以对“祥刑”字义的重新诠释而给出自己的回答。

三、知识的向度：王樵与王肯堂的法学价值观

王肯堂对法律知识重要性的讨论方式，其实和王樵有很大不同；简言之，王樵在讨论法律知识的重要性时，着眼的是阅读法律书籍也可以像儒家经典一样产生“有资用世”的作用；而王肯堂则更看重刊布和研读法律书籍也可以带来“福祚流及子孙”的功效。父子两人在界定法律知识的重要性时，其实使用了不同的讨论范畴，这当然是反映两人所抱持法律知识的价值观有所不同，而且也呈显了父子两人在法律书籍之外的知识兴趣有所差异。

王肯堂的知识兴趣极为广博，他在承继父亲王樵法律注释家学的同时，也还部分继承了父亲注释儒家经典的学术事业，虽然所注儒家经典种类不若王樵广泛，但王肯堂仍著有《尚书要旨》、《论语义府》等儒家注释书籍。要之，注释儒家经典和法律条文，是王樵、王肯堂父子的共通学术兴趣，但是，王肯堂还另外兼通医学与佛学，这两门学问便都不是王樵擅长的知识种类。王肯堂很年轻时即开始接触医学书籍，嘉靖四十五年（1566），他因为母

病濒危而“锐志学医”，[63]这年王肯堂十八岁；隆庆四年（1570），王肯堂又在群医苦无良策情况下而治愈了“束手待毙”的胞妹，此后，他也因此医名日起而更加“究心于医”。[64]王樵虽然欣喜次子王肯堂在医术方面的表现，但毕竟因为妨碍科举考试而不能完全赞同，王肯堂曾自述父亲对他阅读医书并且为人医病的保留：“先君以为妨废举业，常严戒之”；[65]不过，王肯堂一生始终对阅读医书保持很大的兴趣。自万历十七年中进士而任职翰林院之后，王肯堂仍经常有机会帮京城高官与好友诊疾治病或是提供医药建议。万历二十年辞官回乡后，王肯堂更是“复取岐黄家言而肆力焉”，此后医名日高一日：“乡曲有抱沈痾、医技告穷者，叩阍求方，亡弗立应，未尝敢萌厌心，所全活者稍稍众矣”；[66]万历三十年五月，则正式将其多年阅读医书与习医心得编辑刊成《证治准绳》一书。王肯堂对医学知识的高度兴趣与多年素养，其实也影响到他撰著《律例笺释》一书的内容，在清初重刊《王仪部先生笺释》的书末，附录有王肯堂编辑的《检验指南》和《医救法》，这或许是传统中国法学书籍中首次出现法条注释学与法医检验学两种知识合为一编的专著，这是王樵《读律私笺》所没有的内容，系属新创制的法律书籍出版体例。

王肯堂比王樵多出来的知识兴趣，还不只限于医书，佛学书籍也是他极有兴趣而长年阅读的知识范围。王肯堂的好友汤显祖

[63] 王肯堂，《证治准绳》（影印文渊阁四库全书本，台北：台湾“商务印书馆”，1983，册767），页2。

[64] 王肯堂，《郁冈斋笔麈》，见《续修四库全书》，子部，册1130，页33。有关王肯堂医学著述的较仔细介绍，参见：陆拯，《王肯堂医学学术思想研究》，见陆拯主编，《王肯堂医学全书》，页2717–2735。

[65] 王肯堂，《证治准绳》，页2。

[66] 王肯堂，《证治准绳》，页2。

（1550—1616），曾在王樵七十岁生日时撰写了一篇寿序，文中即提及王樵父子的不同知识偏好："颇闻公不爱西方圣人之书，而其子孙好之。达观氏者，吾所敬爱，学西方之道者也。吾问彼：东南来，谁当有道者？达观曰：必方麓王先生也。凡道所不灭者，真；王公，真人也。真，则可以合道、可以长年……寿非真人所爱，而人之所爱于真人也。"[67]这是篇善颂善祷的文字，虽然文中提及当时佛学高僧达观大师紫柏真可（1543—1603）称扬王樵为"有道者"，但仍委婉地提及王樵"不爱西方圣人之书"，即不喜欢阅读佛教书籍，汤显祖则同时指出王樵儿孙辈对佛学书籍的不同态度："其子孙好之。"王肯堂正是这些爱好佛学书籍的王樵儿孙辈中的佼佼者，他不仅名列彭际清（1740—1796）在1770年代所编辑的《居士传》书中，[68]也是明代后期佛教唯识学复兴运动中的一位重要佛教居士。王肯堂在紫柏真可、高原明昱等高僧的引领与讨论过程中而钻研佛教的唯识学，不仅自己撰有两部唯识学专书，也成为江浙一带推广佛学唯识研究的积极提倡者。[69]

王樵的不喜欢佛教书籍，直接表现在他注释儒家经典的著作中，在注释《尚书》时，王樵即谓："佛氏有空寂之说，有祸福之说。如空寂为真，圣人之彝伦攸叙，皆无用矣！自祸福之说行，亦几于民神杂揉矣！"[70]王肯堂在注释《论语》"学而时习"章时，

---

[67] （明）汤显祖，《玉茗堂全集》（影印明天启年间刻本，见《续修四库全书》，上海：上海古籍出版社，1995，集部，册1362），页365。

[68] 有学者曾依据彭际清《居士传》等资料整理分析了明代的佛教居士，参见：释圣严，《明末佛教的研究》，台北：东初出版社，1993，页245-287；其中，有关王肯堂（宇泰）部分，则见该书的页251、254、256、275。

[69] 王肯堂于晚明接触并推动唯识学的经历，参见：周齐，《明代中后期唯识学的流行及其特点分析》，见黄心川主编.《玄奘精神与西部文化——玄奘精神与西部文化学术研讨会论文集》，页191-207。

[70] 王樵，《尚书日记》，卷16，页657。

却直接援用佛学观念解释经文中的“学”字:“此盖禅门所谓无师智”者，[71]这种不避讳援引佛教观念解释儒家典籍的做法，确曾引起部分儒家卫道人士的反感，[72]但由现有资料看来，王樵并不特别反对王肯堂阅读佛家书籍。对于佛家书籍的阅读兴趣，似乎也影响了王肯堂讨论法律知识时所表现出来的价值观，当王肯堂将是否招致“阴谴、福祚”带入了出版与阅读法律书籍的讨论时，这当然正是王樵所批评的佛氏“祸福之说”，王肯堂不仅自己阅读佛书，更是直接将佛教观念带入了他界定法律书籍是否重要的讨论方式。

无论同时阅读佛学、医学、法学和儒学典籍的习惯如何有机地对王肯堂产生影响，至少以王肯堂援引“阴谴、福祚”讨论法律知识重要性的做法看来，王肯堂其实自觉或是不自觉地将晚明有关法律知识的价值观，从理论上赋予了某种超越于传统儒家“有资用世”的新内容。王肯堂对于法律知识的重视，也直接反映了他对“阴谴、福祚”与前述“当官功过格”等观念的继承与发展；而在肯定法律知识重要性的同时，王肯堂其实再次印证了自己对“祸福之说、上帝好生之心”等观念的坚信，这种讨论法律知识价值观的方式，其实是在承认法律知识对现实司法审判重要性的同时，又援入了某种能知觉、有感应的“上帝、天”，或是其他彼世的力量，这基本上并不属于王樵以“有资用世”界定法律知识的同一层次。尽管王肯堂反对袁黄“流传法律之书，多招阴谴”的说法，但在王肯堂“祥刑”论述中的“天”，则仍是与袁黄认定

[71] 王肯堂,《论语义府》，重印明刻本，见《四库全书存目丛书》，经部，册 161，台南：庄严文化公司，1997，卷 1，页 383。

[72] 清代四库全书编者决定不录入王肯堂《论语义府》时，即有如下评语:“观其体例，似尊朱子；然其说颇杂于禅，如解子贡问贫而无谄一章，有境、无境诸义，岂可以诂儒书哉！”(《论语义府》，书末附识，页 843）

的“天”相去无多，都是一种具有使人“为善得福，为恶得祸”鉴察与执行力量的“天”，用袁黄的字眼来形容，即是:“举头三尺，决有神明。趋吉避凶，断然由我。须使我存心制行，毫不得罪于天地鬼神，而虚心屈己，使天地鬼神时时怜我，方有受福之基”，这正是王肯堂也接受的“天”。只是，在王肯堂《律例笺释》自序所提出的“祥刑”论述里，“流传法律之书”已不再会得罪这个能知觉、有感应的“天”，而是人们可以透过“律意必讲而后明者”的行动，转使“福祚且流及子孙，而又何阴谴之有”的“天”。

王肯堂在自己阅读法律条文和劝人研读法律条文时，其实展现了两个并行不悖的论述方向：一是他的《律例笺释》全书充塞了对法律条文的详细考证、谨慎区辨与意义阐释，展现了他对法律专业知识的讲究与娴熟；二是他相信讲究法律知识也可以“福祚且流及子孙，而又何阴谴之有”的关于“天”的信仰，两种方向不仅不相冲突，甚至还为当时法律知识的重要性，提供了某种能够超越现实政治世界的正面意义，这是在王樵那类强调法律知识也和儒家经典一样能够“有资用世”之外的另类法律价值观。

小 结

王樵一生长期阅读法律和注释法律，他并未留下有关论证法律知识重要性的长篇论说，而只是在等同看待法律书籍和儒家经典的同时，简略论及了“有资用世”的提法，用以概括法律书籍和儒家经典的同等重要性。王肯堂则和王樵有很大不同，他要论述的不是法律知识是否真能和儒家经典一样可以“有资用世”，而是阅读和出版法律书籍是否可以不仅不招“阴谴”反而还能“福祚流及子孙”。无论是长篇论述或是简略论及，王樵和王肯堂对阅读法律的作用或是功效都提出了自己的说明，并形成了两套不同的论说范畴，前者讨论是法学知识是否“有资用世”，后者则是法学知识是否“福祚流及子孙”。由相关史料看来，这两个讨论法学知识的范畴都一直延续到后代，具有一定的代表性。

康熙三十年（1691），顾鼎重新编辑与刊印了王肯堂的《律例笺释》，顾氏称赞该书是：“洵属祥刑秘笈，自当奉为指南者。”[73]而在改编《律例笺释》而出版成《王仪部先生笺释》一书时，顾鼎特别拟定了《重编八则》，他不仅在此文强调了法律知识的重要性，也突显了“生、仁”等关键词：“律意必讲解而后明，（《大清律》）三十卷中，矜恤生全之德，宽严开导之仁，若显若晦，引人于义路，苟非辩论讲求，卒难融会而得其指归。”这是以“生全之德、开导之仁”来概括他所理解的清代法律原则。顾氏是清初协助官员政务的有名幕友，当时曾游历各地，[74]在自述其协助官员司法审判而受惠于《律例笺释》时，他以“展”读、“反复考证”等字眼具体描述《律例笺释》对他长期协助官员书写判决书（爰书）的重要影响；[75]在总结自己二十年来“诸公卿雅相推重，藉箸有年”的刑名幕友工作时，顾鼎大力归功于他仔细阅读王肯堂《律例笺释》的作用：“游历所至，惟奉先生之《笺释》为兢兢，二十年来，日就月将，逐一揣摩，必期心领神会，而后敢即安，庶可告无罪于吾友，即可告无罪于君民，皆先生《笺释》之

[73] 王肯堂，《王仪部先生笺释》，页 270。

[74] 顾鼎，字定九，于清初任职幕友工作多年。好友闵瑛称其：“顾子定九，幕游有年，当世名公巨卿雅相推重”（《重编后序》，见《王仪部先生笺释》，页 706）。幕友是明清时代协助官员行政工作的重要幕僚，他们不属政府正式编制内官吏，但却是地方官员日常倚重而不可或缺的政务辅佐。

[75] 王肯堂，《王仪部先生笺释》，页 270。

功也。”[76]

在顾鼎回顾王肯堂《律例笺释》对其重大影响的文字中，他对法律知识的重视其实是溢于言表；然而，法律知识究竟何以重要？其中理据为何？这似乎并不是顾鼎有兴趣回答的课题。在这方面，他和王肯堂有很大不同，因为顾鼎根本不觉得袁黄那类“流传法律之书，多遭阴谴”的提法会对自己造成困扰，而王肯堂却觉得有必要对讲究法律知识也能“福祚流及子孙”的不同提法，做些澄清与论证，从而重新诠释了“祥刑”既有字词的含义。可以这么说，在讨论法律价值观的问题上，顾鼎其实更像王樵，他们两人都只是自然而然地阅读和出版法律书籍，并不觉得真有必要提出一套法律知识确实具有价值的论述文字。

限于史料，无法判断王肯堂对“祥刑”观念的重新诠释是否也同时为顾鼎这类精研法律条文的幕友所接受。然而“阴谴、福祚”观念对从事司法审判工作官员和幕友的影响，似乎是当时颇为普遍的一种风气；清初法学专家王明德即曾严厉批评此风气：“若夫迷惑于浮屠邪教，不问理之是非，惟曰做好事，活得一个是一个，日为记功自负，意谓其后必昌者，是又我中寓我、贪鄙迷谬之流，其所谓功德，是乃孽德，非功德也。功德可自做乎？”王氏并且试着站在受害者立场指责此种司法弊端：“生者幸矣，彼被其害者将如之何！”[77]而在反驳“日为记功自负、做功德”等观念的错误时，王明德提出参与司法审判工作者要有“不偏不倚，何有于功德”的心态，他同时进一步论证了法律知识何以重要的两个主要理由：第一，若是“一以曲活为好事”，自己不注重司法审

[76] 王肯堂，《王仪部先生笺释》，页268。
[77] （清）王明德，《读律佩觿》，页536。

判的工作，则必将“授柄积胥，冤集祸丛”，其结果势必是“积久发暴，身且为累，况望后嗣其昌乎”！第二，若是平日不能讲究法律知识，则“一旦身膺民寄、位列台辅，其何以定大狱而决大理、辅圣治而熙万姓哉”！在王氏看来，“做好事、做功德”之所以败坏司法风气，主要即肇因于职掌司法工作者老想着要“日为记功自负，意谓其后必昌者”，王氏认为这主要即是“有我之念”在作祟，他直接点出了这种“有我之念”使得官员易于轻视法律知识：“有我之念，横眩于胸，将未见刑书、即目为俗吏之学，残忍之习；未及展卷，先已枘凿其不相入。”[78]

王明德对司法审判实务中“有我之念”的批评，反映了当时“做好事、做功德”等观念对司法制度的影响其实很可能是多面向的，它既可能产生类似袁黄那种因为重视人命而改善各项司法与狱政实务的行径，也同时可以引致官员对司法实务的漫不经心与任意处置。而以后者情形来说，“做好事、做功德”观念的影响，正好可以和“未见刑书、即目为俗吏之学，残忍之习”的那种鄙视法律知识的态度相互合流。而这也正是王明德要大力批判的对象。王明德批判“不问理之是非，惟曰做好事，活得一个是一个，日为记功自负，意谓其后必昌者”的弊端，在十九世纪依然存续于当时中国的司法体系。[79] 这种只图“做好事”而“不问理之是

[78] （清）王明德，《读律佩觿》，页 536−537。

[79] 如包世臣（1775—1855）在十九世纪初所写《读律说》一文，即描写当时科举考试“办夹带、倩枪手、打关节”等考场弊端，包氏认为作弊考生“固志在求利，然未尝不畏法”，但考场弊案之所以依然难以禁绝，关键则不在考生而在承审法官，因为这些法官对作弊被捕人犯太宽容：“意在保全，以为忠厚，莫肯穷究根株”；包氏如此评论这些法官的作为：“惟曲全是事，以为积福，其弊不使天下士人皆丧尽廉耻不止也。”（包世臣，《齐民四术》，新校本，潘竟翰点校，北京：中华书局，2001，页 230）包氏所指法官“曲全是事，以为积福”的心态，正和一百多年前王明德指出的“做好事、做功德”法官心态与司法弊端相去弗远。

非”的风气，基本上并不利于法学知识进一步发展；然而，我们却仍然不能轻忽晚明以来一批认真研读法律人物的集体努力。这些具备法律研读习惯的人士，比起全国人口总数确实十分微少，但是，若单单以任职刑部与地方各级司法官员，以及应聘于全国各级行政机关中的幕友而论，这些法律专业人士也有可观的数量与影响。这些法律专门人士在制度上必须面对繁重的司法审判与案件复核工作，并且还有内、外两方面因素促使他们加意研读法律：在外部因素上，有来自审转制度加严加密而构成的巨大压力；[80]在内部因素上，则有些人还抱持着类似王樵“治律如治经”乃至于王肯堂“祥刑”论述的自我期许。这些来自司法制度、内、外部成因的汇合，总使当时中国必须并且愿意认真研读法律人士能够维持在一定数目。[81]尽管这些人未必都曾像王樵一样以“有资用世”心态同时注释法律书籍与儒家经典，也不一定直接提出类似王肯堂有关讲究法律知识也可以“福祚流及子孙”的观念，但他们因为种种制度与个人性的理由而发展出某种认真阅读法律与注重法学知识的态度。

清初刑部官员徐宏先在撰写《修律自愧文》时，即以“夙夜冰兢，夙夜惶恐，寝食于律例之中”、“质之同人，证之各书”等语句，传神地描写了他自进入刑部后认真研读法律的情景；[82]同时，他也进一步论证了修订法律何以重要的理由：“若修律，则事

---

[80] 对清代审转制度的详细介绍，参见：那思陆，《清代中央司法审判制度》，台北：文史哲出版社，1992，页 193－294。至于审转制度如何造成清代司法官员的巨大压力，参见：邱澎生，《真相大白？明清刑案中的法律推理》，页 135－198。

[81] 也可由法学教育角度对清代法律专家身份做说明，参见：张伟仁，《清代的法学教育》（下）；巩涛（Jérôme Bourgon），《西方法律引进之前的中国法学》，林蕙娥译，见《法国汉学》第 8 辑，北京：中华书局，2003，页 220－249。

[82] （清）徐宏先，《修律自愧文》，见贺长龄辑，《皇朝经世文编》，台北：世界书局，1964，卷 91《刑政》二，页 2 下。

关千秋，日日遵行，开一条，即活千万人；刻一条，即杀千万人。修之当，其功甚大；修之不当，其罪不小。呜呼！可不惧哉！”[83]。对徐宏先而言，读律和修律都是非常严肃的事业，联系两者的关键则是立法与修法者在法条中寓有不可轻忽的深义：“律文至细，律义至深，有一句一意者，有一句数意者；有一字一意者，有一字数意者，总是一片哀矜恻怛之心，不欲轻致民于死之意也。呜呼！古人何其详而且慎也”；因而，他期勉研读法律者一定要细索体贴前人修订法律时寄寓于法条文字中的“哀矜恻怛之心”深意：“惟望读律之君子，亦皆有如修律者之尽心，则民命庶有赖乎！”[84]

徐宏先任官刑部期间，不仅自己细心研读法律条文，并且“质之同人，证之各书”。这个例子再次验证了明清以来刑部逐渐成为全国法律专家汇聚训练中心的事实，早在十六世纪末王樵撰写《西曹记》时，他即已描述当时刑部官员共同讲求法律知识的情景：“至分理（刑案），有疑相酌。政事之外，道义切磋，真有朋友之义焉。且牍必自成，不假吏手，故居是官者，多精于吏事”。[85]十七世纪后半王明德在《读律佩觿》书首所开列的三十八人“参订姓氏”名录，这些人也都是王氏任职刑部“共事分曹时，讲读在公，公为辩折而讨论者”。[86]当然，并非明清两代所有刑部官员都能如此共同研读法律、讨论刑案，只是，这股集体讲究法律知识的风气也确实是当时值得注意的已然趋势。

王肯堂有关讲究法律知识也可以“福祚流及子孙”的观念，表面上看来，主要是他针对袁黄“流传法律之书，多遭阴谴”提

[83] 徐宏先，《修律自愧文》，页 2 下。

[84] 徐宏先，《修律自愧文》，页 2 下。

[85] （明）王樵《方麓集》，卷 6，《西曹记》，页 225。

[86] （清）王明德，《读律佩觿》，页 528－529。

法的回应；但若进一步做分析，其实又可视为是对当时刑部官员等具有阅读法律书籍习惯者的一种合理性说明。对晚明清初以来王樵、王明德、徐宏先等刑部官员而言，他们的阅读法律书籍、看重法律知识，其实都是身体力行的日常实践；就算不能都似王樵般同时兼注儒家经典与法律书籍，但许多刑部官员确实也像王樵般努力地同时钻研法律书籍与儒家经典，形容他们也能若干程度地达到王樵“治律令，如士人治本经”的境界，应也是相差不远的推测。因此，与其探讨王肯堂讲究法律知识也可以“福祚流及子孙”观念如何影响清初司法官员和同样钻研法律知识的刑名幕友，不如将此问题倒过来看：王肯堂对“祥刑”字义的重新诠释，其实反而是对于王樵那类“治律令，如士人治本经”具有讲究法律知识阅读习惯人物的正当性说明。而当王肯堂有关讲究法律知识也可以“福祚流及子孙”的观念被正式地铺陈与论证之后，也很可能会再反转过来，鼓励那些因为接触司法审判工作而需研读法律的年轻新秀，对法律知识产生某种超越现实需要而与“天、上帝”相关联的特殊价值观念。

讲究法律知识若能与“天、上帝”等超越力量相互关联，这当然会对当时的法律价值观产生不小影响，然而，讲究法律知识可以为自己带来何种生计财富或是生涯规划上的好处？这其实也是当时不少人在研读法律时的重要动力。刑部或任职其他机构的司法官员，自有其凭藉审案优劣而获考绩升转的正式管道，重视与研读法律知识，基本上有助于这些官员的升迁，自是不在话下（前引王明德讨论法律书籍不可不读的文字，对此种仰赖法学知识而在官场升迁的情境，有极传神的描述：“一旦身膺民寄、位列台辅，其何以定大狱而决大理、辅圣治而熙万姓哉！”）。而除中央与地方各级司法官员之外，晚明以来，还有另外两类人物的生计问题与生涯规划也受到研读法律知识的影响:一是幕友，一是讼师。

先谈幕友部分。汪辉祖是清代名幕，其“岁修”薪金收入之丰厚，是当时名列全国幕友薪金之前茅，[87]而据汪辉祖写于十八世纪末的晚年自述，他在乾隆十七年（1752）在江南地方松江府金山县开始从事幕友职业时，时年二十三岁。[88]乾隆五十年（1785）则是五十六岁，汪辉祖由归安县幕友解任，此时他已担任幕友工作“三十四年，游江苏九年、浙江二十五年。择主而就，凡十六人”，[89]他对自己长期从事幕友这门行业的薪金变动，有颇为仔细的记录:

> 余初幕时，岁修之数，治刑名，不过二百六十金；钱谷，不过二百二十金。已为极丰。松江董君，非三百金不就，号称“董三百”。壬午（乾隆二十七年，1762）以后，渐次加增，至甲辰、乙巳（乾隆四十九年、五十年），有至八百金者。其实幕学、幕品，均非昔比矣！[90]

尽管汪氏慨叹“幕学、幕品”日渐低下，但这是个人的主观认知，在可以观察确知的幕友薪金上，则至少由乾隆初年“董

---

[87] 汪辉祖从事幕友工作的心路历程，他晚年有详细回忆，参见：汪辉祖，《佐治药言》（见《汪龙庄遗书》，影印清光绪十五年江苏书局刊本，台北：华文书局，1970）的乾隆五十年（1785）自序（页313－314），以及相当于汪辉祖自传性质的《病榻梦痕录》（见《汪龙庄遗书》）。

[88] 汪辉祖当时是“乡试不售”科考失利，因而暂时担任幕友以便谋生，他晚年回忆此事时，如是说道:“然余颇不欲以幕为业，当书记外，读书如故”（《病榻梦痕录》，页279）。

[89]（清）汪辉祖，《病榻梦痕录》，页368。有关汪辉祖生平经历与法学著述，参见：张伟仁，《良幕循吏汪辉祖：一个法制工作者典范》，见《台湾大学法学论丛》，19，1（1989）：页1－49；邓云乡，《汪辉祖及其著述》，见氏著《水流云在丛稿》，北京：中华书局，2001，页524－541。

[90]（清）汪辉祖，《病榻梦痕录》，页369－370。

三百”的相对高水平，渐次增加到乾隆末年的有至白银“八百金者”。这里固然要扣除物价上涨的因素，但知名幕友薪金的巨幅成长，以及全国官员争相招聘与礼遇幕友的风气，必定也曾使幕友成为不少年轻新秀所向往的新兴行业。

讼师也是晚明以来的一种热门行业。明清讼师人数愈来愈多，以十六、十七世纪明末江南地区为例，该地讼师不仅人数可观，甚至还依个人胜诉能力与名气大小而出现等第差别：

> 甚矣！吴人之健讼也。俗既健讼，故讼师最多。然亦有等第高下，最高者名曰状元，最低者曰大麦。然不但“状元”以此道获丰利、成家业；即“大麦”者，亦以三寸不律，足衣食、赡俯仰，从无有落莫饥饿死者。[91]

这是有关明末江南地区民众流行雇请讼师协助打官司的具体描写。这些讼师收费标准不同，分成外号“状元”的高级大讼师，以及较次等级的“大麦”。而如苏州府嘉定县的外冈镇，在明末十七世纪初年也出现不少闻名本地的讼师，当地人称“状元”或是“会元”：“沈天池、杨玉川，有状元、会元之号。近金荆石、潘心逸、周道卿、陈心卿，较之沈、杨虽不逮，然自是能品……至湮没者，不可胜数。”[92] 明末外冈镇，其实只是一个人口有限的小市镇，但也拥有众多名气不等、姓名或传或不传的大、小讼师，可见讼师确已发展为明清社会颇为显著的行业，藉此行业而发财、

---

[91] （明）徐复祚，《花当阁丛谈》，影印清嘉庆十三年（1808）黄廷鉴重刊本，见《丛书集成新编》，辑1，册85，台北：新文丰出版公司，1985，卷三，《朱应举》条，页561。

[92] （明）殷聘尹纂，《外冈志》，见《中国地方志集成：镇志专集》，上海：上海书店，1992，册2，页893。

出名者，应也大有人在，吸引年轻人往此行业发展的诱因也必定有所增加。

若将晚明以来幕友、讼师收入与人数增加的现象，配合王樵、王肯堂分别反映的两类法律知识价值观，合而观之，其实可以丰富我们对当时法律与经济变化的理解。以钻研法律知识而获取可观报酬，以成为法律专家而得到官员或是民众的依赖，这是晚明以降幕友与讼师两门行业兴起所反映的重要史实；[93] 而当一个社会能够容纳愈来愈多人足以凭恃研读法律知识来维持生计或是提升地位，这其实也反映了有意义的经济变迁。本章并未直接讨论讼师和幕友兴起对明清经济变迁的具体影响，然而，透过王樵与王肯堂等人讨论法律知识重要性的言论，我希望证明晚明以来确实出现赋予法律知识重要性的某些特殊价值观：当王樵以“有资用世”概括那种将法律书籍等同儒家经典的阅读习惯时，阅读法律书籍也连带得到阅读儒家经典在社会上既有的重要地位；而当王肯堂论证撰著与出版法律书籍也能够“福祚流及子孙”时，阅读法律书籍更获得了某种联系“天、上帝”等超越力量的思想凭藉。

明清传统中国并未出现政府或是社会团体授予法律专家职业证照的正式制度，一种能够同时兼得社会声望、自我期许与经济

[93] 有关明清幕友的精要研究，参见：缪全吉，《清代幕府人事制度》，台北：月刊社，1971；高浣月，《清代刑名幕友研究》，北京：中国政法大学出版社，2000。至于明清讼师的活跃情形以及时人对其社会地位的正反两种反应与评价，参见：夫马进，《明清时代的讼师与诉讼制度》，王亚新译，见王亚新、梁治平编，《明清时期的民事审判与民间契约》，北京：法律出版社，1998，页 389–430；Melissa Macauley, *Social Power and Legal Culture: Litigation Masters in Late Imperial China*. Stanford: Stanford University Press, 1998, pp.100–145.

收入的专业“法律人”，[94] 并未能在刑部以外的社会团体（如法律学校或是律师训练所）公开而稳定地出现与成长，[95] 这里存在着某种传统中国政治社会体制的制约；然而，这种正式制度的制约，仍然不能抹杀晚明以来研读法律的官员、幕友和讼师人数愈来愈多的事实，他们或是在官场上正常地升迁，或是在经济收入上有所增加，特别是如幕友和讼师这两类不具官员身份的研读法律人物，也能得到一定的社会名声与不错的经济收入。更重要的是，晚明以来王樵与王肯堂提出两类有关法律知识的价值观，也成为当时社会上已然成形的思想资源，这为有志研读法律的读书人，提供了增加经济收入以外的特殊价值观，使得在当时传统中国社会努力钻研法律也可能得到某种超越或是神圣的意义。

[94] 英国于十五至十九世纪逐渐发展出好几类不同的专业律师、律师学校与律师行会，其中演变甚为复杂，但基本上正可作为一种兼具社会声望、自我期许与经济见专业“法律人”的演化实例，这方面细致研究，参见：J. H. Baker, *An Introduction to English Legal History*, Fourth Edition, London: Reed Elsevier (UK) Ltd, 2002, pp.156－165；W. R. Cornish and G. de N. Clark, *Law and Society in England, 1750—1950*. London: Sweet & Maxwell Ltd., 1989, pp.45－53.

[95] 清末西方律师制度的传入中国，是个颇为长期的演变过程，参见：孙慧敏，《清末中国对律师制度的认识与引介》，见《“中央研究院”近代史研究所集刊》，52（2006）：页 165－210。

第三章　讼师与幕友对法律秩序的冲击

明清中国是个广土众民而又交通设施、传播工具有限的国家，尽管政府实行中央集权政治型态，也公布通用全国的法典，但在推行法典与司法审判实务中仍面临不少难题。诸如：如何让《大明律》或是《大清律》这两部成文法典有效地贯彻到全国各级司法机关的审判工作？如何保证上自京师而下至省、府、州、县各级司法官员的审判质量都能维持基本的公平性？如何减少各级司法机关在审判时出现罪行类似而刑责不同的歧异性？而当各级法庭之间发生司法个案如何适用法律条文的不同解释时，究竟该由何种法定程序来化解矛盾与裁决疑义？此外，当政治社会局势变动、各地风俗差异乃至经济社会发展等因素导致既有法律条文出现严重的适用困难时，又要由何种统一程序来修改或是增订法律条文？这些和司法审判相关的各种课题，可以简单归结为以下的关键问题：如何既维持成文法典的有效推行而又同时能适时合宜地修订法律条文？

大致说来，明清政府至少采用了二种主要手段来维持成文法典的有效推行与弹性修正：一是在全国司法体系的层级组织内部，逐步将判决文书的“审转”复核制度予以严格化与细密化，将比较精研法律知识或是娴熟司法实务的官员集中在上级审判机关，由其对下级司法机关的判决书内容予以查察复核，透过这套审转的法定程序，以维持成文法典的有效性、公平性与一致性。二是逐步改良既有的“成案”管理制度，针对那些原本由中央与地方各级司法机构贮放保管的各类司法档案，由中央刑部等官员进行讨论与筛选，藉以补充或修改既有法律条文“律”，报呈皇帝裁决后，即公布为全国通行的“例”。这套由中央司法机关定期汇整编修“律、例”的过程，即是明清成案管理制度改革的主要方向。整体来看，审转复核制度有助于维持既有法律条文的有效运作，而成案管理制度的改革则有助于弹性调整既有法律条文的适用问题；在政治局势较为承平的时期，明清政府即可以藉由这两套制度来兼顾一个既能变通而又不失稳定的司法体系。

审转复核的加严加密以及成案管理制度的改良，两者的演变都属于正式司法制度的变动；这种正式制度的变动确实影响了当时民众赖以调停纠纷或进行诉讼的法律秩序。然而，在审转复核与成案管理制度改良的同时，另外也出现了一股冲击明清司法体系的力量，这即是十五、十六世纪以后“讼师”与“幕友”两类人物在全国众多地域的普遍出现；这两类人物都不属于政府正式编制内的司法官员，但相对说来，则都又是较为熟悉法律条文内容与司法审判实务的法律专业人士，他们在全国众多地域的普及，既深深嵌入明清政府的司法审判流程，也或多或少冲击当时社会的法律秩序。

表面上看，讼师与幕友经常是敌对的双方。当讼师在各地介入司法实务后，他们一方面成为涉讼民众依赖咨询的奥援；一方面也成为地方官员必须面对的头疼人物。略晚于讼师的普遍出现，幕友也逐渐成为各级官员依赖甚深的非正式幕僚；当幕友协助官员处理讼案时，[1] 对付讼师介入司法也便成为他们的职责之一，这是造成幕友与讼师在司法审判过程中经常处于敌对状况的主因。然而，这个敌对关系其实只是表象，幕友与讼师间其实同时存在两项重要的共通性：一是讼师与幕友之所以能够持续发展，主要是因为两者都在审转与审限制度的加严加密过程中，利用此种制度性变革契机而更紧密地嵌入当时的司法体系运作中；第二，幕友与讼师看待诉讼过程与法律知识的方式，其实有着惊人的会通之处。讼师秘本与幕学是相当于职业训练手册的两种文类，一些讼师秘本与幕学的编者不仅是讼师与幕友这两个职业中的佼佼者，而由其编写训练手册的相关内容看来，他们竟都不约而同地将司法审判视为是一场在法律领域内竞争夺胜的比赛。

本章第一节说明当时开庭审理中的讼师与幕友如何介入司法流程；第二节讨论审转与审限制度的加严加密过程，以及两项制度背后所要维护的法律秩序理想，藉以分析讼师与幕友究系如何利用此两种制度的影响与问题而嵌入当时司法实务中；第三节分析讼师秘本与幕学书籍如何以竞争求胜看待司法诉讼与法律知识；最后则是小结。

第一节　敌对于法庭之中的讼师与幕友

一般说来，讼师与幕友在法庭中是敌对的双方，而此敌对性

[1] 明清幕友并非只协助官员进行司法审判，学者曾将幕友区分为七类：“刑名、钱谷、书启、朱墨、征比、账房、教读”，而“刑名、钱谷”则是地方官员依赖最深的两项幕友（参见：缪全吉，《清代幕府人事制度》，页 39－41）。为集中讨论焦点以及方便行文，本书所称“幕友”大体专指“刑名幕友”而言。

主要是由两者与司法官员的关系所决定。对职司审判的地方官而言，幕友协助其做成下可使百姓口服心服，上可使自己在审结期限内送呈以通过审转复核的判决；而讼师则总不是老在唆使善良民众到各级衙门“刁告”，便是在法庭内外给自己带来各种意料之内或之外的大小麻烦。对讼师的憎恶，出现在许多明清官员的言论中。[2]有些官员更是致力于在本地查察与抓捕讼师，[3]但这些言论一般都只谈讼师如何诱使民众兴讼以及如何危害民众生活，而究竟讼师如何困扰那些在法庭审案的司法官员？一般史料较少提及。

清代乾隆年间幕友汪辉祖（1730—1807）在劝告官员应熟读基本法律条文时，留下一段描写法庭审案情景文字，对同时身处法庭的官员与讼师做了极贴近的观察：

> 官之读律，与幕不同，幕须全部熟贯，官则庶务纷乘，势有不暇，凡律例之不关听讼者，原可任之幕友；若“田宅、婚姻、钱债、贼盗、人命、斗殴、诉讼、诈伪、犯奸、杂犯、断

[2] 不少明清官员强调讼师之令人憎恶是因他们挑拨是非从中得利而危及民众生活。相关史料甚多，如所谓：“无风起浪，缦天结网，如许刁健，不重创之，风何可长！”（颜俊彦，《盟水斋存牍》，新校本，北京：中国政法大学出版社，2002，页 506）或所谓：“讼之兴，多由讼师、光棍唆煽而成。及其成讼，彼则从中渔利，恣意起灭。”（潘月山，《未信编》，见《官箴书集成》第三册，页 71）再有如：“严讼师以遏刁告。豫省界联吴、楚，地多讼棍，往往哄诱愚民，诪张为幻，或小事而驾成大狱，或睚而妄指奇冤。及至审虚反坐，而彼则脱然事外，是以讼师例禁甚严，尔等百姓切勿坠其术中。”（尹会一，《健余先生抚豫条教》，见《官箴书集成》第四册，页 699）这类严斥讼师并劝民众勿受讼师“哄诱”的史料，自十六世纪以来即不断出现在官员文集与地方志中，参见：川胜守，《明末清初の讼师について——旧中国社会における无赖知识人の一形态》，见《东洋史论集》，9（1981）：页 118−120。

[3] 十五世纪况钟（1384—1442）在《况公下车各政》即开列：“讼棍访着即办，须在下车时，迟则无济矣！”（转引觉罗乌尔通阿，《居官日省录》，影清咸丰二年［1852］刊本，见《官箴书集成》第八册，页 9）；十七世纪官员也强调对付讼师、光棍的迫切性：“为上者苟欲为民除害，则必严拿此辈，轻则责枷驱逐，重则访其积恶，申详按律。”（潘月山，《未信编》，页 71）明清时代史料时常混用“讼师”与“讼棍”二字。

狱”诸条，非了然于心，则双方对簿、猝难质诸幕友者，势必游移莫决，为讼师之所窥测。熟之，可以因事傅例；讼端百变，不难立时决断，使讼师慑服。[4]

汪氏这段文字原本是劝勉官员熟读基本法律条文，但却不经意提醒了我们：当时官员开庭时，讼师可能即在法庭现场暗中“窥测”。汪氏强调：尽管有幕友协助审案，但原则上是限于“凡律例之不关听讼者”，也就是说，幕友通常是对法律条文提供援引适用的咨询，至于官员开庭审案，要面对原告、被告“双方对簿”之际的各种现场突发情境；当官员开庭时碰到疑义而无所适从时，其实并不方便在众目睽睽的法庭上唤请幕友询问；[5] 此时，若官员没有基本法律素养，临时无法得到幕友顾问时，势必显得“游移莫决”，因而“为讼师之所窥测”。

明清地方官审案时，应该多是开放旁听的。晚明熟悉地方政务的官员余自强，即曾建议官员要留意自己在法庭审案时的公众形象，特别是不可以在当堂定罪时才匆忙翻查那些据以判处人犯罪刑的律例条文，他指出：“百姓观望官府，第一在当堂定罪”，正因为“当堂定罪”是官员与民众的一种公开互动，余自强乃建议官员不要在法庭上临时抱佛脚式地查找藉以断罪的相关法条文字：“不必查是何条徒律、何条军例，恐时候耽阁（搁），观望不雅。”[6] 判定刑责切忌

[4]（清）汪辉祖，《学治说赘》，见《官箴书集成》第五册，《律例不可不读》，页 311。

[5] 刑名幕友可能也并不在开庭现场，因为幕友主要工作是在开庭前与开庭后就案情细节、法律条文与各类判决书写作提供官员咨商与协助，有学者即推测：幕友在官员审案时，应是不能出席法庭现场，参见：瞿同祖，《清代地方政府》，范忠信、晏锋译，何鹏校，北京：法律出版社，2003，页 163；缪全吉，《清代幕府人事制度》，页 45。

[6]（明）余自强，《治谱》，影印明崇祯十二年（1639）呈祥馆重刊本，见《官箴书集成》第二册），页 115。

迁延不决，就算一时查不到相关法条，也只需在人犯签名画押的口供上，先写个大概罪名和刑度即可，等退庭之后，官员再好好详检法条即可。[7] 由余自强提及的“观望不雅”，可以证明当时法庭确实可以开放旁听。此外，明末还出现提醒商人不要于旅途中旁听审案的忠告：

> 凡到府县巡司衙前，及水陆途中口岸处所，或见奸妇、贼犯异常之事，切不可挤入人丛，进衙观看。恐问官疑人打点，关门扑捉；或强盗受刑不过，妄指左近搪塞。苟遭其害，虽公断自明，亦受惊骇矣。[8]

何以要劝告商人少去旁听审案？这里至少提出了两个重要理由：一是担心官员自出心裁，因怀疑法庭现场有同伙罪犯打探消息而“关门扑捉”妄被波及；二是恐怕法庭现场人犯“受刑不过”而胡乱牵连。

明清法庭应该基本上是开放旁听，但是，当时多半没有明定通行的法庭开放旁听规则。更重要的是，官员审案是否开放旁听，又与“法庭”究竟是在大堂或是内衙等不同场地有密切关系。若于大堂审案，则官员的穿着与举止都得十分正式，此时基本上开放民众旁听，有些衙门大堂甚至还可以同时容纳“数百人”旁听，而且大堂审案也有许多固定程序，官员也不容易随时中止审案程序；但于内衙审案时，则官员穿着与举止便常远较随意，此时不仅较难开放民众旁听，甚至还可依照官员兴致与需要而决定是否暂

[7] （明）余自强，《治谱》，页 115。

[8] （明）程春宇，《新安原版士商类要》，影印明刊本，见杨正泰编著，《明代驿站考》，上海：上海古籍出版社，1994，卷 2，页 299。有关明清商书版本及内容简介，参见：陈学文，《关于明清商书版本与序列的研究》，见氏著《明清时期商业书及商人书之研究》，台北：洪叶文化公司，1997，页 239－268。

时休庭。可想而知，因为大堂比内衙审案更让官员受限制，故而一般官员听讼时，“往往乐居内衙，而不乐升大堂”。[9] 只是，较重大的案件恐怕还是得在大堂审理。

然而，也有审案官员偏好于大堂开庭的例证。像汪辉祖这样对自己审判经验大有自信的官员而言，他便十分喜欢开放民众旁听自己审案：

> 余日升堂，邑人及外商，环伺而观者，常三、四百人，寒暑晴雨无闲。余欲通民隐，不令呵禁；谬致虚声，传播近远。[10]

这是汪氏任官湖南宁远县时的升堂审案情景，他那种开放“三、四百人”旁听的审判场景，[11] 在当时全国各地法庭恐怕确是蔚为盛观。[12] 汪辉祖强调其之所以要开放众多百姓旁听审案，主要

---

[9] 汪辉祖对清代地方官开庭选择大堂或内衙等不同场所，有颇详细的说明：“内衙简略，可以起止自若；大堂则终日危坐，非正衣冠、尊瞻视不可，且不可以中局而止，形劳势苦，诸多未便。”汪氏主张官员应多于大堂审案，因为如此便可透过审理个案以教导当地民众遵守法律的公开示范效果：“内衙听讼，止能平双方之争，无以耸旁观之听；大堂，则堂以下立而观者，不下数百人。”（汪辉祖，《学治臆说》，见《官箴书集成》第二册，卷上《亲民在听讼》，页 275）

[10] 汪氏自叙其初任官宁远县时：“遇户婚事，率传堂下耆老，体问风俗，然后酌判”；而若当天审判较少，“是日讼简，进堂下人，问所疾苦，晓以务本守分之利、讼则终凶之害。故民见余，不甚惧，有狡黠者，与言家常生理，辄得其情；讼费若干，民亦告余”（汪辉祖，《病榻梦痕录》，见《汪龙庄遗书》，卷下，乾隆五十八年［1793］条，页 494–495）。

[11] 若汪氏此段记载不算夸大，则当时何以那么多人喜听汪氏审案，也很值得留意。也许汪氏审案确有过人长处，这才吸引民众观看而至旁听人数“常三、四百人”的局面。

[12] 虽然大多数官员不一定喜欢民众旁观审案，但也肯定并非只有汪辉祖重视大堂审案的重要性，如袁枚即建议官员审案时要注意民众围观时的“堂皇”形象：“判事必坐堂皇，非矜众也，以观国人之颜色，而是非使共见也。”（袁枚，《答门生王礼圻问作令书》，见贺长龄编，《皇朝经世文编》，册 2，卷 21，页 8）但如某些官员审案时出现的“可茶、可烟、可小食”情景（汪辉祖，《学治臆说》，卷上《非刑断可可用》条，页 277），这对“判事必坐堂皇”的负面影响有多严重？恐怕仍也难以一概而论；毕竟，官员若于一天内承审太多案件，案牍劳形也总是需要些许饮食调剂，这也不一定不符合袁枚提出的“判事必坐堂皇”期许目标。

是想趁着开庭的时机多向地方耆老“体问风俗”，并藉开庭中场休息时间主动与旁听民众闲话“家常生理”，藉以搜集包含当地民众打官司的“讼费”等讯息。[13]

汪辉祖询问民众诉讼费用，除了关心民瘼外，此举其实也带有打探讼师介入当地诉讼程度的用意。[14]汪氏打探讼师活动，主要即是要进行取缔与惩治。讼师始终未获明清政府承认其协助涉讼当事人的合法地位，而既有法律条文中的“教唆词讼”罪名，[15]更是地方官可以随时逮治讼师的法源根据。在此种不利局面下，明清讼师介入各类司法诉讼时一般都颇隐晦，甚至有些讼师还会在状纸上变换不同名字，以避免官府查察，连带也使官员在查找讼师时常需多费工夫。而尽管法条明令处罚“教唆词讼”，但讼师代人书写状纸或是提供法律咨询是否即算是“教唆词讼”？这中间仍有不少法律文义的解释空间。[16]无论如何，明清时代确实有地方官员积极取缔当地讼师，而中央政府也曾严令官员查禁讼师，但实际用以取缔与查禁讼师的办法，则各有松紧宽严之异。在其中，汪辉祖惩治讼师的手段则应是相当独特：

[13] （清）汪辉祖，《病榻梦痕录》，卷下，乾隆五十八年（1793）条，页494-495。

[14] 其实，汪辉祖向旁听审案民众询问诉讼花费，也是一种间接调查当地讼师的有效办法；因为委请讼师打官司总要增添花费，故而民众讼费的异常增加即可能反映讼师的介入程度。

[15] 大清律例“刑律”编“诉讼”章“教唆词讼”条律文：“凡教唆词讼，及为人作词状，增减情罪诬告人者，与犯人同罪（至死者，减一等）；若受雇诬告人者，与自诬告同（至死者，不减等）；受财者，计赃，以枉法从重论。其见人愚而不能伸冤，教令得实，及为人书写词状而罪无增减者，勿论。”薛允升对此条法律注译道：“此仍明律，顺治三年添入小注，乾隆五年删定。”（薛允升，《读例存疑（重刊本）》，册4，页1019）

[16] 有学者指出：由于清律“教唆词讼”条律文明文规定“其见人愚而不能伸冤，教令得实，及为人书写词状而罪无增减者，勿论”，这使讼师介入诉讼行径究竟违法与否，产生较大的解释空间：从法条文义论，只要不被解释为“教唆”诬告，则讼师也可不在官员依法取缔的范围内（参见：张伟仁，《清代司法组织概述之一：参与中下层司法工作的个人、团体和官司》，见氏编《清代法制研究》，台北：台湾“中央研究院”历史语言研究所，1983，册一，页157）。

向在宁远，邑素健讼，上官命余严办。余廉得数名，时时留意；两月后，有更名具辞者，当堂锁系。一面检其讼案，分别示审；一面系之堂柱，令观理事。隔一日，审其所讼一事，则薄予杖惩，系柱如故。不过半月，惫不可支。所犯未审之案，亦多求息。盖跪与枷，皆可弊混；而系柱挺立，有目共见，又隔日受杖，宜其惫也。哀吁悔罪，从宽保释；已，挈家他徙，后无更犯者，讼牍遂日减矣。[17]

汪辉祖任官湖南宁远知县时曾抓到几名讼师，他并非直接宣判罪责，而是强迫他们同来“旁听”自己审案；只是，汪辉祖要讼师旁听自己审案的方式则与别的旁听民众大不相同，他把被抓讼师“系之堂柱，令观理事”。汪辉祖不要这些讼师在法庭开庭时暗中在旁听席位里“窥测”，他用化暗为明的手法，把涉案讼师锁在法庭前方展示，让民众同时看到知县审问这些在本地常具有一定知名度的讼师。[18]

汪辉祖开放较多民众旁听，以及他在法庭展示并羞辱涉案讼师，这都反映他的个性、自信与偏好。尽管大多数明清官员较难像汪辉祖大规模开放民众与锁拿讼师旁听审案；然而，当时许多民众喜欢旁听耸动或是特别的现场审案，则确是不争的事实。[19]姑且

---

[17] （清）汪辉祖，《学治臆说》，“治地棍讼师之法”条，页 282。

[18] 史料有缺，汪辉祖是否容许被锁讼师在大庭广众下说话或是参与原告、被告与证人之间的即席谈问，应是个历史谜题。

[19] 旁听审判民众中也不乏外地客商，前引晚明商业手册《士商类要》劝商人少观“奸妇、贼犯异常”之案时已有叙及；而上述汪辉祖引文又再次反映其中线索：“邑人及外商，环伺而观者，常三、四百人，寒暑晴雨无闲”。另外，清代有些地方也有亲友旁听涉讼人官司开庭的风俗：“讼人临审，亲族朋友远来看审，俱要款待”（黄六鸿，《福惠全书》，见《官箴书集成》第三册，卷 11，“刑名部：审讼”条，页 336）。地方法庭常设于城市中，外来商人与同族亲友等民众齐聚围观某些案件审判，应是构成当时法庭实景的重要环节。

不论旁听人数多少，也不管其他官员是否也曾将讼师“系之堂柱，令观理事”，我们至少可以整理一下几类通常会在法庭审判场景里出现的人物：职司审判官员居法庭的前方上位，书吏与衙役位居中间两侧，而原告、被告双方当事人，以及地保与其他可能证人则随时由官员传呼到达法庭正中间，此外，便是一批好奇民众在法庭外围伫立旁听；如果没被汪辉祖这类官员逮着强迫锁立法庭，则讼师也极可能悄悄夹杂在围观民众中窥测法官判案。至于幕友，可能碍于司法审判或官场惯例，应无法在开庭时始终侧立承审法官身旁提供咨询与建议；[20]但在开庭前后向官员分析案情争点与建议适用法条，并为委聘他们的承审法官出谋献策，则总是意料中事。当讼师介入诉讼，官员受其困扰，幕友也责无旁贷要开始对付讼师。

明清各地讼师介入司法程度不一，而讼师本领高低也各自有差别。乾隆年间名幕万维翰，即曾分析当时北方与南方的不同：

> 北省民情朴实，即有狡诈，亦易窥破；南省刁黠，最多无情之辞，每出意想之外，据实陈告者，不过十之二三。必须虚衷批断，俟质讯以定案。[21]

不是华北没有讼师，而是一般说来这些地方的讼师人数较少而且介入司法的手段简单，“亦易窥破”；而南方讼师介入司法，则“每出意想之外”。面对这些更为“狡诈”的南方讼师，名幕万维翰的建议是：“必须虚衷批断，俟质讯以定案”。刑名幕友站在审

---

[20] 汪辉祖做幕友时，即曾于委聘官员审案时“从堂后听之”（见：汪辉祖，《续佐治药言》，见《官箴书集成》第五册，“草供未可全信”条，页 329）。

[21] （清）万维翰，《幕学举要》，见《官箴书集成》第四册，页 732。

案官员立场，协助官员应付各地本领不同的讼师；虽然幕友不公开出席法庭之上，但其与讼师间的敌对关系，仍然成为官员审案过程常难避免的情境。

随着民间讼师人数愈来愈多，官员和讼师间的紧张关系也愈来愈大。为了对付各地讼师，早在晚明即有官员建议对付讼师的实际办法；[22] 清政府更在既有“教唆词讼”法律条文外增添许多法令。雍正三年（1725）以后，中央政府屡屡颁布新例与上谕，要求地方官查拏讼师、讼棍，官员也被要求主动查拏讼师，否则一旦由上级官员查获，即对该管官员惩以“失察讼师”处分。[23] 这使地方官与讼师间的紧张对立，日益成为司法审判中的普遍现象。幕友为官员所聘请，讼师则为诉讼当事人所委托，双方各为其主，在法庭审案过程中相互较劲，这应是明清地方法庭中经常搬演的日常情节。

无论讼师或幕友，他们之中的某些人，应该已是以娴熟法条与司法审判实务为职业的专业人士，[24] 但因各为其主而又相互较

[22] 余自强对付讼师的办法，是先向各级长官“透露”本案已有讼师介入而让上司提防有刁棍教唆上控：“凡自理词讼，遇刁徒强项讼师，不服县官责罚者，察言观色，觉有可异，即将此起申招府堂，详内云：事干刁棍重情，合应申本府。本府详允后，如此人再告上司批府，亦难反汗致谤县官；如批各厅，彼亦相谅，决不相反。亦谐世中一制奸法也。”（余自强，《治谱》，页 114－115）

[23] （清）昆冈等奉敕著，《清会典事例》（据清光绪二十五年［1899］石印本影印），册 2，卷 112《吏部·处份例·严禁讼师》，页 439－440。对清代中央与地方这类相关法令的整理，参见：张伟仁，《清代司法程序概述之一：失盗案件的初步处理及防文武的参劾》，见氏编《清代法制研究》，册一，页 383－384。明清中央政府立法禁止讼师的专门研究，参见：林干，《讼师对法秩序的冲击与清朝严治讼师立法》，见《清史研究》，3（2005）：页 1－12；地方政府如徽州地区官员禁止讼师与希望根治“健讼”风气的实例，参见：卞利，《明清徽州社会研究》，合肥：安徽大学出版社，2004，页 251－261。

[24] 有学者对讼师做了“专业”与“兼差”的两种不同分类，但总体说来，单由清代部分被捕的讼师身份看来，约有四成以上仍是文、武生监（参见：Melissa Macauley, *Social Power and Legal Culture:Litigation Masters in Late Imperial China*, pp.105－115），这些文武生监基本上都是能通文墨的读书人，具有阅读法律知识的能力。本章第三节将对讼师如何娴熟法律知识等问题做较详细论证。

劲；官员即使不是像汪辉祖那样雅好开放民众旁听审判，但在他们承审的地方法庭上，其实也同样存在讼师与幕友的相互较劲。这里主要并不涉及官员是否真有开放民众旁听审判的个性、自信与偏好，而是因为审转复核与审结期限两种司法制度的作用，而使讼师与幕友都被自然地卷入明清司法体系的运作。

第二节　审转审限制度严密化下的法律新秩序

一、法官难为？审转与审限制度的加严加密

明清时代全国司法案件，可依罪名大小与所系之“笞、杖、徒、流、死”罪刑轻重，分为“州县自理细事、上司审转重案”两大类，前者主要包括刑度在笞、杖以下的“细事”案件，后者则包括徒刑及徒刑以上的“重案”。[25] 细事与重案在明清法律体系内部已出现较大区别:以全国各省发生司法案件而言，属于细事者，即可由州县官审结，只要每月造册送上司备查，无需将案卷移送府级和府级以上司法机构覆审，故细案也经常被称为是“州县自理词讼”。[26] 至于“重案”部分，州县官做成判决后，要将相关案件卷宗与人犯、证人、证物等，提交府、道、按察司（臬司），由

[25] 全国司法案件众多，加上社会经济变迁，致使案情差异多少会冲击既有的“细事、重案”界限，两者未必总能清楚区划。大致说来，所谓“户、婚、田土、钱债”案件常归于“细事”，人命、强盗、斗殴致死、聚众、“谋反”（“反”者云云，当然是特从掌权者的角度看），以及当事人涉及尊卑长幼“人伦”关系的人身伤害或言语辱骂案件，则多属“重案”范畴。

[26] 有学者认为：虽然清代并无当代法律体系中的民、刑事区分，但仍以徒罪以上刑罚为界限，而“形成两种性质完全不同的程序”；只是，对于这种存于重案与细事之间不同程序的本质差异，“清代人并未明确意识到”。参见：滋贺秀三，《清代诉讼制度之民事法源的概括性考察》，王亚新译，见滋贺秀三等著，王亚新、梁治平编，《明清时期的民事审判与民间契约》，页 20、42。

这些地方上级司法机构审核案情是否有疑、引用法条是否失当。其中徒罪以上等“命、盗重案”及“谋反等十恶”罪案则再由省级最高长官总督或巡抚将相关案卷送至刑部、都察院、大理寺等所谓“三法司”详议审覆，核查案情与法条是否可疑或可议，此即“审转”制度大略。[27]

明清审转制度是在司法行政实务工作中逐步改良的。明太祖初年原本规定全国司法案件依罪刑高低而由各级司法机关审查复核:“笞五十者，县决之；杖八十者，州决之;〔杖〕一百者，府决之；徒以上，具狱送行省”，但过度频繁移送案件到上级司法机关复核的结果是:“移驳繁而贿赂行”；政府不得不改革，洪武二十六年（1393）定制为:“布政司及直隶府州县，笞、杖，就决；徒、流、迁徙、杂犯死罪，解〔刑〕部……情词不明或失出入者，大理寺驳回改正；再问，驳至三，改拟不当，将当该官吏奏问，谓之照驳。”[28]虽然此后审转内容又有几次修改，但基本上已确立了这套州县而府而布政司、按察司而刑部、都察院、大理寺的审转制度骨架，相沿直至明末。[29]然而，明代审转制度究竟落实到何种程度？特别是当各级地方承审官员送呈判决文书被中央司法官员驳回改正后是否会被处分？目前仍不太清楚。至少到清代雍正年间，审转制度开始得到更严格落实，并对遭驳改正的承审官员订出各种仔细的议处办法，而使审转制度日渐加严加密。

清代审转案件以徒罪以上重案最为严格。当此类案件由州县做出判决，详报府、道官员覆审，乃至送呈省级司法机关按察司、

---

[27] 参见：那思陆，《明代中央司法审判制度》，台北：正典出版公司，2002，页186-250；那思陆，《清代中央司法审判制度》，页193-294。

[28] 《明史》，卷94《刑法志二》，页2306。

[29] 那思陆，《明代中央司法审判制度》，页202-205。

巡抚、总督，当这些地方各级审转流程完成后，即将本案各类司法文书送交刑部或都察院等中央司法机关。中央司法机关官员的复查重点主要有二：一是针对送呈文书中记录案情的文字内容，检查其间是否存有疑点或矛盾；二是本案判决在援引与解释法条时是否恰当。若是刑部、都察院等中央司法官员认为案情有疑或是法条适用有所失误，则径自退回地方督抚重议，这在清代便是所谓的“部驳、院驳”。[30]

清代审转制度的加严加密是个渐进过程，而此过程则和“断罪引律令”这一法律规定[31]在清代的更严格落实有密切关系。[32]康熙九年（1670）已规定几类审转案件遭受中央司法官员驳覆改正时的地方各级官员议处方式，此规定将督抚与府州县官员承审案件的拟罪错误，区分为两类，各附不同议处办法：第一类是在地方各级司法官员发生“应拟斩绞人犯而错拟凌迟、应秋后处决人犯而错拟立决、应拟军流等人犯错拟凌迟、将军流等罪错拟斩绞”等四种情形时，各级承审官员要受到降级调用或是罚俸等不同议处。第二类则是规范“将应绞人犯拟斩、将军流等罪以下错拟失入者”的情形，针对此种审理案情而区别为两种不同处分：一

---

[30] 有关部驳与院驳案例的介绍，参见：布迪（Derk Bodde）、莫里斯（Clarence Morris）合著，朱勇译，《中华帝国的法律》，南京：江苏人民出版社，1993，页 126-127、170-175。

[31] 《大清律例·刑律》“断狱”门“断罪引律令”条：“凡官司断罪，皆须具引律例。违者，如不具引，笞三十；若律有数事共一条，官司止引所犯本罪者，听。其特旨断罪，临时处治，不为定律者，不得引比为律。若辄引比，致断罪有出入者，以故失论。故行引比者，以故出入人全罪，及所增减坐之。失于引比者，以失出入人罪，减等坐之。”乾隆三年（1738）定例：“除正律、正例而外，凡属成案未经通行着为定例，一概严禁，毋得混行牵引，致罪有出入。如督抚办理案件，果有与旧案相合可援为例者，许于本内声明，刑部详加查核，附请着为定例。”（薛允升，《读例存疑（重刊本）》，册 5，页 1276-1277）

[32] 官员判决户婚田土等“细事”案件较少引律例；但官员审理“重案”则确实在审转过程中受上级机关运用“断罪引律令”规定的严格制约。清代康熙至咸丰年间处罚官员判案援引法条失当的相关法令，参见：《清会典事例》，卷 123《吏部·处份例·官员断狱不当》，页 592-610。

是若此案尚未执行，则由刑部改正，而“承问官免议”；二是若此案已经发交执行造成无可弥补的错误时，则将“承问官革职，司、道降四级调用，督、抚降三级调用”。[33] 这主要是对各级地方法官判案确有错误并造成涉案人丧失生命者的处分，至于那些经刑部、都察院、大理寺“三法司”查出援引法条或是案情调查错误者，只要并未造成涉案人丧失生命，则承审各级法官与地方督抚基本上都可予以“免议”。[34]

至少自雍正初年之后，各级地方官员被中央司法官员驳覆援引法条失误，即已不再可因未有涉案人丧失生命而予“免议”了。雍正三年（1725）明定：各省督抚在接获来自刑部或都察院驳覆后，必须“虚心按照律例，改正具题；将从前承审舛错之处，免其议处”；而若是在刑部或是都察院官员驳至第三次之后，地方督抚仍然“不酌量情、罪改正，仍执原拟具题”，则再次经刑部或都察院覆核其应改正者，“即行改正，将承审各官、该督抚，俱照《失入、失出》例，分别议处”。[35] 乾隆五年（1740）则将不遵驳改正即予议处的规定做了更仔细界定：“官员审理案件，有情罪不协、律例不符，失出失入，经上司查明，驳令再审；承审官虚心按律例改正，免其纠参……若上司饬驳之后，承审官实系错误，固执原拟具详，经上司委别员审出改正，或案件已经题咨完结后经查

[33] 《清会典事例》，卷 122《吏部 · 处份例 · 官员断狱不当》，页 592。

[34] 《清会典事例》，卷 122《吏部 · 处份例 · 官员断狱不当》，页 593。

[35] 《清会典事例》，卷 122《吏部 · 处份例 · 官员断狱不当》，页 596。其实，类似规定已于康熙五十七年（1718）出现，但当时只规定将“承审各官并该督抚，交部议处”（《清会典事例》，卷 88《吏部 · 处份例 · 钦部事件限期》，页 144），仍无罚则。雍正三年，则明定惩处官员的法条。至于文中所谓“《失入、失出》例”，即指大清律例《官司出入人罪》。该条律文列举官员援引法条刑度不符案件事实罪名时的种种罚则，针对“笞、杖、徒、流、死”等五类不同刑度罪责的误判，对承审官员做出不同处罚，参见：薛允升，《读例存疑（重刊本）》，册 5，卷 49，页 1229—1232。

出者，仍照失出失入例议处”。[36] 嘉庆五年（1800）更进一步对那些遭驳议处的各级地方官员做成责任区分更细微的处置："凡驳饬改正之案，刑部即检查该府州县原详，据实核办：如原详本无错误，经上司饬驳，致错拟罪名者，将该上司议处。如原详未奉饬驳，该上司代为承当，除原拟之员，仍按例处分外，将该管上司，照徇庇例，严议。"[37] 尽管中央政府对不同层级地方司法官员的部驳议处责任做出区分，督抚等官员所受处罚的严重程度，似乎不若州县等下级地方司法官员；然而，在这套审转制度的压力下，各级地方司法官员在审判实务与写作判决书方面，仍然承担起愈来愈密切的共同责任。州县审案判决不够慎重而遭中央驳回重审，不仅会让涉案民众因延误案情调查而受苦，同时也连累上级地方长官。[38]

随着审转制度的日趋成熟与严密，地方司法审判机构下端的州县级官员，最是感受压力沉重。而在审转制度之外，清代中央政府又依案件类型而对各级地方司法官员制订不同的案件审结期限。[39] 这些审

---

[36] 《清会典事例》，卷 122《吏部·处份例·官员断狱不当》，页 597－598。

[37] （清）薛允升，《读例存疑（重刊本）》，册 5，页 1234。这种区别轻重的议处法规，应带有希冀破除地方各级司法官员因担心中央驳覆而相互串通的设计用意。

[38] 刚毅在《审看拟式》（清光绪十五年［1899］刊本）《自序》中曾具体描述此中情形："狱讼之情伪，始于州县，成于司（按察司）、院（巡抚），定于刑部。州县审看不当，解司、申院、达部而后，即使驳议平反，而民之拖累含冤者，已自不浅，况文致增减、是非淆乱而莫由讯诘者，正复无限。则州县之审看，其所关尤重也。"此序虽作于光绪年间，但地方各级官员因审转议处法令而塑成的此种共同连带责任，则至少自雍正年间即已有效塑成。

[39] 雍正五年（1727）已详列州县官审限罚则："命案限六月；盗案限一年；钦部事件，限四月；发冢、抢夺、窃贼事件，皆限六月；其余案件，一切未经定有限期者，皆扣限六月完结。皆以人犯到案之日起限。"有学者解释"钦部事件"实包括三种不同情形：一是钦奉谕旨命办之事，二是遵照诸部之咨应办之事，三是依例应题奏经部议之事（参见：张伟仁，《清代法制研究》，册二，页 159）。雍正五年，还同时规定州县以上地方官的审限："命案六月限者，州县限三月解府州；府州限一月半解司；司限一月解督抚。"上举雍正五年两条法令，以及雍正至道光年间各种审限法令的增修细节，参见：《清会典事例》，卷 122《吏部·处份例·外省承审事件》，页 578－591。简介几次地方官审限罚则的重要更动，参见：瞿同祖，《清代地方政府》，页 201－205。

结期限的法令绝非是中央政府发布的纸上空文，而是通行全国得到具体落实的制度，不仅督抚等地方长官送交中央的司法文书末尾要注明是否“尚在限内”，[40] 州县官上呈地方长官的司法文书也清楚交待命盗重案的审理期限。[41] 除了审转重案都要在审限内送呈上级检查案情合理性与法条适用性之外，户婚、田土、钱债这类州县自理案件虽无需审转，但也同时受审限法令规范，[42] 乾隆年间即有地方巡抚召集该省布政、按察“两司会议”后通令全省：“以一道所辖之州县多寡远近之不同”，“各于月底，将一月准理事年，开列事由，已结者就登销；其有证佐未齐、原被患病，不能依期完结者，亦于册内据实登明，各于次月之朔，呈送巡道查核，递月倒换”。[43] 固然命盗重案的审转与审限

---

[40] 反映这类审限规定的案例不少，稍检现存各类上报中央的清代司法档案即可证实，如乾隆二年（1737）九月八日山西巡抚石麟题报该省铁炉作坊主人杨文忠不允雇工李贵发辞工而引致李姓雇工身死命案，题本结尾即写道：“此案应以乾隆二年二月十二李贵发身死报官之日起限，今逾限未及一月，合并声明。”（台湾“中央研究院”历史语言研究所藏“内阁大库”档案，登录号：052671）

[41] 如乾隆三十年（1765）九月十九日一份发自重庆府巴县有关窃贼拒捕被殴身亡而上呈省级长官的判决书，其结尾即写道：“此案应以乾隆三十年七月初四日报官起限，扣至本年十月初四日分限届满。今卑县于九月十九日申详，尚在限内，合并申明”（四川省档案馆编，《清代巴县档案汇编：乾隆卷》，北京：档案出版社，1991，页 77）。

[42] 上引雍正五年“其余案件，一切未经定有限期者，皆扣限六月完结”法令外，雍正年间又议准以下法令：“按察使自理事件，限一月完结；府州县自理事件，限二十日审结。”（《清会典事例》，卷 122《吏部·处份例·外省承审事件》，页 578）这个州县自理案件限二十日审结的规定直至十九世纪皆然，如清代一部政书在罗列“自理、命盗抢窃等案、情重命案”三类案件审限罚则时，即对“州县自理户婚田土等项案件”等“自理”案件开列如下审限罚则：“限二十日完结。违限，不及一月，罚俸三个月；一月以上者，罚俸一年；半年以上者，罚俸二年；一年以上者，降一级留任。”（方大湜，《平平言》，见《官箴书集成》第七册，卷 2《审案限期》，页 636）

[43] （清）陈弘谋，《饬巡道清查州县词讼》，见贺长龄编，《皇朝经世文编》，册 2，卷 20，页 19。可略举州县自理刑案中一件钱债诉讼为例证：清道光五年（1825）四月，巴县县城有房东李广顺将房屋店铺租给杨大通，但杨氏却再将店铺转租龚双全开设酒铺而引发一桩房租诉讼，巴县知县判词写道：“集讯之下，断令垄双全将铺面交给杨大通自行开设，并将家具点还；其杨大通取龚双全租银十两，饬令照数退缴；双全添置用器，听其自行领回变卖”，而判词文末有云：“双方俱各欣依，取俱结备案”（四川省档案馆、四川大学历史系主编，《清代干嘉道巴县档案选编》下册，成都：四川大学出版社，1996，页 59）。州县官员要将每月审结自理案件登录销案以备地方长官查核之规定，也反映于此例证。

罚则对官员带来更大压力，但清代州县官审判细事时所面对的审结压力也不能轻估；当然，究竟细事审结的实际压力有多大？那主要系于各省司法长官执行每月月初查察结案登销册籍的严格程度，难以一概而论。

审转议处与审限罚则的加严加密，让地方官遭到较大压力。尽管作威作福、贪财受贿或是昏庸无能的地方官员不乏其人，但这涉及不同时代整体吏治水平的演变问题，到底清代吏治受审转制度而变好或变坏的程度如何，颇难一概而论。清代后期吏治日趋低下姑且不论，但若以雍正乾隆以至嘉庆年间各级地方官处境而论，官员确实日益感受到上级司法机关在审查司法文书时那股讲究案情调查是否详实以及法律适用是否恰当的结构性压力，而这种压力主要即来自当时加严加密的审转与审限制度。

审转与审限制度加严加密下的清代地方官到底有多难为呢？汪辉祖有段析论："语有之：州县官如琉璃屏，触手便碎。诚哉是言也，一部吏部处分则例，自罚俸以至革职，各有专条。"尽管汪辉祖写此段文字是要劝官员有关"失察、迟延"审判与征税期限等"公罪案件，断断不宜回护"，否则"以计避之，则事出有心，身败名裂矣"。[44] 但是，光由这种"琉璃屏触手便碎"的比方看来，"失察、迟延"指的正是审转与审限制度的加严加密，而连带而来的议处，则确实造成当时部分地方司法官员的莫大压力。只是，压力是否必然让吏治清明？那仍要考虑其他层面因素，不能泛泛而论。[45]

[44] （清）汪辉祖，《学治臆说》，页 291。

[45] 描述清代地方官负面形象的文献也有不少，一部清末出版政书的序言即写道："嗟乎！吏道之芜也久矣，平居华衣丰食，选玩具、征歌色；出则驺从赫、奢汰相高；其听讼也，据案南面，俨若神明，敲精扑髓，惟力是视，小民之是非曲直，不与焉。"参见：（清）瞿继昌，《序》，见（清）徐寿兹，《学治识端》（见《官箴书集成》第九册），页 422。笔者无意争辩清代吏治因审转而质量甚好，只想指出地方官面对审转加严加密的制度性压力；没错，严格法令并不保证官员都认真政事，压力愈大，回避办法也可能更巧妙，但那是另外层面问题，不是本章重点；我强调的是：不能因为清代存在贪官暴吏即低估当时审转审限制度严密的压力与作用。

二、“法足敝辜”与“民风淳朴”的法律秩序论述

何以清代雍正年间以后审转与审限制度都日趋严格？皇帝与中央政府向各级地方司法官员施加如此大的制度性压力，究竟所为何来？嘉庆十七年（1812）的上谕，反映了其中重要原委：

> 州县原为亲民之官，词讼原应速为审理，以免拖累。经朕时常降旨训饬，而外省因循疲玩，积习相沿，置若罔闻。或性耽逸安，怠于听断；或豫防翻案，冀免干连；以致讼师逞其伎俩，颠倒是非。往往起衅甚微，久且酿成巨案；而上控、京控呈词，亦日渐增多，皆不肖州县官养成刁风，而督抚多徇情袒护，吏治、民习，日坏一日，实堪痛恨。[46]

在训诫各省官员应尽速审理百姓讼案后，嘉庆皇帝命令各省督抚：

> 严饬所属州县，尽心民事，以听讼之勤惰、断狱之迟速，分别劝惩，庶吏治修明、案牍渐稀，民风日臻淳朴。[47]

综合上引嘉庆两段上谕内容，可看出其间实蕴含一连串因果关系的假定与论述：如果地方官能够“尽心民事”、做到“听讼勤、断狱速”，同时也不要过于担心涉案人在自己审断后提出上控或京控而牵连自己受到参处（“豫防翻案，冀免干连”），则讼师便无法“逞其伎俩，颠倒是非”；如此一来，便能不再拖累涉讼民众的生

[46] 《清会典事例》，卷 112《吏部·处份例·严禁讼师》，页 439－440。
[47] 《清会典事例》，卷 112《吏部·处份例·严禁讼师》，页 439－440。

活，并且有效地减少民间诉讼（“案牍渐稀”），从而使“民风日臻淳朴”。嘉庆时代地方官审结诉讼的效率是否真已不如雍正或乾隆时代？未来仍需更多司法档案的检证；但是，嘉庆皇帝的上谕则说明了政府改革审限制度的主要用意，即是要达到“案牍渐稀、民风淳朴”的理想。

审转制度的加严加密，主要和清政府更重视“断罪引律例”法律条文的落实有关。然而，法条毕竟有待司法官员或是皇帝的解释，而全国各地审转呈送的刑案情节常又是千差万别，当时定罪量刑的理想是要达到所谓的“情、罪曲当”，[48]无论是情重法轻，或是情轻法重，都在审转制度复核刑案的驳诘之列。只是，连刑部等中央司法官员也不见得能在向皇帝报呈判决时做到“情、罪曲当”的理想，嘉庆四年（1799）正月二十六日，嘉庆皇帝即召见刑部侍郎熊枚痛责刑部官员未能精确地援引法条判案：

> 向来刑部引律断狱，于本律之外，多有“不足蔽辜”、“无以示惩”，及“从重定拟”等字样，所办实未允协。罪名大小，律有名条，自应勘核案情、援引确当。务使法足蔽辜，不致畸轻畸重，方为用法之平。今引本律，又称“不足蔽辜”、“从重定拟”，并有加至数等者。是因不按律办理，又安用律例为耶！即案情内有情节较重者，朕自可随案酌定。总之，“不

[48] 清末撰修《清史稿·刑法志》的作者，对乾隆此种特殊法律理想有极传神的描写：“高宗（乾隆）临御六十年，性矜明察，每阅谳牍，必求其情、罪曲当，以万变不齐之情，欲御以万变不齐之例。故乾隆一朝纂修八九次，删原例、增例诸名目，而改变旧例及因案增设者为独多。”（《清史稿》，卷142，页4186-4187）

足蔽辜”之语，非执法之官所宜者。[49]

在痛责刑部官员不能“勘核案情”而对大清律例既有法条“援引确当”后，嘉庆下令：“嗣后，看刑衙门俱应恪遵宪典、专引本律，不得于律外又称及从重字样。即虽字、但字，抑扬文法，俱不准用”。[50]清仁宗的法学知识是否真比一般刑部官员高？令人怀疑。但嘉庆皇帝指斥刑部官员审案“不按律办理”的主要意义，我认为并不在于当时刑部官员是否真的无能精确援引法条，而是反映皇帝本人对“按律科断、法归划一”的强烈信念；[51]至于何以一定坚持要官员审案时“按律科断、法归划一”呢？这里其实反映了皇帝所认同的有关司法诉讼或是法律秩序的理念：定罪量刑时要能做到“情、罪曲当”，或是换句话说：“法足蔽辜”。

然而，受限当时司法资源有限的外部条件，以及传统法条的内部结构，无论是审限制度的“案牍渐稀、民风淳朴”理想，或是审转制度的“按律科断、法足蔽辜”理念，其实都在执行上面临不少困难。先谈审限制度的困难，前引诸如“命案限六月；盗案限一年；钦部事件，限四月；发冢、抢夺、窃贼事件，皆限六月；其余案件，一切未经定有限期者，皆扣限六月完结”，或如州县自理案件“限二十日完结。违限，不及一月，罚俸三个月；一月以上

[49] （清）姚雨芗原纂、胡仰山增辑，《大清律例会通新纂》，影印光绪年间刊本，台北：文海出版社，1964，卷首，页15-16。

[50] 《大清律例会通新纂》，页16。

[51] 雍正八年（1730）上谕也反映有关立法问题的内容：“国家法令科条，原一定而不可易；其有应行从重者，亦必待朕酌其情罪。特颁谕旨：此加倍二字，非臣工所可擅定者也。嗣后凡有议罪议处之条，皆应照本律定议，其有负恩犯法、情罪重大、应从复位拟，必须执中于法之至平至允，不得擅用加倍字样，开蒙混苛刻之端，负朕立法牖人、儆省防闲之至意。”（《清会典事例》，卷85《吏部·处份例·引用律例》，页97）无论嘉庆帝或雍正帝对司法审案的评论，都同时内含着必须严格按律科罪，以及即使真要“随案酌定”更改法条也必得经由皇帝发动立法的信念。

者，罚俸一年；半年以上者，罚俸二年；一年以上者，降一级留任”等审限法令，这类法令不可谓不严格，但能不能做到？很多时候并不像嘉庆相信的只要官员“尽心民事”便可办成的。即以民间经常发生的土地产权纠纷来说，[52]这通常属于“限二十日完结”的州县自理案件，但单是勘丈涉讼人彼此土地界域确定争点，有时即要大费周章，[53] 当时没有专门的勘定土地界址机关配合州县官查核审理，但政府却强迫官员在二十日内完结自理细事，似此这般缺乏协助证据调查等司法资源外部条件做支持，而光是要求地方官员限期结案，有时真也过于强人所难。

官员要在有限的审结时间内处理各类辖区内发生的轻事与重案，否则即要面临参处；在此情形下，官员至少出现两类可能对策：一是打点串通地方上级长官，大事化小，小事化无，减少或是不要登记这类未结案件的数量。另一则是寻求专业人士协助，聘请刑名幕友正是应付加严加密审结期限的重要途径。这是从官员应付审限的角度看问题，而若是由讼师介入诉讼的角度看，则官员面临审限压力，却正好可以增加讼师操持运作的机会。相比之下，官员聘请幕友协助结案可以进行的较为光明正大；而官员打点上级长官，以及讼师利用审限而操持司法，便比较隐晦微妙。

---

[52] 学者曾由清代地方官判牍中讨论这类案件的普遍性，参见：小口彦太，《清代地方官の判决录を通して见たる民事的纷争の诸相》，见《中国：社会と文化》，3（1988）：页 35–49。

[53] 汪辉祖对勘丈土地一事有所细论，他将土地勘丈分为“风水、水利、山场、田界、房屋基址”五类，并指出“风水”勘丈问题最是复杂，他建议地方官要会同争讼双方民众亲到现场：“先就双方绘图，认正山名方向，然后往复屡勘。凡所争之处，及出入路径，一一亲历，无惮劳琐”，“将两图是非逐细指出，为之明白讲论，谕以子孙可大可久之故，再行剖断，自然心平忿释，不致争竞”；而若是州县官自己不到现场而只委托副手官员屡勘，依汪氏经验，其结果总是“人不能服，仍归亲勘，重劳吾民”（汪辉祖，《学治臆说》，卷上《勘丈宜确》，页 278）。多数官员恐难做到汪辉祖建议的勤快履历，而勘丈争讼土地的费时费事也可想见。

前引嘉庆十七年上谕，正可以解释后两种隐晦微妙的关系：嘉庆指责“督抚多徇情袒护”所属州县官员不迅速审结案件，大概可算是我所说的第一种官员应付审限对策；至于嘉庆指责官员“或性耽逸安，怠于听断；或豫防翻案，冀免干连；以致讼师逞其伎俩，颠倒是非”，则正是第二种微妙关系：因为担心案情多生枝节会增加查证需要而超过审结期限，官员当然希望要查证的事项愈单纯愈好，但许多讼师正喜欢用各种手段增加官员查证的成本。[54]以诉讼策略而论，讼师在案件里增添愈多需要查证的事项，则官员审理过程便需增加更多查证时间，讼师即可视有利胜诉方向而给承审官员更多压力；而一旦官员做成不利己方判决后，此时案件无论是已经送呈上级审转，或者是留贮州县备查，若涉及证据愈多，则讼师即更容易找到官员当初查证不足的疏失而向上级官员提出有利己方“翻案”的上控事由。因此，我认为审限制度的加严加密应可增加讼师介入操作诉讼的机会。而这和州县官员串通上级长官一样，都不会是嘉庆皇帝乐见的结果，至于审限制度原先标举的“案牍渐稀、民风淳朴”理想，当然也更是与之南辕北辙渐行渐远。

至于审转制度所悬诸的“按律科断、法足蔽辜”理念，其实也因当时法律条文的内部结构限制，而产生不少法律适用上的困境。明清法典都采用较严格的法定绝对刑形式，而和当代刑法条文经常

[54] 王又槐即对讼师手段有以下观察：“或嘱证佐袒覆藏匿，或以妇女老稚出头；或搜寻旧抵搪，或牵告过迹挟制。或因契据呈词内一二字眼不清，反复执辨；或捏造改换字据，形色如旧。或串通书吏捺搁，或嘱托承差妄禀。诡诈百出，难以枚举。”参见：(清）王又槐，《办案要略》，见《官箴书集成》第四册，页770。站在官员角度想，这些都是阴险而不入流的手段，但由讼师帮委托人胜诉角度看，这其实又都是可增加官员查证时间的拖延谋略。

规定高、低刑度的相对刑形式有所差异。[55] 明清律例严格规定各种罪名的唯一法定刑度（绝对刑），主要着眼于不能让全国审案官员在断罪量刑时出现同一罪名而判定不同刑度，这是“按律科断、法足蔽辜”理念的特殊展现方式；[56] 这种绝对刑立法的立意，是希望防止各地素质不一的法官枉法量刑，藉以提升刑罚公平性；然而，另一方面，又同时减少了真有法学素养法官依案情轻重而调整合理刑度的自由心证空间，使得几乎任何合理而有需要的刑度调整都得呈请三法司与皇帝核可，把原本可由地方法官合理裁量的刑度调整，都变成有待中央司法官员讨论以及皇帝最后裁决的冗琐争议。[57]

---

[55] 当代刑法所列各种法定刑，除少数例外条文外，大多采用“相对刑”规定，从而使得法官定罪量刑具有很大的弹性空间（参见：林山田，《刑法通论》，下册，台北：作者发行，1998 第 6 版，页 740）。如台湾“刑事条例”第 277 条规定“伤害人之身体或健康者”的“普通伤害罪”刑度，即为“处三年以下有期徒刑、拘役或一千元以下罚金”；而清代法律的“斗殴”罪，则依所列“手足殴人、不成伤者；（手足殴人）成伤，及以他物殴人不成伤者；（以他物殴人不成伤者）成伤者；拔发方寸以上；殴人血从耳目中出及内损吐血者；折人一齿及手足指、眇人一目；折二齿、二指以上及发者……”等不同罪行，而各自系以“笞二十；笞三十；笞四十；笞五十；杖八十；杖一百；杖六十、徒一年……”等不同刑度（沈之奇，《大清律辑注》，新校本，北京：法律出版社，2000，页 714−715）。相对来说，清律中的每种罪行原则上都处以一项特定刑度（“绝对刑”），而不像当代刑法对同一罪行反而系以某刑度以下与某刑度以上的相对刑。此方面问题的细致分析，参见：陶安，《律と例の间——明代赎法を通じて见た旧中国法の一班》，见《东京大学东洋文化研究所纪要》138（1999），页 1−65。

[56] 当代刑法高低刑度的设计，是配合相关法律规定赋予承审法官刑罚裁量的权力，让法官可以斟酌案情而决定适当刑罚；对传统中国刑法而言，这是相当不同的立法理念或技术（参见：滋贺秀三，《中国法文化的考察：以诉讼的形态为素材》，王亚新译，见滋贺秀三等著，《明清时期的民事审判与民间契约》，页 12）。

[57] 有学者即认为：“在中国的法律实践中，从我们的感觉来讲是属于量刑范畴东西，却总是被作为没有裁量余地的法律的解释适用问题而展开繁冗琐细的议论”（滋贺秀三，《中国法文化的考察：以诉讼的形态为素材》，王亚新译，页 12）。不过，当代法律以相对刑形式赋予法官刑罚裁量的做法，也并非没有争议空间，虽然法官被要求本其职务意识与职责良知而定罪科刑，但在实践上，法官个人的教育背景、家庭成长经验乃至其人生观、政治观与社会价值观等情感或信仰因素，不同法院对同一罪刑的不同裁量传统，以及受判决人的外型、举止、谈吐等因素，都足以影响法官的刑罚裁量（参见：林山田，《刑法通论》，下册，页 742−743）。

每年全国审转送呈中央三法司的案件众多，现仍难清楚当时地方官被要求遵驳改正的案件比率究系如何变化。而且，在被三法司驳覆的案件中，有些确是因为法条援用错误或是案情调查有问题而被检查出来，曾经审阅并做较仔细的讨论，对于保障当事人权益应有所帮助；[58]并不全然都是因为法典缺乏高、低刑设计容易导致刑罚裁量争议的结果，更不必然皆反映皇帝个人专断或是三法司官员揣摩上意而枉法裁判。

然而，乾隆四十五年（1780）二月发生的一桩江苏省送呈审转案件却颇为特别，值得做些简要介绍。这案子是由江苏省巡抚吴坛所送呈，主要事由是该省山阳县民倪玉因为续弦妻子倪顾氏对待倪玉前妻所留四子不好，在屡与倪顾氏争执无效后，倪玉在家自缢身亡。吴坛核定送呈的判决文书是援引“威逼人致死”律的“妻妾逼迫夫致死”例规定：“拟绞，奏请定夺”[59]，吴坛因而在审转文书上判定：“倪玉之死，实由倪顾氏不贤逼迫所致，倪顾氏应依例拟绞监候，奏请定夺。”吴坛为乾隆二十六年进士，不仅有研读刑律的家学，更曾先后任职刑部二十余年，此时由刑部外放江苏巡抚，是当时有名的法学专家。然而，刑部审转这份判决的结论是：“查例载：妻妾逼迫夫致死者，比依妻殴夫至笃疾律，拟绞，奏请定夺。又，律载：妻殴夫至笃疾者，绞决”[60]；此案“是倪顾氏居心悍刻、致夫自尽，自应照律拟以绞决，请旨定夺。今该抚（吴坛）将倪顾氏拟绞监候，与律不符，应将倪顾氏依妻逼迫夫致死者比依殴夫至笃疾绞决律，拟绞立决，奏请定夺”。刑部

[58]　邱澎生，《真相大白？明清刑案中的法律推理》，页164-172。

[59]　（清）吴坛，《大清律例通考校注》，页811。

[60]　律文相关内容为：“凡妻殴夫……至笃疾者，绞（原加注：决）；死者，斩（原加注：决）；故杀者，凌迟处死。”（参见：吴坛，《大清律例通考校注》，页845）

的题本在乾隆四十五年十一月五日送呈皇帝，隔天即发来了乾隆的上谕，除了核可刑部对吴坛的“部驳甚是”同意改照刑部所拟的绞立决罪刑之外，乾隆更发表了一段议论，略云：“妇之于夫，犹臣之君、子之如父，同列三纲，所关綦重。律载：人子违犯教令致父母自尽者，皆处以立绞，岂妇之于夫竟可从轻！今乃逼迫其夫致令自尽，此等泼悍之妇，尚可令其偷生人世乎！”此案倪顾氏“凶悍如此，该抚（吴坛）仅拟绞候，岂明刑弼教之意乎？律既载妻殴夫至笃疾者绞决，本属允当；乃例又载妻妾逼迫夫致死者比依妻殴夫至笃疾律拟绞奏请定夺之条，以致引用牵混，殊未妥协。着交刑部将此例另行妥议、改正通行”。[61] 乾隆不仅要求刑部藉此案讨论之便顺便修订既有律例，更接着斥责吴坛等江苏地方官员：

> 此案系吴坛审拟具题。吴坛在刑部司员任内，办理案件最为谙练，不应援引失当若此。使其尚在，必将伊交部严加议处。至臬司为刑名总汇，塔琦亦由刑部出邑司员简放，审拟此案，失于宽纵，殊属非是。塔琦着传旨严行申饬，并将此通谕知之。[62]

此案江苏省臬司（按察使）塔琦被议处，而吴坛则因在该年十一月上谕传达前即已在江苏巡抚任上过世而免予议处。吴坛和塔琦判拟此案是否真像乾隆批评的犯了明显失误（“援引失当若此”）？其实是很可争议的，乾隆自己也承认既有律、例条文之间有所矛盾“以致引用牵混，殊未妥协”，但他仍在吴坛按例文规定

[61] 本案细节与三段引文，参见：《驳案新编》，影印清光绪十年（1884）朱梅臣辑《驳案汇编》本，收于《续修四库全书》，上海：上海古籍出版社，史部，册 873，卷 18，页 456–458。

[62] 《驳案新编》，卷 18，页 457。

判决倪顾氏“依例，拟绞监候，奏请定夺”之后认为吴坛本来也该和塔琦一样交由吏部“严加议处”。这种过严的议处方式似乎反映了乾隆皇帝极端重视“妇之于夫，犹臣之君、子之如父，同列三纲，所关綦重”的理念，[63] 这影响到他认为绞监候不能使该案“情、罪曲当”，而惟有绞立决才能让倪顾氏“此等泼悍之妇”得到“法足蔽辜”的惩罚。姑且不论吴坛与乾隆皇帝的法学知识孰精孰粗，也不管当时驳覆吴坛的刑部官员是否更能掌握乾隆好恶，我们在这里可以做个设想：如果当时立法技术真的规定“妻妾逼迫夫致死者”罪名可有高、低刑，而不是只能在绞监候与绞立决里二选一的话，则地方官员在定罪量刑便有较多的合理调整空间；然而，绝对刑的立法理念使得这样情形不容易在当时审转制度的运作过程中发生，地方官员只有更加确定一个罪名一个刑度，否则即可能面临驳覆议处，这是当时法律条文的内部结构限制。

刑名幕友的普遍出现与进一步发展，似乎有助于当时司法体系里摸索出一些具有默契性质审转运作技术的形成，有助于让地方官碰到判罪量刑困难时稍稍有所依循，不会太轻易遭到驳诘。乾隆年间名幕王又槐在提及当时“案之干驳者，难以言尽”的同时，也强调任官州县衙门幕友协助官员送呈司法文书时，只要做到“案无疑窦，处处妥协周密，无隙可入”，则即无需过于害怕上级司法机关的“苛求”。[64] 王又槐对地方层级的审转过程提出自己

[63] 事实上，自秦汉以至唐代的“三纲”理念内容，自有其时代变迁上的差异，如何由对在上位者的责任要求转为对在下位者的服从义务，其间种种关键变迁与细致区辨，参见：阎鸿中，《唐代以前“三纲”意义的演变——以君臣关系为主的考察》，《钱穆先生纪念馆馆刊》，7（1999）：页 56–75。乾隆的理解，并不代表“三纲”理念的初始意义。

[64] “大凡上司驳案，多因其案内尸伤、情节、口供及情罪较勘，实有可驳之处，方加批饬。若案无疑窦，处处妥协周密，无隙可入，上司幕友断不肯于情理之外苛求于人；虽欲苛求，无从措词；倘或好事者欲从案外搜求，而于情罪无所增减，纵驳亦易覆详。”（王又槐，《办案要略》，页 778）

的看法：

> 人多咎上司幕友、书吏之指驳，见而惊恐。抑独不思：所驳者，是情理乎？非情理乎？果合情理，事出公论，府、司不驳，而部、院必驳，上司岂肯代人受过！若非情理、意欲苛求，彼既可以不情不理之语牵强驳之，我何难以有情有理之话委婉覆之。案有可驳，虽不驳，亦足惧也；案无可驳，虽驳之，又何畏焉！[65]

王又槐一方面表明他个人认为“案无可驳，虽驳之，又何畏焉”的专业自信，但另一方面也点出当时不少州县官员与幕友面对驳诘时所感到的“惊恐、可惧”。如果幕友都能像王又槐那般自信地能让官员不用害怕审转驳诘，则地方官竞相礼聘这类刑名幕友帮忙，也便势所当然。

审转制度对官员的压力，其实也是讼师更能施展其能力的重要背景：州县官需要面对地方与中央各级长官复核案情调查与法律援引失误的可能议处，加上配套的审结期限，以及连带而来民众不服州县官处置而向上级司法单位提出上控，这些都是地方官审理纠纷与做成判决后即无从逃避的压力；[66] 地方官对这些压力当然

[65] （清）王又槐，《办案要略》，页 778。

[66] 即使细事案件也是如此，有学者指出：表面上看，州县官处理细事纠纷时的任意裁决权很大，从而“阻碍了民法制度的充分细致化和标准化”，但实际上官员仍要面对涉案民众可能上诉与或者随之而来的上司覆审与惩处，“在实践中，县官只是个下级官员，他必须在已确立的制度中循规蹈矩，以免危及自己的仕途”（黄宗智，《民事审判与民间调解：清代的表达与实践》，刘昶、李怀印译，北京：中国社会科学出版社，1998，页 15、17）。汪辉祖即提及他上任湖南宁远县知县前，该县境内“俗素嚣健，动辄上控”（汪辉祖，《学治臆说》，卷上《亲民在听讼》，页 275）。因上控发回知县重审的案例，参见：《清代干嘉道巴县档案选编》所收道光三年（1823）六至七月间巴县熊氏家族争产案件（下册，页 463–454）。

不会愉快，但对讼师而言，这则是重要凭藉；否则，讼师既无任何合法地位（甚至是某些官员试图努力捉拿的对象），即使写出多么文辞流畅而词意感人的状纸与说帖，州县等地方官其实又何须在意？审转制度的加严加密，官员面对压力增强，也给予讼师更多操作挥洒的空间。

检查明末以来几种流行讼师手册的内容，可以发现其中收录有几件“脱罪禀帖”或是“告脱死罪”，[67] 这是用以教导讼师写作诉讼文书的范本，而其主要内容即是扣紧着地方官判决已经遭到上级长官的驳诘。[68]这份讼词仍然只是明末情形，当时地方官所受上级驳覆议处的罚则仍不若清代确实而严格；雍正年间之后，审转三次驳覆后仍不遵从改正的处分规定加严加密，地方官面对压力愈来愈大，要想再像明代讼师秘本“脱罪禀帖”所反映的屡遭上司驳诘而迟迟未受议处，已杳不可得了。官员所受上级长官审转复核压力愈大，则讼师愈有机会试着在各类进入审转程序或是等待结案备查的司法文书中找到活路，也才能为当事人增加“脱罪”的各种可能管道。

道光初年山东巡抚程含章曾劝勉全省地方官要熟读律例，程氏自道光二年（1822）奉派为山东巡抚以来，即曾特别留意全省州县官员的审案表现，他指出当时不少官员在审案时呈显出两种不同的个性与流弊：一种是“自居谨慎者”，其弊是“一味畏葸，

---

[67] 参见:（明）乐天子编,《按律便民折狱奇编》（明末翠云馆刊本），卷 2“说帖类”、卷 4“脱罪类”，以及不著撰人所编的《新镌订补释注霹雳手笔》（明刊本），卷 1“说帖类”。

[68] “刑莫重于死刑，冤莫冤于枉死；仇里某纠呈身与某等劫掠，赃供，与某等同死。蒙送……察院，审未得赃，又未同行，驳回再招。岂又坐身同谋造意，枉法曲拟。蒙刑部驳批：同谋造意，惟同盗之人知之，里排等案得与闻，此本部终不免有疑也。续值恤刑审批：未见失主举首，又未见盗犯，扳扯有何根据？仰理刑官速究。豪俱延玩，重贿狱卒，非刑凌虐，惟在死黑狱、快泄私忿。乞天早救冤，上告。”（《按律便民折狱奇编》，卷 4“脱罪类”）

当断而不断”；另一种则是“自诩才华者”，其弊则为“任意草率，应慎而不慎”；在程氏看来，官员无论是何种个性与流弊，都可能在“承审案件、听断词讼”过程中被讼师“持官之短长，而挟制逞刁”。[69] 清代审转制度既有前述绝对刑所造成的内部法律结构问题，则各级地方官员在定罪量刑方面其实都只剩下很小的合法裁量空间，即使有得力幕友相帮，也不一定都能常保妥当不被驳诘。而连吴坛那样熟悉律例的法律专家都可能在审转制度中出事，更何况是别的官员？案情有时千差万别，但法条罪名却有时而尽，若官员定罪量刑的合法空间愈小，则法条与案情之间的细微落差便无法由法官做合理的填补，每种落差都要藉由地方长官、三法司审转乃至皇帝批准才能核定，州县官判决内容面对这么长串的审核过程，当然会升高驳诘的可能性。这种局势的发展，不仅让刑名幕友协助官员的作用增加，也让讼师可以更有效地利用官员害怕驳诘的心理而介入与操作各类诉讼。从此角度看，讼师与幕友都是在审转制度加严加密的过程中得到茁壮的机会，虽然出诸政府审转制度蕴含的“法足蔽辜”理念原意之外，但两者竟都成为此制度发展下的“意图之外结果”。

第三节　讼师与幕友的法律秩序观

一、百战百胜：讼师秘本的诉讼理念

讼师与幕友除了同样因为审转制度加严加密而兴起，若再分

[69] （清）程含章，《通饬各官熟读律例》，见贺长龄编，《皇朝经世文编》，册 2，卷 21，页 15。

析从事这两类职业一些精英人物看待法律知识与司法诉讼性质的态度，还可再发现两者的一些共通性。

先谈讼师情形。“讼师”成为一种显著现象，至少自宋代即已肇端，当时一些地方出现以协助民众诉讼为职业的“健讼之徒、哗徒讼师”；而在现今江西省等地方，更出现教导人学习打官司相关经验与知识的“讼学”。[70] 北宋神宗元祐元年（1086）四月，刑部官员更建议朝廷设置禁止“聚集生徒教授辞讼文书”的“编配法”及“告获格”等法律文书，皇帝核可此项建言，[71] 可见当时部分地区讼师活动频繁而且对司法诉讼影响非浅，因而引发中央立法禁止。明清两代，讼师更是日益遍及全国许多地区，从业人口也愈来愈多。以十六、十七世纪明朝末年江南地区为例，该地讼师不仅人数可观，而且还依名气大小出现“状元、大麦”的级别。[72] 明末苏州府嘉定县的外冈镇虽只是个小镇，但在十七世纪初却也出现“沈天池、杨玉川”和其他名姓或传或不传的本地闻名讼师，当地人称这类大有名气的讼师为“状元”或是“会元”。[73] 看来讼师在当时江南地区确已成为一项颇受注意的行业，藉此行业而发财、出名者应是不少。

---

[70] 宋代讼师与讼学情形，参见：陈智超，《宋代的书铺与讼师》，见《刘子健博士颂寿纪念宋史研究论集》，东京：同朋舍，1989，页 113–119；郭东旭，《宋代之讼学》，见漆侠编，《宋史研究论丛》，保定：河北大学出版社，1990，页 133–147；陈景良，《讼学、讼师与士大夫——宋代司法传统的转型及其意义》，见《河南省政法管理干部学院学报》，1（2002）：页 58–73。

[71] （宋）李焘，《续资治通鉴长编》，新校本，北京：中华书局，2004 年二版，卷 374，册 15，页 9076。

[72] 吴地“俗既健讼，故讼师最多。然亦有等第高下，最高者名曰状元，最低者曰大麦。然不但状元以此道获丰利、成家业；即大麦者，亦以三寸不律，足衣食、赡俯仰”（引见：徐复祚，《花当阁丛谈》，卷 3《朱应举》，见《丛书集成新编》，册 85，页 561）。

[73] “沈天池、杨玉川，有状元、会元之号。近金荆石、潘心逸、周道卿、陈心卿，较之沈、杨虽不逮，然自是能品……至湮没者，不可胜数。”（殷聘尹纂，《外冈志》，见《中国地方志集成：镇志专集》册 2，页 893）

尽管华北讼师整体看来不若南方普遍，[74]但由十六世纪直至清朝结束，几乎全国各地的司法诉讼都总常出现讼师的介入与运作。[75]政府取缔讼师的法令已如前述，有些官员甚至编写押韵文词劝导民众远离讼师的愚弄："勤吾民，要息讼。讼师与尔写呈词，教口供，不过贪尔酒肉，将尔银钱弄。赢了官司，百般索谢；一有不遂，架人将尔控。输了官司，说你不会说话，丢财惹气，落个不中用。讼师之言，千万不可听。"[76]只是言者谆谆，不少地区民众仍然不惜花费委请讼师打官司；[77]而有时当官员怀疑讼师介入而想查找惩处时，一些被质问的民众竟还主动为讼师掩饰：

> 讼师吓以利害之言、骗以决胜之说。乡僻小民被其所惑，不管事之曲直，只图官司得赢；供其财物，听其指使，隐真捏假，罗织牵连，使案得一日不结，则伊得逞其诈骗之计。迨官研讯之下，多属子虚，追诘主唆代写呈词之人，尚执迷不悟，非捏称过路之人、不知姓名，即云算命先生、业已他往。[78]

---

[74] 有官员在乾隆年间观察到："南方健讼，虽山僻州邑，必有讼师……若北方则不然，讼牍既简，来讼者皆据事直书数行可了。"引见：（清）袁守定，《图民录》，见《官箴书集成》第五册，页202－203。

[75] 讼师介入各地司法情形与程度不一，以明清经济最发达的江南地区为例，乾隆年间即有人批评讼师介入苏州司法之严重："吴中有三大蠹，一为讼师，民间凡有狱讼，出为谋主，幻辞狡诈，惑乱官长，往往倾人之家……司牧者为民除弊，当以此为首务。"（乾隆《元和县志》，影印乾隆二十六年［1761］刻本，见《续修四库全书》，上海：上海古籍出版社，1997，卷10，页107）

[76] （清）柳堂，《宰惠纪略》，见《官箴书集成》第九册，卷1，页493。

[77] 委请讼师要花费多少钱？主要和讼师能力高下与在本地名气有关，难以概论。有清代官员批评委请讼师耗费钱财："双方构讼，自进城做词之日起，至出结归家之日止，无一日不花钱。拖延日久，则花钱愈多；花钱愈多，则富者必穷，穷者必死。"（方大湜，《平平言》，影印清光绪十八年［1892］刊本，见《官箴书集成》第七册，卷2《为百姓省钱》，页638－639）这位官员盼民众莫请讼师，可能也夸大讼师收费之昂贵。

[78] （清）穆翰，《明刑管见录》，影印清光绪七年（1881）《临民要略》序刊本，见《丛书集成续编》，集部，168册，上海：上海书店，1994，《查办讼棍》，页633。

由文中所用“执迷不悟”一语看来，应是乐于为讼师掩饰而非被强迫使然，很多官员都把民众委请讼师形容为“乡僻小民被其所惑”的结果，而文中指称民众与讼师之间关系为“不管事之曲直，只图官司得赢；供其财物，听其指使”，也点出了官司输赢是民众与讼师共同关心的关键。各地讼师固然良莠不齐，但民众之所以花钱找讼师协助或是“执迷不悟”帮讼师掩饰，应该也不会是只靠各种骗人技俩或是阴险手段而已。[79]

官司输赢会影响讼师在本地名气，从而也影响其收费高低，但要如何增加名气？有些地方讼师已使用一些较公开的宣传手法。乾隆二十七年（1762）一位江西省级官员由江西九江府入境省会所在的南昌府城时，他在“沿途所到之处，留心查看，见有各县审断事件所发谳语，俱刊刻，随处刷贴；更有好事之徒，于谳语之后，复自叙讼胜情节，任意夸张”；[80]不仅如此，这位官员还由所属江西省湖口县官员的报告中，发现了如此可异的情景：“该县民风，凡讦讼之辈，每逢审结案件，必将官发谳语刷贴城乡。在理曲者，既经审输，已遭谴责；复被张扬，从此嫌隙日增，多方讦讼以泄其忿。”[81]文中所指的讦讼之辈多半是类似讼师职业的人物，他们将司法判决文书到处刻印与刷贴，这些判决文书的内容，多半少不了原本由他们拟稿撰写状纸的主要内容。他们不顾败诉当

[79] 直至清末，有些地方官仍喜用这类分析模式：本县“素称好讼，皆缘讼棍播弄教唆，于中取利，以致奸伪萌起，乱狱滋丰”（徐寿兹，《学治识端》，页446）。官员所观察现象也不能说全无道理，但各地民众何以总甘心受讼师“播弄教唆”？除骗人技俩外，难道讼师真无其他正经本领？仍值得分梳。

[80] 《西江政要》（清刊本，台湾“中央研究院”历史语言研究所傅斯年图书馆藏），“民间词讼禁刊谳语”条。

[81] 《西江政要》，“民间词讼禁刊谳语”条。有学者根据此史料强调当时讼师刊印判决书是希望用以招揽顾客，参见：夫马进，《明清时代の讼师と诉讼制度》，见梅原郁编，《中国近世の法制と社会》，京都：京都大学人文科学研究所，1993，页464。

事人的感受，擅自将原本只有当事人才能拿到的判决书公开传播于城乡之内，而动机则主要是为了“自叙讼胜情节，任意夸张”。在讼师的裁剪与宣传下，原先主要存贮于政府衙门里的司法判决文书也出现了性质变化，本地成案不再是只能躺在地方政府档案库中只受胥吏管理利用的法律资源，讼师也开始参与整理部分成案。一件件关涉到本地民众田产、债务利益乃至情绪冲突的诉讼纪录，都成为讼师可以利用收费的谋生工具。

讼师之能成为一门新兴职业，并嵌入当时民众日常生活中，也和其较娴熟司法审判实务与法律条文有密切关系，这多少可由许多现存“讼师秘本”收录法律条文、原被告诉讼书与官员判决书等内容得到证明。[82]讼师秘本质量不一，有的认真，有的则相对草率。但无论质量如何，自明代嘉靖以迄万历初年间出现《萧曹遗笔》以来，由明末到清代，讼师秘本的编辑体例已大体确定，[83]成为固定的法律文类。明清不少官员都曾试图在其辖区内禁止讼师介入司法活动，但讼师仍然径自发展成一个官方无由禁绝而又获利颇厚的行业，这反映了明清讼师在不少地区已成为司法体系实际运作中不可或缺的一环，甚至还进而改变了部分士大夫对讼师的评价。

清人王有孚曾试图区分“讼师”与“讼棍”之不同：“彼播弄

[82] 有学者搜罗三十七种讼师秘本并分析讼师秘本的基本内容，参见：夫马进，《讼师秘本〈萧曹遗笔〉的出现》，郑民钦译，见寺田浩明编，《中国法制史考证》丙编第四卷《日本学者考证中国法制史重要成果选译：明清卷》，北京：中国社会科学出版社，2003，页 460-490；夫马进，《讼师秘本の世界》，见小野和子编，《明末清初の社会と文化》，京都：京都大学人文科学研究所，1996，页 189-238。

[83] 讼师秘本主要体例为法条、案例与关键法律文书用语；而其收录各类案件时，则并列原告、被告状词以及官府判决，做成应用范本。除以一般平民身份进行诉讼沙盘演练外，贪官污吏也被讼师秘本假想为一类被告对象。此外，不少讼师秘本也收录帮人申请保证人、牙行、米铺等官方执照文书的写作范本。参见：夫马进，《讼师秘本〈萧曹遗笔〉的出现》，页 485、467-475。

乡愚、恐吓良善，从而取财者，乃讼棍耳，安得以师字加之”，他认为“讼棍必当惩，而讼师不必禁”。[84] 但何以政府法律又要禁止讼师？王氏区辨如下：

> 讼师教唆词讼，例禁綦严，恶其播弄乡愚、恐吓良善也。若夫安分良民，或为豪强欺压，或为仇盗扳累，大则身家几陷，小则名节攸关，捶胸饮恨，抱屈莫伸，仅假手于庸碌代书，具词呈诉，非格格不吐，即草草敷衍，徒令阅者心烦，真情难达，于此而得一智能之士，为之代作词状，摘伏发奸，惊心动魄，教令对簿当堂理直气壮，要言不繁，卒致冤者得白，奸者坐诬，大快人心。是不惟无害于人，实有功于世。[85]

讼师其实是可帮那些“或为豪强欺压，或为仇盗扳累”的无辜老百姓伸张冤屈，特别是真有本领的讼师，所写状纸能够让原告或被告的当事人在法官开庭时能够“理直气壮，要言不繁”，进而使“冤者得白，奸者坐诬，大快人心”，在王有孚看来，这是官方设立官代书帮民众书写词状所无法望其项背的；王氏对官代书所做状词的评价甚低：“非格格不吐，即草草敷衍，徒令阅者心烦，真情难达”。[86]

---

[84] （清）王有孚，《一得偶谈》初集，页 39 下，转引：夫马进，《明清时代の讼师と诉讼制度》，页 479。

[85] 王有孚，《一得偶谈》初集，页 39 下。

[86] 宋代即设有协助民众书写状纸的“书铺”，参见：戴建国，《宋代的公证机构——书铺》，《中国史研究》，4（1988）：页 137-144。元代仍存此制；明代初年，“书铺”却自政府法令中消失，可能只零星存于部分地方司法机构中，时称“代书人”。十六世纪，吕坤（1536—1618）曾设法提振“代书人”功能，任官山西时下令：“凡各府州县受词衙门，责令代书人等”为民众书写状纸（吕坤，《新吾吕先生实政录》，见《官箴书集成》第一册，卷 6《风宪约》，页 555）。但到底多少明代地方官曾设官代书，则并不明确。雍正年间，清廷通令全国司法衙门依考选办法设立官代书，协助民众书写状词。《大清律例》“刑律”篇“诉讼”章“教唆词讼”条所附例文第十条，即规定“考取代书”的相关内容，参见：薛允升，《读例存疑（重刊本）》，册 4，页 1022。

王有孚高度称赞讼师所写的状词，将其形容为具有“摘伏发奸，惊心动魄”的作用，而且还将讼师的作用总结为“有功于世”。但对大多数官员而言，讼师手段其实并不高明，经常只是靠迷惑乡愚百姓来赚黑心钱而已。名幕王又槐也对讼师能力评价甚低：“讼师技俩，大率以假作真，以轻为重，以无为有，捏造妆点，巧词强辨。或诉肤受，或乞哀怜……诡诈百出，难以枚举。总在随事洞察，明晰剖辨，庶使技无所施，讼师不禁而自绝矣。”[87]如果相信王有孚与王又槐两人对讼师评价都是经过他们亲身观察而提出的话，则这两种对讼师本领的迥异评价，便可能是当时讼师彼此间的能力高低差异甚大。王有孚称赞的可能真是江南人称“状元、会元”的高级讼师，而王又槐贬抑的则恐怕多是“捏造妆点，巧词强辨”的无赖棍徒。

讼师本领高下差异很大，究竟该如何理解讼师对法律知识性质的看法？王又槐所贬抑的讼师，很难找到足以反映相应问题的史料。此处只能针对写作或编辑讼师秘本的讼师做些讨论。

明末讼师秘本《霹雳手笔》卷首即刊印以下警语：“凡作状词之人，甚不可苟图一时润笔之资……坑陷生灵，致两家荡产倾家、大小惊惶不宁。眼前虽得钱度活，而自己方寸有亏，阴损坏。”[88]另一本讼师秘本《新刻法笔新春》，则在所收《词讼指南》内提及写作状词的原则：

> 凡作状，先须观其事理、情势轻重大小缓急，而后用其律意，符合某条，乃从某条；止拣其紧要字眼切于事情者，较

[87] （清）王又槐，《办案要略》，页770。
[88] 《新镌订补释注霹雳手笔》，卷首。

达其词，使人一看，便知其冤抑、诬告或牵连之类。务要周详……徒取刁名，无益于事，明者辩之。[89]

这里提及的作状原则并未禁止讼师可以趁机要弄权谋诡计，但是，编者明白提醒人切记："徒取刁名，无益于事"，他要传授的作状重点在于："先须观其事理、情势轻重大小缓急，而后用其律意，符合某条，乃从某条。""律意"指的是法律的本义，那么，这位讼师秘本的编者是否重视法律呢？这大概便要看我们所说的"重视"究竟指的是什么意思，若指的是人们可以藉着熟悉法律条文而靠诉讼当事人而发财谋利，则这位讼师秘本编者应该也可以算是重视法律；但若我们说的重视，是指赋予司法体系或法律知识某种神圣崇高的地位，则讼师秘本编者似乎少有此种观点。[90]

我们可以换个方向讨论讼师如何看待法律知识的问题。一些明清讼师秘本都收录了称为《十段锦》或《做状十段锦》的文字，其作者在文中起首处即强调：

作词之状，慎毋苟且，必须斟酌。机有隐显、奇正；罪有出入、重轻。譬如时文，自破题、破承、起挑、泛比、正讲、后股、小缴、大结也，先后期顺序，脉络贵相联。得其法，则如良将用兵，百战百胜，无不快意。不得其法，则有司不准，

---

[89] 不著撰人，《新刻法笔新春》（东京大学东洋文化研究所大木文库藏清刊本），见《词讼指南》，页1。该书又名《刑台秦镜》。

[90] 当然，如果像前面王有孚所举的他见过的"为之代作词状，摘伏发奸，惊心动魄"那类"智能之士"的讼师，则这类讼师是否也不曾赋予法律知识某种神圣崇高的地位？恐怕便又仍然有待研究。

终致反坐。[91]

这里同时用了八股时文与良将用兵两个比方来比喻诉讼过程中写作状词的情境，而“百战百胜”则正是这位讼师作者高悬的理想。《做状十段锦》接着便将一份标准状词分为“朱语、缘由、期由、计由、成败、得失、证由、截语、结尾、事释”等十个重要段落，仔细教导读者体会其中具备的种种细微诀窍。在第一段“朱语”中，作者的建议是：“凡立此段，必要先将事情起止、前后精细，议论明白，按事而立。此朱语，或依律，或藉意，必要与第八段截语相应，始称妙。”[92] 至于什么是“截语”的诀窍？作者写道：

> 截语乃一状中之总断，务要句句合局、字字精奇，言语壮丽。状中有一段，名曰“门闭状”，府县见之，易为决断；无此一段，名曰“开门状”，人犯窥之，易为辨变也。都中之状，不可闭门，恐上司难辨；上司之状，不可开门，恐人犯乘隙瞰入有变。大抵作状之法，不可太开门，亦不可太闭门，惟半开半闭者，始称妙手。[93]

这里传达的主旨，是要预先揣度各级法官的审案心理（“府县见之，易为决断”、“恐上司难辨”），同时还要帮助或是预防诉讼当事人（“人犯”）当庭申辩时的各种活路与藉口（“易为辨变”、

[91] 《折狱明珠》，卷 1《十段锦》。再如署名乐天子所编的《按律便民折狱奇编》(明末翠云馆刊本）也收有一份《做状十段锦》，内容基本一样，只有个别文字的较小差异。

[92] 《折狱明珠》，卷 1《十段锦》。

[93] 《折狱明珠》，卷 1《十段锦》。

“乘隙瞰入有变”），作者将此中作状要诀以“开门”与“闭门”的比方区分成两种不同类型，并小结为“半开半闭者，始称妙手”。第九段“结尾”的写作重点则是：

> 结尾乃一状之钥，先要遵奉有司，后要阐明律法，用者务宜详审。[94]

作者又再次以官员为要求对象，但和“截语”揣度法官审判心理不同的是：要先“遵奉有司”，然后再“阐明律法”。

既揣测法官如何审判断案的各种可能性，又稍稍吹捧承审法官，同时又要随时记得可以帮自己胜诉的法律条文应该如何运用，应该是《做状十段锦》传授这三段状词写作的关键，作者在写状词的同时，似乎是将自己同时扮演成法官、原告与被告等几个不同角色，预先设想对方会如何行事，然后决定自己该采取何种行动，这种犹如纸上谈兵的设想，也非常符合作者在《做状十段锦》起首处悬诸的“如良将用兵，百战百胜”理想。另一份也是讼师秘本经常收录的文字《法家体要》，则根本即是将这个提笔写作状词的诉讼过程比喻为棋盘上的对决：

> 大凡治世有情、理、法三者。在我兴讼告人，须防彼人装情敌我；如小事可已则已，不宜起衅，必不得已，迫切身家，然后举笔。先原情何如，次据理按法何如，熟思审料，如与人对奕然。酌量彼我之势、攻守阖辟之方，一着深于一着，末掉如何结局；智炳机先，谋出万全，则制人而不受制于人，此百

[94]《折狱明珠》，卷1《十段锦》。

战而百胜也。[95]

作者指涉的“情”，不止是五伦关系中的长幼尊卑、男女有别等伦理人情，而更包括了案件本身的各种情节（相当于《做状十段锦》在第一段“朱语”中描述的“事情起止、前后精细”），甚至于还纳入了撰写状词前夕的情势评量：看看对方是否可能“装情敌我”。而这些林林总总的“情”的内容，则是要与“理、法”配合在一起，同时将三者“熟思审料，如与人对奕然”。作者的棋局比方，正反映了他看待司法诉讼过程的心态，所谓“酌量彼我之势、攻守阖辟之方”、“一着深于一着，末掉如何结局”、“制人而不受制于人”等等词句，都再次归结到“百战百胜”这个理想。明清讼师如何看待法律知识呢？至少由《做状十段锦》和《法家体要》这两份流行于讼师秘本的文字看来，这些身为讼师的作者与读者们，大概都分享了一个重要讯息：法律知识对写状词很重要，所以不能不重视，但重视法律知识主要是为了什么呢？一个最直接的答案就是胜诉，而且最好是要能“百战百胜”。

二、无缝天衣：刑名幕友的高明本领

再谈幕友如何看待法律知识。幕友的兴起与普及，似乎比讼师为晚，但幕友这种职业兴起的时间可能也不易考订，只能约略推估。十六世纪后半的万历年间，知名律例注释学家王肯堂有如下观察：“今之仕宦者……于原籍携带讼师、罢吏同至任所，用为

[95] 《按律便民折狱奇编》，卷首《法家体要》。

主文，招权纳贿，无所不至”。[96]这似乎是“讼师”作为“幕友”前身的一个证据，当然这不能作为后来幕友都由讼师起源的证据，只能说，在幕友兴起的初期，也有由讼师转变为幕友的例子。有学者推测：幕友可能起源于明代外派京官出作地方督抚时“随带京吏”的官场习惯。[97]无论幕友起源如何，早期幕友的来源可能仍是较多样的，前引王肯堂对晚明官员多半自“原籍携带讼师、罢吏同至任所”的观察，也可证明此点。而此时讼师与幕友之间，可能还有些相互流动性，与后来有些幕友协助官员努力查抓讼师的光景不同。

十七世纪后半的清初，官员聘用幕友协助司法审判或赋税征收等各类政务已十分普遍。随着十八世纪以来审转制度的加严加密，刑名幕友在司法实务中扮演的角色更是日益吃重。在此过程中，那些专精法律知识的刑名幕友便日益得到各级司法官员的信任与依重。官员上任前要谨慎地聘请适任的幕友，已然成为当时重要的为官准备工作之一，如何选择幕友？开始成为教人成为称职官员等所谓“官箴书”收录开列的重要项目：

> 幕友一席，最为要紧。至好者推荐，不可遽许，亦不可遽辞，务细访察所荐之友品学何如。择其善者，延之赴任；有期拜见，下关书；聘金一项，量缺致送……加以水礼八色，随时

---

[96] （明）王肯堂，《王仪部先生笺释》，见《四库未收书辑刊》第1辑，第25册，《序》。引文中所谓从事“主文”的工作，应即类似后来成形的“幕友”，只是这项工作在十六世纪后半时，似仍主要由官员自“原籍携带讼师、罢吏”而产生。

[97] 明代幕友初兴时，多来自长期任官京城六部的胥吏。这些胥吏自明代即以原籍绍兴者居多，他们长期熟悉包含司法实务在内的各种政务，并时常由父子师弟间的同乡相承，接续在京师六部中的职位；日后应聘赴外协助地方任事，更成为代代相承、同乡相继的幕友养成团体。大体看来，由督抚“随带京吏”而开启了“内吏外幕”的先河，此即后来幕友的雏形，参见：缪全吉，《清代幕府人事制度》，页7－11。

配合。其起程船脚，或我备，或折价，商酌办理。各处情形不同，随时酌夺。[98]

聘请幕友，不仅要访察其品格、学问，更要用仪式表示尊重：约会亲送“关书”（聘书）、磋商薪资“聘金”之外，还要讲究应时的“水礼八色”以及安排赴任交通工具。

清代前期全国幕友人数众多，上自总督巡抚、下至县官，地方各级官员普遍聘请幕友协助包含司法审判在内的公务。随着幕友的重要性日益增强，也为这个职业人士带来明显的新自觉，如所谓：“幕与官相表里，有能治之官，尤赖有知治之幕，而后措施无失，相与有成也”[99]。这种幕友的自尊自重，和清代长期以来不少名幕专业能力受到肯定大有关系，如万维翰在《幕学举要·总论》上即说：“办事以见解为主。呈状一到，要识得何处是真、何处是伪，何处是起衅情由、何处是本人破绽，又要看出此事将来作何结局，方定主意，庶有把握”。[100]万氏更传授如何应付审转驳诘的要领：

> 事件不必怕驳，斩、绞大案，上司未有不驳。总要成招之时，预料其在何处驳诘、作何顶覆，则胸有成竹，愈驳而案愈定。若中无定见，案情本属舛，一遭驳诘，手足无措矣！[101]

---

[98] （清）褚瑛，《州县初仕小补》（影印清光绪十年［1884］森宝阁排印本，见《官箴书集成》第八册），卷上《聘请幕友》，页739。

[99] 这是光绪九年（1883）张廷骧准备重刊乾隆年间名幕万维翰《幕学举要》序文的文句，引见：《幕学举要》，页730。

[100] （清）万维翰，《幕学举要》，页731。

[101] 万维翰，《幕学举要》，页732。

只有像万维翰这类熟悉法律条文与各类司法成案的名幕，才能敢说出“事件不必怕驳”的话，而官员若真能找到这类有本领、有自信的刑名幕友，也便不枉他当初亲送“关书”、磋商“聘金”等等备极礼遇的心血。[102]

汪辉祖做幕友时的岁修薪金在当时应属前茅。[103] 汪辉祖晚年曾提及他经历的幕友薪金长期变动：

> 余初幕时，岁修之数，治刑名，不过二百六十金；钱谷，不过二百二十金。已为极丰。松江董君，非三百金不就，号称“董三百”。壬午（乾隆二十七年，1762）以后，渐次加增，至甲辰、乙巳（乾隆四十九年、五十年），有至八百金者。其实幕学、幕品，均非昔比矣！[104]

汪氏除慨叹“幕学、幕品”日渐低下外，也记下他所见及知名幕友薪金由“董三百”而加增为“八百金”（白银八百两）的过程。这里固然需扣除十八世纪货币数量增加、经济发展导致物价普遍上涨的因素，[105] 但知名幕友薪金的倍数性成长，也极可能促使幕友更成为吸引民众注意的新兴职业。这使幕友在清代日益成为一种介于官、民之间的人物，也成为许多科考不顺利的士人暂

---

[102] 有关清代幕友礼聘、待遇与生计情形，参见：缪全吉，《清代幕府人事制度》，页169–223；郭润涛，《试析清代幕业经济生活状况》，见《中国社会经济史研究》，4（1996）：页38–48。

[103] 乾隆十七年（1752），汪辉祖在松江府金山县出任幕友时刚满二十三岁，而当乾隆五十年（1785）他由归安县幕友解任回家时，则已五十六岁；汪氏晚年详细忆述他从事幕友三十四年来的心路历程，参见：汪辉祖撰于乾隆五十年（1785）的《佐治药言》（见《官箴书集成》第五册）的《自序》及其撰写具有“自传”性质的《病榻梦痕录》。

[104] （清）汪辉祖，《病榻梦痕录》，页369–370。

[105] 全汉升，《美洲白银与十八世纪中国物价革命的关系》，见氏著《中国经济史论丛》，香港：新亚研究所，1972，页475–508。

时谋生管道。

在汪辉祖的时代，刑名、钱谷幕友的薪金颇高，而书记、挂号、征比等其他类幕友则大概每年在四十两到一百两之间。[106]刑名幕友应也和江南讼师区别为状元、大麦等不同等级类似，能力与名气高下也影响他们在幕友聘任市场上的身价。而即使是那些领取丰厚薪金的有名刑名幕友，恐怕也不能安稳坐领高薪，否则若是老让官员在审转制度中遭受驳诘，恐怕便难常保信任与礼遇。[107]而全国各地幕友人数众多，能力、品格各有不同，当其愈被官员倚重时，也难免不发生招权纳贿或是营求滥充等弊端。[108]

然而，即使有幕友结党营私，或是知名幕友偶尔发生的失误，这些现象也不能否定部分幕友协助官员处理政务与司法实务的重要贡献，[109]特别是某些名幕出书公开自身经验心得的"幕学"作品，[110]这类书籍的刊印与流传，都有助于当时有志习幕者。[111]幕

[106] 当时刑名、钱谷、书记、挂号、征比等幕友中，"惟刑名、钱穀岁修较厚，余则不过百金内外，或止四、五十金者"（汪辉祖，《必轻令人习幕》，见《佐治药言》，页 322）。

[107] 汪辉祖曾云："刑名、钱谷，谙练而端，方者当道，每交相罗致，得馆尚易。其他书记、挂号、征比各席，非势要吹嘘，即刑、钱引荐……其得馆较难"（汪辉祖，《佐治药言》，页 322）。刑名幕友协助官员撰呈案件文书，多要再经上级长官复核，若无法让官员在审转中不受驳诘，恐怕也总要危及其原先受官员"交相罗致"的局面。

[108] 有清代奏折也直接表露这问题，如乾隆九年（1744）九月十二日一份刑部"移会"所载："内阁稽察房川陕总督庆复等，参奏西安布政使帅念祖，纵容幕友、家人，招摇纳贿等款。奉旨，着该督抚严审定拟"（参见：台湾"中央研究院"历史语言研究所藏"内阁大库"档案，登录号：100929）。而嘉庆五年（1800）御史张鹏展的《请厘吏治五事疏》（收于贺长龄编，《皇朝经世文编》，册 2，卷 20，页 9–10），则详论督抚任用属员为幕友、上级长官强迫推介幕友给下级官员，以及幕友相互勾结谋取私利等弊端。

[109] 有学者乃强调应同时注意幕友"在司法行政中的重要作用与严重危害"，参见：赵世瑜，《吏与中国传统社会》，杭州：浙江人民出版社，1994，页 279。

[110] 对幕学所做深入研究，参见：缪全吉，《清代幕府人事制度》，页 143–168；张伟仁，《清代的法学教育》（下）；高浣月，《清代刑名幕友研究》，页 142–171。

[111] 当然，除了阅读幕学刊印书籍之外，师徒之间或口头或抄本的经验传授，也是重要的幕友养成途径。此种私人传授幕学的情谊与利益，构成当时社会上一种重要的人际交往关系，参见：王振忠，《十九世纪华北绍兴师爷网络之个案研究——从〈秋水轩尺牍〉、〈雪鸿轩尺牍〉看"无绍不成行"》，见《复旦学报》，4（1994）：页 71–107。

友若真能学有专长而又声名远播，则不仅能获官员在物质条件上的礼遇，有时更能得到地方官的真心敬重。如极熟悉审案流程的清代官员穆翰，在劝地方官研读法律条文与既有成案时，即建议官员要能与幕友虚心讨论：

> 凡办理案件，幕友是其所长。然自已亦须讲论办法，于公余之暇，用心讨论。为幕友者，见为实在虚心，亦未有不竭尽所学，与我谈论。再将办过成案、初报招解各册，先看款式，再看转合之处，用心细阅。[112]

穆翰是司法经验极为丰富的官员，他也强调官员在“用心细阅”过往成案等相关判决文书时也要常向幕友虚心讨教。何以连穆翰那样熟悉司法实务与法律条文的官员都建议向幕友虚心学习？幕友到底在这方面有何长才？

可先看《幕学举要》对有志幕学者的建议：“入幕本领，原非容易，必胸怀高朗、笔力明通、参观事变有素，然后可当一面。若徒恃聪明，矜才使气，每多偾事”，[113] 这相当于给初习幕友者的入门总则。总则之外，需学习的内容很多，而刑名幕友必备的法律知识部分，汪辉祖则如此描述：“幕客佐吏，全在明习律例。律之为书，各条具有精蕴，仁至义尽，解悟不易，非就其同异之处，融会贯通，鲜不失之毫厘、去之千里”，明明白白地将研读法律视为是幕友的关键功课。汪氏进一步比较了研读法律与准备参加科考的士人在阅读儒家经典时的同异之处：“夫幕客之用律，犹秀才

[112] （清）穆翰，《明刑管见录》，《讲求律例》第三，页 619。

[113] （清）万维翰，《幕学举要》，页 734。

之用四子书也。四子书解误，其害止于考列下等；律文解误，其害乃至延及生灵”，[114] 这等于隐然强调了幕友研读法律协助官员断案其实远比秀才阅读儒家经典准备科举考试更困难也更重要。然而，极吊诡的是，汪辉祖在教导习幕者研读法律的文字结尾，强调的竟是：

> 故神明律意者，在能避律而不仅在引律。如能引律而已，则悬律一条，以比附入罪一刑，胥足矣，何藉幕为！[115]

这里涉及汪辉祖个人对司法诉讼抱持的“福报、阴谴”价值观，[116] 这里无法深论；简言之，汪氏的基本态度是要在用法从苛与曲法从宽之间找到一个平衡点，如此才能在司法审判过程中得到上天的福报并且避免对自己和子孙的阴谴。他说的“避律”不是要幕友帮官员枉法从宽任意轻赦人犯，而是要在符合法律解释的正当范围之内避免援用过重的法条判决人犯。所以，汪氏同时主张：“一部律例，精义全在名例；求生之术，莫如犯罪自首一条。”[117]

---

[114] （清）汪辉祖，《佐治药言》，页 319。在汪辉祖看来，法律知识对审判工作有关键的重要性：“听讼不协情理，虽双方曲遵，毕竟是孽。断事茫无把握，以覆讯收场，安得不急！原其故，只是不谙律例所致。”（汪辉祖，《律例不可不读》，见《学治说赘》，页 311）

[115] 汪辉祖，《佐治药言》，页 319。

[116] 简言之，汪辉祖具有一种将司法审判结合“福报、阴谴”观念的法律价值观：“州县一官，作孽易，造福亦易……余自二十三岁入幕至五十七岁谒选，三十余年所见所闻牧令多矣。其干阳谴、阴祸亲于其身，累及嗣子者，率皆获上朘民之能吏。而守拙安份、不能造福、亦不肯作孽者，闲亦循格迁官。勤政爱民、异于常吏之为者，皆亲见其子为太史、为侍御、为司道。天之报施，捷于响应……吾愿居是职者，慎毋忘福孽之辨也。惟是造福云者，非曲法求宽之谓也……姑息养奸，则宽一枉而群逞凶；能除暴安良，则除一枉而群枉敛迹。是即福孽之所分也。”（汪辉祖，《学治说赘》，《福孽之辨》，页 309–310）有关明清法律价值观中支持与反对结合“福报、阴谴”观念的种种不同主张，参见本书第二章第二节的分析。

[117] （清）汪辉祖，《名例切须究心》，见《学治说赘》，页 311。名例指的是《大清律例》首编的“名例律”。

学习法律的困难处，即在于要在适当时候为人犯抱着求生之心，在能够通过上级法官审转复核的限制下避开过苛的刑罚而援引刑度较轻的法定罪刑。

汪辉祖之所以认为学习法律很难，还不仅于在法条内部拿捏“引律、避律”之间的轻重程度，更在于要能配合各地风土民情：“幕之为学，读律尚已，其运用之妙，尤在善体人情。盖各处风俗往往不同，必须虚心体问，就其俗尚所宜，随时调剂，然后傅以律令，则官声得著、幕望自隆。若一味我行我法，或且怨集谤生”。[118]汪氏心中的“风俗、人情”是要用来和政府颁定施行的法律条文相互配合运用，不能只是纯粹相信自己对政府法律的理解即可以压倒一切其他的社会规范。这是汪辉祖对法律知识的基本看法。

汪辉祖这些言论都不似讼师秘本中的“百战百胜”论调，然而，同样是十八世纪后半叶名幕的王又槐，他对法律知识的看法便是另一种基调，那便和讼师基调距离不远。

先看王又槐对经常置于各类司法判决书前页的“叙供”部分是如何说的：“作文者，代圣贤以立言；叙供者，代庸俗以达意。词虽粗浅，而前后层次、起承转合、埋伏照应、点题过脉、消纳补斡、运笔布局之法，与作文无异。作文以题目为主，叙供以律例为主。案一到手，核其情节何处更重，应引何律、何例；犹如讲究此章书旨重在何旨、此一题旨又重在何字也。”王氏接着即以“前后层次、起承转合、埋伏照应、点题过脉、消纳补斡、运笔布局”等五个层面教导幕友如何写成一份理想的叙供。[119]

---

[118]　汪辉祖，《佐治药言》，页 323。
[119]　（清）王又槐，《叙供》，见《办案要略》，页 774–776。

叙供即是承审官员将人犯、证人与其他干系人的口供改写成正式的文字纪录。为了担心官员擅改涉案民众口供而造成冤错假案，明清法律都禁止官员改动口供，但因为口供中经常存在许多冗长无关的内容、官员不能辨别的本地方言，或是难免出现皇帝或高官视为不雅或不敬的俚俗用语，官员有时候也不得不予以稍稍润饰修改，这便在捏造口供中假情节以及修饰口供中不雅用词之间出现了一些灰色地带。[120] 然而，王又槐却用了很长篇幅来交待写作叙供的五个不同层面，这里便不是简单的润饰修改以让上级长官或皇帝读懂读顺而已。以王又槐所谓的"埋伏照应"内容为例，他是如此教导幕友改写叙供中出现多名人犯或证人口供的："人人口供，均须画一，乃前后照应之法也。但各人地位有不相同者，须设身处地、恰似其人；彼此说话次序不匀，则供词句语不可雷同，惟善叙者分而视之、词不重复"，[121] 这么费心地设想说出不同口供人物的身份地位差异，究竟所为何来呢？王氏的用意是：

> 合而观之，理无参差，一气呵成，俨若无缝天衣也。[122]

幕友费力改写一份严谨如"无缝天衣"的叙供是要让谁觉得"合而观之，理无参差"呢？在我看来，主要即是要让地方与中央各级上司法官在审转复核时能够找不到驳诘的凭藉。

王又槐教幕友改写叙供时要注意："供不可文，句句要像谚语，字字人能解，方合口脗；曾见有用之字、及字、而字，并经书内文

---

[120] 万维翰对其中两难有很好描绘："删改供词，久有例禁。然闲冗处，不必多叙，令人烦闷。并意到而词不达者，必须改定；土语难晓者，亦须换出。但不可太文也。"（万维翰，《幕学举要》，页 731－732）

[121] 王又槐，《叙供》，见《办案要略》，页 774。

[122] 王又槐，《叙供》，见《办案要略》，页 774。

字者，非村夫俗人口气也”；这是模仿平常百姓的口供，而当案件中涉及疯病人犯时又该如何呢？王又槐教导的原则是：“必然含糊错落，似是而非，所对非所问，或有问而无供。若头绪清楚，便非真疯。亦有疯病时发时止者，临审辨明，不可假捏。”[123] 连患疯病者的口供，也要区分真疯或是有时发作有时不发作的半疯。王又槐并不教幕友制造假口供：“供不可假，事有根基则固，话不真寔，则败也”，[124] 而这条不做假供的叙供要点则意外点出了王氏的关心重点：“话不真寔，则败也。”败给谁呢？当然主要指的是送呈审判书被上司驳诘而失败。讼师秘本谈的是“百战百胜”，而王又槐这本著名幕学作品谈的则是“败”或不败，在他们心中，司法诉讼其实像是个竞技场，法律知识则是他们用来击败对手的工具。这是本章强调讼师与幕友在对待法律知识上的共通处，所略为不同的是：讼师大都受雇于民间委托人，其对手是敌对的涉案当事人以及负责审案的官员；幕友受聘于官员，其对手则是负责审转复核雇主官员送呈审判书的中央与地方各级长官。

无论是讼师或幕友，这两类能以娴熟法律知识而扬名、得利的传统法律专家，其实都是在明清审转复核与审结期限制度改革过程中而得到进一步发展，从而成为同一套司法制度演化架构下不可分割的一部分。除此之外，讼师与幕友更是不约而同地将司

[123] （清）王又槐，《叙供》，见《办案要略》，页 776。当然，中央司法官员在审转案件时，也不必然都相信幕友模拟的真疯或半疯话语。现存清代内务府刑司呈稿（第 13 包，嘉庆十一年元月）与道光朝刑科题本（道刑第 24 包，道光十五年十月）等档案中，都留有刑部传唤医士诊视或治疗疯犯的纪录。这两案应都是发生于京师附近的刑部现审案件，是由刑部传唤医生诊视人犯。而占审转案件最大宗的全国各省案件，则一般不押送人犯到京；刑部审转此类案件时，主要是透过书面文书审查，即使真觉需要重审人犯，也是发回各省覆审。这些省级以下司法机构是否也传唤医生诊视疯犯，待考。无论如何，笔者并无意说幕友可以完全假捏疯人疯语，而是呈显幕友改写叙供时那种但求不败的特殊心态。

[124] 王又槐，《叙供》，见《办案要略》，页 775。

法诉讼视为是一种竞争求胜的过程，讼师的理想是希望自己的经手诉讼能够“百战百胜”；而幕友则希望自己协助官员撰写的司法文书能够有如“无缝天衣”般不会在送呈上司审核或查察过程中遭到驳覆，双方以此心态学习法律并运用法律，从而分享着某种看待司法诉讼与法学知识的共通心态。

小 结

在明清审转与审限制度加密加严的背景下，形成一套“幕与官相表里”的互动情境与制度架构。尽管明清中央政府从未将幕友正式纳入司法体制中，但幕友却透过官员“择其善者，延之赴任；有期拜见，下关书；聘金一项，量缺致送”等手段，逐渐变成“专业化”的司法从业人员。而某种官员延揽优质幕友的风气，更使幕友薪金出现由“董三百”到“八百金”的变化，使幕友成为一种吸引未能顺利通过科考而任官者的不错职业选择，这可谓为一种司法专业人员的“利益化”发展，同时，这还是一种未经政府有意设计的“专业化、利益化”法律发展趋势。

和幕友的发展类似，讼师也体现了一种未经政府有意设计的“专业化、利益化”法律发展趋势。在讼师这门职业中，既出现“为之代作词状，摘伏发奸，惊心动魄，教令对薄当堂理直气壮，要言不繁，卒致冤者得白，奸者坐诬，大快人心”的专业化现象，也发生“不但状元以此道获丰利、成家业；即大麦者，亦以三寸不律，足衣食、赡俯仰”的利益化发展。

随着幕友增多与幕学内容的发展，全国职司法审判工作的各级官员也愈来愈不能离开刑名幕友的协助，幕友也成为与刑部官员、民间讼师鼎足而三的法律专家培育管道。幕友的培育管道主要来自向名师学幕与研读幕学著作；讼师的训练管道，则主要来自阅读讼师秘本与实际参与各种诉讼文书与公文执照的运作经验。至于刑部官员，则因为他们最有机会接触各类争议与困难案件，而使他们长期浸润于法律知识的研读与讨论风气之中，无论是熟读法律条文、审核全国各类案件判决书、编纂删削新的律例，在在都使刑部官员有更多机会发展出较精细的法学知识。[125] 虽然三种不同管道培育的法律专家各有特色，但是，刑部官员、各级政府官员聘请的刑名幕友，以及民众赖以协助诉讼的讼师，都在各类司法审判过程中互动与较劲，逐渐演化成明清时代特殊的法律秩序。

讼师与幕友人数的扩增对明清法律秩序的影响，不仅表现在学习与运用法律人数的增加，更因为这是当时两门可供社会才智之士赖以谋生、发财的新兴职业，连带造成了法律知识的“专业化”和“利益化”，两相结合，并且成为制度性的存在，在在使得当时法律知识的传承、累积与传播能有更多种多样的不同途径。相对而言，幕友在“明”，讼师在“暗”，两类人物都透过幕学与讼师秘本的出版，来传播并增强自己对法律知识的看法与立场；幕学与讼师秘本两种文类，也便同时成为形塑明清法律秩序的重要媒介，他们对法律知识的价值观念，透过全国各类细事与重案司法审判的发生，以及相关案件调解与诉讼程序的进行，既左右民

[125] “西曹、秋曹”在明清两代都意指刑部。明代刑部已逐渐成为当时官员集体研读讨论法律知识的重要场所，王樵《西曹记》对个中情形有具体描写（《方麓集》，页 225–229），而清代材料也反映同类现象的持续发展：“我国家厚泽深仁，明慎刑狱，大司冦推用宿望，必惟其人。而士之读书释褐、观政秋曹者，无不详研令甲，博观成牍，以期有当于明刑弼教之古训。”引见：（清）吴潮、何锡俨汇纂，薛允升鉴定，《刑案汇览续编》，影印清光绪二十六年（1900）成都重刊本，册 1，《后序》，页 54–55。“大司冦”即刑部尚书。这段文字虽对清代刑政不无溢美，但仍点出明清刑部始终作为官员法律素养重要养成场所的事实。

众权益，也影响官员审判。

明清时代的法律知识与法律执行，不仅有皇帝与全国司法官员在审转与审限等正式制度运作过程中的操作，强调“案牍渐稀、民风淳朴”或是“按律科断、法足蔽辜”等理念才是值得维护与追求的法律秩序；然而，与此同时，另有讼师、幕友这两类“职业化、利益化”人物，凭藉审转审限加严加密的制度变迁，而另行发展出一套与官方理念极不相同的法律价值观：一种要求写出“百战百胜”呈词讼状或是撰成“无缝天衣”不遭驳覆司法文书的特殊心态。

综合看来，一端是皇帝与官员，一端则是讼师与幕友，他们表面上看来都看重司法诉讼，也都不忘强调法律知识的重要性，但是，两端人物看待司法诉讼与法律知识的心态，则存有巨大差异。当讼师与幕友人数愈来愈多，并分别得到涉讼民众与地方官员的信任与依赖时，两类人物也便更深地嵌入当时司法体系，进而暗中形塑当时中国社会的法律秩序。

第四章　刑案汇编中的法律推理

明清政府原本主要根据“律、例”等成文法典进行审判，因此，无论政府或是民间书商在编辑刊印法律书籍时，多以律、例法条为主。但是，由于发生在全国各地司法案件的案情差异，以及司法人员解释与运用法条的学识才能不同，“成案”也逐渐成为各级司法人员据以判案的重要基础。一方面是各地司法审判所累积的“成案”愈来愈多、愈来愈纷歧；另一方面，则是中央审判机构对地方政府上呈判决内容采取愈来愈严格的“审转”制度，逐步确立了各级司法机构之间的复审程序，经由上级审判机构核定通行的重要刑案判决结果，便经常补充甚或修订了成文法典“律、例”，从而影响司法人员的审判工作。因而，“律、例、案”三者，便逐渐成为明清司法审判的主要法源，不仅出现更多讲究司法个案的专门法律人才；政府官员和书坊商人在印行律例书籍之外，也更重视刊印“案”类法律书籍。

明朝初年刊印《大明律》、明朝中期刊印《问刑条例》，两者原本单独印行；但自十六世纪后，“律、例”合刊的法学书籍编辑与刊印体例已大致确立。然而，经中央政府核定通行的“案”，不仅编辑刊布时间较晚，刊行体例也较不确定，直到十九世纪前期《刑案汇览》流行后，才使“刑案汇编”成为更具官方核可色彩的法律文类，并使这类法律文类成为传递、讨论与累积法律知识的更重要媒介。

然而，《刑案汇览》并非“刑案汇编”法律文类的唯一形式。至少自十六世纪开始，民间即已流传、刊印不同体例的刑案汇编。而且，即使在《刑案汇览》流行后，也仍有不同编辑体例的刑案汇编。本章挑选三种刑案汇编：十六世纪编成的《折狱明珠》、十九世纪前期编成的《刑案汇览》，以及十九世纪后期编成的《审看拟式》。首先，介绍三种刑案汇编的编辑体例，并分析其各自产生的不同制度性背景；其次，进而探究三种刑案汇编所运用的主要“法律推理”（legal reasoning），检视不同编者在编选、排比、讨论司法案件时，对于诸如有关重建案情事实、引用法律条文、解释法条文义、发现法条矛盾，或是处理法律漏洞等问题，这些刑案汇编的编者，究竟如何进行说理与推论？

比较三种刑案汇编产生的制度背景，及其所运用的法律推理，本章讨论的核心议题是：这些法律书籍如何教人发现、搜集、看待与处理案情的“真相”？在运用法律条文处理案情“真相”时，这些法律书籍展现的主要法律推理方式，是否出现某种由“建构事实”到形成“客观知识”的特殊模式？

第一节　刑案汇编的编辑体例及其制度背景

明清“刑案汇编”是当时存在众多不同法律文类中的一类，其基本特色是将法律案件分门别类汇集成书，藉以讨论“法律个案、法律条文”之间的关系，既有别于律例、会典、则例、省例等政府公布成文法典[1]，也不同于律例注释[2]、幕学指南[3]等等私家法学著述，无论政府官员或是民间人士，都曾编辑这类“刑案汇编”，并形成不同的风格特色与编辑体例。[4]

如何区分刑案汇编的风格特色？笔者依“法内／法外”、“平常／疑难”二组判别标准，将明清“刑案汇编”分为四类：“法内平常”刑案汇编、“法内疑难”刑案汇编、“法外平常”刑案汇编、“法外疑难”刑案汇编。“法内”刑案汇编，意指所收案件多为本朝的原始审判纪录，所收案件具有当代政府认可的合法地位，可以直接提供官员检索并做量刑参考。“法内”刑案汇编又可细分为两种：一是专收容易援引既有法律条文或法律程序做成判决的“平常”案件，《审看拟式》即为此种刑案汇编；二是特别收罗不易

[1] 有关明清律例、会典、则例、省例等各类法律文献的比较与分析，参见：苏亦工，《明清律典与条例》，北京：中国政法大学出版社，2000，页167–246。

[2] 明清私家注释律例的传统与种类，参见：张晋藩，《清代私家注律的解析》，见氏著《清律研究》，页164–188。何敏，《从清代私家注律看传统注释律学的实用价值》，见梁治平编，《法律解释问题》，北京：法律出版社，1998，页323–350。

[3] “幕学”研究专论，参见：缪全吉，《清代幕府人事制度》，页143–168；James H. Cole, Shaohsing: *Competition and Cooperation in Nineteenth-Century China*. Tucson: The University of Arizona Press, 1986；张伟仁，《清代的法学教育》（下）；高沅月，《清代刑名幕友研究》，页142–171。至于当代人曾经亲历幕友训练及实务工作的回忆录，参见：陈天锡，《清代幕宾中刑名钱谷与本人业此经过》，见《庆祝蒋慰堂先生七十荣庆论文集》，台北：台湾学生书局，1968，页161–175。

[4] 传统中国“刑案汇编”的源流与简介，参见：何勤华，《明清案例汇编及其时代特征》，见《上海社会科学院学术季刊》，3（2000）：页107–115。何氏将明清官员的“判牍”也列于他定义的“案例汇编”，一律视为是“记载和汇编判例的作品”（页107）。本章基本上并不处理判牍与“刑案汇编”的关连。虽然明清判牍也影响部分官员的审判实务，但笔者认为其体例其实更近似官员个人的“文集”；即使汇刊多位官员判牍的书籍，编辑用意也多半近于表扬名家判案的“合集”。相对而言，这些判牍偏重表彰审判者个人善于书写判词的名气与才能，而本章处理的“刑案汇编”则偏重“案情、法律”间的适用关系，两者差异较大。明清判牍的专门研究，参见：滨岛敦俊，《明代的判牍》，徐世红、郑显文译，见中国政法大学法律古籍整理研究所编，《中国古代法律文献研究》，成都：巴蜀书社，1999，页196–222；森田成满，《清代の判语》，见滋贺秀三编，《中国法制史：基本资料の研究》，东京：东京大学出版会，1993，页739–757；童光政，《明代民事判牍研究》，广西师范大学出版社，1999。

澄清案情真相与困难决断适用法律的“疑难”案件（hard cases），《刑案汇览》即为此种刑案汇编。“法外”刑案汇编，则指所收案件无法直接为官员检索与援引，在现行司法制度上未具合法地位，但却为讼师或其他民众与官员私下广为阅读。“法外”刑案汇编也可细分两种：专收一般“平常”案件与特殊“疑难”案件两种，前者如《折狱明珠》，后者如《疑狱笺》。[5]

《审看拟式》、《刑案汇览》、《折狱明珠》等三种分属“法内平常、法内疑难、法外平常”刑案汇编，都具有较强的实用手册性质，分别为地方官员、中央官员与民间讼师用做训练、检索上的参考。但是，相对而言，《疑狱笺》这种“法外疑难”刑案汇编，则主要更接近纯粹阅读的性质。本章只讨论前三种刑案汇编。

区分明清刑案汇编的不同风格特色后，以下则简介《折狱明珠》、《刑案汇览》、《审看拟式》的编辑体例；其后，再分析三种刑案汇编编辑出版的主要制度背景。

一、三类刑案汇编的成书背景

《折狱明珠》约成书于十七世纪初年，书前有明万历三十年（1602）的编者自序，[6] 但全书在每卷起始处，则刻上一串更长的“书名”：《新刻摘选增补注释法家要览折狱明珠》，此很符合明末

[5] （清）陈芳生，《疑狱笺》，影印清康熙三十年（1691）刻本，见《四库全书存目丛书》，子部，册37，台南：庄严文化公司，1995，页780-909。该书区分两类“疑狱之属”：“情事之疑、法律之疑”（页780）。作者自承：编辑此书其实是想追续五代和凝、和蒙父子《疑狱集》，乃至明代张景《补疑狱集》的著书传统（页909）。

[6] 我所阅读的《折狱明珠》为傅斯年图书馆摄自日本内阁文库藏本的微卷，书前有明万历三十年（1602）署名“清波逸叟”的自序，而书末页则刷印“辛丑仲秋刊行”。故其成书年代当为十七世纪初，但刷印或重制的“辛丑年”，则目前有两种不同推测：一是明万历二十九年（1601）（东京大学东洋文化研究所编，《仁井田文库汉籍目录》，页34）；二是清康熙六十年（1721）（张伟仁，《中国法制史书目》，第一册，页320）。

以来书坊商人刊印书籍的作风，基本上可视为一种吸引读者的书籍命名与营销策略。《折狱明珠》共计四卷，每卷都采取两栏式编排，全书分“上层、下层”两栏;《折狱明珠》上层较短，多收《六律总括歌》、《六律朱语》以及田土、水利、奸情、婚姻、人命等不同案件状词可用的“法律套语”;《折狱明珠》下层内容一般较长，是全书主要内容。《折狱明珠》内容同属日后被政府明令查禁的“讼师秘本”，而该书编者署名“清波逸叟”，也似“讼师秘本”作者不具真实姓名的风格。

《折狱明珠》上层内容所收法律套语包含甚广，有简词，如“酷官、污吏、县霸、学霸”等；有单句，如“势宦吞民、奸吏侮法、嘱官枉法”等；有复句，如“私债骗害，违禁取利”、“一夫一妇，岂容奸占”、“违律教唆，扛帮健讼”等，大致都是状词上可经常套用的词库与成语。

《折狱明珠》下层内容可分两大部分：第一部分，是对政府法律所做的摘要以及对书写讼状所做的提纲，前者如《六律辑要》、《六赃辨异》、《七杀辨异》、《八字须知》、《五服丧制》等法律摘要，后者如《十段锦》、《十不可箴规》、《法家管见》等讼状提纲。第二部分则分类收录法律案件状词、判语以及各类执照等书写模板，收录法律案件分为十类：争占（12 件）、盗贼（6 件）、人命（12 件）、户役（5 件）、继立（3 件）、婚娶（7 件）、奸情（4 件）、负债（7 件）、商贾（4 件）、衙门[7]，共计至少六十余件案例。以分量看，下层内容的第二部分，也就是收录的十类法律案件状词与判语，是《折狱明珠》的最主要内容。

《刑案汇览》成书于道光十四年（1834），收录乾隆元年至

---

[7] 最后的“衙门”类，因为兼收案件状词与执照范本，较难确定案件数目。

道光十四年（1736—1834）九十九年间经中央司法机关处理之五千六百四十余件刑案，[8]本书署名祝庆祺（原籍浙江会稽县）"编次"、鲍书芸（原籍安徽歙县）"参定"，两人共同编辑、讨论与校正此书，但祝氏花费气力最久最多，鲍氏称其"殚精疲神者，阅十余载"。祝庆祺在道光初年任职刑部云南清吏司时开始编辑此书，后因转任闽浙总督孙尔准幕友而暂停编务，道光十二年（1832）离职，与同样长期任官刑部的鲍书芸，在扬州共同完成本书的定稿与出版工作。[9]

《刑案汇览》将所收五千六百四十余件刑案，依照大清律例分编分章分门名称，分别汇录，其中主要包括了因为疑难司法案件而产生的法律解释与法条修改，可以区分为"说帖、成案、通行"三大类。"说帖"为刑部律例馆官员针对"例无专条、情节疑似"案件所做的讨论与说明，共录两千八百余件，时间包括乾隆四十九年至道光十三年。"成案"专收"例无专条、援引比附、加减定拟"案件，共录一千四百余件。"通行"系针对"例无专条"而由刑部建请皇帝核准增入全国通行条例的案件，大概总计六百余件，此外，还有祝庆祺任职刑部期间"遇案自行记存"五百余件，以及分别选录自"邸钞"与坊本《所见集》、《平反节要》、《驳案汇钞》等书的三百四十余件"例无专条"案件。同时，还在

[8] 本章所用版本为：（清）祝庆祺编次、（清）鲍书芸参定，《刑案汇览》，影印清光绪十二年（1886）刊本，台北：成文出版社，1968。对《刑案汇览》全书的专门分析，参见：Derk Bodde and Clarence Morris, *Law in Imperial China: Exemplified by 190 Ch'ing Dynasty Case*. Cambridge, Mass.: Harvard University Press, 1973.（本书已有中译：《中华帝国的法律》，朱勇译，南京：江苏人民出版社，1993）；中村茂夫，《清代の刑案：《刑案汇览》を主として》，见滋贺秀三编，《中国法制史：基本资料の研究》，页715-737。

[9] 祝氏与鲍氏生平简介，参见：Derk Bodde and Clarence Morris, *Law in Imperial China: Exemplified by 190 Ch'ing Dynasty Case*, p.148；张伟仁，《中国法制史书目》，第一册，页310。

书末收入“例无专条之案，有情同议异、介在疑似者”二十九案，录成《拾遗备考》。[10]《刑案汇览》主要收录“例无专条、情节疑似”的法律案件，可谓是中央司法官员对全国疑难司法案件的解释汇编。

《审看拟式》成书于光绪十三年（1887）左右，[11]是刚毅在山西巡抚任内，选择平日“与僚属切磋问难、拟题考试”中可供州县官员审判参考的案例，交由幕友葛士达校订刊印，发给山西各级地方官，“教以治狱之楷则”。[12]葛氏特别强调本书收录案件“皆系州县衙门寻常习见之案”，并不收录“疑难案件”。[13]

《审看拟式》也以收录刑案为主体，并依大清律例编目格式，将所收八十三则刑案依序排比：名例（1 种 1 则）、吏律（1 种 2 则）、户律（7 种 10 则）、礼律（2 种 4 则）、兵律（2 种 3 则）、刑律（47 种 63 则）。在收录案例之外，《审看拟式》又在卷首收入三篇文章:《论律义》、《论案情》与《论叙供》，并在卷末附录《审看论略》十则。

《折狱明珠》、《刑案汇览》与《审看拟式》三类刑案汇编，各有其产生的制度背景，以下分别讨论。

二、讼师秘本的潜在读者

由明末以来书坊商人刊刻发售的三十余种“讼师秘本”看

[10] 《凡例》，见《刑案汇览》，页 8。

[11] 笔者所用《审看拟式》为光绪己丑年（十五年，1889）江苏书局刊本（台湾“中央研究院”历史语言研究所傅斯年图书馆藏），书前有光绪十三年刚毅《自序》，书末则有光绪十三年葛士达《跋》。

[12] （清）刚毅，《自序》，见《审看拟式》。葛士达，《跋》，见《审看拟式》。

[13] （清）葛士达，《附审看论略十则》：“是编所辑无多，皆系州县衙门寻常习见之案……其疑难案件既不多有，亦非凭空所能悬揣，未暇悉备。”（《审看拟式》，卷末，页 5）

来，[14]这些影响讼师“养成教育”的重要书籍，的确有一些内容表现出对各类法律知识的讲究，并且经常以搜集各类案例的相关讼状为主要内容。尽管有些讼师秘本对收录案件的实际原、被告姓名不太仔细，甚至完全略掉案例内人名，但是，这些讼状一般应是转录实际发生的案件。不过，也的确存在内容粗糙的讼师秘本，[15]所录案件与讼状，可能早已转录多手，对“案情”与“法条”间关系根本不讲究，这和《折狱明珠》这些用心编辑的书籍，对法律知识的重视，高下相去远甚，不可同日而语。

编辑者与刊印书商用心讲究与否，会对“讼师秘本”造成不小的内部差异，不能一概而论。然而，大致说来，不管是否认真编辑与刊印，明末清初以来的讼师秘本，其编辑体例已大体确定，成为一种固定的法律文类。讼师秘本主要体例如下：搜集曾经发生的案件，添入相关控诉、抗告的状词，做成应用范本；同时，将不同刑案分门别类，一般分人命、奸情、贼盗、婚姻、田产、户役、骗害、斗殴、继立等类。这些编印内容当然是为了用于打官司，被假想为打官司“被告”身份的对象，主要是一般平民，但也包含以“贪官、污吏、豪强”为对象的被告。另外，不少讼师秘本也搜集那些能帮人申请各种官方执照文书的写作模板，像是申请担任保证人、牙行、米铺等。这些内容含有大量实用的法律知识，因而为民间所重视。然而，与民间重视这类法律知识的态度相反，不少明清官员都十分敌视这些讼师秘本。

“讼师秘本”其实是政府对这类民间刑案汇编书籍的敌视称呼，尽管政府明文禁止，但仍可由政府禁令看出这类书籍在民间

---

[14] 夫马进，《讼师秘本の世界》，页189－238。

[15] 例如管见子编，《新刻法家萧曹双方雪案鸣冤律》（清刻本，台湾“中央研究院”历史语言研究所傅斯年图书馆藏），此书内容与编排便皆比较粗糙。

社会的广泛流行。乾隆七年（1742），四川按察使李如兰上奏禁止书商刊印“讼师秘本”，经中央官员讨论、皇帝同意后，李氏奏议的要旨乃成为颁行全国的新修例文：

> 坊肆所刊讼师秘本，如《惊天雷》、《相角》、《法家新书》、《刑台秦镜》等一切构讼之书，尽行查禁销毁，不许售卖。有仍行刻印者，照淫词小说例，杖一百，流三千里。[16]

然而，政府事实上无法禁阻讼师秘本的刊印与流传。薛允升在清朝光绪年间的观察仍是：“刻本可禁，而抄本不可禁；且私行传习，仍复不少，犹淫词小说之终不能禁绝也”。[17]

政府禁止讼师秘本的心态，其实主要和“无讼”的理想有关，许多官员内心深处总是不喜欢藉助“打官司”来解决民间纠纷，认为“无讼”的和谐状态才是处理公共事务的理想政治。然而，“无讼”其实在很大程度上只是部分官方人士表达的“理想”，由众多明清方志与司法档案看来，无讼的理想其实与当时不少民众在实际生活中经常和法律打交道，有着不小距离。[18]不仅“无讼”只是部分官员的不切实际理想，“刁讼、健讼”反而才是不少地方官公开指责的社会常态。民众何以“刁讼、健讼”？如何解决这些司法与社会问题？有官员直指这是“刁徒、讼师”惹的

---

[16]（清）薛允升，《读例存疑（重刊本）》，册 4，页 1021。

[17]（清）薛允升，《读例存疑（重刊本）》，册 4，页 1021。

[18] 对这类官方“表达”与司法“实践”矛盾现象的分析，参见：黄宗智，《民事审判与民间调解：清代的表达与实践》，页 191－212。明清时代，诉诸国家审判与经由民间调解，两者其实是“多元的结合关系”，而非互斥的选择，明末清初的上海实例可为明证，参见：岸本美绪，《清初上海的审判与调解——以〈历年记〉为例》，见台湾“中央研究院”近代史研究所编，《近世家族与政治比较历史论文集》，上册，台北：台湾“中央研究院”近史所，1992，页 241－257。

祸，[19]解决之道是以究治严惩为第一要务。十五世纪明朝官员况钟（1384—1442）留下的《况公下车各政》十七条，即标示："讼棍访着即办，须在下车时，迟则无济矣！"[20]主旨是劝告官员一赴新地就任（"下车"），必得马上调查与找抓"讼棍"。由明到清，不仅中央政府明令公布处罚"教唆词讼"的法律，[21]更屡有官员提倡各类对付讼棍的实际办法，[22]以清代最负盛名的司法人员汪辉祖为例，他在任官宁远县时，曾经执行如下办法：

> （地棍讼师）党羽钩连，被累之人，惧有后累，往往不敢显与为仇，重办亦颇不易。向在宁远，邑素健讼，上官命余严办，余廉得数名，时时留意。两月后，有更名具辞者，当堂锁系，一面检其讼案，分别示审；一面系之堂柱，令观理事。隔一日，审其所讼一事，则薄予杖惩，系柱如故。不过半月，惫不可支。所犯未审之案，亦多求息。盖跪与枷，皆可弊混；而

---

[19] "讼师"在中国的历史至少早自宋代开始，当时一些地方已出现专门协助民众诉讼的"健讼之徒、哗徒讼师"；甚至在现今江西省等地方，更已出现教人打官司的"讼学"。宋代讼师与"讼学"情形，参见：陈智超，《宋代的书铺与讼师》，见《刘子健博士颂寿纪念宋史研究论集》，页113－119；郭东旭，《宋代之讼学》，见漆侠编，《宋史研究论丛》，页133－147。

[20] （清）觉罗乌尔通阿，《居官日省录》，影印清咸丰二年（1852）刊本，见《官箴书集成》第8册，页9。

[21] 《大清律例》"刑律"编"诉讼"章"教唆词讼"条律文："凡教唆词讼，及为人作词状，增减情罪诬告人者，与犯人同罪（至死者，减一等）；若受雇诬告人者，与自诬告同（至死者，不减等）；受财者，计赃，以枉法从重论。其见人愚而不能伸冤，教令得实，及为人书写词状而罪无增减者，勿论（奸夫教令奸妇诬告某子不孝，依谋杀人造意律）。"薛允升注："此仍明律，顺治三年添入小注，乾隆五年删定。"（薛允升，《读例存疑（重刊本）》，卷39－40，册4，页1019）

[22] 明代官员余自强倡导如下对付讼师的办法，是先向上司透露本案可能会有讼师介入："凡自理词讼，遇刁徒强项讼师，不服县官责罚者，察言观色，觉有可异，即将此起申招府堂，详内云：事干刁棍重情，合应申达本府。本府详允后，如此人再告上司，批府，亦难反汗致谤县官；如批各厅，彼亦相谅，决不相反。亦谐世中一制奸法也。"（《治谱》，影印明崇祯十二年（1639）重刊本，见《官箴书集成》第2册，页114－115）

系柱挺立，有目共见，又隔日受杖，宜其惫也。哀吁悔罪，从宽保释；已挈家他徙，后无更犯者，讼牍遂日减矣。[23]

讼师的存在确是造成不少地方诉讼数量的增加；然而，以汪辉祖对司法实务之熟悉，讼师虽然不敢在他任知县境内活动，但依然可以“挈家他徙”，继续到别处活动。总的看来，讼师在明清司法实务上的作用总是存在，简直是禁无可禁。

何以讼师极难禁绝？这其中不仅仅是因为讼师善于躲藏或是与地方不肖胥吏勾结而已，民众面对财产损失与人事纠纷而不得不诉诸司法的实际需要，其实也是重要因素。不少明清官员也确能面对民间司法诉讼需求而“反求诸己”，强调官员必须要认真处理民间各式不涉人命、强盗“重案”的户婚、田土“细事”，才是正本清源之道。如明代官员海瑞（1514—1587）所说：

刁讼，惟江南为甚，略无上事，百端架诬，盖不啻十状而九也……刁讼日甚，非府州县官召之使来也耶？又，告状人往往称府、县官告不受理。军民，赤子；府州县官，父母也。凡争斗户婚，虽是小节，当为剖分；衣食等项，当为处理……为此再行晓谕，今后，凡民间小讼，州县官俱要一一与之问理。[24]

海瑞不将“刁讼”一律归咎讼师，反而同时要求所属地方官更要勤于理讼，即使“民间小讼”也不得轻视。到了清代，中央

[23] 汪辉祖，《学治臆说》（影印清同治十年（1871）慎间堂刻《汪龙庄先生遗书》刊本，见《官箴书集成》第8册），《治地棍讼师之法》条，页282。

[24] （明）海瑞，《海忠介公全集》（见《丘海二公合集》，清康熙四十七年（1708）刊本，台湾“中央研究院”历史语言研究所傅斯年图书馆藏），卷二《告示》，《示府县状不受理》。

政府更不断定订法律节制各级地方官员要在限期内审结民众讼案，命案、盗案、奸案，乃至户婚、田土、钱债案件，依不同案件、不同审判级别，都制订不同的结案期限。[25] 清光绪年间流行的一部政书即记载“自理、命盗抢窃等案、情重命案”等三类案件的“审限”罚则，其中“自理”类的“州县自理户婚田土等项案件”，其审结期限处罚如下：“限二十日完结。违限，不及一月，罚俸三个月；一月以上者，罚俸一年；半年以上者，罚俸二年；一年以上者，降一级留任。”[26]

严格的审案限期规定，固然逼使地方官重视包含户婚田土各类讼案，官员审案不认真，将直接面临“罚俸、降级”等行政处罚，这种审限规定的设计原意，是要透过加速司法案件处理效率以减少民众金钱花费并减少讼师干预谋利机会。[27] 然而，官员被迫限期内结案的压力日增，其实也同时让熟悉司法实务的讼师增加了可供操持的筹码。

姑且不管清代加严的审案期限罚则有效性如何，就算官员多能认真审案，民众也依然要花费时间、金钱来打官司。既然要打官司，而且多半是想打赢官司，则和司法胜诉的相关要诀与技巧，便成为切身实用的法律知识。从提供法律咨询、书写合用而有效的状纸、揣拟法庭审判时有利于己的应答，到预估涉讼对方的策

---

[25] 由清代雍正到道光年间审案期限规定的细部变化，参见：（清）昆冈等奉敕著，《清会典事例》，卷 122《吏部 · 处份例 · 外省承审事件》，册 2，页 578-591。

[26] （清）方大湜，《平平言》，见《官箴书集成》第七册，卷 2“审案限期”条，页 636。

[27] 方大湜对司法诉讼之费钱伤财有具体陈述：“双方构讼，自进城做词之日起，至出结归家之日止，无一日不花钱。拖延日久，则花钱愈多；花钱愈多，则富者必穷，穷者必死。”对讼棍干预诉讼谋取金钱，也有生动描写：“户婚、田土、钱债，及一切口角细故，乃民间常有之事，本人虽然呕气，未必一定告状”，“棍徒从中挑唆，辄自谓熟识衙门：门丁、书役，与我相好，我可包告、包准；既可出气，又不必多花钱文。迨既告之后，百般盘剥，却不怕他不花钱、不由他不多花钱。藉债、卖田，案犹未结；倾家荡产，职此之由。”（参见：《平平言》，卷 2，“为百姓省钱”条，页 638-639）

略，都成为实用价值很高的法律知识。这些知识基本上都不可能由职司调查、调解与审判工作的政府官员来提供，若有熟悉此方面问题的讼师可以提供帮助，涉讼民众当然愿意花钱购买这些法律“服务”。明清政府固然也理解民众在这方面的司法实务需要，然而，却一直不能在国家法制上承认讼师职业的合法地位，政府的主要因应之道，则是设立“官代书”以解决涉讼民众的实际需求。

早自宋代，政府即设有协助民众书写状纸与其他证明文件的“书铺”，[28]元代仍存此制。然而，到明代初年，“书铺”则似乎自政府法令中消失，可能只零星存于部分地方审判机构中，时称“代书人”。十六世纪，明代官员吕坤（1536—1618）曾设法提振“代书人”功能，任官山西时，下令全省：“凡各府州县受词衙门，责令代书人等”为民众书写状纸；同时，吕坤更进一步将不同案件“类型化”，设计了二十七种标准状词格式，内容包含“人命告辜式、人命告检式……告奸情状式……告地土状式……告财产状式、告钱债状式……”等等。[29]不过，这个状词格式“类型化”的司法改革，似乎并未扩散与持续。到了十八世纪初，清代中央政府也只是通令全国各地方政府依考选办法设立“官代书”，协助民众书写状词，[30]虽然官代书的设置在全国似乎得到更有效的落实，但是，并未见到类似吕坤创制的“类型化”状词格式。

[28] 戴建国，《宋代的公证机构——书铺》，见《中国史研究》，4（1988）：页 137-144。

[29]（明）吕坤，《新吾吕先生实政录》，见《官箴书集成》第 1 册，卷 6，页 555-558。

[30]《大清律例》“刑律”编“诉讼”章“教唆词讼”条所附例文十二条，第十条规定“考取代书”如下：“内外刑名衙门，务择里民中之诚实识字者，考取代书；凡有呈状，皆令其照本人情词据实誊写。呈后，登记代书姓名，该衙门验明，方许收受。无代书姓名，即严行查究；其有教唆增减者，照律治罪。”薛允升云：“此条系雍正七年（1729）及十三年（1735）例，乾隆六年（1741）改定。谨按：此专为考取代书而设。乡民不能自写呈词者颇多，觅人代写，则增减情节者，比比皆是矣。代书之设，所以不容已也。现在外省有代书，而京城仍未遵行。”（薛允升，《读例存疑（重刊本）》，册 4，页 1022）

即使政府实行严禁讼师与设立官代书的双管齐下政策，但是，不少涉讼民众依然找讼师帮忙。其中原因，固然可能和各地官代书人数可能少于实际需要有关；更重要的是，一般官代书不仅少能提供书写状词以外的服务，而且，也多半只能书写较“平凡无奇”的状词；许多涉讼民众宁愿多花钱聘请各地著名讼师，以得到更好、更多的法律咨商与司法协助。

明清讼师人数愈来愈多。以十六、十七世纪明朝末年江南地区为例，该地讼师不仅人数可观，甚至还依个人胜诉能力与名气大小而出现等第差别：

> 甚矣！吴人之健讼也。俗既健讼，故讼师最多。然亦有等第高下，最高者名曰状元，最低者曰大麦。然不但“状元”以此道获丰利、成家业；即“大麦”者，亦以三寸不律，足衣食、赡俯仰，从无有落莫饥饿死者。[31]

这是对明末江南地区民众流行雇请讼师的具体描写。这些讼师收费标准不同，分成外号“状元”的高级大讼师，以及较次等级的“大麦”（大概是苏州地区的方言）。苏州府嘉定县外冈镇，在明末十七世纪初年也出现不少闻名本地的讼师，当地人称“状元”或“会元”：“沈天池、杨玉川，有状元、会元之号。近金荆石、潘心逸、周道卿、陈心卿，较之沈、杨虽不逮，然自是能品……至湮没者，不可胜数。”[32]明末外冈镇，其实只是一个人口有限的小城镇，但也拥有众多名气不等、姓名或传或不传的大、

[31]（明）徐复祚，《花当阁丛谈》，见《丛书集成新编》，册85，卷三“朱应举”条，页561。

[32]（明）殷聘尹纂，《外冈志》，见《中国地方志集成：镇志专集》，册2，页893。

小讼师，可见讼师确已发展为明清社会颇为显著的行业，藉此行业而发财、出名者，应是不少。

讼师成为一个官方无由禁绝而又获利颇厚的行业，不仅反映讼师实际上成为明清司法制度实际运作中不可或缺的一环，也成为《折狱明珠》讼师秘本这类刑案汇编得以编辑、流行的制度背景。

三、司法官员制作刑案范本的实用意图

《刑案汇览》、《审看拟式》两类刑案汇编的编辑与出版，都反映政府司法官员挑选与制作刑案范本的实用意图，此意图并与明清司法体系逐步完善的“审转”制度密切关联。

明清审转制度是在司法行政实务工作中逐步形成的。这个制度发展到清代，已能更完整而有效地运作，这个制度大致如下：全国司法案件依罪名大小与刑度轻重，分为“州县自理细事、上司审转重案”两大类，前者主要包括刑度在笞、杖以下的“细事”案件，后者包括徒刑及徒刑以上的犯罪“重案”。因为全国司法案件众多，加上社会变迁，案情差异总会多少冲击既有“细事”与“重案”的界限，两者不一定总能清楚区划。大致说来，所谓“户、婚、田土、钱债”等案件，通常被划入刑度较低的“细事”；至于人命、强盗、斗殴、聚众、“谋反”，以及当事人涉及尊卑长幼“人伦”关系的人身伤害或言语辱骂案件，则一般属于“重案”。尽管明清法律体系并未使用类似现代意义“民法、刑法”法典区分来严格界划“细事”与“重案”，但两类案件在明清司法体系的处理流程上则确有很大不同。清代对细事、重案的规定已很明确：细事可由州县官审结，只需每月造册送上司备查，无需将案卷移送府级和府级以上司法机构覆审，故细案也经常被称为是

“(州县)自理案件、自理词讼”。[33] 在“重案”部分，州县官做成判决后，要将相关案件卷宗与人犯、证人、证物等，提交府、道、按察司(臬司)，由这些地方上级司法机构审核案情是否有疑、引用法条是否失当。其中徒罪以上等“命、盗重案”及“谋反等十恶”罪案则再由省级最高长官总督或巡抚将相关案卷送至刑部，再度审核案情与法条等是否可疑，此即“审转”制度大略。

在审转制度运作下，中央与地方上级长官都对各级下属地方官审理案件造成莫大压力。特别是“断罪引律令”的规定，也在审转制度发展过程中得到更严格的落实。[34] 尽管户婚田土等“细事”审判，官员在判决时较少直接引用律例条文；但是，地方官员对“重案”的审理，则确实不断在审转过程中受到上级司法机构依照“断罪引律令”规定而予以严格制约。[35]

---

[33] 尽管州县官可以审结这些“细事”案件无需上司覆，但争讼双方仍可向府级或省级官员再次申告，此称“上控”。清代法律虽禁止“越诉”，可是也有但书：“其业经在该管衙门控理，复行上控，先将原告穷诘，果情理近实，始行准理。如审理属虚，除照《诬告》加等律治罪外，先将该犯枷号一个月示众。”(薛允升，《读例存疑(重刊本)》，册4，页977、982)由清代地方审判实务看，“上控”确实也会影响州县“细事”的审判，清道光年间著名官员刘衡即劝告州县官员：遇到审判错误时，应该“自行改正，以免上控”；即使是无需上级复审的“自理案件”，也该如此。否则，上控纷陈，便可能致使“既累民，又自累也”(刘衡，《庸吏庸言》，见《官箴书集成》第6册，上卷《理讼十条》，页196)。

[34] 《大清律例》“刑律”编“断狱”章“断罪引律令”条：“凡官司断罪，皆须具引律例。违者，如不具引，笞三十；若律有数事共一条，官司止引所犯本罪者，听。其特旨断罪，临时处治，不为定律者，不得引比为律。若辄引比，致断罪有出入者，以故失论。故行引比者，以故出入人全罪，及所增减坐之。失于引比者，以失出入人罪，减等坐之。”乾隆三年(1738)定例：“除正律、正例而外，凡属成案未经通行着为定例，一概严禁，毋得混行牵引，致罪有出入。如督抚办理案件，果有与旧案相合可援为例者，许于本内声明，刑部详加查核，附请着为定例。”(薛允升，《读例存疑(重刊本)》，册5，页1276-1277)

[35] 清代处罚官员判案援引法条失当的相关法令已然十分繁细，由康熙以至咸丰年间的各项罚则规定，参见：《清会典事例》，卷123《吏部·处份例·官员断狱不当》，册2，页592-610。

这个发展趋势其实也与当时"刑名幕友"角色日益重要有密切关系。那些专精法律条文的刑名幕友，日益在明清地方司法行政体系中得到各级官员的信任与依重，[36]这个制度性发展不仅便利了审转制度中有关"断罪引律令"规定的有效落实，从而也促使讲究法律条文与探讨法律知识的风气更为普及。

在审转制度压力下，地方和中央司法机构其实处于一种既紧张、又协调的关系。透过向刑部主动咨询疑难刑案，地方督抚可以要求刑部官员对特殊个案所带来的法律适用难题，预先做出说明与裁量，这种情形便比较接近地方与中央司法机构的相互协调关系。反之，若是在完成所有州县、府、道乃至按察司、巡抚、总督的全部审转作业流程，送交刑部，才被刑部等中央审判官员以案情有疑或是援引法条失误等理由而驳回原判，这便是所谓的"部驳"，地方各级司法官员即要因此遭到惩处，"部驳"正是中央与地方司法机关间紧张关系的典型表现。

清代各省每年都要上呈数量众多的刑案，其中预先主动咨商刑部的案件毕竟所占分量较少，因此，审转之后而可能遭到部驳的紧张关系才是中央与地方司法机关的常态。地方督抚接到部驳后，并不是一定要照单全收，也可以和刑部官员覆文讨论，但是，若"刑部驳至三次，督抚不酌量情、罪改正，仍执原议题覆"，则"刑部自行改拟，将承审各官，并督抚，俱照《失入、失出》各本

[36]　到了清代，谨慎聘请幕友已成为官员上任时最重要的准备工作之一。如所谓："幕友一席，最为要紧。至好者推荐，不可遽许，亦不可遽辞，务细访察所荐之友品学何如。择其善者，延之赴任；有期拜见，下关书。聘金一项，量缺致送……加以水礼八色，随时配合。其起程船脚，或我备，或折价，商酌办理。各处情形不同，随时酌夺。"（褚瑛，《州县初仕小补》，见《官箴书集成》第8册，卷上"聘请幕友"条，页739）幕友的重要性日增，也为这个职业人士形成更明显的新自觉，如所谓"幕与官相表里，有能治之官，尤赖有知治之幕，而后措施无失，相与有成也"（参见：万维翰，《幕学举要》，见《官箴书集成》第4册，张廷骧《序》，页730）。

例议处”。[37]

为了免于遭到部驳而受惩处，地方各级司法官员及其所聘幕友，自然要留意审转上呈的刑案格式及内容，《刑案汇览》与《审看拟式》这两类法律书籍，正适合官员藉以参酌撰写符合格式及内容的标准判案，从这个意义看，两书可谓是审转制度压力下的产物。

在部驳压力下，作为基层审判机构的州县官员，他们的审案纪录格式便十分重要，光绪年间在山西省主导《审看拟式》编辑工作的刚毅，对此有清楚说明：

> 狱讼之情伪，始于州县，成于司（按察司）、院（巡抚），定于刑部。州县审看不当，解司、申院、达部而后，即使驳议平反，而民之拖累含冤者，已自不浅，况文致增减、是非淆乱而莫由讯诘者，正复无限。则州县之审看，其所关尤重也。[38]

州县审案不够慎重，遭到刑部驳回重审，不仅民众受累，案情真相也受蹉跎而更难明白。同时，部驳更会连累省级官员，万一省级官员未能查明州县判案疏失而径送中央，则也会一体遭到刑部的驳回与处罚。在审转制度有效运作下，讲究个别案情的

[37] （清）方大湜，《平平言》，卷4“公事错误须改正”条，页698。《官司出入人罪》律文颇长，规范了官员司法判决时引用法条“刑度”与案件事实“罪名”不一致的处罚，除分别“全出全入、增轻作重、减重作轻”不同情形外，更对“笞、杖、徒、流、死”等五刑不同刑度的误判情形，对承审官员分别定订罚则。详见：薛允升，《读例存疑（重刊本）》，册5，页1229-1232。清嘉庆五年（1800），更对遭到部驳议处的不同层级地方司法官员，分别对待：“凡驳饬改正之案，刑部即检查该府州县原详，据实核办：如原详本无错误，经上司饬驳，致错拟罪名者，将该上司议处。如原详未奉饬驳，该上司代为承当，除原拟之员，仍按例处分外，将该管上司，照徇庇例，严议。”（薛允升，《读例存疑（重刊本）》，册5，页1234）

[38] （清）刚毅，《自序》，见《审看拟式》。

真相，以及对法条的援引适用，成为省、府、州、县职司审判官员的共同利益，在此情势下，编辑符合标准的刑案“模板”，便很有实用价值。

审转制度既对地方司法官员造成“部驳”压力，也对中央司法官员带来必须更加讲究与论辩法律知识的“以理服人”压力。表面上看，中央司法机构固然可依《官司出入人罪》等律例，有权对各级地方司法官员加以惩处；但事实上，这些惩处却绝对必须要有法律知识方面的合理论辩为后盾，必须要针对司法个案进行案情真相探究、法条适用解释等方面的合理论辩过程，才能“以理服人”。审转制度的有效运作，虽然确立了刑部成为全国司法审查体系的中心地位，但也增加了中央司法官员以书面文字进行法律论辩的压力，他们不仅要写成要求地方官员改正重审的“部驳”文字，更要针对疑难案件撰写“说帖”。[39] 无论部驳或是说帖，都需要刑部官员辨明相关案件的法条适用、文义解释等问题，有时更要进一步发现法律相互冲突或是未予规范的法律漏洞，撰写较详细的法律见解。在审转制度有效运作下，刑部累积了大量部驳、说帖等书面形式的法律见解；同时，有能力撰写部驳、说帖的专门法律人才，也更加集中刑部，使清代刑部逐渐成为全国最权威的法律知识生产中心。

《刑案汇览》即是专门收录以刑部为主体而产生的法律知识，特别是针对其中的“说帖”。说帖在当时居于全国法律知识体系的中心地位，这不仅有审转制度上行政权力运作的原因，也有相对

[39] 自清乾隆四十九年（1784）起，刑部正式将那些较详细的法律见解定型化，形成主要由刑部“律例馆”负责撰写详细法律意见书的“说帖”（陈廷桂，《说帖辑要叙》，见宋谦重编，《说帖辑要》，清道光年间抄本，台湾“中央研究院”历史语言研究所傅斯年图书馆藏）。有关“说帖”制度的简介，参见：Derk Bodde and Clarence Morris, *Law in Imperial China: Exemplified by 190 Ch'ing Dynasty Case*, pp.130－131.

而言较为纯粹的说理论辨上的理由。嘉庆十六年（1811），有官员描述说帖如何撰成的实际过程：

> 仆滥竽刑曹十年，盖灼然有以见夫用刑之难也。天下大矣，生民情伪日滋，作奸犯科，百出而不穷，苦于人不能先知而偏防也。三尺法所不能尽，而窘于议拟者，往往而有……自云坡胡大司寇为少寇时，始以此等案交"律例馆"查核，权衡至当，而后行之，至于今不衰。其查核也，旁参他条，详检成案，剖别疑似，辨析微茫，折衷而归于是，然后缮具"说帖"，备陈是非之旨，盖近于古之参经义以断狱者。自兹以往，其可以通律法所未备，而无畸轻畸重之患矣。[40]

文中所谓："旁参他条，详检成案，剖别疑似，辨析微茫，折衷而归于是"，大致描写了刑部官员撰写说帖时所进行的"法律推理"。

在《刑案汇览》出版前，至少在十八世纪末，即已有人开始编辑名为《说帖》、《通行》、《驳案汇钞》、《平反节要》等刑案汇编，这些都成为书市上流通贩卖的法律文类。《刑案汇览》的最大特色，应是其力求汇整成更完备、更通贯的刑案汇编，鲍书芸在《刑案汇览》《序》中所谓："于广搜博采之中，寓共贯同条之义。胪陈案以为依据，征说帖以为要归，一切谨按、通行，无不备具。散见者会之，繁称者简之。其有未尽，更缉拾遗，以备参考。门分类别，条理秩然。以是见祝（庆祺）君刑名之精而用心之苦

[40]（清）陈廷桂，《叙》，见《说帖辑要》。

也。”[41] 这里面当然也多少带有一些区别《刑案汇览》与其他书市上已经贩卖销售刑案汇编书籍的“广告”用意；但由《刑案汇览》内容，及其出版后所获回响看来，《刑案汇览》一书的编辑出版，应可标志“刑案汇编”在十九世纪前期正式成为中国一种明确而独特的法律文类。

由十六到十九世纪之间，刑案汇编逐渐成为明清流行的一种特殊法律文类，《折狱明珠》、《刑案汇览》与《审看拟式》三种不同刑案汇编，各有其不同风格特色与编排体例，也各有其产生与流传的制度背景。

第二节　刑案汇编建构的不同类型法律推理

基本上，《折狱明珠》是以讼师为预设的主要读者；《刑案汇览》与《审看拟式》则是以职司审判工作的官员与幕友为主要读者。[42] 预设读者的不同，不仅影响各书所经常使用的法律推理，也产生了各自对待“案情真相”的不同态度。

《折狱明珠》在三类刑案汇编中的出现时间最早，编者清波逸叟在《折狱明珠》《引》中诉诸的编辑理想是：“天下之物，不得其平则鸣……苟不鸣，则曲直不分、泾渭共溷，下情不得上通，是

---

[41] （清）鲍书芸，《序》，见《刑案汇览》，页 3。

[42] 如鲍书芸在道光二十年（1840）指出祝庆祺编辑《刑案汇览》此书的认真情景：“殚精疲神者，阅十余载，因说帖、议案，层见迭出，皆司法者所欲比引参考，乃复续纂此帙。”（《续增刑案汇览》，（清）祝庆祺编次，影印清光绪十二年［1886］刊本，台北：成文出版社，1968，册 9，页 3811）而刚毅也是希望《审看拟式》编成后能使“为牧令者，人置一编”，从而达致“治狱庶有眉目，不至仰幕、胥之鼻息，而官能自主，狱无滞留”（刚毅，《自序》，见《审看拟式》。葛士达，《跋》，见《审看拟式》）。

安得不假于词以鸣！”《刑案汇览》出现在后，编者宣称的理想是：能使各类疑难案件呈现的法律问题讨论，达到既能“穷其理于律例之中”又能“通其意于律例之外”的目标。[43]《审看拟式》出现时间最晚，主要是为州县官员提供上呈省级长官的标准判决书格式。三书有各自的预设读者，以及随之而来的对法律推理与案情真相的不同态度。

一、《折狱明珠》的内容结构及其传达的诉讼策略

《折狱明珠》主要包含法律条文摘要与案件讼状选编两类内容。明清时代出版的讼师秘本，并非都像《折狱明珠》一般列入较详细的法律条文摘要，这涉及编者的法律素养或是书商的出版态度。由现存明清讼师秘本看来，在收罗讼状陈词之外也同时协助读者熟读法律条文的作品确实存在，《折狱明珠》也是典型代表。这类讼师秘本之所以协助读者熟读法律条文，当然是为了想要打赢官司，究竟熟读法律条文对打赢官司有何重要性？另一讼师秘本《词讼指南》也有清楚说明：

> 凡作状，先须观其事理、情势轻重大小缓急，而后用其律意。符合某条，乃从某条，止拣其紧要字眼切于事情者，较达其词，使人一看，便知其冤抑、诬告或牵连之类。务要周详……徒取刁名，无益于事，明者辩之。[44]

分析个别案件的“事理、情势”，注重法律条文的“律意”，

[43]（清）鲍书芸，《序》，见《刑案汇览》，页3。

[44]《词讼指南》，见不著撰人，《新刻法笔新春》（清刊本，日本东京大学东洋文化研究所“大木文库”藏），页1。

配合能真正打动法官理解与同情当事人冤曲的“文词”，三者同等重要。等而下之的讼师，才会乱套罪名夸张状词。所谓“徒取刁名，无益于事”，并非《折狱明珠》这类讼师秘本的编辑目标，[45]书中所收《六律辑要》、《六赃辨异》、《七杀辨异》、《八字须知》、《五服丧制》等内容，具体反映着编者希望读者掌握现行法律条文中各种“罪名、刑度”关系的用心。

然而，讼师秘本毕竟不是以政府官员或是刑名幕友为预设读者，全书对法律知识的理解与操作，仍然有其独特的风格。以《折狱明珠》为例，尽管其中教导传授的“六、七杀、八字、五服”等法学术语，并不异于当时官员、幕友主要理解与运用的法律知识，然而，这些法律知识毕竟只是讼师用来书写讼状的重要工具之一。讼师应用法律知识的主要目标，是协助涉讼当事人胜诉，无论所协助的当事人究竟是原告或是被告。当然，讼师秘本编者也可以诉诸较堂皇的理由，如《折狱明珠》编者“清波逸叟”所说:“下情不能上通，是安得不假于词以鸣！”但是，如何写成能使当事人胜诉的有效讼状？才是编者意欲教读者领会的关键，在如何胜诉的大目标下，“事理、律意、文词”三者同时成为讼师秘本考虑的要素。这是《折狱明珠》看待法律条文的基本态度，也是其教人体会各类案件背后相关“律意”的主要宗旨。

构成《折狱明珠》的最主要内容，是对案件双方诉讼状词与官员判决审语的选辑。以这些法律案件为主要教材，配合本朝法

[45] 以讼师宋世杰为主角的明代戏曲《四进士》，在剧本中也出现剧中人物“河南八府巡按”毛朋所引用谚语:“牛吃房上草，风吹千斤石；状子入公门，无赖不成词”(《四进士》，见刘烈茂、苏寰中、郭精锐主编，《车王府曲本菁华》，广州：中山大学出版社，1991，册 5，页 259)，反映当时人（特别是官员）对讼师胡乱写状的恶劣印象。然而，并非所有讼师秘本都在教人撰写“赖词”，援用法条的能力其实也是《折狱明珠》这类讼师秘本提供的基础训练。

律条文为辅助教材，《折狱明珠》编选了十类司法案件，约计六十余案。各案大体上都同时包含三份文件：原告《告词》、被告《诉词》以及承审官员《审语》。透过《告词》与《诉词》对司法个案相关“事实”的不同描述，以及承审官员断定或怀疑案件“真相”的处理方式，讼师秘本最少可教给读者两种重要技巧：第一，如何熟练地操作不同的法律术语，由正面与反面两种不同的可能面向，来书写同一桩案件的“真相”？第二，当书写不同正、反立场的状词后，承审官员可能会如何判断案件的“真相”？这两种技巧其实都涉及对“事理、律意、文词”三要素的操作，正是讼师手册要传授的官司致胜秘诀。

第一种技巧，既训练自己书写状词，也可以对付敌对的讼师。《折狱明珠》收录的作状《十段锦》，要读者首先体会的重点是：“作词之状，慎毋苟且，必须斟酌。机有隐显、奇正；罪有出入、重轻……如良将用兵，百战百胜，无不快意”。[46] 而在所录《法家管见》文章中，则教人揣测诉讼对手或是敌对讼师的策略：

> 凡与人诘告，必先料彼之所恃者何事。如所恃者在势力，先当破其势力之计。所恃者欲到官，先当破其到官之计，引而申之，虚虚实实，实实虚虚，人之变诈尽矣。[47]

第二种技巧则是针对司法官员对各种状词写法的可能反应，要求读者体会状词中如何“起、承、转、合”的种种细微诀窍：

---

[46] 《折狱明珠》，卷1《十段锦》。

[47] 《折狱明珠》，卷1《法家管见》。

> 兹列十段锦之法，以为法家机轴，使学者有所效持……八曰“截语”，乃一状中之总断，务要句句合局、字字精奇，言语壮丽。状中有一段，名曰“门闭状”，府县见之，易为决断；无此一段，名曰“开门状”，人犯窥之，易为辨变也。都中之状，不可闭门，恐上司难辨；上司之状，不可开门，恐人犯乘隙瞰入有变。大抵作状之法，不可太开门，亦不可太闭门，惟半开半闭者，始称妙手。九曰“结尾”，乃一状之钥，先要遵奉有司，后要阐明律法，用者务宜详审……[48]

这些被称为“十段锦”的书写状词诀窍，并非《折狱明珠》编者的首创，而是当时流传的讼师“专业技术”，《折狱明珠》编者将其收录而已。然而，这里重要的不是知识的原创性，而是操作的实用性。如何让读者在收录案例中体会到种种讼师必备的“专业技术”？如何写成兼擅“事理、律意、文词”的有效状词？训练有志讼师者能在代人作状之际，找到“机有隐显、奇正，罪有出入、重轻”的关键，以使地方官做成对自己诉讼当事人有利的司法处理或是审判结果。而当诉讼对手也有讼师相帮时，还要能顾及各种虚实相间的敌情判断与应对策略。

笔者无法在此详细分析《折狱明珠》所收六十余件案例，这里主要是提供一点索引，介绍案例中如何表现上述《做状十段锦》、《法家管见》等文字所指称的作状精义。

“奸情类”收录一则伯父告侄儿强奸其媳妇的案件，我认为即很富典型意义。原告指陈被告强奸其媳妇（即被告的嫂嫂），为原告妻子吴氏撞见，原告声称握有其媳妇当天被强奸未遂而被撕裂

---

[48] 《折狱明珠》，卷1《十段锦》。

的裙子，并在《告词》末段文字写道："切思，嫂、叔分严，强奸罪重。若不剪惩，伦风扫地。上告。"被告《诉词》末段写道："不思菜园非行奸之所，白昼岂捉奸之时。仇口称诬，难逃洞察。上诉。"《孔侯审语》则说："审得：奸从姑捉，理固然也。吴氏既称奸媳，胡不捉奸于房帏而乃捉奸于菜园乎？若区区以裂裙作证，吾恐白昼之事未可以绝缨例论也。情涉狐疑，姑免究。"[49] 以前述《十段锦》引文为例，《告词》中的"嫂、叔分严，强奸罪重"以及《诉词》中的"不思菜园非行奸之所，白昼岂捉奸之时。仇口称诬，难逃洞察"，大概即是同时结合了所谓的"截语"与"结尾"。以这个案例来看，该名孔姓知县采用了《诉词》的截语要旨："菜园非行奸之所，白昼岂捉奸之时"，虽称不上"字字精奇，言语壮丽"，但仍能算是"句句合局"。而由"府县见之，易为决断"的标准看，这份《诉词》大概属于"门闭状"吧？

再如"债负类"收录一则"告取财本"的商业合伙人间债务诉讼。该案的原告胡佩，与被告倪遂之间原本有商业合伙关系，后来，因为倪遂购买一块土地而发生债务纠纷，胡氏《告词》写道："吞本坑生事。倪某领身本银一千两，贸易五载，获利万金，广置地基。取银，称说分地；求地，又约还银。延今，银不还，地不分。伊富身贫，情极可悯。乞提给判，上告"。倪遂的《诉词》则称："妒谋重骗事。胡某将银千两付某营觅，五年，不过一千七百余两，亲笔领存。岂豪妒买地基，计诬吞本谋分。不思：月尚有亏盈，商岂无得失？虎口难填，乞杜骗谋，上诉。"[50] 原告胡佩着重的是：倪遂"吞本"而使"伊富身贫"，故意"隐晦"倪

[49] 《折狱明珠》，卷3"奸情类"，《告强奸》案。

[50] 《折狱明珠》，卷4"债负类"，《告取财本》案。

遂五年来藉入自己资金而获利还本的实际数字，并且力图将被告“获利万金，广置地基”的“事实”联系到自己的藉本合伙；被告倪遂则强调胡佩其实只是“妒忌、谋骗”自己购地的利润，一方面凸显自己五年来已经还本“一千七百余两”，另一方面还宣称胡佩早已“亲笔领存”此笔款项。据《折狱明珠》收录承审官员李姓知县的《审语》：“审得，倪遂付本银一千两，秉心于胡佩，合伙贸易。仅五载，已还银一千七百两。若倪遂者，亦知恩称报之伟人也。今为一片地基，切齿仇争，是二人者，又易反易覆之小人也。仰中、亲速为允释。”[51]倪遂《诉词》具体提到的五年还本一千七百两，看来确令这位知县印象深刻，但是，大概很难判定涉讼双方在买地行为上是否仍为两人原订“合伙贸易”的内涵，李知县的判决是先请双方“中人、亲友”调处。

这件案子并未援用法条判决，另一件船户盗卖客商棉布案件则有不同。客商李雪在《告词》上说：“盗货事。船户某，揽身某货，议载某处交卸。殊恶欺孤，沿途盗卖；论阻，成仇，且言：身在伊船，财命任由布置。遭此强徒，祸患莫测。乞提追给盗货，驳船保命。上告。”这位被告船户张风则在《诉词》中描述了另一套事件的“真相”：“诬骗船价事。刁客雇船载货，议至某处交卸，舡价十两，付三存七，余约抵岸，方行凑足。岂意刁商中途架身盗货。不思：货有税单可查，指盗何可据！叩天算追舡价，电诬超贫。上告。”[52]客商李雪应是在经商的沿途提出这件告诉，承审的刘姓知县在调查各项证据后做成判决：“客人李雪贩布，误募张风之船装载，凭牙立价，船钱当付一半，余议到彼凑足。岂（张）

[51]《折狱明珠》，卷4“债负类”，《告取财本》案。

[52]《折狱明珠》，卷4“商贾类”，《告船户》案。

风半途窃货魃卖。李雪幸觉，此天道之所不容者也。及研审，反以船价不偿，诳付其咎。深为可恨。合以：盗卖他人物业者，计赃拟徒。其货物，理合追还。”[53]看来，张风《诉词》所用“截语”虽然言词不凡：“货有税单可查，指盗何可据”，但承审刘知县仍是对他引法判刑。

上述客商告船户的案件，可以实际看到当时法律对民间商业运输契约的保障，以及船业牙行在这类运输契约中的法律角色。[54]同时，承审官员也在《审语》中提及了“此天道之所不容者也”，似乎是将客商财货受到船户盗卖的财产损失，提升到某种具有“天道”价值的层次。然而，什么是“天道”？也许仍是包含刘知县、《折狱明珠》编者等当时人只能意会而无法言传的道理，这些道理具体展现在这种客商告船户“经济事务”的司法个案中。另一件糖业商人控告牙行商人的案子，则更加突显了“经济事务”在司法案件中的地位。

该案中，糖商耿文“揭本买糖，往苏（州）贸易”，在苏州碰到牙人朱秀“口称高价，拦河饵接，嘱稍撑载货船弯至伊家发卖”，然而卖完糖斤，耿文却迟迟收不到货款：“议限十日账完，延今半载无取”，耿文在《告词》上写道：“孤客牢笼，号天追给。上告。”朱秀在《诉词》中辩称是中介费用起冲突而遭糖商诬告：“刁客耿某将糖投卖，现价交易，并无赊账。因取牙用余钱，算银八两。枭图白骗，黑心反诬。乞准明查，若系吞骗，罪甘斧劈。上诉。”叶姓知府查明案情后，宣判：“夫糖曰五十两，亦已多矣。

[53] 《折狱明珠》，卷4“商贾类”，《告船户》案。

[54] 明清船行牙人（时称“埠头”）在商业运输中的“写字”契约等法律规范，参见：Ts’ui-jung Liu（刘翠溶）, *Trade on the Han River and Its Impact on Economic Development, 1800—1911*, pp.28-32；邱澎生，《由市廛律例演变看明清政府对市场的法律规范》，页325-326。

价曰六十两，不为少矣。岂恶令无耻棍徒，一概鲸吞，而俾异乡孤客，累累然如丧家狗耶！理合追还，疏通客路。朱秀量问《不应》。"[55] 明清两代苏州是全国经济中心，该地客商与牙人间商业纠纷很多，也因此发生不少司法讼案。[56] 前案客商告船户，与本案客商告牙人，这两案都是当时"经济事务"进入司法审判的典型案件，前案与后案分别援引了不同法条断案:《盗卖他人物业》与《不应》，然而，除了法条之外，承审官员也都强调了某种似乎可作为法律"原则"的道理，一是"此天道之所不容者也"，一是"疏通客路"，相比之下，后者更加明确地点出承审官员进行"法律推理"时同时作用的论证理由。这些论语理由，不仅表现在当时官员的《审语》中，也透过《折狱明珠》这类讼师秘本而流传推广。

基本上，《折狱明珠》并不透过所收案例讨论特定法条是否更适用个案的法律文义解释问题，更不涉及如何填补"既有法条"与"个别刑案"间可能存在"法律漏洞"的问题；但是，在个别案例同时收录相关"告词、诉词、审语"文字的过程中，编者预先揣想着:何种法律条文最能配合案情？如何写成一份兼顾"事理、律意、文词"的讼状？这里面确实寓含对相关法律知识与法律条文的运用，这种运用法律条文的表现方式，或可称之为寓"律意"于"讼状"之中。但是，"律意"与司法个案间的关系如何？《折狱明珠》只是要读者在文字中自行体会与揣想，如何胜诉才是关键目标，至于政府现行法条究该如何统一解释？如何修补法典中现存的法律漏洞？都不是《折狱明珠》编者期待提供读者的"法律推理"内容。

---

[55] 《折狱明珠》，卷 4 "商贾类"，《告经纪》案。

[56] 拙文对此有些介绍，参见：邱澎生，《由苏州经商冲突事件看清代前期的官商关系》，见《文史哲学报》，43（1995）：页 37-92，特别见页 66-72。

二、《刑案汇览》标举的“法理、法意”均衡

《刑案汇览》则明显地运用与讨论各种法律条文，无论是在解释既有法条的文字定义与适用范围，或是在发现与修补既有法律漏洞以期创修法条等方面，都表现出更明显的“就案论法、就法论案”作风。基本上，《刑案汇览》就是要透过处理“例无专条”的疑难刑案，来寻求“法条文字”与“刑案事实”间的一致性与通贯性，那是《刑案汇览》设定的理想目标，要提供全国任职政府部门法律专家检索与参考的法律知识。

鲍书芸强调《刑案汇览》的特色是：“于广搜博采之中，寓共贯同条之义。”[57] 由《刑案汇览》收录五千六百余件案例的庞大数量，以及《刑案汇览》《凡例》征采删录各类众多刑案来源看，“广搜博采”应是毋庸置疑；问题在于如何在这么多案例中做到“寓共贯同条之义”？“参定”此书编辑工作的鲍书芸对此有所描写：

> 《易》曰：“君子以明慎用刑，而不留狱”。[58] 至哉言！不穷其理于律例之中，未足为明慎也；不通其意于律例之外，亦未足为明慎也。天下刑名汇于刑部，凡直省题达各案，刑部详加核议，苟有可疑，必援彼证此、称物而模拟之，剖析毫厘。律、例之用，于是乎尽；情与法，皆两得矣。[59]

这段话可谓是鲍氏心目中理想的“法律推理”，这有两个标准，一是要能“穷其理于律例之中”，一是要能“通其意于律例之外”。如何能在全国司法案件中同时发现法律体系中的“法

[57] （清）鲍书芸，《序》，见《刑案汇览》，页3。

[58] 语出《易经》《旅》卦象辞：“象曰：山上有火，旅。君子以明慎用刑，而不留狱。”

[59] （清）鲍书芸，《序》，见《刑案汇览》，页3。

理”与“法意”？鲍氏称许的实际作法即是:“苟有可疑，必援彼证此、称物而模拟之，剖析毫厘”，这种实际作法的最高目标就是要使“律、例之用，于是乎尽；情与法，皆两得矣”。若是做个大略比较，“援彼证此”可能接近对法律适用问题进行合宜的“法律文义解释”，而“称物而模拟”则接近于在缺乏适当法律条文可用时所进行的“类推适用”。[60]以下，我将依“法律文义解释”与“类推适用”两类法律推理，讨论《刑案汇览》收录的几则案例。

我在这里所指的“法律文义解释”，主要是指进行审判时对于特定个案究竟应该如何适用法律条文的讨论，但这里面至少又包括两个不同层次：一是厘清案情“真相”，二是确定援引法条的文义界定范围。这两个层次有很密切的关系，特别是《刑案汇览》的特殊性质。《刑案汇览》并非专门解释法条文义的律例注译书籍，撰写“部驳、说帖”等刑部官员一般也不真正“开堂”审理案情，而是透过审转制度下的“文书作业”形式，针对各地审转上呈的审判纪录或是地方督抚咨请解释的案件，对“案情”与“法条”间关系做成说明。因此，虽然“法律文义解释”至少可以区分成两个不同层次：厘清案情“真相”，以及确定援引法条文义范围，但两者在实际案例的讨论中，也经常关联在一起。

如清嘉庆十年（1805）贵州巡抚审转题送“陈因抢夺傅朝贵等行李、复将其妻刘氏等抢回奸污”一案，贵州巡抚认为陈恩等

---

[60] 这里面固然带有现代法律体系下的法律推理分类概念，但我认为，这样的分类其实仍对本章下面讨论《刑案汇览》若干案例有所帮助。现代法律体系如何区分与讨论“法律文义解释”与“类推适用”，参见：王泽鉴，《举重明轻、衡平原则与类推适用》，见氏著《民法学说与判例研究》第八册，台北：自印本，1996，页 1–98；王文宇，《论类推适用与法律解释》，见氏著《民商法理论与经济分析》，台北：元照出版公司，2000，页 279–300。

人所犯抢夺罪行，因为犯罪人“仅止二人”，在犯罪人数的界定上，“固与聚众伙谋抢夺路行妇女”律例有别，因此，贵州官员判决陈恩“绞监候”。上呈刑部，主审官员则认为：有关“聚众伙谋抢夺路行妇女”律例的规范重点，在于“因抢夺财物，而将人妇女抢回奸污”，并不在于是否符合“聚众”的人数条件。因此，刑部官员认为此案判刑“尚觉情浮于法”，要求贵州巡抚重新按例拟罪后再题交刑部复审。[61]本案中，刑部“部驳”贵州承审官员的法律推理方式，表面上用的是“情浮于法”的理由，但实际上，则是刑部官员通过“法律文义解释”方式，对本案所用法律条文的适用范围做成不同于贵州承审官员的解释。更值得注意的是：本案中，贵州官员强调案情的“真相”是犯罪人与法律规定“聚众”定义不合，而刑部官员则强调案情“真相”中的确有“因抢夺财物，而将人妇女抢回奸污”。

刑部对本案所做的“部驳”，究竟是否符合法条文字的明确定义？这可能要回到当时法律体系是否真对“聚众”有一个严格的定义。严格来看，刑部对本案所做的部驳判决，其实已超过相对单纯的解释法条文字（文理解释），其诉诸的理由是“立法原意”而非“聚众”人数的限定，因而，这已相当于是既有法律文字中的“法律漏洞”所做的修补。而无论是解释法条文字或是填补法律漏洞，这都是因为特殊案例而对既有法条所做的法律推理。

《刑案汇览》也收录一些特别着墨如何探讨案情“真相”的案例。清道光五年（1825），刑部直隶司针对一件据信是奸夫“调奸”不成而杀死“奸妇”的审转案件，提出了和承审直隶官员大

[61] 《刑案汇览》，卷15，页1106。

不相同的案情“真相”。刑部对本案提出的不同见解，并不直接表现在地方官所引用的《斗杀》法条是否错误，而是刑部官员依审判纪录，推断该名被杀身亡妇人王何氏，其实应非“奸妇”，而反而是被凶手强奸不成而惨遭杀害的受害人。刑部官员从两点推论案情的“真相”：第一，凶手王随罄辩称，他原是和王何氏约定到王何氏夫家通奸，但突然被王何氏小叔王四书撞见，因而心慌逃走，忙乱中拿出随身小刀扎伤王四书，同时，更错手杀死王何氏。但是，刑部官员认为，妇人尸体不仅“迭扎多伤”，依凶手初次口供，“该犯目击王何氏气绝，始行走避”，刑部官员以此推定：凶手不是错手杀死王何氏，而其实是“显有不死不休之势，谓非有心欲杀，殊难凭信”。若真约会通奸，是否会如此狠心下手杀人？此可疑者一。第二，在王何氏公公王同芳的口供中，提及他是约略同时听到小儿子王四书和王何氏大声呼叫，才由睡梦中起身察看，当他到达隔壁房间现场时，已看到小儿子受伤倒地而媳妇王何氏则已受伤身死。然而，刑部官员同时在直隶官员问案“看语”内读到：“王四书喊嚷，在堵门捕捉之时；王何氏声喊，在王四书受伤之后。且该氏被扎多伤，时非顷刻，何以王同芳闻喊往视，该氏业经气绝？”刑部官员认为证人供词与官员审问之间明显矛盾（“供、看尤属支离”）。

由地方官的审判纪录中，刑部官员推论了一个新的案情“真相”，并对地方承审官员做成部驳：“案关奸匪逞凶，一死一伤。孰先孰后，最为紧要关键。承审各官并不详悉根究，仅将王随罄照《斗杀》律问拟缳首，殊未平允”。在刑部官员仔细推敲审判纪录文字后，事关“奸匪”而非“奸妇”，也算是要还王何氏一个死后清白。然而，“真相”似乎仍然无法澄清，因为直隶官员接到部驳重审再行题覆后，仍然强调：“遵驳复审，并无别故，仍照原拟题结。"[62] 王何氏是否"清白"？看来若是夫家不再持续上告，大概也很难被"平反"吧？也许，刑部官员以纯粹案情"真相"进行部驳时，地方官"文过饰非"的可能性应是较高的。这也许是《刑案汇览》收录部驳案件多属法条释义结合实际案情的重要原因。然而，这份道光五年刑部直隶司官员所做的案情"真相"推论，仍令后世读者印象深刻。

再举一份清乾隆五十六年（1791）说帖为例。江苏巡抚主动咨请刑部说明"祁二等拐带王朝银两潜逃拟流一案"的法条适用问题，刑部官员分析案情与法条后，撰成"说帖"如下："查，祁二贩卖粮食为生，与王朝素识交好，时为王朝寄带银信、件物，从无错误。王朝复将揽带银信一千五百余两，托伊转寄。该犯因见银多，起意逃匿。是祁二代人寄送银信、中途拐逃、赃至一千余两，固不便仅以《费用受寄财物》律科断，但究由王朝所托非人致，较之店家、船户为商民倚靠、乘间伺窃、为害商旅者，情罪为轻，似应照覆。"[63] 这份说帖同意江苏巡抚的审转见判决，但刑部官员在撰作说帖时，也论证了本案疑似涉及三条不同法条的法律罪刑及其间的区别标准：

> 查律载，"费用受寄他人财物"者，坐赃论，减一等，罪止杖九十、徒二年半。"诓骗拐带人财物"者，计赃，准窃盗论，罪止杖一百、流三千里。至实犯《窃盗》，赃至一百二十两以上，罪即应拟绞候。推原律意，盖以"窃盗"乘间胠箧、为事主防范所不及，故赃数逾贯，即应缳首。至"费用受寄财

[62] 《刑案汇览》，册 8，卷 52，页 3279–3281。
[63] 《刑案汇览》，册 3，卷 19，页 1357。

物”及“拐带财物”，究由寄托者之昧于审择、信任非人，以致该犯得乘机所用，是以，不论赃数多寡，罪止徒、流，不与实犯《窃盗》一律问拟也。[64]

这里涉及清律《费用受寄财产》本律[65]、《诈欺官私取财》律文第三款《冒认及诓赚局骗拐带人财物》[66]、《窃盗》本律（或《窃盗》律附例“店家、船户、脚夫、车夫有行窃商民及纠合匪类窃赃朋分者”）[67]等三条法律的文义解释。这些法条处罚不同犯罪行为，并以“六赃”中不同的“罪行轻重、刑度高低”规定，[68]分别适用对于“费用受寄财产、冒认及诓赚局骗拐带人财物、窃盗”三种犯罪行为的处罚，第一种犯罪行为以“坐赃”论，第二种“计赃，准窃盗（赃）”论，第三种“窃盗赃”；前二种“不论赃数多寡，罪止徒、流”，第三种刑度最严：“赃至一百二十两以

[64] 《刑案汇览》，册3，卷19，页1357。

[65] 《大清律例》“户律”编“钱债”章“费用受寄财产”条（薛允升，《读例存疑（重刊本）》，册3，页401）。

[66] 《大清律例》“刑律”编“贼盗”章“诈欺官私取财”条（薛允升，《读例存疑（重刊本）》，册4，页721）。本条律文的第三款，规定对“冒认及诓赚局骗拐带人财物”行为的处罚，许多清代法律书籍也将此款条文简称为“诓骗律”。

[67] 《大清律例》“刑律”编“贼盗”章“窃盗”条（薛允升，《读例存疑（重刊本）》，册3，页649–650）；同条附例“店家、船户、脚夫、车夫有行窃商民及纠合匪类窃赃朋分者”（乾隆二年［1737］例，嘉庆十三年［1808］改定。见：薛允升，《读例存疑（重刊本）》，册3，页663）。

[68] 明清“六赃”为监守盗赃、常人盗赃、枉法赃、窃盗赃、不枉法赃与坐赃，是对侵夺财物犯罪行为的六种“罪行轻重”与“刑度高低”标准，刑度分四级，各级刑度又以受“赃”金额多寡而再做细分。清代情形如下：“监守盗赃”最重，刑度可至斩刑；“常人盗赃”与“枉法赃”刑度大体同级，可至绞刑；“窃盗赃”与“不枉法赃”刑度同级，最重至流三千里、杖一百；“坐赃”最轻，刑度至于徒三年、杖一百。清代注律名家沈之奇对所谓的《六赃图》有仔细说明，见：沈之奇注，洪弘绪订，《大清律集解附例》，影印清乾隆朝刊本，页254–256。何以要区分不同标准的“赃”罪？有清代法学家提出理由：“所以明差等、便观览，兼以发人耻心之萌，而自动其羞恶之良也。”（王明德，《读律佩觿》，影印清康熙十五年［1676］王氏冷然阁重刻本，页569）

上，罪即应拟绞候”。本案讨论焦点，即在“祁二代人（王朝）寄送银信、中途拐逃、赃至一千余两”一案，究竟属于上开三种罪行的哪一种？江苏官员拟处“流”刑，显然是当作第二种（坐赃刑度最高至徒三年、杖一百，窃盗赃以本案一千余两计算则可至斩刑）。刑部官员在对法律文义加以解释后，同意江苏承审官员的原判。由本案运用法律文义解释的方式看来，刑部官员是以“为事主防范所不及”，作为界定“窃盗”犯行的关键判准；并以“究由寄托者之昧于审择、信任非人，以致该犯得乘机所用”，用来界定“费用受寄财物”或是“拐带财物”。这里面存在一种透过法律文义解释而重新确立犯罪行为界限的法律推理。

清道光元年（1821），江苏巡抚再以一件同类案件请求刑部解释，刑部官员撰写说帖，以类似理由“照覆”同意了将犯罪人“依拐带人财物律，计赃，拟流，免刺”的原判。这件案子大略是“杨撝吉与王冠群合雇船只”同行，王氏因上岸追讨欠债，托杨氏保管自己行李箱和开箱锁匙，杨氏乘机开箱将箱中部分白银掉包成价值较少的铜钱。事发若干日后，王氏追获并控告原已潜逃他地的杨氏。江苏地方官虽然是依《拐带人财物》律判处杨氏流刑，但可能还是觉得无法确定“拐带”与“盗窃”的界限，所以仍请刑部解释。刑部官员所撰说帖，以两个理由支持原判，两个理由分别是：

> 《集解》云：携带人财物、乘便取去，曰拐带，等语。是拐带与窃盗，迹相类而实不同，罪名亦有生死之别。诚以拐带财物虽亦系取非其有，惟究由事主所托，非人所致，不得与实犯窃盗同科，故赃数逾贯，拟罪止于满流。[69]

---

[69] 《刑案汇览》，册 3，卷 19，页 1356。

> 该犯本系商贩生理，并非积惯掉匪，且与王冠群素识相好，其乘便窃取王冠群箱贮银两，究由王冠群信任不当、妄托照管、并将锁匙交付收执所致，与实犯偷窃者有间。[70]

这和前引清乾隆五十六年说帖的意见基本一致，都强调区分“事主防范所不及”和“事主信任不当”是判断“窃盗”犯罪行为的重要标准。不过，这份说帖直接征引了书市贩卖流传的《大清律集解》，引用该书对“拐带”法律名词的定义，可以看到民间法律注释书籍对政府实际审案的影响。[71]这都反映《刑案汇览》透过法律文义解释所进行的法律推理。

综合上引两份说帖，可看到《刑案汇览》中的刑部官员，在解释“窃盗”行为成立与否时，不仅考虑犯罪人的身份职业（“系商贩生理，并非积惯掉匪”），也考虑被害人是否也该负起一定“责任”（“究由寄托者之昧于审择、信任非人；信任不当、妄托照管、并将锁匙交付收执”）。被害人当然不可能因为这种类似“道义责任”的“责任”而受罚，但是，加害人却可能因为这种“道义责任”有无而直接面临或生或死的刑度（所谓“拐带与窃盗，迹相类而实不同，罪名亦有生死之别”）。[72]表面上看，因为清律对“窃盗”罪行的处罚刑度上限太重，一般偷窃得财等罪，只要满一百二十两，即处以“绞监候”死刑。这么重的刑度，可能会使

---

[70] 《刑案汇览》，册 3，卷 19，页 1357。

[71] 讨论法律注释书籍对《刑案汇览》法律解释的影响，参见：何敏，《从清代私家注律看传统注释律学的实用价值》，页 345-350。

[72] 即使现今刑法规定法官可将“犯人与被害人平日之关系”列为酌科加减刑度的“情状”（可见台湾“刑事条例”第 57 条的规定：“科刑时，应审酌一切情状，尤应注意左例事项，为科刑轻重之标准”，所列十件事项第八项即为“犯人与被害人平日之关系”），但两者仍有很大不同。

承审官员用来定罪量刑时较易心生犹豫，不愿轻易使用，只好透过法律“文义解释”来重新界定“窃盗”的构成要件。但深一层看，其实这未尝不是反映既有《窃盗》法律条文，已无法使审案官员“心安理得”地运用在许多“形似而实不同”的罪行上。因此，官员在审案过程中，严格限制“窃盗”罪的适用范围，甚至一并考虑财物受侵害人的“道义责任”，这可能也是官员有意限制《窃盗》重刑法律条文适用范围的结果。

以上都是刑部官员试图缩减“窃盗”罪适用范围所做的法律文义解释，从中可以看出各级承审法官希望减轻一般人侵犯财物罪刑时的基本态度。但在某些侵犯财物罪的案例中，刑部官员则以这种法律推理加重对侵犯商人财物的定罪与量刑。清乾隆五十六年（1791）的另一份说帖，刑部官员除重申“窃盗、诓骗、拐带、费用受寄财物”四种犯罪行为的文义区别外，更针对商人财物受到运输与旅店业者的不法侵害，做成比一般民众财物受侵犯更严厉的判决，并建议根据本案判决结果修改原有的法律条文：

> 客商投行雇夫，所有赀物，悉交运送，即与店家、船户为客途所依赖者，情事无异。一被拐挑，则血本罄尽，进退无门，其情节较之寻常鼠窃为可恶，是以各省有因为害商旅即照实犯《窃盗》律定拟者。通查汇核，详加参酌，似应以脚夫挑负运送客民行李财物中途潜逃、赃至逾贯、实系为害商旅者，俱照《窃盗》治罪。若非行路客商，止系托带银信、寄送货物、致被拐逃者，悉照《拐逃》律科断。谨具说帖，候示。[73]

这其实是以被害人职业是否属于为标准，区分出“窃盗”重

[73] 《刑案汇览》，册 3，卷 17，页 1213－1214。

罪或是“拐逃”等其他较轻罪行的法律适用范围，加强对于侵犯“行路客商”财物者的刑罚。这份说帖除了强调“为害商旅”其实是“情节较之寻常鼠窃为可恶”的罪行之外，更运用了一种“类推适用”的法律推理:“客商投行雇夫”所发生的商人财物损失严重程度，也可类推为“店家、船户为客途所依赖者”，两者“情事无异”，因此，都可依《窃盗》律例治罪。这可谓是一种“类推适用”的法律推理方式。[74]

由这份加强保护商人经商财物安全案例而撰写的说帖看来，很可以表现出明清中国商人经商与市场发展现象对既有法律体系的具体影响。一般研究中国法制史学者对明清中国的经济发展太过陌生，总轻率将明清中国归类为“农业社会”，从而理所当然地认定与商业发展有关的法律一直没有变化；[75] 然而，这种刻板印象

[74] 类推适用作为法律推理，其特色在于“相类似者，应为相同之处理”（王泽鉴，《举重明轻、衡平原则与类推适用》，页 68），它是以“类似性”（likeness）作为法律推理时藉以比附援引的基础，是一种“由特殊到特殊、由个别到个别”的推理方式，既非“由一般到特殊”的演绎推理，也非“由特殊到一般”的归纳推理（参见：王文宇，《论类推适用与法律解释》，页 280-281；吴家麟，《法律逻辑学》，台北：五南图书出版公司，1993，页 263-265）。

[75] 早在晚清，强调中国为“农业社会”而不能发展欧美“工商之国”法律体系的论述即已渐露端倪。清宣统二年（1900），劳乃宣（1844—1927）即谓:“法律何自生乎？生于政体。政体何自生乎？生于礼教。礼教何自生乎？生于风俗。风俗何自生乎？生于生计。宇内人民生计，其大类有三：曰农桑，曰猎牧，曰工商。”劳氏认为中国属于“农桑之国”，故“其礼教、政体，皆自家法而生”而“一切法律皆以维持家法为重”；至于欧美则由于经济上属于“工商之国”，故“其礼教、政体，皆自商法而生”而“一切法律皆以商法相表里”（劳乃宣，《序》，《新刑律修正案汇录》，见氏著《桐乡劳先生遗稿》，影印 1927 年桐乡卢氏校刊本，台北：艺文印书馆，1964，页 1-2）。劳氏立论固然有清末修订《大清新刑律》前夕的“礼、法争议”背景（该争议的精要介绍，参见：黄源盛，《大清新刑律的礼法争议》，见氏著《中国传统法制与思想》，台北：自印本，1998，页 335-367），故而，劳氏这段言论具有为“礼教派”寻求理论基础的浓厚意含。然而，生计或农或商竟然足以决定法律与政体，则劳氏在法律变迁问题上可谓是某种典型的“经济决定论”。很吊诡地，沈家本于近代中国法律改革过程中常被学者称扬是“变法派”的代表人物，但在如何理解法律变迁的基本认识框架上，却真可算是劳乃宣这类“经济决定论”的同道。只是，法律与经济之间的互动关系十分复杂，又岂是“经济决定论”所能拍板定案。

其实严重阻碍对明清经济与法律领域间实际变化的深入理解。单由《刑案汇览》案例中的法律推理看来，至迟在十八世纪末，针对商人财物受损的“窃盗”罪，其实反而是被渐趋严格定罪的，这和明清商人在市场上活动日益频繁，[76]有着直接关系。

以“窃盗”罪刑引发的法条适用疑难案件为例，各级承审官员其实在临案审判时，都可能产生现行法典处罚规定过重或是过轻的法律认知或是情绪感受，《刑案汇览》面对此种情形一般会出现两种不同作法：一是在来不及建议修法的情形下，官员可能迂回地发展出某种诸如兼顾被害人“道义责任”的“法律文义解释”；一是透过类推适用，形成日后足以填补法律漏洞的修法建议，诸如增入因应商人经商财物受不法侵害的相关条例。

除此之外，刑部官员甚至可以直接透过案例，建议皇帝修法。[77]清道光十三年（1833），透过一件“房主人等失于查察”容留犯罪人私铸铅钱的案子，官员便直接提出修法建议。主张修法官员的意见如下：既有法律对私铸铜钱的处罚要比私铸铅钱为重，但是私铸铜钱未成之“房主人等”，却能援用“不知情者，不坐”规定而不受处罚，反倒是私铸铅钱未成的不知情房主人，竟得依法求刑“杖八十，递减科断”。官员从而认为：如此刑罚，则“较私铸铜钱之案，办理转重，不足以示持平，自应将例文酌加修改，

[76] 半世纪来的明清经济史研究已对当时商人贸易与市场经济扩张累积了极丰富成果，相关研究的精要入门，参见：张海鹏、张海瀛编，《中国十大商帮》，合肥：黄山书社，1993（该书收录多篇介绍明清山西、陕西、宁波、山东、广东、福建、洞庭、江右、龙游、徽州等地商人团体活动概况的论文）；吴承明，《中国资本主义与国内市场》，页217-246、247-265；李伯重，《中国全国市场的形成，1500—1840》。

[77] 清代将重要判决变为拘束全国司法官员法律条文的主要途径有三：由皇帝敕刑部通行；由刑部奏准通行；由刑部发给所属各司遵行（张伟仁，《研究计划概述》，见氏编《清代法制研究》第一辑第一册，页75，注11）。但是，增删《大清律例》现行条文的正式管道，则只有前两种。

应请于例内未成、为从及房主人等之下，添入知而不首四字；于递减科断之下，添入不知情者不坐六字，以便引用”。[78] 这里几乎没有法律文义释义的问题，就是单纯的修改法条藉以填补法律漏洞，这也是《刑案汇览》使用的法律推理。

三、《审看拟式》提供的援用法条模块

《审看拟式》一般不收录疑难案件，其目的是为地方州县官员提供上呈省级判决书的标准格式，这些标准格式可分三大类：州县自理刑案之一、州县自理刑案之二、命盗审转重案。第一类处理户婚田土案件中不涉及判罪拟刑结果者，其格式大略如下：“（某）府（某）县知县（某）审看得：（……包含‘人名、案由’……）一案。缘，（……包含呈词大略，以及简要案情……）。经卑职传集（……呈请相关人与证人姓名；简要证词；处理经过；官员断处结果与双方和息允状……）。所有审断缘由，理合详请宪台查核立案。”第二类处理户婚田土案件中涉及判罪拟刑结果者，其格式大略如下：“（某）府（某）县知县（某）审看得：（……包含‘人名、案由’……）一案。缘，（……包含控词大略，以及简要案情……）。经卑职传集研讯（……涉案人与证人姓名；简要供词与证词），殊属不合，自应按律问拟，（……判刑人姓名……）合依（……某条律例罪名，判处某种刑度……），拟（……笞、杖刑罚……），折责发落。（……相关人证……），讯非知情，应毋庸议（……若有赃物，则发还原主……）。除将人犯管押候示外，所有审拟缘由，是否允协，拟合详呈宪台查核示遵。”第三类命盗重案格式大略如下：“（某）府（某）县知县（某）审看得：（……包含

[78] 《刑案汇览》，册 7，卷 51，页 3217。

‘人名、案由’……）一案。缘，（……包含控词大略，以及简要案情……）。报经卑职诣验，（……验尸、验伤或检查失物结果；涉案人与证人姓名；简要供词与证词……）。案无遁饰，查律载:（……某条律例罪名，判处某种刑度……），此案（……符合该条律例罪名要点……），自应按律问拟（……判刑人姓名……）。（……相关人证……），讯非知情，应毋庸议，无干省释（……若有凶器或赃物，则发解存库或交还原主……）。是否允协，理合连犯解候宪台审转。”以《审看拟式》收录案例看，第一类格式数量最少，第三类最多。

这是一种非常标准的审案格式，虽然收录案例确属实际发生，但因为太过“规格化”，也许是刚毅等人在编辑《审看拟式》时即已通盘润修过原案文字。本书大部分案例，都极为注重对法律条文做“精确”的援引。如所收“刘玉挪用王安寄存银两”一案，在署名某知州所写的判决书文末，出现以下文字:“此案刘玉因置货无钱，辄将王安寄存银四十两挪移费用，日久不还，殊属不合，自应按律问拟：刘玉，合依‘受寄人财而辄费用，坐赃论，减一等’，应于坐赃四十两、杖六十律上，减一等，拟笞五十，折责发落。挪用银两，勒限追还给主。所有审拟原由，是否允协？伏候宪台查核。”[79]这种刑案判决书所表现的主要精神，正是对清代法律条文的“精确”援引。

然而，《审看拟式》对法律条文的“精确”援引，其实主要是表现在“形式”上而非“内容”上。在所录案件的判决书文字中，编者更加注重的，是在判决书的适当位置援引了适当法条原文的“论证形式”，而不是在精确剖析案情与法条间的可能矛盾究该如何克服的“论证内容”。为了追求“论证形式”的精确，即使发生

[79]《审看拟式》，卷1“户律”类，“费用受寄财产”，页14。

法条与案情间的矛盾，《审看拟式》也只是用两案并陈的方式来解决，书中“卖空买空”案类所收录的两起案例，最为典型。

两案同属商民在货币市场上进行“远期”交易，一案经过如下：钱铺商人赵甲“因逐日（银、钱）市价大有涨落，起意售卖空银，得利花用。即于是月某日在市上声言：按照时估，愿卖空银二千两。经某（钱铺）号钱乙如数承买，立时过账，约定十日为期，无论输赢，届时清结。至二十日，银价增长，计赵甲应赔钱一百二十千文，赵甲应无钱付给，央一月后再行归偿，钱乙应允，各先记账而散。即经卑职访闻，差拏一干人证，起获账簿到案”。另案经过如下：钱铺商人王长盛“探知各处现钱缺少，意料银价必落。起意售卖空银，得利花用。适李进财欲买空银，即于是月十五日，按照本日市价，王长盛空卖足银一万两，李进财全数承买，议定：对月毋论输赢，届时结算，遂各登账。至四月十五日，银价减落，王长盛与李进财算账，李进财应赔制钱一百六十千文，李进财无钱央缓，王长盛不允。正在争论间，适卑县巡役踵至，问明情由，拿获双方，并调起账簿，送案”。[80] 表面上看，这两案同样属于预先买卖白银（文中所谓的“空银”）的货币交易犯罪，最后援引法条也完全相同，但在认定与处理这笔“空银”交易“赃款”问题上则发生不小差异。

清朝政府希望维持铜钱和白银间的稳定比价，[81] 所以不容许不

[80] 《审看拟式》，卷 4“刑律”类，“卖空买空”，页 19－20。

[81] 清朝货币供给包含铜钱、白银与“私票”三大部门，铜钱由政府合法制钱与民间非法私铸构成，白银则由国内外生产银锭与晚清进口外国银币构成，私票则主要由钱庄与票号发行。钱铺主要职能在买进政府铸造制钱，以及提供民众铜钱以找换白银。白银、铜钱间的找换比价，经常发生市场波动。有关清代货币与信用供给的精要介绍与分析，可见：王业键，《中国近代货币与银行的演进（1644—1937）》，台北：台湾“中央研究院”经济研究所，1981，页 5－37。

当货币交易过度干扰银钱比价。咸丰七年（1857），在山西巡抚王庆云条奏并经刑部等官员讨论后，皇帝下令增添如下条例："奸民卖空买空、设局诱人、赌赛市价长落，其卖空者，照用计诈欺局骗人财物律，计赃，准窃盗论，罪止杖一百、流三千里;买空之犯，照为从律，减一等。"[82] 上述《审看拟式》收录两案全引此例文，但是，对于"空银"赃款的处理则不同：前案是"赵甲应赔钱文，系彼此俱罪之赃，照追，入官册报"，后案则是：

> 王长盛……卖空图利，计应得钱一百六十千文，应作银一百六十两，赃已逾贯，[83] 实属不法，惟赃未入手，系属虚赃，自应酌减问拟……李进财应赔钱文，既系虚赃，应免着追。[84]

前案赵甲与钱乙买卖"空银"虽也未"清结完账"，但审案官员则认定账目既已记载则这次货币交易行为即已全部完成，故而充分符合该条罪刑，"计赃，准窃盗论"当然要追缴公库。后案官员虽然也认为王长盛与李进财触犯该条法律，但既然只入账目而未真正交款，所以"赃未入手，系属虚赃，自应酌减问拟"。《审看拟式》编者并未讨论两案在解释法条与判别"俱罪之赃、虚赃"标准上的差异，只是罗列两案。相信编者应是发现两者的差异，只是并不尝试针对法律适用问题做解释，而只简单地罗列两案。

这是对两案内部用法差异"存而不论"的两案并陈方式，此外，《审看拟式》也记录案情稍有不同但却可以"类推"同等处理

---

[82] 《大清律例》"刑律"编"贼盗"章"诈欺官私取财"条附例，参见：薛允升，《读例存疑（重刊本）》，册 4，页 726。

[83] 按：指其数额已超过计算"窃盗赃"最高额度的白银一百二十两。

[84] 《审看拟式》，卷 4"刑律"类，"卖空买空"，页 20。

的案件，这即是所谓的“援引比附”案件。基本上，《审看拟式》编者应是将这些案件视为虽有法律适用困难但仍可为上级审转允许范围内大致解决的案件，并非是那些真正需要呈送刑部说明的疑难案件。《审看拟式》收录某知县对“强占良家妻女”一案的如下判决文字：“查，律载：豪势之人强夺良家妻女，奸占为妻妾者，绞监候。又，例载：强夺良家妻女，尚未奸污者，照已被奸占律，减一等定拟。又，律载，断罪无正条，援引他律，比附定拟。各等语。此案，张某因李某之妻何氏少艾，意图奸占为妾，向何氏调戏不从，起意强霸，勒逼李某写立约据、卖给为妾。殊属不法。查：该犯强占何氏为妾，并非强夺，亦无奸污情事。遍查律例，并无强占良家妇为妾、并未奸污、作何治罪专条。惟，强占与强夺，情事相同，自应比例问拟。张某应比依强夺良家妻女、尚未奸污者，照已被奸占、律减一等例，拟杖一百，流三千里，到配，折责安置。何氏讯无被污情事，仍交本夫领回完聚。无干省释。是否允协？拟合连犯解候宪台审转。”[85]对承审官员来说，这个案子所以“遍查律例”无法可引而需“比例问拟”的原因，在于出现在判决书前段的如下案情事实：加害人张某，与被害人李某之妻何氏，在日常生活上有着特别的关系：“某年月间，张某雇李某之妻何氏，作针凿，言明每月工钱一千文，平日尔我相称，并无主仆名分。[86]何氏向在张某家住宿。张某见何氏少艾，意图奸占为妾。”[87]因

[85] 《审看拟式》，卷1“户律”类，“强占良家妻女”，页10。

[86] 这段文字涉及明代万历年间以迄清代乾隆年间有关《雇工人》条例的长期法律修订过程，其间所发生的中央与地方官员种种法律论辩，相当精彩。这方面研究参见：经君健，《明清两代“雇工人”的法律地位问题》；经君健，《明清两代农业雇工法律上人身隶属关系的解放》，二文见李文治、魏金玉、经君健编，《明清时代的农业资本主义萌芽问题》，北京：中国社会科学出版社，1983，页243-260；261-317。

[87] 《审看拟式》，卷1“户律”类，“强占良家妻女”，页10。

为本来因职业关系而同居，所以，承审官员觉得此行为虽然确是“殊属不法”，但在法律文义解释上，则并不符合律例惩罚罪刑构成要件中的“强夺”意涵，最后乃依“强占与强夺，情事相同”的类推方式，将张某“比例问拟”。

无论是对两案内部差异的“存而不论”，或是径行“援引比附”,《审看拟式》编者所要提供的，是各类“平常案件”的标准判案格式。这当然是因为论证法律适用问题、发现并修补法律漏洞，并非《审看拟式》收录案件的编辑主旨，提供州县官员足以避免错误、分歧的标准判决书格式，以免连累省级官员遭到部驳，这才是《审看拟式》编者的直接关怀。因此,《审看拟式》的确在案例中极注重援引法条文字，但其真正重视的，毕竟仍是如何让法条文字出现在判决书适当位置的“论证形式”，而非如何发现法条与案情矛盾的“论证内容”。《审看拟式》运用法条，是要写成“形式完美”的审案记录，有别于《刑案汇览》惯用的法律推理。

小　结

综合《折狱明珠》、《刑案汇览》与《审看拟式》三书惯用的法律推理做比较，三书都试图在“案例”与“法条”间架构出某种关联性；同时，对于如何对待案情的“真相”，三书其实也各自带有不同的考虑。

《折狱明珠》编者寓“律意”于“讼状”之中，其所架构出来的“案例”与“法条”关系是：预先揣想何种法律条文最能配合案情，从而写成一份足以兼顾“事理、律意、文词”的讼状，进而说服承审官员打赢官司，可谓是“以案例为主，法条为客”。《刑案汇览》注重“案例”与“法条”间如何协调与贯通，既调整法条解释内容以使涉案当事人的刑责轻重合宜，甚至要主动发现法律漏洞、增修法律条文，可谓是“主、客互用”。《审看拟式》则强调如何将“法条”合宜地摆放在“案例”中，至于两者是否真在内容上通贯协调，便不是编者真正措意的重点，可谓是“以法条为主，案例为客”。这三种对“案例”与“法条”关系的不同定位，正是三书运用法律推理时的主要差异。

三书既对“案例”与“法条”关系有不同的定位方式，那么，这些刑案汇编书籍是否也展现出对待“法学知识”的特殊立场呢？大致说来，无论法律条文在法律推理中是“主”是“客”，《折狱明珠》和《审看拟式》二书在看待法学知识的基本态度上，其实是殊途同归：“法律”只是一种合用的工具，前者用法学知识来赢取胜诉，后者则用法学知识来避免部驳。然而，对《刑案汇览》编者而言，“法律知识”则是在“主、客互用”的法条与案例交互论证过程中，展现出某种追求“客观知识”的法学知识偏好。参与《刑案汇览》编辑工作的祝庆祺、鲍书芸等人，在他们所整理出来的部驳、说帖文字中，展现出许多清代中央司法官员追求“客观”法学知识的集体努力。虽然，这里所指的“客观”法学知识并非当时人习惯的用语，用他们自己的术语说，主要指的是：在司法个案与法律条文之间，追求“法理”与“法意”的均衡。

每件送上刑部审转复核或是撰写说帖答询的司法疑难案件，在《刑案汇览》中撰文的官员眼中，大都是需要仔细运用法律推理的知识挑战。追求“法理、法意”间的均衡，不仅需要进行法律文义解释或是类推适用等法律论证（legal argumentation）；同时，也经常需要在各省送上判决书的“供语、看语”文字，重建案情的“真相”。案情“真相”与法律“真义”一样，都没有简单的答案，而是需要仔细的推敲与耐心的梳通。透过努力建构案情“真相”以及论证法律“真义”，“法理”与“法意”间的均衡才能达成，客观的法学知识才能不断地累积与成长。至少，这应该是《刑案汇览》这类刑案汇编所展现的信念。[88]

至于《审看拟式》与《折狱明珠》，则主要只是工具性地看待法律条文，对这两类书籍的编者而言，法律条文的重要性不在于法律文义的“真义”究竟何在，而更是如何才能帮助当事人胜诉，或是下级承审官员的判决书如何才能通过审转复核。两种刑案汇编虽然也视实际需要而述说案情的“真相”，但是，《折狱明珠》反复练习着如何依原告、被告不同立场述说多种“真相”，《审看拟式》则教育官员写出那种上级长官无可怀疑的一种“真相”。

当然，追求“法理、法意”间的均衡，仍然只是《刑案汇览》编者宣称的理想，在《刑案汇览》收录的五千六百多件案例中，究竟能够实践到什么程度？以及其他多种多样的法律推理究竟如何运作？这些问题都需要做更全面而仔细的分析，这不是本章有限篇幅所能做到。然而，由本章分析案例来看，我认为，目前学界对传统中国法律推理的理解，不仅单薄，也太片面，几乎都只

[88] 杨鸿烈先生对清代学术有下面的观察：“数学与法学，可说是有清一代科学方法的总源头。清代最大多数的汉学家不是深懂得勾股开方，就是擅长刑律。数学之为科学方法，可毋庸多说；而法律的本身最是讲究条理的明晰，而在审判案件应用牠的时候，又最注重搜集及调查证据。”（杨鸿烈，《大思想家袁枚评传》，上海：商务印书馆，1927，页 168-169）固然可以深究杨氏所谓“科学方法”何指，然而，杨氏上述观察仍可提供检证清代法律推理与学科建构的线索。

集中在与近代欧洲“罪刑法定主义”异同问题的讨论。[89]

明清政府一方面明确规定判案必须“断罪引律令”，[90] 但另一方面也容许在“断罪无正条”时可以“援引他律比附，应加应减，定拟罪名，申该上司，议定奏闻”。[91] 这种“援引他律比附，应加应减，定拟罪名”的法律推理，即是学者通称的“援引比附”。有学者早已指出：除了针对谋反、谋叛等少数罪刑外，一般而言，清代法律体系中所运用的“援引比附”，大体表现出“一致性、规则性与公平性”。[92] 张伟仁先生也指出：清代司法审判中的“比附”，政府在法律规定上的限制极严，最后都要经过中央司法官司及皇帝的认可，“经过此种程序，便与立法无异。虽然所立的是溯及既往之法，有不教而诛之嫌（原注：西方法制中虽有所谓 nulla poena sine leges 的原则，但仍有很多 ex post facto 的法律），[93] 但不能算是司法权的泛滥”。[94] 由本章对《刑案汇览》案例的分析看来，“援引比附”不仅在具体案例中受到尚称严谨法律文义解释的制约；同时，无论是“部驳、说帖”中出现的对案情、法条关系的用心论辩，或是对案情“真相”所做的仔细推敲，这些丰富细致

[89] 针对传统中国法律有无“罪刑法定主义”的众多研究，黄源盛先生将其区分为四种见解：有此趋向，但不能认其确实存在；间接承认其存在；根本不存在；古代曾有类似思想存在，但自汉代“决事比”开始消失，以迄清朝皆无“罪刑法定主义”可言。参见：黄源盛，《传统中国“罪刑法定”的历史发展》，见氏著《中国传统法制与思想》，页 427。

[90] （清）薛允升，《读例存疑（重刊本）》，册 5，页 1276－1277。

[91] （清）薛允升，《读例存疑（重刊本）》，册 2，页 138。

[92] Fu-Mei Chang Chen（陈张富美），“On analogy in Ch' ing Law,” *Harvard Journal of Asian Studies* 30(1970): pp.223－224.

[93] nulla poena sine lege 与 ex post facto 两词，皆为拉丁文法学用语，前者意指“法无明文规定者不为罪”，后者意指“有追溯效力的”，参见：马汀（Elizabeth A. Martin）编，《牛津法律词典》，蒋一平、赵文伋译，余振龙审译，上海：上海翻译出版公司，1991，页 339、194。

[94] 张伟仁，《研究计划概述》，见氏编《清代法制研究》，第一辑第一册，页 75，注 10。

的法律推理，都不是简单一句“援引比附”所能概括。[95]

总有学者喜欢片面强调“援引比附”在传统中国法律推理中的重要性及负面性，并喜欢将传统中国法律推理视为是近代欧洲“罪刑法定主义”进步法学的对立面。这里面至少存在可能原因，一种是出于纯粹学术研究上的论断，一种则是出于现实政治评论的需要。“援引比附”与“罪刑法定主义”问题涉及学术讨论中的材料证据与是否充分以及推论是否有效等问题，这需要更多研究与论辩才能进一步解决。然而，基于某种关怀现实中国法治发展前景，带着某种“以古讽今”心态，也是其中的关键原因。突显“援引比附”结合“君主专制”的作用，这类学者藉此对人权保障问题提出严肃的批判，既针对传统中国，也针对清末民国以来君权、党权不受节制的恶劣国内政治局势。因为关心未来法治发展与人权保障的前途，这些学者恐怕已经混淆了“现实批判”与“史实讨论”之间不能不谨慎维持的分际。

然而，即使是为了提倡保障人权、批判专制政治，这种将“援引比附”与“罪刑法定主义”相互对立的预设，其实充满了对近代欧洲“罪刑法定主义”历史发展过程的片面简化与轻率美化。

影响十八世纪中期以后欧洲法典化运动甚巨的“古典自然法哲学”，其倡导者相信：“仅用理性的力量，人们能够发现一个理想的法律体系”，因此，这派学者与立法者都“力图系统地规划出各种各样的自然法规则与原则，并将他们全部纳入一部法典之中”，为当代法学家盛称的《普鲁士腓特烈大帝法典》（1794）、《拿破仑

[95] 如有学者根据清代“比照大逆律，凌迟处死”的部分案例，即结论道：“罪名也比附，刑罚也比附……罪、刑之判断，毫无标准，犯罪无定加上刑罚无定，雪上加霜，法之安定性与平等性彻底瓦解，法而无法，徒有法制，而无法治，乃为当时之最佳写照。”参见：郑逸哲，《沈家本之“罪刑法定主义”思想》，见《台湾大学法学论丛》，19，1（1989），页56。

法典》(1804)、《奥地利法典》(1811)、《德国民法典》(1896)、《瑞士民法典》(1907),都在“通过赋予其效力范围内所有人以一定的自由、平等和安全”,而实现了古典自然法学派所提出的理想法律的基本要求。[96]“罪刑法定主义”正是这波近代欧洲“理性”立法运动下的一项重要要求,“刑法上所谓的禁止类推”也于焉出现,刑法条文只能被适当的解释,但却不能“类推”。然而,在一位当代著名德国法哲学家看来,“只要查阅一下相关文献,对于可允许的解释与被禁止的类推”之间是否真能区别?不少法学家只能承认:“根本性质上,二者无从区分”。那种“无法律,无犯罪,无刑罚”的罪刑法定原则,其实是十八、十九世纪自然法哲学与实证法哲学在“理性主义哲学体系”下的共同汇合与展演。[97]而若变换一个角度观察近代欧洲“理性”影响下的“罪刑法定主义”与法典化运动,则在当时众多法学家与立法者笔下,无论是“制定法典、确定违法行为、确定刑罚尺度、制定程序规则,确定司法官的职能”,除了使用包含保障人权等“启蒙思想家已经建构的话语”之外,其实同时也是“一种关于精密、有效和经济的权力技术学”。这些十八、十九世纪的欧洲立法者与法学家们,透过精心设计出来的诸如“最少原则、充分想象原则、侧面效果原则、绝对确定原则、共同真理原则、详尽规定原则”,重新安排更有效的惩罚策略与技术,这也是当时欧洲“刑法改革”的重要根源之一。[98]

---

[96] 博登海默(Edgar Bodenheimer),《法理学:法哲学及其方法》,邓正来、姬敬武译,结构群审译,台北:结构群出版社,1990,页 81-82。

[97] 考夫曼(Arthur Kaufmann),《类推与“事物本质”——兼论类型理论》,吴从周译,颜厥安审校,台北:学林文化公司,1999,页 7-21、35。

[98] 福柯(Michel Foucault),《规训与惩罚:监狱的诞生》,刘北成、杨远婴译,北京:生活·读书·新知三联书店,1999,页 104-113、89-90。

当代学者在看待传统中国法律推理问题时，固然不少人也有批判现实专制政治的良善愿望，但可惜竟以两个不好结果为代价：一是因为过度强调“罪刑法定主义”的优越性，简化与美化了欧洲近代理性主义如何促使“法学昌明”的西方法制史；一则是过度突显与贬抑“援引比附”在明清司法审判中的作用，简化与丑化了传统中国的法律推理。

大力称扬近代欧洲法学长处的清末修法关键人物沈家本（1840—1913），因为希望在《大清新刑律》确立“罪刑法定”理想，而极力论证“援引比附”对传统中国司法审判公正性的严重危害。[99]然而，沈家本同时也是《刑案汇编三编》的编者，虽然该书最后因某些原因而迟至今日仍未出版，[100]但沈家本在为编完该书所撰写的序文中，一方面明言编辑此书是要继承祝庆祺、鲍书芸的《刑案汇览》传统，另一方面也回忆其三十年来与刑部同僚针对各类“难似难决之案”而长期“互相讲求，颇获切磋之益”的经过，但在盛赞《刑案汇览》具有“寻绎前人之成说，以为要归”、“参考旧日之案情，以为依据者”、“晰疑辨似，回惑祛，而游移定”、“故法家多取决焉”等种种优良法学传统的同时，沈氏却也自问自答了一个有趣的问题：

> 顾或者曰：今日法理之学，日有新发明，穷变通久，气运将至，此编虽详备，陈迹耳！故纸耳！余谓：理固有日新之机，然新理者，学士之论说也；若人之情伪，五洲攸殊，有非学士

[99] 沈氏对“援引比附”害处的广泛论证，及与清末官员间对此问题的辩论，参见：黄源盛，《传统中国“罪刑法定”的历史发展》，页 435-445。

[100] 该书编成于清光绪二十五年（1899），正文有一百二十四卷，后附中外交涉案件；后因八国联军侵华而使此书未能刊行，稿本现藏北京图书馆，刻正整理出版中。参见：李贵连编著，张国华审订，《沈家本年谱长编》，台北：成文出版公司，1992，页 79。

之所能尽发其覆者。故就前人之成说而推阐之，就旧日之案情而比附之，大可与新学说互相发明。[101]

这段文字主要是先自己问道《刑案汇览》的法学传统在面对西方“今日法理之学”的挑战时，是否仍有保存的价值？沈氏的答案是肯定的，因为他相信《刑案汇览》以来传统中国法学的“前人之成说”仍然可与西方移入的种种新学说“相互发明”。

写序这年，沈家本约是五十九岁，并且已由刑部官员外放地方官，任职于直隶保定府知府，[102] 此时的沈家本对于传统中国法典精义以及司法实务中援用的各种法律推理，相信已然甚为熟悉，而他在这部未出版的《刑案汇览三编》序文中，正面肯定了传统中国法学与西方法律“新学说”足以相互发明，这确实值得我们注意。虽然沈家本日后可能因为接触西方法学日深，以及亲自主持修订《大清新刑律》工作引来种种政策论辩、人事攻讦甚至是官场斗争，再加上后来国内外时局转变等等因素的作用，沈氏对传统中国法律的评价可能会出现某种程度的不安与游移。

然而，至少在编辑《刑案汇览三编》的当下，沈家本基于久任刑部审转工作的长期经验，使得沈氏在面对西方法学知识与背后知识权力的压力下，他依然深信：刑部长期累积“部驳、说帖”等这些“前人之成说、旧日之案情”，即使面对西方“日有新发明”的“法理之学、学士之论说”，也仍然保有“大可与新学说互相发明”的可能性。如果我们由制度变迁的角度来做观察，则沈

[101] 沈家本，《寄簃文存》，影印民国年间沈寄簃遗书刊本，台北：台湾“商务印书馆”，1976，下册，卷 6《刑案汇览三编序》，页 17-19。

[102] 李贵连编著，张国华审订，《沈家本年谱长编》，页 69。沈氏生平及其学术与事业的全面性介绍，参见:黄源盛，《晚清修律大臣沈家本》，见氏著《中国传统法制与思想》，页 307-334；李贵连，《沈家本传》，北京：法律出版社，2000。

家本盛赞的那些反映在“前人之成说、旧日之案情”中的种种能够“晰疑辨似”的法律推理，其实正是法学知识在明清两代日趋严密的审转制度下，由许多刑部官员与法学专家相继参与审判实务与彼此讨论辩难，而长期累积焠炼成就的集体智慧。

尽管《折狱明珠》与《审看拟式》对于案情“真相”的探究并不若《刑案汇览》的讲究与细致，三书惯用的法律推理确是有所差异。然而，从三书的编辑方式看，却又同样都是藉由编选法律案例以讨论“案情”与“法条”之间的适用关系，这又使三书彼此具有较大的共通性，从而都成为一种可以提升“案例”重要性的法学知识，同样系属十六至十九世纪之间传统中国新兴的法律文类。

另外值得注意的是：这些法律文类重视“案例”绝非是孤立现象。不仅法学领域存在这种重视“案例汇编”的风气，在当时中国医学以及其他领域的知识也有重视案例的潮流，而这些现象其实也可能相互影响。如十六世纪刑部官员王樵（1526—1590）在强调法律案例重要性时，即将法律家的“治狱”断案与医家的“按方”诊病合在一起打比方：“治狱之难，在得情。尝譬之医，治律如按方，鞫事如诊病。有人方书虽明，而不中病；如人明法，而不能得情。则所谓明，竟亦何用？”[103] 王樵清楚地是以医学与法学相互模拟。而到了王樵的儿子王肯堂（1549—1613），则更是一人同时兼擅律例注释与各科医学，著作等身，成为闻名明清两代的法学界与医学界重要人物。

再如清光绪十一年（1885），彭祖贤在警告官员不可单读法条而忽略“成案”时，也做了方向类似但内容更为具体的比方：“居

[103] （明）王樵《方麓集》，影印文渊阁四库全书本，卷 6《西曹记》，页 225。

官者，固无弗读律例矣，而历年成案，或不暇一览；此犹医家之仅熟《素问》、《灵枢》，兵家之仅熟《阴符》、《六韬》，当未知其果堪一试否也？”彭祖贤当时是为《刑案汇览续编》这部刑案汇编写序，为了劝勉官员熟读这套刑案汇编，他继续就法学与医学关系加以发挥：“有断狱之责者，既熟读律例后，更得是编览之；亦犹各家医案、历代兵事，后之人虽不必过泥其迹，而所以剖别是非、权衡轻重，大致固不越乎是矣！”[104]可见，无论是法学或医学，在这些传统中国的法学专家看来，研读“案例”都正是精通这两门学问的关键处。

总的来说，在这些刑案汇编的提倡者看来，法学领域确实必须要藉由搜罗与研读案例，才能更好地发现案情的“真相”。这种对案例重要性的认知，确实构成十六世纪以后传统中国法学知识建构的重要一环。

[104]（清）彭祖贤，《叙》，见吴潮、何锡俨汇纂，薛允升鉴定，《刑案汇览续编》，影印清光绪二十六年（1900）成都重刊本，台北：文海出版社，1970，册 1，页 17–18。

第五章　十七世纪的法律批判与法律推理

传统中国的工商业不发达，以及传统社会不重视法律知识，致使传统中国的商业法律很不发达，从而也不可能出现近代西方的“商法”，这是颇为流行的看法，但并不真确。本章将透过十七世纪中国有关法律批判与法律推理的三类实例，检视上述一般人的刻板印象究竟有何问题，并进而改换一个不同角度重新考察传统中国的“商法”问题。

十六世纪至十九世纪前期之间的中国市场经济有显著成长，这已是近年来许多学者的共通看法。十六世纪以后中国国内长程贸易以及海外市场的扩展，促使明清中国市场经济有明显成长，特别是江南地区的商业与手工业发展，更为学界众多具体研究所证明。明清经济史大家吴承明先生曾将十六世纪以后中国市场经济的新发展，综括为以下六大分项：一、大商人资本的兴起；二、包括散工制（putting-out system）在内工场手工业的巨大发展；三、因一条鞭法普及，而更加确立的财政货币化发展；四、押租制与永佃制普及，导致经营权与土地所有权分离而形成的租佃制演变；五、由短工与长工在法律上人身自由的进一步解放，所带来的雇工制演变；六、民间海外贸易带来的大规模世界白银内流中国。[1]

吴承明先生特别指出：这六大分项内的变化基本上都“属于新的、不可逆的”经济变迁。然而，在指出十六到十九世纪前期中国这段“新的、不可逆的”经济变迁大趋势的同时，吴先生却也同时点出：因为未出现“保障私有产权和债权的商法”，以及满族人入主中国“加强专制主义统治”，[2] 从而致使传统中国无法在制度变迁上获得更显著的进展。

整体看来，吴承明先生对明清中国经济与法律关系的论断，似乎构成一种“双元格局”论述。十六世纪以后的中国，一方面在经济与社会关系上出现“新的、不可逆的”大趋势，但另一方面，这些新发展又受到“专制主义”以及没有“商法”等现实的政治法律条件所限制；简单地说，十六世纪以后的中国历史变迁，掉入一种似非而是的“双元格局”悖论：经济社会上确实发生种种有意义的变迁，但在政治法律上则没有有效支撑与继续发展的前景。

这种“双元格局”论述当然要比过去以为传统中国缺乏市场经济的看法来得真确，然而，笔者要继续追问的是：在政治、法律层面不出现立宪政体与“商法、民法”等体制变动的前提下，难道经济、社会层面的变化都不伴随任何有意义的政治、法律变动？本章将选取法律层面的个案来做微观式的考察。我选择十七世纪中国有关法律变化方面的三类个案做考察：一是1670年代王明德出版《读律佩觿》时，他如何建构一套“法天之学”的理论来批判当时司法审判的弊端，并进而为法律知识的重要性提出比

---

[1] 吴承明，《现代化与中国十六、十七世纪的现代化因素》，见《中国经济史研究》，4（1998）：页6–7。

[2] 吴承明，《现代化与中国十六、十七世纪的现代化因素》，页7。

较体系性的观点；二是十七世纪初年编成讼师秘本《折狱明珠》中的“商贾类”诉讼文书模板，我将分析当时讼师协助商人进行诉讼时如何揣摩法官判案所应用的法律修辞；三是针对十七世纪后半松江、苏州地区棉布商业纠纷所引发的几件司法讼案，我将分梳当时官员审断商业案件时所使用的法律推理。

综合这三类个案所呈现的法律批判与法律推理，我希望能对前述经济、社会有发展而政治、法律无突破的“双元格局”论述做些补充。本章分为三节，第一节讨论王明德《读律佩觿》提出的法律批判观点；第二节分析讼师秘本《折狱明珠》商业诉讼文书模板以及苏州、松江棉布业讼案中使用的法律推理；第三节则综论本章处理有关法律批判与法律推理的三类个案，并简单导入十八世纪英国“商法”发展的例子以资比较，既指出那些认为传统中国没有“商法”的历史认识过于简略，经常掉入一种不当的历史迷思；也希望能对考察当时中国“经济、社会”与“政治、法律”如何相互衔接的问题，提供一些有用的线索。

第一节 《读律佩觿》的“法天”之学

《读律佩觿》为十七世纪后半出版的一部法学专书，出版以来即深受清代法学家注意，[3] 并屡被翻印，有时在翻印时还在书前做

[3] 当代法制史家也很看重此书，如有学者即认为：清代诸多律学书籍中，王明德《读律佩觿》是承继明律注释学而又能“迈出创新步伐的代表作”（张晋藩，《清代律学及其转型》（上），见《中国法学》，3（1995）：页 86）；另有学者指出：《读律佩觿》是“明清律学著作中流传最广的一部，在大陆，各大图书馆几乎都有该书的藏本”，该书无论在结构与体系上，都“具有鲜明的创新特色”（何勤华，《中国法学史》，第二卷，页 236、281、297）。

了些增补，从而形成内容略有不同的版本。[4] 王明德在书前一篇题于清康熙十三年（1674）的《本序》上，详细地提出了他个人主张的一套法律实为“法天之学”的法律批判理论，充分反映了王明德对法律知识的看重。而由《读律佩觿》卷首刊列的三十八位“参订姓氏”看来，更可知道在王明德周围，还有一批共同爱好研读法律的同志，可知看重法律知识重要性的见解，并非只是他的个人看法，而王明德在《读律佩觿》中所欲表达的法律批判内容，也若干程度地反映当时一群中国法学家的法律价值观。

王明德，字亮士，[5] 江苏高邮人，于康熙年间曾任职刑部陕西司郎中。王明德为王永吉长子，而王永吉在当时也以娴熟法律与司法审判而知名，[6] 可知家学渊源或许也是形塑王明德法学素养的重要背景。而除了法律“家学”的陶冶外，《读律佩觿》的主要内容，则出诸王明德任职刑部期间与朋友们共同研读法律条文的读书笔记。[7] 任职北京刑部期间，王明德也在参与复核全国各地送呈刑部审转案件的过程中，增加了对如何援用法律判决司法案例的实务理解，他自己说及这段个人研读法律与参与判案的历程：

---

[4] 笔者基本采用清康熙十五年（1676）王氏冷然阁重刻本的《读律佩觿》（见《四库全书存目丛书》）。有学者已注意到此本与日本东京大学法学部图书室藏本的不同，指出前者漏掉了詹惟圣、王豫嘉、彭师度、严沆四篇序文（何勤华，《中国法学史》，第二卷，页281）。在新校本《读律佩觿》（北京：法律出版社，2001）中，已补入书前四篇序文。

[5] 清嘉庆年间增修的《高邮州志》收有王明德简传：“王明德，字亮士，少保永吉长子”（见《中国方志丛书》，台北：成文出版社，1970，页1313），但另有史料则称王明德“字金樵”（永瑢、纪昀等撰，《四库全书总目》，影印《文渊阁四库全书》本，台北：台湾“商务印书馆”，1983，册3，页187）。

[6]《读律佩觿》卷首《小序》有云：“先文通公，起家县令，历任李官，继领廷尉之职。凡所论断，一本律例为重轻，被者皆自讼为不冤。”“先文通公”即指当时已过世的王永吉。王永吉，字修之，明天启年间进士，官至蓟辽总督，清顺治二年（1645）改任清廷入主北京后的大理寺卿（《清史稿》，卷238，页9501）。

[7] 王明德自谓：“隶职西曹，历有年所。缅怀遗训，夙夕不遑。”（《读律佩觿》，页771）“西曹”即指刑部。

“数载勤劬，微通窥度。偶有疑见，反复推详。笔而志之，以俟就正”[8]，这也说明《读律佩觿》实为王明德长期接触法律条文与司法实务后的心得与见解。

《读律佩觿》虽是王明德“窥度”法条文义与“推详”案件法律适用疑义的笔记，但透过本书自序与书前收录“读律八法”等文字，王明德不仅强烈批评当时的司法运作，还进一步对法律知识的基本性质与历史演变过程提出一整套理论。

王明德将法律知识提升为一种“法天”之学，强调“法乃天下之公”，法律真义与司法个案既不容任何权势人物的偏袒与曲解，爱好与有志研读法律的人，也不该被人们再用所谓“萧、曹刀笔吏”、“所学非同儒术”等不当字眼所贬抑。不仅如此，王明德还以“法天之学”为标准，比较并批判中国历代法典的优劣得失。这些批评当时司法运作弊端并且提升法律知识重要性的言论，正是王明德建构这套“法律批判”理论的主要内容，以下我将分别做介绍。

一、判别法律中的“公”与“私”

先谈王明德对当时司法运作弊端的批评。王明德首先点名批判的司法弊端，即是当时不少官员在审判过程中强调的“仁慈”或“好生之德”等法律理念，他将这类司法流弊概括为法官的私心自用，在王明德看来，这些“不问理之是非，惟曰做好事”的法官，其实是受到佛教与“功过格”思想的不良影响：

> 迷惑于浮屠邪教，不问理之是非，惟曰做好事，活得一个

[8] 《读律佩觿》，页 771。

是一个，日为记功自负，意谓其后必昌者，是又我中寓我、贪鄙迷谬之流。其所谓功德，是乃孽德，非功德也。[9]

文中的“浮屠邪教”反映着王明德对当时佛教的敌视，而同被王明德批判的所谓法官“日为记功自负”现象，则主要指的是当时人称“当官功过格”或是“公门不费钱功德”的影响。[10]以“当官功过格”内容在司法审判领域实践“日为记功自负”的现象，是晚明以来日渐普及的“功过格”思潮中的一个支流。[11]王明德认为，当时不少官员因受佛教与功过格思想影响，而常做成偏袒甚或纵容犯罪者的判决结果，所谓“不问理之是非，惟曰做好事，活得一个是一个”，在王明德看来，这种假藉司法“做好事”的行径，根本是“我中寓我、贪鄙迷谬之流”，不仅不能有“功德”，反而是造“孽德”。

批评法官轻判人犯以追求“福报”的言论，已见于南宋的朱熹（1130—1200）。朱熹曾说：“今之法家，惑于罪福报应之说，多喜出人罪以求福报。夫使无罪者不得直，而有罪者得幸免，是乃所以为恶尔！何福报之有！”[12]这与王明德批判的“不问理之是非，

[9]《读律佩觿》，页536。

[10] 晚明以来“当官功过格、公门不费钱功德”的发展，以及功过格重要提倡者袁黄任官时讲究照顾监狱受刑人生活的分析，参见本书第二章第二节相关内容的分析。

[11] 明清“功过格”思潮对社会、经济、政治乃至文化思想等不同层面的影响，参见：酒井忠夫，《功过格の研究》，见氏著《中国善书の研究》，页356-403；包筠雅（Cynthia J. Brokaw），《功过格：明清社会的道德秩序》；游子安，《明末清初功过格的盛行及善书所反映的江南社会》，见《中国史研究》，4（1997）：页127-133。

[12]《朱子语类》（见《朱子全书》，上海：上海古籍出版社，2002），卷110，页3553。此处朱子所论“为恶”之“恶”，似乎只是泛论，并不涉及他对人们既属“性善”但却何以仍有“陷溺”等恶行的道德解释。朱子讨论人们何以行恶的道德论述，参见：傅武光《朱子对恶的来源的说明》，见氏著《中国思想史论集》，台北：文津出版社，1990，页155-195；另有学者由“自然之恶、道德之恶”的区分，论证朱子这方面论述实属“重智论的伦理学”（intellectualistic ethics），参见：李明辉，《朱子论恶之根源》，见钟彩钧主编，《国际朱子学会议论文集》，台北：台湾“中央研究院”文哲所，1993，页551-580。

惟曰做好事，活得一个是一个”，的确颇为类似。同时，朱熹与王明德也都站在受害人立场，向“惑于罪福报应”或是“日为记功自负”而轻判人犯的官员，提出抗议：“是乃所以为恶尔！”“彼被其害者将如之何！”但总的说来，王明德批评十七世纪法官藉轻判人犯而积累功德的现象，则反映晚明“功过格”思潮对司法领域的进一步影响，这种“日为记功自负”的“当官功过格”实践，仍和朱子观察的“出人罪以求福报”现象不同，王明德批判的已是演变为一种更加讲究“计量化”的特殊司法审判行径，[13]两者仍有差异。王明德强烈批评“日为记功自负”的司法官员：“慕慈仁之虚誉，骫不易之大公，生者幸矣，彼被其害者将如之何”！[14]“功德可自做乎？”，这是王明德对功过格思想提出的根本质疑。

王明德的批评其实有些偏颇，不能以“生者幸矣，彼被其害者将如之何”此种负面结果，来全盘概括当时“当官功过格”劝导官员重视审判工作的整体内容。[15]但值得注意的是，王明德的法律批判不仅停留在对“我中寓我、贪鄙迷谬之流”的负面批判，他进一步导出法之“私”与法之“公”的判准，试图建构一种理想的法律秩序：

---

[13] “当官功过格”反映官员以功过格实践于司法事务时，不仅有“功、过”区别的“质性”分类，更有以“一、二、十、百”等不同数字计算的“量性”区别，相关讨论参见本书第二章第二节相关内容的分析。

[14] 《读律佩觿》，页 536。

[15] 如以“当官功过格”内容看，这类文本并非只鼓励法官“轻判”人犯才能记“功”，正好相反，能为受害人伸冤，也被列入重要的“功”范畴：如所谓“凡听讼，能伸冤理枉，一事算一功”；而若让无辜民众受苦，则更会被列入“过”范畴：如“事不即决，淹禁停滞，使讼中生讼，破人身家，算十过；服毒、投水、悬梁，图赖人命，审无威逼，辄断葬埋，以长轻生之习，一人算十过；不禁溺女恶习，算百过”（颜茂猷编，《迪吉录》，页 496-499）。

法乃天下之公，即天子亦不容私所亲，夫贵为天子尚不敢私其法，况其下焉者乎！[16]

王明德宣称法律应为“天下之公”，强调面对法律运作及司法审判，即使贵为皇帝，都该“不容私所亲”，那么，其他大小官员又怎能为了“日为功自负、意谓其后必昌者”而轻纵人犯罪刑！用王明德的话说便是：任何官员都不该“私其法”！

“法乃天下之公”，是王明德强调的法学核心价值，而透过“公”与“私”这组二元对立观念的操作，他将“法乃天下之公”的价值观，延伸到阅读法律者所该具备的基本心态上，他称此种心态为“无我”。“无我”被列为《读律佩觿》书前揭橥“读律八法”中的一条，王明德劝人阅读法律时，应放弃“日为日功自负”的“私其法”心态，而要秉持“无我”的态度研读法律。何谓“无我”？王明德再由正、反两面向做了解释：

圣贤立教，惟有一中，中则洞洞空空、不偏不倚，何有于功德！倘意见微有执着，虽公亦私，难免乎有我矣。[17]

“中”是王明德诠释“法乃天下之公”的另一个字眼，其实际内容即是“洞洞空空、不偏不倚，何有于功德”。王明德以“有我”与“无我”相对举，前者是“私”，而后者是“公”，他再次使用“公·私”这组二元对立观念来建构其法律价值观。

研读法律若不能做到“无我”，则会产生哪些不良影响？王明

[16] 《读律佩觿》，页 536。
[17] 《读律佩觿》，页 536-537。

德说:“有我之念，横眩于胸，将未见刑书、即目为俗吏之学、残忍之习，未及展卷，先已枘凿其不相入。一旦身膺民寄、位列台辅，其何以定大狱而决大理、辅圣治而熙万姓哉！愚恐其寄权左右，授柄积胥，冤集祸丛，积久发暴，身且为累，况望后嗣其昌乎！”“有我、日为记功自负”的私心作祟，不只影响司法审判质量，还会形成一连串负面的连锁反应。这个连锁反应的前提假设是:若让“有我之念”起作用，则人们于研读法律之初，即可能在心中先将法律想象成只是处罚人、伤害人、杀人的“残忍之习”，或只是胥吏用来残害百姓的“俗吏之学”。而有了这些先入为主的想法，则法律知识的价值便会被贬抑，进而产生两层结果:一是沦为消极面的“授柄积胥，冤集祸丛”乃至“身且为累”；二是在积极面上不能以法律知识而获取高官，由于平日贬抑法律知识价值，则有朝一日皇帝命自己参与疑狱大案时，即不能大展长才，一旦“身膺民寄、位列台辅”，则将“何以定大狱而决大理、辅圣治而熙万姓哉！”。

“读律八法”列于《读律佩觿》卷首，是王明德用以劝导读者用心研读法律知识的一整组原理、原则，而“无我”在“读律八法”中则有其独特的重要性。所谓“读律八法”，共包括“扼要、提纲、寻源、互参、知别、衡心、集义、无我”等八个纲目，[18]“无我”相当于八法中的压轴。由“读律八法”各条纲目内容，不仅可看出王明德对法条解释方法学上的讲究，也反映一位十七世纪法学家如何以“无我”、“天下之公”等价值观念建构其法律批判的内容。

---

[18] 《读律佩觿》，页 531－537。

二、存于法律中的“自然”律则

除了“读律八法”外,《读律佩觿》的长篇《本序》更具体展现了王明德法律批判的精义。这篇自序长达“十七页”，算是罕见的法律专书序文。在《本序》里，王明德将法律知识的本质、起源与流变，界定为某种“法天之学”的存有、彰显与隐伏；同时，还将这种“法天之学”的存有、彰显与隐伏，配以“历史”做佐证，王明德用不少篇幅综述并评价了中国历代的法典特色与优劣。

《读律佩觿》《本序》写于康熙十三年（1674），在我看来，这篇序文基本上已是一篇由十七世纪中国法学家撰成的“中国法制史”。以“法天之学”为基轴，王明德历数了孔子作《春秋》、子产铸刑书、李悝作《法经》、商鞅订秦法，乃至汉律、曹魏律、六朝与隋唐律、宋律、金元律、明律以迄清律的流变与演进，从而论证了一套以历代法典演变为基础的“法律史观”。

《读律佩觿》《本序》虽然也批评时人“掩目锢聪”的鄙视法学行径，[19]但更多篇幅仍在诠释中国历史上法律知识的本质、起源与流变。何为法律知识的本质？王明德认为这个问题最直截的答案，即是“法天之学”。但“法天之学”的实际内容为何？以历代政府法典名称中所惯用的“律”字做引申，王明德指出：在中国的学问体系中，只有刑、历、乐三者，才在名称上被人们赋予“律”的称谓，从而出现“刑律”、“历律”与“乐律”这三类独特的学问体系。王明德想论证的是：“律”字之所以不见于刑、历、乐三者之外的中国学问，并非是纯属巧合，而是有其内在的道理。“刑

[19] 王明德说：“孔子曰：听讼，吾犹人也，必也使无讼。郑侨铸刑书，孔子诵为惠人。岂无说欤！惜乎世也鄙之为刀笔之传，薄之为残忍之习，抑之为俗吏之司，泥之为拘牵之具，甚或身膺民牧、职隶司刑，终其职、终其身，终莫别其科条之为鱼鲁亥豕者，是岂学富五车、识攻金石、反目迷乎此而不悟！良由薄之、鄙之、群非而群厌之，坚中囿习，掩目锢聪。”（《读律佩觿》，页520）

律”、“历律”与“乐律”三类学问之所以能被长期赋以“律”的名称和地位，[20]不仅说明了这三种学问的地位与众不同，更反映这三种知识的本质：对“天、自然之气”的仿效：

> 明刑必本乎律天，天听高而体圆，故郊见乎圜丘。圆数六，奠极于五，故气至六而极。律历之数六，律乐之数六，故律刑之数亦以六：六曹、六杀、六赃是也；证灾祥于五星，审治乎于五音，而祥五刑、明五听、简五辞、服五罚、正五过，何一非极于五而正其失哉。然而，岁有僭差，气有盈缩；节奏有登降，风雅有正变；世有兴替之递迁，道有污隆之异制，人有赋性刚柔强弱之不等，俗有淳固浮浇之不一，习有温良悍犷之异。齐，则不得不各致其闰，以恰合天自然之气。此刑所以一同夫历与乐，而功用固毫发其不爽者也。[21]

这段文字想证明“刑、历、乐”三种学问都具有同样本质，都是人们对“天”与“自然之气”的体会与模仿。王明德不断例举“五、六”等数字如何被同时运用在《尚书》、《礼记》等儒家经典，以及“刑律、历律、乐律”等各种专门术语中，藉此论证这正是“天”与“自然之气”盈缩消长于这些知识内容的体现。不只用“五、六”等数字论证“自然之气”的存在，王明德还进一步论及法律与所谓“自然之数”之间的密切关系：“深原夫刑之

---

[20] 由“律历、律乐、律法”三个传统习用字词为论据，强调以“律”为名只见于法律、音乐、天文三种学问中，似是清初一些学者的共同看法，徐旭龄于康熙二十年（1681）写《引用律例疏》中也说：“古者乐律曰律，法律亦曰律，其义一也。律差累黍，则声音即变，故立法者取之，言一定而不可移易也。”（见贺长龄编，《清朝经世文编》，卷91，《刑政》二，页4上）

[21] 《读律佩觿》，页518–519。

所自，寔本道德仁义以基生，初非全乎天地自然之气。虽然，谓非自然之数哉！”[22]单以法律一种知识而论，对“天、自然之气、自然之数”律则的仿效，不仅是这门知识的本质，也是中国法律之学的起源。

“自然之数”的提法，反映王明德对法律中的“数字”有相当程度的着迷，在《读律佩觿》本文中，作者在解释清代《官司出入人罪》律文时，即针对该条法律使用“原包杖、原包折杖”等术语，直接援用当时的数学方法做佐证：

> 增笞、杖，从徒，原包杖一百；增徒，从流，原包五徒折杖二百；及以徒从徒、以流从流，不必包杖数语。命义深微，似难通晓。因细为详推，乃知：原包杖、原包折杖二语，乃数学中还原之法，又即归除所谓遇一无除、作九一；而不必包折杖一语，即一归不须归之妙也。[23]

这本是一条用来处罚司法人员审判时援用法条不慎而造成当事人受刑过重或过轻的法条，但是，王明德竟然直接援用数学中“还原之法、归除”等术语，用以解释律文中的“原包杖、原包折杖”等字义。针对法律中的“数学”，王明德还做了如下按语：

> 此等算法，虽极显明，然不先明减杖、加徒之源，则不能分解此中折算精微之妙。[24]

[22] 《读律佩觿》，页 514。
[23] 《读律佩觿》，页 601。
[24] 《读律佩觿》，页 601。

在王明德看来，利用数学不仅可有效解释法律条文的“折算精微之妙”，甚至于可以证明“前人立法”之精密：“乃知前人立法，字字斟酌，字字周详，一字不容轻忽如此，不可不细为究心，以尽其妙耳。”[25]

三、法律的历史演化

法律条文呈现的有如数学般的“折算精微之妙”，以及“前人立法”的“字字斟酌，字字周详”，正是刑律与乐律、历律一样同属“法天之学”的体现。王明德更进一步将“前人立法”与“法天之学”间的密切关系，联系到孔子作《春秋》与子产铸刑书以来的一系列中国法律发展史上：

> 尝考往古，统乎“律”为用，惟历与乐，刑则未之前闻。三代而上，勿论已，自周室东迁，五侯迭霸，功利竞图，狡诈是崇，王纲纽解……督法任刑，痛酷惨烈，莫可抵极。孔子幸生三代之末，去古未远，然以世卿颛禄，崛起无资，弗获得位行其道，因作《春秋》，伸笔削以人心。子产虽贤而在位，复以郑风靡弱，局处一隅，终不得大行其志于天下，惧乎刑失而求诸野，爰铸刑书。[26]

王明德将体现“法天之学”的中国法律起源问题，联系到孔子作《春秋》与子产铸刑书的历史事件，在王明德的观念里，孔子与子产书写的法律之学，不仅是“法律之学”的体现，也是他

[25] 《读律佩觿》，页 603。
[26] 《读律佩觿》，页 514−515。

所上追“前人立法”的典型。虽然，王明德也承认:“刑之以律名，端自有汉始”，[27]但是，体现“自然之气、自然之数”的“前人立法”之心的法律之学，实则早见于孔子与子产。

自孔子与子产后，“法天之学”与“前人立法”的发展则有起有伏，既有彰明较著之时，也有隐晦不显之际。接着孔子与子产，王明德又历数了“简约、和易”的李悝《法经》、“约法恬民、务归简易”的汉代九章“律”、废除“两氏连坐法”的曹魏律乃至“变重为轻，削繁祛蠹”的唐代贞观“律令”、“因时参订、节然可观”的明律、“增损明律、归宗有汉”的清律，这一串法典制作的过程，在王明德看来，即是中国法律之学“发达”的历史。而与此相对照，无论是秦、晋、南北朝、隋、五代乃至宋代的法律之学，都因为种种不同原因而未能使“天地自然之气”较完备地表现在当时的法律上，这可谓是一串法律“不发达”的历史。

特别值得注意的是，在上述法律发达与不发达的历史叙事中，王明德论证了一种“隔代继承”的法律演化系谱，并提出一套与法律演化相关的解释框架。如在提及西汉九章“律”时，他写道:“本悝之《法经》，益以擅兴、厩、户三篇，并列为九，则刑之以律名，端自有汉始。”再如，简介唐代贞观“更定律令”历史时则说:“议定刑名二十等，减大辟九十二，省流入徒七十一，加居作以宽绞刑五十余，变重为轻，削烦祛，定枷、杻、钳、锁、笞、杖长短广狭之制，斯一代之律成。规其要，寔本汉始九章，为加详”；而写到明律则是:“本唐律，因时参订，后复世为修明，丝累条贯，节然可观”；最后，对清律的评论则是:“我清入定中原，

[27]《读律佩觿》，页515。

首申律令，一本明律，为增损。源而溯之，则寔归宗乎有汉”。[28]

质言之，王明德将清代法律视为由明律、唐律乃至汉律的“隔代继承”。而对这个“刑之以律名，端自有汉始”的法律传承过程，王明德做了总评：

> 孔子曰：“殷因于夏礼，所损益可知也，虽百世可知也”。礼、法殊分，寔相长而并峙，则律之为律，固百世不刊之典、古圣王不易之匭度也。……子思子曰：“仲尼祖述尧、舜，宪章文、武，上律天时”，则刑之以“律”著也，其殆有取乎法天之意云耶！[29]

对王明德而言，法律以“律”名虽始于汉代，但这一部由汉上追李悝、子产、孔子，并由汉律下启唐律、明律、清律的法律发达史，隔代相承，不仅印证着“律之为律，固百世不刊之典、古圣王不易之匭度”，更是孔子早已发现“上律天时”儒家学术精义的“法天之意”的体现。从此角度看，“礼、法殊分，寔相长而并峙”，法律之学与礼仪之学，根本相辅相成；礼、法虽殊途，但却同属“法天之意”，也都是“天地自然之气”的体现。[30]

---

[28] 《读律佩觿》，页 515、516、517。

[29] 《读律佩觿》，页 517－518。

[30] 汉、唐间的立法与司法政策主张中，即有言论反映“以自然为法、礼乐与政刑合一、顺天则时”等法律思想，从而构成传统中国法律思想中的“自然观”。参见：马小红，《礼与法：法的历史连接——构建与解析中国传统法》，北京：北京大学出版社，2004，页 288－293。至于先秦法律思想中，荀子与墨子也都“肯定实体法的制订与执行必须遵从一更高的原则”，从而“都具有自然法的法理理论”（参见：陈弱水，《立法之道：荀、墨、韩三家法律思想要论》，见刘岱总主编、黄俊杰分册主编，《中国文化新论：思想篇》二，台北：联经出版公司，1982，页 99）。笔者无意夸大王明德“法天之学、自然之气”法律思想的重要性，但至少以明清法律著作而论，王明德费心建构这套“法天之学”的法律批判理论则仍有其重要性，不宜略而不论。

王明德很看重“读法者”的重要性，因而面对“萧曹刀笔吏、所学非同儒术、可尽薄而莫可宗”的批评，[31]其实无需理会，因为，研读法律的人其实正是在学习承继一套和儒家经典有同等重要性的“法天之学”，“读法者”该努力的，是在研读法律过程中体会“前人立法”之精义：“读法者生乎千百世而下，仰读千百世以上之书，务当论其世、友其人，上下乎千百世之义，以想见乎千百世以上之心，而后可服乎千百世以下之人，而平其法。”[32]在王明德看来，只要细心体会表现在历史里隔代相承的法律之学，“读法者”完全可说是孔子之学与“天地自然之气”的继承者与阐扬者，“读法者”当然有很重要的贡献，法律知识的重要性也不言可喻。因而，王明德在《读律佩觿·凡例》中，便直截了当地宣称：“律例一书，乃治世体要，非据理空谈，古人谓之‘法经’。”[33]以“治世体要”形容“律例”重要性，并将法律知识的地位提升为“法经”的说辞，充分说明了王明德如何极力地强调法律知识的重要性。

总之，王明德建构的法律批判，不只是对“日为记功自负”当时司法运作弊端的攻击，也呈现于他有关法律实乃仿效“天地自然之气”的本质与起源式说明上。此外，他还将批判对象带到中国历代法典的演进上，一方面批评那些有违“天地自然之气”的各朝代法律弊端，并论证那些足以充分展现“天地自然之气”的历代法典究系如何“隔代继承”；另一方面则批判那些贬低“读法者”为“萧曹刀笔吏、所学非同儒术”的误解，并极力强调法律知识有如“法经”的重要地位。综观王明德的种种主张，其实

[31] 《读律佩觿》，页 517−518。
[32] 《读律佩觿》，页 517−518。
[33] 《读律佩觿》，页 530。

已是一套结合法律“本质、起源”与历史“演化”的法律批判理论。

第二节 讼师秘本与棉布讼案的法律推理

王明德在1670年代进行的法律批判，反映当时法学家对法律知识何以有重要意义的一种理论建构。但在法学家之外，包含商人在内的民众，又是如何看待法律知识并与当时司法实务做互动呢？这当然是庞杂的课题，需要更多实证研究做验证。本章只能挑选两类文本做讨论，一是十七世纪初年讼师秘本《折狱明珠》有关讼师协助商人诉讼的文书范本，二是十七世纪后半苏州、松江地区发生几件棉布业讼案所遗留下来的碑刻司法文书纪录。针对这两类文本，我将依序讨论讼师代理商人打官司时所运用的修辞策略，以及地方各级官员在棉布讼案中用以审理裁决的法律推理（legal reasoning）。[34]

一、十五、十六世纪的商人打官司

在讨论讼师秘本与商业讼案相关法律推理前，必须先对明清时代规范商人打官司的一些法条变动做些简介。早在十六世纪初修订完成的《弘治问刑条例》单刻本中，即曾以专门法条限制商人到京城打官司：“江西等处客人，在于各处买卖生理，若有负欠

[34] “法律推理”可有广、狭两层含义，广义指的是“法官在面对其所审理案件做成裁定之际，所经历的种种心理过程”，狭义则主要指“法官在提出其判决结果时（通常是书面判决），用以支持其判决的种种论证”（参见：Martin P. Golding, *Legal Reasoning*, Broadview Press, 2001, p.1）。由于历史材料的限制，分析法官判决心理过程层面的广义法律推理极为困难，本章所欲分梳的法律推理乃取其狭义者。

钱债等项事情，止许于所在官司陈告，提问发落。若有蓦越赴京奏告者，问罪递回。奏告情词，不问虚实，立案不行。”[35]这是明代正式公布施行全国的法律条文，而其规范的重点，即是当时一群“江西等处”商人，因为经常赴北京打官司，造成官员不胜其扰，中央政府认为商人此举有违当时禁止“越诉”的法律规定，因而特别制订这条例文，明文禁止包含江西商人在内的商人越过该管衙门到北京打官司。

在万历四十年（1612）出版的《律例笺释》中，王肯堂则考订上开例文原出于明英宗天顺年间（1457—1464）的“旧例之文”，同时，他还建议修改这条例文的文字以使规范内容更加精确：“贾客不止江西，江西亦非首省，似宜改此二字。”[36]虽然直至清雍正三年（1725），本条例文才由刑部律例馆奏准将“江西等处客人”改为“直省客商”，[37]但由王肯堂修订例文的建议看来，当时商人打官司现象仍然引起了法学家的注意。

法律条文所载江西商人经常到北京打官司的情形，也有其他史料可资佐证。十五世纪著名学者王士性（1436—1494），即曾记录了他当时游历所见徽州与江西等地商人集体打官司的普遍风气：“(休歙）商贾在外，遇乡里之讼，不啻身尝之，醵金出死力，则又以众帮众，无非亦为己身地也。近江右人出外，亦多效之。”[38]

---

[35]　黄彰健编，《明代律例汇编》，页855。

[36]　万历四十年出版了王樵、王肯堂合著的《律例笺释》，此书在清康熙三十年（1691）由顾鼎重编再版并改名《王仪部先生笺释》（影印清初重编刊本，见《四库未收书辑刊》第1辑第25册）；王肯堂对江西商人条例文的考订与批评，即可见于《王仪部先生笺释》，卷22“刑律：诉讼：越诉”条例文，页604。清代律学名家薛允升也转引王肯堂此条修订例文的意见（《读例存疑（重刊本）》，册4，页982）。

[37]　（清）吴坛，《大清律例通考校注》，页871。

[38]　（明）王士性，《广志绎》，见周振鹤编校，《王士性地理书三种》，新校本，上海：上海古籍出版社，1993，卷2，“两都”部，页276。

文中的“江右人”，指的即是江西商人。可见被中央政府法律明文禁止越诉打官司的江西商人，其实在好打官司方面，还是仿效当时徽州商人的“醵金出死力、以众帮众”打官司风气。十六世纪汪道昆（1525—1593）在为众多徽州商人作传时，也记录不少当时徽州商人外地经商涉及诉讼的情形，如写朱节（字介夫）这位经商杭州的休宁屯溪商人生平事迹时，汪道昆即写道：“诸贾人苦二大猾，数以告讦横索钱，对簿穷，则援（朱）介夫为信，介夫伉直自负，辄暴其罪状之。”[39] 这里记录的，正是一位勇于为同乡商人出头抵抗地方豪强勒索，而出席作证对簿公堂的徽州商人。[40] 证诸王士性所谓的“遇乡里之讼，不啻身尝之，醵金出死力”、“以众帮众”，朱节的行事，正与此两相呼应。

由十五到十六世纪，部分地域商人不怕或是习惯打官司的风气，已是时人亲眼见及的史实。同时，部分商人好打官司的风气，甚至还直接影响到现行法律，连中央政府都被迫制订专门法规限制商人越诉打官司。

那些“江西等处商人”劳师动众到北京打官司，究竟为了何种诉讼案件？尽管目前案件档案有阙，但由前述法条内容看，应是以债务纠纷为主要诉讼内容，该条法律开头即写道：“江西等处客人，在于各处买卖生理，若有负欠钱债等项事情，止许于所在官司陈告，提问发落”，这明显是规范商人债务关系的法律条文。尽管没有案例检证这条法律保证商人财产安全的实际效果，但以法律论述的大方向而论，政府立法之际，并不抹杀商人提出要求

[39] （明）汪道昆，《太函集》（据日本内阁文库藏明万历十九年（1591）序刊本影印，傅斯年图书馆影藏），卷 28，《朱介夫传》，页 15a-17b。

[40] 徽商不畏诉讼，甚至主动透过诉讼争取权益的习惯，由明至清依然，这方面情形，可见：卞利，《论明清徽商的法制观念》，见《安徽大学学报（哲学社会科学版）》，23，4（1999）：页 70-76。

保障债务安全，这则极为清楚明白。至于限制商人“越诉”，这也是当时适用全体民众的司法诉讼程序，并非单独贬抑商人的诉讼地位。[41]

民间债务纠纷也展现在明代法律的修订内容上。嘉靖七年（1528）九月，一条由刑部奏准通过的《费用受寄财产》新例，即针对一般民众的债务纠纷做了新规范：“今后有犯该《费用受寄财物》者，虽系亲属，与凡人一体坐论，减等科罪，追物还主，不须以服递减。”[42] 这条例文等于补强了该例所属《费用受寄财产》的律文内容，将所有民众不分有无亲属关系，一律置于《费用受寄财产》所保障受寄人财物的法律规范下。王肯堂不仅赞同此条例文，还对该例文的“立法主旨”做出解释：“寄托财畜，多系亲属，若以服制减罪，则负者众矣！故与凡人一体科之。”[43] 王肯堂赞成此例文的主要理据，其实内含着以下的因果推论：他认为，当时社会上欠钱或是欠牲口财物不还的现象，多半发生于亲属之间，这是其推论的前提；而在此前提下，王肯堂认为，如果法律还依亲属欠债不还仍可按“服制减罪”的话，则结果便会是：“负者众矣！”这是王肯堂支持这条嘉靖七年新例费用受寄财产“与凡人一体坐论”的主要论据，王肯堂的推论，其实已使用了某种类

---

[41] 明代法律中特别标举债务纠纷案件不得“越诉”的规定，仍有另外一条，规范对象即是包括商人在内的全有民众。这另外一条法律，是附属于《明律》“户律”编“钱债”门“违禁取利”律的新增例文，该例规定：“凡负欠私债，两京不赴法司，而赴别衙门；在外不赴军卫有司，而越赴巡抚、巡按、三司官处各告理，及辄具本状奏诉者，俱问罪，立案不行。若两京别衙门听从施行者，一体参究，私债不追。”（参见：姚思仁，《大明律附例注释》，卷 9，页 451）

[42] 黄彰健编，《明代律例汇编》，卷 9，页 575–576。明嘉靖四十二年（1563）重刊的雷梦麟《读律琐言》，所记此条例文文字则已稍有出入：“亲属费用受寄财物，并与凡人一体科罪，追物还主，不须论服制递减。”（卷 9，页 198）行文更为简洁通畅，确是经过润饰的例文，也可见到十六世纪间明代中央政府修订法律的轨迹。

[43]《王仪部先生笺释》，卷 9“户律：钱债：费用受寄财产”例文，页 604。

似于我们今日所称的“经济”理由，为了减少债务纠纷避免出现“负者众矣”的现象，所以他支持“亲属费用受寄财物，并与凡人一体科罪，追物还主，不须论服制递减”的新立法。

王肯堂以避免民间债务“负者众矣”现象为理据，对这条法律文字进行释义。在明清法学家中，像王肯堂这样使用担心“负者众矣”这类“经济”论证而考虑如何制订法条文字的法学家人数，到底主流或非主流？这仍要再做探究。然而，当徽州、江西等地商人“以众帮众”进行包含债务纠纷在内的种种诉讼活动时，法学家如何解释相关法律条文，相对而言，其实仍是比较间接的因素，[44] 真能立即而明显地帮忙商人打官司的，除了“以众帮众”的同乡或好友之外，仍是当时人们习称“讼师”的人物。

二、讼师秘本收录商业诉状中的法律修辞

晚明以降，江南即已是讼师最活跃与普遍存在的地区。[45] 十七世纪江南讼师介入地方司法程度颇深，不仅人数可观，且还出现外号“状元”与“大麦”等高级讼师。[46] 在明末以降的江南地区，讼师确已成为当地颇受注目的新职业。而随讼师人数增多，人们对其评价也愈趋两极化，正面评价讼师者，以“状元、会元”或“能品”等赞词称扬之；而负面评价讼师者，则常以“讼棍”贬抑

---

[44] 此处也可套用“长期、短期”的时间分析：从短期看，法学家诠释并支持有利商人诉讼请求的法条，基本上是远水难救近火；而从长期看，法学家影响修法而重塑当时影响商人诉讼的法律架构，则依然是很重要的因素。

[45] 明清讼师的活跃情形及时人对其社会地位的不同评价，参见：夫马进，《明清时代的讼师与诉讼制度》，页 389－430；Melissa Macauley, *Social Power and Legal Culture: Litigation Masters in Late Imperial China*, pp.100－145.

[46] （明）徐复祚，《花当阁丛谈》，卷三“朱应举”条，页 561。而人口有限的嘉定县外冈镇，在明末也出现人称“状元、会元”的大讼师，并还有被封为“能品”的许多知名讼师：“沈天池、杨玉川，有状元、会元之号。近金荆石、潘心逸、周道卿、陈心卿，较之沈、杨虽不逮，然自是能品。”（殷聘尹纂，《外冈志》，页 893）

之，某些方志编者甚至视其为一种地方祸源，如所谓："吴中有三大蠹，一为讼师，民间凡有狱讼，出为谋主。"[47] 姑且不论称扬或贬抑讼师的言论孰是孰非，至少对十七世纪江南有意打官司的商人而言，当地讼师的普遍存在，总是商人面临"买卖生理"过程中"负欠钱债等项事情"诉讼时，可用以维护自身权益的有用资源。

讼师如何帮商人打官司？除了各种合法、半合法或非法的手段之外，为商人代写状纸，是讼师所能提供的重要帮助。十六、十七世纪间，尽管因政府禁止涉讼当事人雇请"官代书"之外的代理人介入司法审判，讼师也在受禁止代理诉讼之列。这种禁令虽然无法防止讼师私下收费代打官司的趋势，但毕竟妨碍了民间传授诉讼技艺正式机构的建立与发展。不过，十六世纪以后广为流传的各种"讼师秘本"，[48] 却为传播讼师技艺提供了方便之门。由讼师秘本内容，可对讼师如何协助商人写状纸等问题做些论证。以《折狱明珠》为例，这部讼师秘本即编列"商贾类"这门用以协助商人书写诉状的模板。针对"告合伙追本、告经纪吞钱、告经纪吞货、告光棍假银坑骗、告船户盗货"等五种个案，"商贾类"内容分为原告呈词、被告诉词以及搜集或是揣摩得来的官员判词等三方面文字模板，为有志讼师职业的读者提供习作；此外，"商贾类"内容还为贩木商人提供要求官府尽速放行木材完税通过税关等两种陈情文书。[49]

---

[47] 乾隆《元和县志》，见《续修四库全书》，卷 10，页 107。列名所谓"吴中三大蠹"的苏州讼师活跃情形，参见：夫马进，《明清时代的讼师与诉讼制度》，页 406。

[48] 讼师秘本主要收录法条、案例、关键法律用语与各类案件诉讼文书范本，夫马进先生根据所收三十七种讼师秘本做过基本内容分析，参见：夫马进，《讼师秘本〈萧曹遗笔〉的出现》，页 460–490；夫马进，《讼师秘本の世界》，页 189–238。

[49] 《折狱明珠》，明万历三十年（1602）序刊本，卷 4，页 6–11。

《折狱明珠》除传授写作各类讼词范本外，也重视通论性状纸写作的原理原则，[50] 为了练成写作“百战百胜”状词的技艺，《十段锦》将状词标准结构区分为“朱语、缘由、期由、计由、成败、得失、证由、截语、结尾、事释”等十个段落，依序教导各段诀窍。在诸种诀窍中，也强调要准确地引用政府法律。[51] 同时，部分讼师秘本的编者还将书写状纸比喻为行军打仗：“得其法，则如良将用兵，百战百胜，无不快意。不得其法，则有司不准，终致反坐。”[52] 这是将诉讼视为“胜”与“败”的对决，而“百战百胜”则成为讼师的努力目标。[53] 而除了“百战百胜”之外，所谓“妙手”的“妙”字，也是讼师秘本作者教导写作状纸时颇为留意追求的一个境界。[54]

然而，理想与现实之间总难免落差。尽管讼师秘本编者将“百战百胜”与“始称妙手”列为努力目标，但真要博得当地人称“会元、状元”的讼师名声，恐怕也绝非单凭通读讼师秘本即能获致。以下以《折狱明珠》“商贾类”所收五桩商人讼案以及两件木商陈情文书为例证，分析《折狱明珠》收录商业讼案的司法文书范本究竟如何运用各种法律修辞。

---

[50] 《折狱明珠》分上、下两层排版，上层收《六律总括歌》与田土、奸情、婚姻、人命等案件可用的法律套语，下层内容包括两部分，一是摘述政府法律要义与书写讼状的原则；二是收录状词、判语与执照范本。对《折狱明珠》编排方式与部分案例的分析，可见：邱澎生，《真相大白？明清刑案中的法律推理》。

[51] “凡立此段，必要先将事情起止、前后精细，议论明白，按事而立。此朱语，或依律，或藉意，必要与第八段截语相应，始称妙。”(《折狱明珠》，卷 1《十段锦》)

[52] 《折狱明珠》，卷 1《十段锦》。

[53] 部分讼师秘本传递的这种“百战百胜”理念，也意图之外地因为明清审转制度的加严加密而得到更好的制度性支撑，此间关连性可参见本书第三章第三节的相关分析。

[54] 如《法家须知》以小说笔法描写明宣德年间讼师朱显的事迹时，即有如下形容：“家甚贫，乃博古通经之士也。无可度日，专代人作词状，但人之求者，无有不胜，中间曲折婉转，妙不可言。”((明)野叟，《法家须知》，《外附奇状六条：作状被访》)正是兼用“无有不胜”与“妙不可言”两词句形容本领高强的讼师。

《折狱明珠》“商贾类”五桩商人讼案，分别是贩鱼商人控告合伙同伴于贩鱼途中卷款潜逃、卖糖商人控告苏州牙行侵吞糖货、卖铁商人控告牙行盗卖货物、卖布小商贩控告顾客使用“银面包铜”的伪劣货弊、布商控告船户于委托运送途中盗布潜逃。至于两件陈情文书，则都是代替木商写呈，主要都是请求主管税关官员亲至现场核查以加速木料通关程序。

由《折狱明珠》“商贾类”所收两件陈情书看来，木商藉以要求的最关键文字，都与商人生计与政府税课有关，其主要文句分别是：“朝夕彷徨，□（按：原文缺一字）天矜恤，曲赐转移。俾得上完国课，下保残赀，上告”，以及“身家切系，国课攸关。是以望切云霓，伏乞俯舒引领，轸念下情，即赐亲丈”。[55] 商人保护自身财产的“身家切系”与“下保残赀”等要求，被直接联系到商人缴纳赋税对“国课”的贡献，这是讼师在两份商人陈情书中建构的一种相同论证方式。

而五桩商业讼案文书中所使用的关键文句，则因案件情形不同而有较多差异，难能一概而论，但由所录官员审判文字而论，仍有一些判决时常用的法律修辞：如第一桩贩鱼商人吴计控告合伙同伴陈清于贩鱼途中卷款潜逃案例，审案法官的判决文字有谓：“同行同命，（陈）清则先回，而（吴）计独留后，又未能释然于人心。合究前银，以正律法”；第二桩案件是卖糖商人耿文控告牙人朱秀；第三桩案件为卖铁商人邓凤控告牙人丁端，两案都是客商与牙行之间的债务讼案，前案是糖商告牙行卖糖不交货账：“议限十日账完，延今半载无取，孤客牢笼，号天追给，上告”，后案是铁商告牙行卖铁不交货款：“婉取则推张、推李，急取则加辱加刑，

[55] 《折狱明珠》，卷 4，页 10－11。

遭此冤坑，坐毙性命，情苦彷徨，乞天剪究，上告”。两案原告状纸不约而同都以“孤客牢笼，号天追给”、“情苦彷徨，乞天剪究”强调了客商的无助，以此哀求官员协助追回财货。而两案官员的判决文字，则分别是：“恶令无耻棍恶一概黥吞，而俾异乡孤客累累然如丧家狗耶！理合追还，疏通客路，朱秀量问《不应》”；“客人有货，主家须要担当；铺户无钱，经纪岂应出货！某等之脱骗客货，是丁端误之也。理合赔还，无得异说”。[56] 分析两案官员的法律推理，前案官员主要以“疏通客路”为论据，而后案官员则强调牙行作为中介商人，有义务要善尽第三人责任，若买卖对手“铺户无钱”，则经纪牙行“岂应出货！”大致界定牙行在客商与铺户交易过程中应负连带的保障交易安全责任。

第四案原告是一位乡民带着自家所织棉布进城做笔零星小买卖，在市场里碰到位使用假银两买东西的郑姓人士，在一时不察以棉布换回假银后，乡民“哀求更换”，但郑某“执布不还”，讼师代此乡民做状时宣称：“荒年遭骗，一家绝食，苦口含冤，上告。”被告郑某也有状纸，词称：“切思人非异面，市属通衢，法禁严明，谁敢行诈，乞剪刁风，不遭枉骗，上诉。”官员的判决包括如下推理：在调查到郑某素行不良乃“市中翼虎”后，官员指责郑某以前即有“假银买布，剥削害民”的恶行纪录，而此案发生地点虽然是如被告所言“市属通衢”的公开场所，众目睽睽，本应不易行诈，但是，“以市棍而遇乡民，或明欺故骗耳”，也就是说，官员推论乡民质朴因而不敌市棍的欺骗。[57]

---

[56] 《折狱明珠》，卷4，页7、7-8。《不应》为律条名称，指《明律》“刑律”编“杂犯”门“不应为”律，律文为：“凡不应得为而为之者，笞四十（原注：谓律令无条，理不可为者）；事理重者，杖八十。”（见：《大明律》，怀效锋点校，新校本，页205）

[57] 《折狱明珠》，卷4，页9。

第五案则是布商李雪控告船户张风于承载布匹途中“沿途盗卖”，李雪在船行间察觉而提质问，张风竟威胁李雪：“身在伊船，财命任由布置。”被告张风则以诉状反控李雪图赖行船运费：“刁客雇船载货，议至某处交卸，舡价十两，付三存七，余约抵岸，方行凑足。岂意刁商中途架身盗货。不思货有税单可查，指盗何赃可据。叩天算追舡价，电诬超贫，上告。”面对双方所指控的不同内容，官员在开庭“研审”相关证词后，认定张风反控李雪“船价不偿”为虚词，“殊为可恨”，最后判决结果为：张风“合以盗卖他人物业者，计赃拟徒。其货物，理合追还”。而值得注意的是，在官员写判决文字时，主动提及布商的处境：张风“半途货魆卖，李雪幸觉，此天道之所不容者也”。[58] 前及几案中的商人原告，常会在状纸中强调自己处境之可怜，但收于李雪告张风这桩讼案文书中的《刘公审语》，则主动运用“天道之所不容”的强烈语词，藉以形容商人经商过程所受到的不公平对待。

我们可以怀疑《折狱明珠》等明清讼师秘本中的原、被告状纸与官员判决等文字存在不少“虚构”的内含，[59]但是，除非讼师不想打赢官司，否则其收录文书范本中“虚构”的情节结构，便不能太有违于当时常见的商业习惯以及法官常用的法律推理。职此之故，讼师秘本出现的诉讼当事人与判案官员名字可能虚构，甚至文字描述也可能已与原始案件经纬有所差距，但是，其模板文字采用“天道之所不容”等强烈词句形容商人经商的辛酸委曲，

[58] 《折狱明珠》，卷 4，页 10。

[59] 夫马进先生即认为：晚明以来“讼师秘本”实以《萧曹遗笔》这部书为最早的原型，影响所及《折狱明珠》也是基本承继着《萧曹遗笔》的体例，书中收录“讼案”中出现的司法官员其实经常是虚构的人物，参见：夫马进，《讼师秘本〈萧曹遗笔〉的出现》，页 460-490。但笔者以为人名可虚构，而叙说讼案故事的情节结构，则仍常能反映当时实际。

则仍可能是当时常用的法律修辞，值得注意。

不仅如此，运用“天道之所不容”形容商人财货受到不法侵害的修辞，并非仅是在讼师秘本中出现的特例，明代万历年间（1573—1619），李乐在描述地邻苏州府的湖州府属乌镇、青镇客商与牙行纠纷时，即也使用类似语句形容客商所受牙行侵欺之可怜情境：牙行“主人私收用度，如囊中己物，致（客）商累月经年坐守”，“这商货中间，又有藉本置来者，举家悬望，如合负了他？负了他，天不容，地不载，世间极恶大罪也。余目击心伤”，[60]这是十六世纪一位江南士人对当地客商的深切同情，不约而同地，他也使用了“天不容，地不载，世间极恶大罪”这样字句，用以强调牙行侵欠客商财货的深可痛恶。

不只讼师秘本与地方士人用“天道之所不容”或是“世间极恶大罪”等强烈辞句强调商人财货不该受到侵犯，十七、十八世纪之交的福建巡抚张伯行，也曾以“谁怜越陌度阡、目断家园于异国？遂使本亏货折，泪洒悯救之无门，种种弊端，深可怜恻”等极富感情的文句，表达他对商人处境的同情。[61]没错，我们很难客观评估十七世纪官员重视商人财产安全的普遍性，但若将李乐、张伯行等同情商人处境的言论与禁令，与《折狱明珠》以“天道之所不容”判决李雪胜诉的官员判词合起来看，我们还是不该忽略当时部分官员以鲜明语句强调商人经商与财产安全不容侵犯的史实。

《折狱明珠》“商贾类”模板固然只是讼师练习诉讼文字攻防

[60] （明）李乐，《续见闻杂记》，卷11，第29条。

[61] 福建巡抚张伯行在其于清康熙四十六年（1707）就任之初，即于省城“开期放告”，而在“披阅所属呈词，所控负欠客债者甚多”之后，随即颁布《严禁牙棍扛吞示》，他除了明令保障商人财货安全之外，也明确指出商人经营的辛苦：“为商贾者，出其汗，积微资，越境贸易。”参见：（清）张伯行，《正谊堂集》，见《三贤政书》，卷5，页32。

的教材，其中相关的人名、地名可能是“虚构”的文字，但是，这些教材记载诸如“客人有货，主家须要担当；铺户无钱，经纪岂应出货”这类有关商业风险如何划分“过失、责任”的问题，则极可能反映当时法官确实承认民间通行的商业习惯，这种商业与法律的“情节”，应该不属于讼师秘本编者“虚构”的范围，其真实性应可肯认。此外，讼师秘本诉讼模板所使用的“上完国课，下保残赀”与“身家切系，国课攸关”等陈情要求，以及用“天道之所不容”强调商人经商财货不该受船户侵犯，拿这些语句去印证前述江南士人李乐或福建巡抚张伯行用以表达同情商人处境的言论与禁令，更可证明讼师秘本所运用的这些法律修辞，其实都足以反映十七世纪中国用来处理商业讼案时常见的一种法律推理。

三、苏州、松江地区棉布讼案中的法律推理

比讼师秘本记录审判案件更“真实”的，是当时以碑刻形式留下的审判纪录摘要，以下将把法律推理问题带到对十七世纪苏州、松江地区官员有关棉布讼案司法文书的分析上。清顺治十六年（1659）四月，苏州、松江地区三十七家布商字号，联名将官府颁发的《苏松两府遵奉抚院宪禁明文》刊刻碑石，这份碑文转载了苏松地区各级官员为棉布讼案做成的几件判决书摘要，该件讼案起因于“奸牙沈青臣假冒三阳号记，私刊刷（布）”，作为仿冒商标受害者的众多棉布字号商人，到两个不同衙门对沈青臣提出告诉。一是松江府的“金三阳”字号商人到“奉钦差巡抚江宁等处都御史”衙门控告沈青臣仿冒棉布商标，钦差大人随即发文苏州知府：“仰苏州府立提，限三日连人解报”；二是由苏、松两府布商朱嘉义、朱金兰、查弘义等人联名到江苏巡抚衙门以“虎

牙恣伪乱真事”控告沈青臣，江苏巡抚下令苏州知府“仰府严究，速解报”。苏州知府很快传齐被告、原告与相关人证，调查清楚后，苏州府将调查与审理结果一并送呈江苏巡抚，江苏巡抚做成最后判决：“据详，‘金三阳’字号历年已久，乃沈青臣勾同别商，射利假冒，奸徒技俩，真难方物矣。念经悔过，处明归还，姑不深究外，该（苏州）府仍行严饬永禁，不许再行混冒，致起各商衅端。”[62]

在江苏巡抚做成上述裁决后，松江地区布商又请求将这份发给苏州府的公文同时移文到松江府，以便一体执行此裁决。这份陈词说明了当时棉布字号商人的生产销售方式：“（金三）阳等，布店在松（江府城），发卖在苏（州府城），且牙行亦多居松。”[63] 布商之所以要说明他们在松江府生产棉布、搜集棉布而到苏州府开店贩卖棉布的产销组织，主要是为强调自己在苏州府取得胜诉后何以仍有需要移文松江府的合理性。

江苏巡抚同意布商请求，下令苏州府将裁决结果移文松江府。松江府接到移文后，也为金三阳等棉布商人颁发一道可供“勒石示禁”的公文：“为照：商贾贸易布匹，惟凭字号识认，以昭信义，是处皆然，毋容混冒”，“为此，仰府属布牙知悉，自禁之后，各照本记字号印刷贸易，不许仍前构通混冒，致起衅端，取究未便！”这等于承认棉布市场上以布料所缝“字号”区别品牌的商业习惯，具有不容冒用的法律保障效果。这次讼案与相关禁令固然未列为全国通行的法律，但至少在十七世纪中叶的松江、苏州地区，这已成为一个将“自生自发”商业习惯连结到地方政府公

[62] 上海博物馆编，《上海碑刻资料选集》，上海：上海人民出版社，1981，页 84。
[63] 《上海碑刻资料选集》，页 84。

告法律规范的典型案例。

苏州府为本案所做判决文，被部分地保存在这份顺治十六年四月的《苏松两府遵奉抚院宪禁明文》碑石上，其中有云：

> 为照，众商各立号记，上供朝廷之取办，下便关津之稽查，取信远商，历年已久，向有定例，不容混冒。何物奸牙沈清臣，敢于垄断居齐，私翻摹刻，以伪乱真，丑布射利，以致同商骈控。今三阳之字号，原归金姓，窃号之青臣，业经创惩。但迩来奸徒险猾效尤者，藏奸叵测，为此，奉宪给帖众商，永为遵守，勒石通衢，志为定例。今后商、牙，各守各业。如有奸牙地棍，觊觎字号，串同客贾，复行假冒，起衅生端，上误国课，下病商民，许即指名报府，以凭立拿究抚院，正法施行，决不轻贷！[64]

“上误国课，下病商民”，成为这位苏州知府禁止冒用棉布字号的重要论据，而由这份判决文书末尾思欲防阻“奸牙地棍，觊觎字号，串同客贾，复行假冒”看来，不同棉布商人间的商业竞争真是十分竞烈，这其实反映了十七世纪松江、苏州棉布市场的基本格局：牙行、客商、字号商人三者间，彼此既常合作，而又时相竞争。

当时棉布业商人有以地域区分不同商帮的现象，牙行人数以本地人居多，客商则以徽州、山陕、洞庭、福建商人为大宗；至于字号商人，在清初原以徽州商人和洞庭商人各擅胜场，但至康熙

[64] 《上海碑刻资料选集》，页 85。

年间，则徽州商人已更居领导地位。[65]只是，在竞争激烈的棉布市场上，商帮团体并无能力限制市场竞争，客商携巨款至松江、苏州买布，进而营销全国。字号商人则凭优良棉布品牌，以抢接客商订单；但是，有企图心的牙行，仍可设法吸引客商抢夺字号商人生意。更何况，字号商人彼此间竞争客商订单，也总属势所难免。激烈竞争中，品牌乃日益成为影响棉布市场中买方订单数量与卖方出货占有率的关键。理解这个商业背景，也就能更清楚顺治十六年《苏松两府遵奉抚院宪禁明文》记载商业讼案中的“金三阳”品牌为何可成为原告的争执焦点；而沈青臣之串联部分客商“垄断居齐，私翻摹刻”金三阳的品牌棉布，也显得更加势使之然。

上引苏州知府的判决书中，很可能采纳了摘自“金三阳”等原告棉布商人状纸中的词句，从而把棉布字号商人“号记”扮演的角色，提到颇重要的地位：“众商各立号记，上供朝廷之取办，下便关津之稽查，取信远商，历年已久，向有定例。”无论是否是官员心中真意，至少，苏州知府使用这段结合“朝廷取办、关津稽查”与“取信远商”的判决文字，这等于是呼应了前述“上误国课，下病商民”的论据，而国家赋税收入与商人营业安全之间的关系，也再次被直接联系起来，成为十七世纪官方判决商业讼案中所使用的一种法律推理。[66]

康熙三年（1644），一些松江府属棉布牙行，联名控告少数假

---

[65] 范金民，《清代江南棉布字号探析》，见《历史研究》，1（2002）：页 91。

[66] 有学者也以十七世纪松江、苏州这两份涉及棉布“字号”的碑刻资料为基础，指称其可反映当时中国商人的“商号权”，并谓其内容足以拆解成“使用权、转让权、专有权、变更权、依法请求保护权”，参见：孙丽娟，《清代商业社会的规则与秩序》，北京：中国社会科学出版社，2005，页 148－149。事涉与近代欧洲各国不同时期以及不同国家或地区商法的比较，实在难以判断，略志于此，谨供有兴趣的读者进一步参考。

藉官府名义强编牙行承值供布的自称“小甲、月首”的特权牙人，得到当时江苏巡抚的支持，从而禁革日后再有自称小甲、月首人等非法扰害棉布牙人与客商。康熙九年（1670），“批发布牙”刘纯如、张斌候、姚辛等人呈请地方长官重申康熙三年官方禁革小甲、月首的法令，并准其刻石立碑。在陈情书书中，这些松江布牙商人又搬出了类似要求：“松属海隅，惟赖民间布匹，标商贸易，上□（按：原文缺一字）国课，下济民生。”[67] 康熙十一年（1672）六月，正式刻立了《奉宪勒石禁革索贴扰害碑记》，文中记录了松江府属各级长官保障这些批发布牙权益的文字，诸如华亭县知县所颁公文有如下内容：“松（江府）属所产惟布，其所以上完国赋，下资民生，赖此商贾贸易”；娄县知县的公文很独特，上面竟有对话体：“传集原呈张斌候、姚达等到县讯问：‘你们到大衙门具这呈纸，想是还有不遵依的么？’张斌候、姚达齐供：‘没有’。问：‘你们但要勒石，还有甚么别说？’又供：‘没有别说，只恐日久弊生，又复照旧，所以小的□（按：原文缺一字）求勒石杜患’。”这位娄县知县在由对话体转回书写体裁后，做成如下结论：“事关恤商美政，相应允其所请，听从勒石通衢者也，等因。”松江知府也在上海知县、青浦知县分别表达同意呈词意见后，接着做了裁定：“恤商既属美政，去害务绝根株”，从而批准了这群“批发布牙”的陈词。

特别值得注意的是，无论是顺治十六年的棉布字号仿冒牌记讼案，或是康熙初年棉布牙行呈请禁革强编“小甲”，这些司法行政事务都系属于当时分类为“钱债、市廛”的“州县自理”商业讼案，原本只要州县官处理即可，但却同时由巡抚等省级长官下

[67]《上海碑刻资料选集》，页 90。

令交办，要求所属知府与数个县份的知县分级审理或是表示意见。由苏、松地区各级官员处理棉布商人经商请求的两桩实例看来，其涉及官员层级之高，实在很难说该时该地的地方官员忽略商业讼案。而地方官员对棉布商标牌记商业习惯的充分承认，更是令人印象深刻。

由两桩棉布讼案文书或是示禁文书内容看来，文书中要求的重点，由避免“上误国课，下病商民”，到“恤商既属美政，去害务绝根株”，这中间的遣词用字实在具有很高的共通性，这清楚反映十七世纪中晚期松江、苏州官员审理棉布讼案与处理商人陈情时，其所应用的关键法律推理，已出现将商人对财政贡献联系到保护商人经商权益的某种基本论证格局。若再配合前述十七世纪初年成书《折狱明珠》“商贾类”讼案与呈词文字中的“身家切系，国课攸关”等要求综合做考察，则这些证据都表明十七世纪江南地区在商业诉讼与商业行政中，已在有益国家赋税与保障商人财产的要求之间，发展出相互加强的正面联系关系，这不仅于判决中用以强化商人胜诉的正当性，更清楚成为当时司法文书惯用的一种法律推理。

小 结

本章首先以王明德成书于清康熙十三年（1674）左右的《读律佩觿》为讨论焦点，分梳王氏如何以“法乃天下之公”为主轴观点，既批判当时司法界“日为记功自负”的现象，又藉以呈显法律乃是仿效“自然之气、自然之数”的“法天之学”，从而强调法律在知识来源上的神圣性。同时，王明德还以“法天之学”的法律神圣性，批判中国历代法典的优劣得失，从而提出一种中国法典“隔代继承”的法律演化观。法律知识的神圣性以及法律知识的演化观，构成了王明德“法天之学”这套法律批判观点的基本内含。

至于明万历三十年（1602）前后成书的《折狱明珠》，以及清顺治十六年（1659）、康熙十一年（1672）间苏州、松江地区的几份碑刻史料，也可对其中的法律文书与行政告示进行分析。由这些广义的司法文书看来，无论其内容究竟是由职司审判工作的官员发布，或是由讼师秘本作者所拟作改写，这些司法文书都在处理商业讼案或商业纠纷中，有意识地建构一种强调“恤商”可以有益“国课”的因果关联性，这可谓是当时颇为明确的一种法律推理。

从法律变迁的角度看，十七世纪中国其实是个多元而丰富的时代。王明德将刑、历、乐并列为“法天”之学，直指“律例一书，乃治世体要，非据理空谈，古人谓之‘法经’”，强调“礼、法殊分，实相长而并峙”，并宣称“法乃天下之公，即天子亦不容私所亲”，在在显示当时法学家极力提高法律地位的企图心。而十七世纪后半苏州、松江地区地方官员在审判与裁决文书中，结合“恤商美政”与“有益国课”的法律推理，更是当时经济与法律互动的具体展现。这些法律批判与法律推理的出现，其实也可反映十七世纪后半中国历史变迁的一个重要侧面。

在十七世纪初年成书的《折狱明珠》“商贾类”商业讼案文书范本之中，出现了以“天道之所不容”强调商人财货不容侵犯的法律要求；十七世纪后半，清初苏、松地区棉布讼案文书则正式使用了“恤商”有益“国课”的法律推理。而在此同一世纪中，则有十七世纪七〇年代王明德以“法乃天下之公、法天之学”建构的法律批判。然而，回到本章开始时所引吴承明先生对十六至十九世纪中国社会、经济有发展而政治、法律无变迁的提问，面对这个笔者简称为“双元格局”的提问，透过本章分梳十七世纪有关法律批判与法律推理的一些个案，下面将续对当时中国未能出现“保障私有产权和债权的商法”课题做些申论。

有关十六至十九世纪之间中国没能出现“商法”的问题，对一般人而言，至少含有以下两个相互关联的假想或推论。一是当时中国因为不重视法律知识或是经济不够发达而未能出现商法，二是欧洲因为重视法律知识或经济发达而能出现“商法”。第二个问题涉及近代欧洲“私法”（private law）与“商法”（law merchant）的不同发展途径，我所知有限，但也要指出：如果真要将“商法”理解为足以“保障私有产权和债权”的一套法律体系，则其在欧洲真正开始出现的时间，也大约是自十八世纪后半叶之后；而且，英国情形主要透过 Lord Mansfield 在其大法官任期内（1757—1788）以商人出任陪审团成员等系列司法改革所建立的商业判例而启动，[68]而欧陆则基本上依循滥觞于十八、十九世纪之交颁布各种民法典的立法原则，从而制订各种商业法律。[69]两种路径也不宜一概而论。

以本章讨论对象的主要时间而论，拿十八世纪后半欧洲才逐

---

[68] David Lieberman, *The Province of Legislation Determined: Legal Theory in Eighteenth-century Britain*. Cambridge: Cambridge University Press, 1989, pp.88-121. 只是，与司法改革同时并存的，则是十七、十八世纪伦敦城市地区法官收钱受贿影响判决之普遍，这现象引发当时民众的极度愤慨，论者有谓：“十八世纪伦敦城市法官，已是贪污腐败的代名词（a byword for corruption）。”（参见：Norma Landau, “The Trading Justice's Trade,” in Norma Landau ed. Law, *Crime and English Society*, *1660—1830*. Cambridge: Cambridge University Press, 2002, p.46.）

[69] 维亚克尔（Franz Wieacker），《近代私法史：以德意志的发展为观察重点》，陈爱娥、黄建辉译，台北：五南图书出版公司，2004，页 309-329。

步发生的“商法”现象来探究何以十七世纪中国未出现“保障私有产权和债权”的商法，有些不切实际。因此，我这里要讨论的是第一个假设或推论：因为不重视法律知识或是经济不够发达，所以中国未能出现商法。而有关明清中国经济是否不够“发达”？近年来已有几部专书做了更讲究比较方法的分析，其结论大体认为：直至进入十九世纪初期以前，明清江南的经济发展并不逊于同时期的西欧国家。[70]因而，是否是经济不够发达而导致“商法”未能出现于明清中国？这个问题的前提假设，本身即有不小问题。

至于有关明清中国是否因为“不重视法律知识”而未能于十八世末叶出现“商法”？这问题倒是值得多做分辨，笔者在本章提供十七世纪中国法律批判与法律推理的三类个案，应可对此问题做较直接的响应。

在十七世纪中国，对法律知识漠不关心或是评价不高的言论与心态固然很多，但强调法律知识重要性的言论亦复不少，其内容反映当时人们高度评价法律重要性的事例，令人印象深刻。王明德是很有代表性的例子，虽然他宣称“法乃天下之公，即天子亦不容私所亲”其实有些空想，在当时君主权力现实上几乎不面临任何有力挑战的制度条件下，这种言论显得颇为迂腐，但由王明德拟定的“读律八法”，以及他在《读律佩觿·本序》中并列“刑、历、乐”为“法天”之学、将法律起源拉到孔子作《春秋》

---

[70] 经济够不够“发达”？其实是个比较而论的相对性问题，既涉及不同地区在同一时间内的比较，也涉及相同地区在不同时间的比较，不该泛泛而论，特别是不宜再将十九世纪以降中国经济的“落后”上推到十八世纪以前欧洲经济的“进步”。这般不问比较对象在时间、空间上的差异，而只简单以成败论英雄的旧见成说，近年来受到不少明清经济史家的有力批判，参见：王国斌，《转变中的中国——历史变迁与欧洲经验的局限》；李伯重，《江南的早期工业化（1550—1850）》，北京：社会科学文献出版社，2000；彭慕兰（Kenneth Pomeranz），《大分流：中国、欧洲与现代世界经济的形成》。

与子产铸刑书、由历代法典发展建构一套法律内容体现“自然之气、自然之气”的“隔代继承”法律史观、强调“礼、法殊分，实相长而并峙，则律之为律，固百世不刊之典、古圣王不易之轨度”等有关法律批判的内容看来，仍然具体呈显当时中国法学家如何大力提升法律知识的重要性。

王明德绝非特例，另外有位徐文青，他也极爱好阅读法律：“自为诸生时，即嗜读律。澜翻背诵，虽专门名家不逮。既举孝廉，官中翰，所至，必以律自随”。不仅如此，徐文青任官刑部后，更经常与朋友讨论法律精义：“据律断事，益伸其志。其同修律例也，每树一议、设一难，或援彼以喻此，或沿流以讨源，无不疏通证明，折衷至当”。[71] 同时期的刑部官员徐宏先也有类似态度：“自入律馆，追陪修律之列，夙夜冰兢，夙夜惶恐，寝食于律例之中”。而何以徐宏先如此认真研读法律？他自己即有答案：“修律，则事关千秋，日日遵行，开一条，即活千万人；刻一条，即杀千万人。修之当，其功甚大；修之不当，其罪不小。呜呼！可不惧哉！”[72] 这里已是一种亲身参与修法与立法活动者对法律知识重要性所展现的强烈自觉。

然则，问题应该不在于十七世纪中国是否也重视法律知识，而是人们所以重视法律知识的价值观，究竟能否顺利地联系到有利于在中国出现“保障私有产权和债权”的“商法”？

王明德出版《读律佩觿》后，随即有盛鲁得撰《读律辩讹》做辩驳。赵俞在《〈读律辩讹〉序》上，透露了十七世纪一批同样重视法律知识的人们究竟与王明德有何种不同的法律价值观。在

---

[71] （清）张玉书，《〈刑书纂要〉序》，见《皇朝经世文编》，卷 90《刑政》一，页 2 下。
[72] （清）徐宏先，《修律自愧文》，见《皇朝经世文编》，卷 91《刑政》二，页 2 下。

称赞《读律佩觿》有益解读法条难懂文义后，盛鲁得批评王明德的“法乃天下之公”论述：“夫刑者，圣人仁天下之大法；而律也者，则义理之权衡也”，“天下固有持廉秉公，而不得其平者矣！无他，好作聪明而恣行妄臆，权衡一爽，大法倒置。每以生人之意，出为杀人之具，其初不过逞一时之见、伸一己之说，而不知其贻祸烈也。夫用刑之失，其所失犹止在一事耳；况乎讲读律令，笔之于书，传之于世，其流弊又何所底耶！”盛氏的主张是，当司法官员只强调“公平”而忽略“生人之意”时，则法律即可能沦为“杀人之具”。针对盛鲁得的“生人之意”与王明德的“天下之公”不同法律主张，赵愈则试做调和：“《辩讹》之作，其王氏之诤友，而律家之功臣也欤！”[73] 意思是两种主张各有其道理。

王明德强调的法律核心价值，偏重在“公平”；而盛鲁得则偏重于研读法律者要更加具备“仁慈”之心。简言之，盛鲁得强调的是“仁慈”在法律知识体系中的优先性。而赵愈之所以认为王明德与盛鲁得的著作其实同是“律家之功臣”，其实即是同时强调“公平”与“仁慈”在法律知识上的重要性，这正反映当时法律知识体系内部的两种核心价值，对赵愈而言，两者同样重要，但至于孰先孰后，恐怕即是阅读、解释与执行法律者的临事权衡问题。

由现有数据看来，“仁慈”派可能是当时的法学主流。有关“仁慈”作为法律的核心价值，徐宏先有极具体的铺陈：“律文至细，律义至深，有一句一意者，有一句数意者；有一字一意者，有一字数意者，总是一片哀矜恻怛之心，不欲轻致民于死之意也”。[74] 徐宏先所提“总是一片哀矜恻怛之心，不欲轻致民于死之

[73]（清）赵俞，《〈读律辩讹〉序》，见《清朝经世文编》，卷91《刑政》二，页2下－3上。
[74]（清）徐宏先，《修律自愧文》，页2下。

意”，正是以“仁慈”作为法律的核心价值，在当时强调法律知识重要性的人们中，这种看法应该仍是主流。至于王明德强调“圣贤立教，惟有一中，中则洞洞空空、不偏不倚，何有于功德”，甚至宣称“法乃天下之公，即天子亦不容私所亲”，这种强调“公平”优先性的主张，可能仍是人数较少的非主流。但无论“仁慈”与“公平”在法学价值中孰占优先地位，这才是主宰当时中国法学家的关键课题。

若拿一百年后英国“商法典”（the commercial code）的发展实例做比较，更可看出十七世纪中国法学家们论辩“仁慈”与“公平”孰先孰后问题的特殊性。

在 Lord Mansfield 担任英国“王座法庭”（the Court of King's bench）法官的三十年间（1757—1788）以前，英国的商业诉讼其实也常被时人批评为不能得到法官的合理判决。而 Mansfield 大法官的贡献，则是他经常征询伦敦商人对司法个案所涉及商业经营的专业意见，并将这些征询结果结合到他自己对有关著作权（copyright）、汇票（bill of exchange）、本票（promissory note）、保险等商业行为运作的整体性看法中，从而透过各种具体判决，有意识地去发展一套有关“商人之法”（law-merchant）的法律体系，他企图建立的是一套“能为人易学易记”（easily learned and easily retained）的商业法律原理（rules）。有意识地追求所谓“清晰明确的通则（general principles）”，正是 Mansfield 所以能开创十八世纪后半英国商法典实质进展的原动力。[75] 由此实例做比较，则无论是王明德法律批判重视的“法乃天下之公”，或是十七世纪

[75] David Lieberman, *The Province of Legislation Determined: Legal Theory in Eighteenth-century Britain*, p.95, pp.104–119.

其他中国法学家更强调的“一片哀矜恻怛之心”，这类“仁慈、公平”孰先孰后的辩论，与十八世纪后半英国法官试图建立“清晰明确的通则”的努力方向，两者颇不相同。

英国 Mansfield 法官所关心的以“清晰明确的通则”来建立一套“能为人易学易记”的商业法律原理，正与十七世纪中国法学家有关“仁慈、公平”孰先孰后的关怀构成有意义的对比。王明德、徐文青、盛鲁得、徐宏先等人，虽然也重视法律知识，但建立一套“能为人易学易记”的商业法律原理，却不是当时“公平、仁慈”争议所欲包含的法律议题，即便是王明德提倡的“法天之学”与“自然之数”，也不一定能转化成对商业法律建立“清晰明确通则”的努力，这是不同地区、不同时代法学家以不同模式展现法律知识重要性的方向问题，而不是谁比谁更重视法律知识的问题。

大体上看，尽管十七世纪以后中国江南等地区有更多法官与讼师介入数量众多的商业讼案，但上述存于不同地区、不同时代法学家内部如何关怀法律知识重要性的方向差异，确实会影响商业法律的发展模式。若说十七世纪中国较难出现英国十八世纪后半的“商法”发展模式，这是合理的推论，但要说当时中国并不出现“保障私有产权和债权”的商业法律，则此语便有些含混，较难反映当时江南地区官员处理商业讼案的实际情形。

由十七世纪讼师秘本与苏、松地区棉布讼案中的法律推理看，当时法律知识与司法体系在面对商人产权与债权保障问题时，在某些商业发达的城镇里，仍是曾经做出有意义的回应。《折狱明珠》商人诉讼范本出现“上完国课，下保残赀”与“身家切系，国课攸关”等商人陈情要求，以及“天道之所不容”等强调商人财货不容侵犯的判案文字，不一定只是讼师秘本为写作商人诉讼状纸而提供的模板文字，若将这些强调商人经营辛苦与财产安全不容侵犯的语句，结合到晚明以来日益普遍的“厚商以利农”种种士大夫建言与政策主张，[76] 则讼师秘本所用的“上完国课，下保残赀”等法律修辞，便绝非孤立的现象，而是反映讼师对当时保护商人财产与商业“利益”种种流行术语与观念的藉用或“挪用”。至于十七世纪后半苏、松地区棉布讼案与官府示禁文书中使用的“恤商既属美政，去害务绝根株”等文字，则更是讼师、司法官员以共通术语保护商人财货与商业利益的具体展现。

总而言之，笔者以为：当我们检视明清中国是否出现“保障私有产权和债权的商法”这样“看似简单”的课题时，答案不该是黑白立判的是非题，而需要更细致地区分至少三个不同层次:第一，要更严肃地理解近代欧洲“私法”（private law）与“商法”（law merchant）的不同发展途径，以深入理解我们究竟是在讨论何种产生途径与历史意义的中国“商法”问题。

第二，若姑且以近代西方庞统意义的“商法”发展为标准，则也不宜以明清中国商业不发达而使法学家不看重法律知识做说明，在商业发达、重视法律知识以及“商法”发展三者之间，不一定只有一种连结方式，明清中国的商业也发达，法学家也重视法律知识，但仍不必然要出现近代西方的“商法”。在这个出不出现“商法”的复杂历史问题中，明清中国法学家对法律知识重要性的不同核心价值观，可能也扮演关键角色，这中间的关联性，绝非一句简单的“不重视法律知识”能说明其中的问题。由王明德建构法律批判的内容，以及《读律佩觿》、《读律辩讹》反映当

[76] 林丽月，《试论明清之际商业思想的几个问题》，见《近代中国初期历史研讨会论文集》，台北：台湾“中央研究院”近代史研究所，1989，页711－733。

时中国法学家有关“公平、仁慈”法律核心价值观争辩，可帮助我们理解其中的关键。

第三，就算没有出现近代西方意义下的“商法”，那也并不足以论证明清中国某些地区不曾出现“保障私有产权和债权”的商业法律发展。由十七世纪讼师秘本商业诉讼范本中的法律修辞以及苏、松棉布讼案判决援用的法律推理看来，当时商人在商业诉讼中所运用的主要要求，其实正与晚明以来“厚商以利农”的思潮若合符节，这里涉及当时中国如何在商业相关事务上重新形塑“利益”观念的历史发展。而在两桩当时棉布讼案与禁令实例中，介入保护商人财产与商业利益的苏、松地方官员，其层级则上自巡抚而下至数县知县，地方官员在判词中为涉讼商人提供法律援助，这绝非是轻忽商业诉讼的表现。

最后，笔者要再次强调：尽管明清司法官员并不透过讼案判决建立商业法律“通则”，而直至清末以前传统中国法律也始终未曾建立“总则、物权、债权、亲属、继承”与公司、票据、保险、海商等民、商法体系，然而，就算没有这些近代西方意义的“商法”，这也并不表示当时中国商业法律不曾出现重要的变化。十七世纪苏州、松江官员在司法判决中充分承认棉布商人在商标、牌记等方面的商业习惯，进而成为影响日后地方上类似商业讼案的商业判例，这确是清楚可见及的发展。因而，本章结论是：就算没出现近代西方意义下的“商法”，我们也不能不正视十七世纪以降中国在商业法律发展上的一些重要变化，以及这些变化反映当时中国“经济、社会”与“政治、法律”现象间相互补强关系的实际存在。

第六章　十八世纪商业法律中的债负与过失论述

十六至十八世纪中国的全国市场规模日益成长，进入长程贸易的主要商品性质也有重要转变，当时中国经济主要因为区域性的专业化与分工化而有进一步发展，带动了整体经济的可观成长。[1] 伴随着全国各地区之间所形成的经济专业化与分工化现象，江南许多城镇渐次成为十分显著的商业或工业中心。[2] 棉花、生丝以及其他经济作物的生产并贩入市场，[3] 也逐渐为江南各城镇及其周边农村吸入更多的商业资本。由于商业资本投入的作用，各式各样的商品化现象开始更加影响当时的物质生活以及工匠、农民的工作习惯。这波商品化现象与近代西欧经济发展情形的最大不同，可能即在于其并未引导出工厂制与机器大规模生产，然而，这波商品化现象仍然为明清社会带来冲击，而其中有关经济组织

[1] 王业键，《清代经济刍论》；吴承明，《中国资本主义与国内市場》，页 217-246、247-265；李伯重，《中国全国市场的形成，1500—1840》；王国斌，《转变的中国——历史变迁与欧洲经验的局限》，页 7-55。

[2] 全汉升，《清朝中叶苏州的米粮贸易》，见氏著《中国经济史论丛》，页 567-582；刘石吉，《明清时代江南地区的专业市镇》，见氏著《明清时代江南市镇研究》，北京：中国社会科学出版社，1987，页 1-72；樊树志，《明清江南市镇探微》，上海：复旦大学出版社，1990，页 134-261。

[3] 刘翠溶，《明清时代南方地区的专业生产》，见《大陆杂志》，56，3-4（1978）：页 125-159；郑昌淦，《明清农村商品经济》，北京：中国人民大学出版社，1989，页 326-447。

与经济论述的种种变动，则是本章最关心的议题。

明清许多经济组织的既有形式与运作方式都有所改变，甚至出现了某些制度创新，由十六到十八世纪，这些经济组织的制度创新现象愈来愈明显，诸如盐业“商专卖”制度改革与盐商组织的发展；[4] 牙行制度的变革；[5] 私营与官营当铺体系的发展；[6] 棉业“字号”与丝业“账房”等放料制生产组织的演变；[7] 钱铺、银铺与钱庄、票号等金融组织的演化；[8] 以及会馆、公所或以其他不同

---

[4] 徐泓，《清代两淮盐场的研究》，台北：嘉新水泥公司，1972，页 87-126；徐泓，《明代后期的盐政改革与商专卖制度的建立》，见《台大历史学系学报》，4（1977）：页 299-311；王振忠，《徽商与明清两淮盐政》，见氏著《明清徽商与淮扬社会变迁》，北京：生活·读书·新知三联书店，1996，页 1-57。

[5] 吴奇衍，《清代前期牙行制试述》；Kuang-ching Liu（刘广京），“Chinese Merchant Guilds: An Historical Inquiry.” *Pacific Historical Review* 57, 1（1988）：1-23；Susan Mann, *Local Merchants and the Chinese Bureaucracy, 1750—1950*. Stanford: Stanford University Press, 1987. 邓亦兵，《牙行》，见方行、经君健、魏金玉主编《中国经济通史·清代经济卷》，北京：经济日报出版社，2000，中册，页 1311—1352；山本进，《明清时代の商人と国家》，东京：研文出版，2002，页 11-50、121-159、161-192、193-224。

[6] 潘敏德，《中国近代典当业研究（1644—1937）》，台北：台湾师范大学历史研究所，1985；韦庆远，《明清史辨析》，北京：中国社会科出版社，1989，页 70-288；赖惠敏，《乾隆朝内务府的当铺与发商生息（1736—1795）》，见《“中央研究院”近代史研究所集刊》，28（1997）：页 137-175；刘秋根，《明清高利贷资本》，北京：社会科学文献出版社，2000，页 176-226。

[7] 傅衣凌，《论明清时代的棉布字号》，见氏著《明代江南市民经济试探》，上海：上海人民出版社，1957，页 127-130；寺田隆信，《山西商人の研究——关于明代の商人と商业资本》，京都：京都大学东洋史研究会，1972，页 337-410；田中正俊，《关于明清时代的包买商制生产——以丝、棉纺织业为中心》，栾成显译，见刘俊文主编，《日本学者研究中国史论著选译》第二卷，北京：中华书局，1993，页 248-310；徐新吾，《中国经济史料考证与研究》，上海：上海社会科学院出版社，1999，页 165-194、145-164；李伯重，《江南的早期工业化（1550—1850）》；范金民，《清代江南棉布字号探析》；邱澎生，《由放料到工厂：清代前期苏州棉布字号的经济与法律分析》。

[8] 彭信威，《中国货币史》，上海：上海人民出版社，1965，页 741-752、941-973；王业键，《中国近代货币与银行的演进（1644—1937）》，页 15-18、64-79；史若民，《票商兴衰史》，北京：中国经济出版社，1992，页 85-153；黄鉴晖，《山西票号史》，太原：山西经济出版社，1992。

名称出现的各种工商业者团体组织。[9]

而与这些经济组织同时变化的，则是一些讨论当时经济事务的公共政策主张或是社会评论等相关论述，无论是单一论述的形成，或是不同论述之间的论辩与对抗，都有可观之处。诸如以“保富”等主题尝试说明富人何以有益于社会民生与国家利益；由银钱比价、粮价管制等经济政策而引申出对市场运作具有“一定之理”的观察；[10]对部分商业发达地区普遍存在的“奢靡”现象所产生的批评与辩护等正反双方意见；[11]以及在诸如滇铜采买等经济政策制

---

[9] 洪焕椿，《论明清苏州地区会馆的性质及其作用》，见《中国史研究》，2（1980）：页40–59；傅筑夫，《中国工商业者的“行”及其特点》，见氏著《中国经济史论丛》，北京：生活·读书·新知三联书店，1980，下册，页387–492；许涤新、吴承明主编，《中国资本主义发展史》，第一卷《中国资本主义的萌芽》，北京：人民出版社，1985，页289–318；罗威廉（William Rowe），《汉口：一个中国城市的商业和社会（1796—1889）》，江溶、鲁西奇译，北京：中国人民大学出版社，2005；邱澎生，《十八、十九世纪苏州城的新兴工商业团体》，台北：台湾大学出版委员会，1990；王卫平，《明清时期江南城市史研究：以苏州为中心》，北京：人民出版社，1999，页182–252；范金民，《明清江南商业的发展》，南京：南京大学出版社，1998，页242–249。

[10] William T. Rowe, “State and Market in Mid-Qing Economic Thought: The Career of Chen Hongmou, 1696—1771,” *Etudes Chinoises*12, 1 (1993): 7–39; William T. Rowe, *Saving the World: Chen Hongmou and Elite Consciousness in Eighteenth China*. Stanford: Stanford University Press, 2001, pp.204–205; Pierre-Etienne Will, “Discussions about the Market-Place and the Market Principle in Eighteenth Guangdong.” 见《中国海洋发展史论文集》第七辑（台北：台湾“中央研究院”社科所，1999），上册，页331–357。

[11] 杨联升，《侈靡论——传统中国一种不寻常的思想》，陈国栋译，见杨联升《国史探微》，台北：联经出版社，1983，页169–188；陈学文，《明中叶“奢能致富”的经济思想》，见《浙江学刊》，1984，4；徐泓，《明代社会风气的变迁——以江、浙地区为例》，见《第二届国际汉学会议论文集·明清与近代史组》，台北：台湾“中央研究院”，1989，页144–159；林丽月，《陆楫（1515—1552）崇奢思想再探——兼论近年明清经济思想史研究的几个问题》，见《新史学》，5，1（1994）：页131–151；林丽月，《〈蒹葭堂稿〉与陆楫“反禁奢”思想之传衍》，见《明人文集与明代研究》，台北：中国明代研究学会，2001，页121–134；陈国栋，《有关陆楫〈禁奢辨〉之研究所涉及的学理问题——跨学门的意见》，见《新史学》，5，2（1994）：页159–179；钞晓鸿，《明清人的“奢靡”观念及其演变——立足于地方志的考察》，见《历史研究》，4（2002）：页96–117。

订过程中所出现的“公利之利”论述，[12]或是民间社团会馆、公所成立时强调的“义中之利，利中之义”，[13]这些论述都在明清经济变迁过程里渐渐地被更有意识地提出与讨论，很值得进一步做探究。

本章关心的主要课题是：这些经济组织与经济论述方面的变化，究竟如何成为十八世纪整体法律运作架构中的一环？我将特别针对十八世纪有关商业经营的两类法律规范做讨论，一是牙行直接或间接积欠客商钱财的“债负”问题，一是典铺、染坊失火或失窃时如何以“过失”等相关议题界定赔偿责任的问题，希望能对这两方面的法律论述做较详细的分梳，主要检视《大清律例》、地方“省例”如何讨论并规范这两类问题，进而将十八世纪这些法律规范的演变线索扣连到当时的经济发展过程里。

第一节　由客商—牙行关系看商业债务的法律规范

十六世纪以降明清全国长程贸易的发展，愈来愈多的商人经常往来于全国各主要水运与陆运的商道上，[14]无论是往来商道贩

---

[12] Helen Dunstan, *Conflicting Counsels to Confuse the Age: A Documentary Study of Political Economy in Qing China, 1644—1840*. Ann Arbor: Center for Chinese Studies, The University of Michigan.1996, pp.164-168；邱澎生，《十八世纪滇铜市场中的官商关系与利益观念》，见《“中央研究院”历史语言研究所集刊》，72，1（2001）：页97-104。

[13] 刘广京，《后序：近世制度与商人》，见余英时，《中国近世宗伦理与商人精神》，台北：联经出版公司，1987，页25-53。

[14] 晚明张瀚在所著《松窗梦语》（北京：中华书局，1985）一书，即对明代全国性商帮分布现象有很著名的详细描写。商帮经商路线的相关研究，参见：寺田隆信，《明清时代の商业书》，见氏著《山西商人の研究——关于明代の商人と商业资本》，页279-336；韩大成，《明代的富商巨贾》，见氏著《明代社会经济初探》，北京：人民出版社，1986，页168-220；Timothy Brook, “The merchants' network in 16th century China: a discussion and translation of Chang Han's 'On merchants,'” *Journal of the Economic and Social History of the Orient* 24，2（1981）：165-214；水野正明，《〈新安原板士商类要〉について》，见《东方学》，60（1980）：页96-117；陈学文，《明清时期商业书及商人书之研究》，页99-133。

货，或是定居各地城镇经商，这些商人和所谓的“车、船、店、脚、牙”等五类人物，有着愈益密切的互动，特别是在商人与牙行之间出现的债务关系，更是当时许多文献提及的社会现象。

由十六到十八世纪之间，进入长程贸易的前四种最主要商品排名发生了有意义的转变，在位居第一名的粮食项下，手业品的棉布逐渐取代了原先占第二名位置的食盐，成为进入长程贸易愈来愈重要的主要商品。[15] 江南是这波长程贸易变动过程中的中心区域，当时的棉布贸易与丝织贸易数量很庞大，有学者估计，仅以清代前期江南棉织手工业做估算，“整个江南年产布兴盛时，多达7800万匹，进入市场的商品量当在7000万匹之谱”。[16] 作为棉布与丝织品的重要生产中心，江南吸引并累积了愈来愈多的白银。每年出产棉、丝与两种纺织品的旺季，众多来自外地的客商纷纷为江南本地带入了巨额白银，而牙行即在此间扮演了重要角色。无论是自原产地搜集棉、丝原料，为客商中的包买商协调放料加工事宜，或者是替客商居间转付白银，这些商品与银钱的转手往来，都加多了客商与牙行间出现债务纠纷的机会。由十六到十八世纪间，不仅社会舆论看到了这些现象，政府法律也逐渐试图予以规范。本节将略述这方面的演变轨迹。

一、“天不容，地不载，世间极恶大罪”：对羁旅远商的同情

不少史料都反映当时“白银—生丝”或是“白银—棉布”两类商品交换的兴盛繁荣与规模庞大。如自己即曾经担任过牙人（当时也称“经纪”）的唐甄（1630—1704），他对十七世纪湖州府

[15] 吴承明，《论清代前期我国国内市场》。

[16] 范金民，《明清江南商业的发展》，页29－30。

双林镇的丝业贸易即有如下描述："吴丝衣天下，聚于双林。吴越闽番，至于海岛，皆来市焉。五月，载银而至，委积如瓦砾，吴南诸乡，岁有百十万之益。"[17] 其后，定居松江府的叶梦珠也如此回忆了晚明当地庞大的棉布贸易规模："前朝标布盛行，富商巨贾，操重资而来市者，白银动以数万计，多或数十万两，少亦以万计，以故行奉布商如王侯，而争布商如对垒。牙行非藉势要之家不能立也。"[18] 这段记载不仅反映了当时棉布贸易规模的巨大，也说明当时牙行间竞争客商生意的手段竞烈，牙行经营者不仅要多方讨好客商，甚至还要讲究援引幕后政治势力以为奥援。

与牙行各使手段拉拢客商的同时，十六世纪以来的许多商业书也不断谆谆教导客商如何慎选可供合作经商的牙人。如晚明一部商业书《客商规鉴论》，不仅举例大略区别各地牙人的不同性格："北方经纪，直而慢客；江南经纪，一味虚侥"，更提供客商评断牙行优劣的实用判准：

> 到彼投主，须当审择，不可听邀接之言，须要察貌，言行动静。好讼者，人虽硬，而心必险，反面无情。会饮者，性虽和，而事多疏，见人有义。好赌者，起倒不常，终有失。喜嫖者，飘蓬不定，或遭颠。已上之人，恐难重寄。骄奢者，性必懒；富盛者，必托人。此二等，非有弊，而多误营生。真实者，言必忤；勤俭者，必自行。此二般，拟着实，而多成买卖。语

[17] 唐甄，《潜书》，见《续修四库全书》，上海古籍出版社，1997，页 428。有关唐甄从事牙人工作的经历及其社会政治思想，参见：熊秉真，《从唐甄看个人经验对经世思想衍生之影响》，见《"中央研究院"近代史研究所集刊》，14（1985）：页 1−28。

[18] （清）叶梦珠，《阅世编》，成书于清康熙年间，新校本，台北版：木铎出版社，1982，页 157−158。

> 言便佞扑绰者，必是诳徒。行动朴素安藏者，定然诚实。[19]

看来，这本商业书的撰者比较相信外貌与言语“真实、朴素”而行为“勤俭、安藏”的牙人，至于“好讼、会饮、好赌、喜嫖”四类，甚或是有“骄奢、富盛”两类言行特征者，这六类特征都被归类为“多误营生”的牙人，该书编者建议客商要多予提防。但在真实的商业世界里，不管客商如何审慎寻找性格优良的牙人，纠纷或冲突总是在所难免。既是在市场中买卖交易，客商与牙行间的矛盾、纠纷乃至诉讼，都会经常出现，其中小焉者，诸如度量衡的选定、牙佣的谈判、代雇脚夫或是船户费用的商定；而较严重事项，则像是债务纠纷愈演愈烈而变成钱债讼案，甚或是爆发窃盗、侵占、斗殴、抢劫乃至人命事故。

十六世纪江南地区士大夫，即对发生当地的客商与牙行间债务纠纷多所描写，有时并对客商异地经商的处境寄予高度同情。如居于湖州府乌镇、青镇的李乐，即如此记录并评论了当时“牙主人”巧取豪夺客商财货的情景：

> 两镇通患通弊，又有大者。牙人以招商为业，（商货初至）牙主人丰其款待，……（牙）主人私收用度，如囊中己物，致（客）商累月经年坐守……，情状甚惨。……这商货中间，又有藉本置来者，举家悬望，如合负了他？负了他，天不容，地不载，世间极恶大罪也。余目击心伤。[20]

---

[19] 《新刻天下四民便览三台万用正宗》，影印明末刻本，见酒井忠夫监修，小川阳一编，《中国日用类书集成》，第三卷，东京：汲古书院，2000，卷 21《客商规鉴论》，页 347、295。

[20] （明）李乐，《续见闻杂记》，卷 11，第 29 条。

李乐用了“天不容，地不载，世间极恶大罪”这类严重词句来描写客商受到牙行侵吞财货的事实。足堪呼应的是，晚明出版的一部讼师秘本《折狱明珠》，在编者纂辑的知县判决《刘公审语》里，也如此谴责船户张风暗中窃卖布商李雪托运布匹的行径：“(张）风半途窃货越卖，李雪幸觉，此天道之所不容者也”。[21] 虽然这里出现的诉讼情节，是客商控告船户而非牙行，但拿“天道之所不容”形容客商不幸遭遇，似乎也和前述李乐使用的“天不容，地不载”同属一类叙事手法。

李乐以及《折狱明珠》中的“刘公”，[22] 两人都对客商经商所受不幸遭遇给予高度同情，但这两人对司法运作的影响力，毕竟都比不上清代前期曾任福建巡抚的张伯行（1651—1725）。张伯行在福建巡抚任上努力改善省内客商的经商环境，他在康熙四十六年（1707）对全省官民发布告示：

> 为商贾者，出其汗，积微资，越境贸易，……乃牙店无体恤之意，而棍豪怀诈骗之谋，或仗衙胥而硬取，或勾党类而朋吞，或饰诈于赊营，或狡情于揭藉，诓银入手，视为己财，营室肥家，罔知客困。……（商贾）赴公府而投诉，其如吏黠官尊，谁怜越陌度阡、目断家园于异国！遂使本亏货折，泪洒悯救之无门，种种弊端，深可怜恻。[23]

张伯行谴责了本地“牙店”与“棍豪、衙胥”等人对外来客

[21] 《折狱明珠》，卷 4《商贾类：告船户》，页 10。
[22] 是否真有“刘公”其人？以及“刘公”是否真在此案件中做了这等判决？这些问题都涉及讼师秘本中出现人名、地名甚至案件情节等文字是否纯属“虚构”的问题，不宜一概而论，参见本书第五章第二节有关《折狱明珠》法律修辞的讨论。
[23] （清）张伯行，《正谊堂集》，卷 5，页 32。

商所进行的“硬取、朋吞、赊营、揭藉”等共谋犯罪行为，同时，也连带指斥了本地官员受理客商投诉时处理态度不够积极，从而无法有效补救“本亏货折”客商的不幸遭遇。

张伯行对官员的指斥，当然不见得一定能使地方各级政府更积极而有效地处理本地牙行等人物对客商的财货损害，但是，结合李乐和张伯行的言论，仍然可以清楚看出当时对客商经商处境的关心。无论是“天不容，地不载，世间极恶大罪”，或是“谁怜越陌度阡、目断家园于异国！”这些用来描写客商与牙行经营纠纷的词句，仍然不能等闲视之，反映了当时一定数量的士大夫与官员对改善客商经营环境的积极态度。这类态度总是会提高当时部分官员处理客商与牙行讼案的效率。更重要的是，改良客商经营环境，其实已影响到当时的立法与修法过程，无论是“官牙制度”的日趋改良，[24]或是陆续出现一系列的加强处理牙行积欠客商债务的行政命令与律例条文，[25]都使十八世纪保护经商环境的法律规范有了进一步发展。

以本章此节最关心的债负问题而论，乾隆五年（1740）户部建议新修一条《胥吏兼充牙行》例，例文中即是透过排除胥吏经营牙行以及加重对不积极处理客商债负讼案官员的惩处，运用这二项具体办法，试图加强对客商经商环境的保护。乾隆八年（1743），刑部正式收入公布了这条律例文字：

> 各衙门胥吏，有更名捏充牙者，照更名重役例，杖一百，

[24] 清代官牙制度演变的细节，参见：吴奇衍，《清代前期牙行制试述》。

[25] 明清两代陆续公布了不少有关规范牙行并保障客商财货的法令，大多数这类法令都集中在明清两代律例中的《户律：市廛》门中的《私充牙行埠头》律与同门中的《把持行市》律项下，对这方面立法演变的分析，参见本书第一章。

> 革退。如有诓骗客货，累商久候，照《光棍顶冒朋充霸开总行》例，枷号一个月，发附近充军。若地方官失于觉察，及有意纵徇，交部分别议处；受财故纵，以枉法从重论。[26]

乾隆五年，乾隆同时公布了另一条法令，在原先禁止胥吏充任官牙之外，进一步排除地方士绅充任官牙的资格；同时，还再重申对主管地方官员的要求，希望他们更重视管辖境内由客商所提出的债务诉讼：

> 闻各省牙行多有以衿监认充者，每至侵蚀客本，（拖）欠货银，或恃情面而曲为迟延，或藉声势而逞其勒掯，以致羁旅远商含忍莫诉，甚属可悯……应将现在牙行逐一详查，如有衿监充认者，即行追帖，令其歇业，永着为例。嗣后，如有仍蹈故辙而州县官失于查察者，着该上司查参议处。其如何定议之处，该部妥议具奏，钦此。[27]

中央政府官员会议讨论后，在乾隆八年将此道谕令编入了《吏部处分则例》中，成为全国一体通行的行政命令，该令特别针对不积极处理客商债务讼案的官员，分别制订了“失察、徇纵及

---

[26]（清）薛允升，《读例存疑（重刊本）》，册3，卷17，页406。关于本条例文的成立经过，吴坛在乾隆末年有具体考订：“此条系乾隆五年九月户部奏准定例，乾隆八年律例馆奏准入律”（吴坛，《大清律例通考》，卷14《户律：市廛：私充牙行埠头》，页530）。而本条例文，在咸丰年间又做了小小文字修改：“棍徒二字，原文作光棍。咸丰二年改（为棍徒）”（《钦定大清会典事例》，见《续修四库全书》，上海：上海古籍出版社，1997，卷765，《刑部：户律：市廛》，页3），这是一个由户部讨论启动而最后成为为刑部颁订律例的立法例证。

[27]《钦定大清会典事例》，卷133，页718–719。

枉法受赃”三种不同情形的处分法令。[28] 此外，还值得注意的是，乾隆此道命令所使用的叙事词句:他将牙行“侵蚀客本，拖欠货银”行为的结果，描写成为“以致羁旅远商含忍莫诉，甚属可悯”。这样的词句正是呼应了前述晚明清初以来的“天不容，地不载，世间极恶大罪”、“谁怜越陌度阡、目断家园于异国！”等新的叙事传统：对客商遭逢牙行侵吞财货的不幸处境，赋予更强烈的同情感。而乾隆本人两次下令加重惩处那些未曾积极处理客商与牙行间债务诉讼的失职官员，想来还是会比省级官员张伯行的指斥更加有效些。

当然，不能仅由法律命令来判定有多少官员因此而更加重视商人的钱债讼案，甚至官员乃至皇帝对客商面临债负无法追偿问题的同情，其实也不一定经常保证客商能更有效地回收货款。然而，由士大夫、省级官员乃至皇帝本人如何表达对客商“本亏货折”的叙事方式看来，这些同情性的言论真是以颇为强烈的语句表达出来，其中的确反映着对“羁旅远商，含忍莫诉”的体贴与同情，而这种语带情感的词句，甚至正式进入到政府通行全国的《吏部处分则例》等法律文字中。由此看来，面对十六至十八世纪间全国各地市场发展的大趋势，如何更有效地解决客商与牙行间各类债负问题？不仅成为政府关心议题之一，也同时触发政府进一步修订相关法律的动力。

---

[28] 在此命令见《吏部处份则例》时，此条则例原文不仅详述了立法理由，更直接援引了乾隆八年新修的《胥役兼充牙行例》:“衿监认充牙行，或依恃护符，侵吞客本；或凭藉声势，勒措迟延，其扰市渔利以为商民之害，直与胥役承充无异，不可不明定处分，以严考核。嗣后，如有不肖衿监藐视法纪，仍蹈前辙，州县官奉行不力者，令该管上司查参，俱照胥役兼充牙行例，分别失察、徇纵及枉法受赃等项，按照律例处分。”（见《钦定大清会典事例》，卷 133，《吏部·处份例》，页 719）这和前述《胥役兼充牙行》例稍有差异，是一条专门用以惩处失职官员的法令。

二、“通商便民”之外：对牙行侵欠客商财货的法律规范

士大夫与官员对“羁旅远商”的同情，并且藉由修法以严格限制牙行从业者的身份，这些现象的确存在，但与此同时，当时人对牙行的整体印象也有所发展，甚至也出现某些分析牙行功能的整体性分析。在前引乾隆八年（1743）的谕令中，乾隆即在谕令开头附加了如下一段话：“民间贸易，为设立牙行，以评市价，所以通商便民，彼此均有利益也。”[29]这里明显肯定了牙行的功能，将具有“评市价”作用的牙行，视为是便利商人与民众在市场上完成交易的重要中介。

牙行又是如何对外宣称自己扮演角色的重要性呢？早在乾隆发布这段“设立牙行，以评市价，所以通商便民，彼此均有利益”的二十一年前，苏州一批丝织牙行业者即请人在石碑上写刻了一份碑文，这份署题于雍正二年（1723）的碑文如此形容牙行的重要性：

> 吾吴中纱缎一业……岂非苏城极大生产，而合郡生民所（不可缺）者乎！但商客之来，必投行主；而造作之家，（率）由机户。两者相须，而一时未必即能相（遇）……此纱缎经纪所由设也。……经纪一途坏，而客商与行家、机户，交受其害也。[30]

这群纱缎牙行业者自称“经纪”，也自称“行家”（应是“牙行之家”的简称）。被他们用来说明“客商、行家、机户”三者何以密切连系的主要原因，即是客商、机户“两者相须，而一时未

[29]　《钦定大清会典事例》，卷133，页718-719。

[30]　苏州历史博物馆等编，《明清苏州工商业碑刻集》，南京：江苏人民出版社，1981，页14。

必即能相（遇）”；此外，这群纱缎经纪也表露展演了自己对全体苏州经济的重要贡献：纱缎贸易关系到苏州经济的主要内容“岂非苏城极大生产，而合郡生民（所不可缺者）”，虽然纱缎经纪并不直接生产或贩卖纱缎，但若不是他们的存在，则无论是那些以织机“造作”纱缎的机户，或是那些远从外地而来“商客”，便无法在市场上及时地完成交易，这正是“纱缎经纪所由设也”的基本道理；若是牙行运作在苏州纱缎市场中出现问题，则不单牙行本身受到伤害，客商与机户的利益也都会连带受损，所以他们宣称：“经纪一途坏，而客商与行家、机户，交受其害”。

除了牙行业者本身，十八世纪的著名学者赵翼（1721—1814）也曾间接对牙行功能做过一些阐发：“市斗、市称，则又有随地之不同者，如今川斛大于湖广，湖广斛又大于江南；称则有行称、官称之不同，库平、市平之各别，又非禁令所能尽一。而市侩牙行自能参校，锱黍不爽，则虽不尽一，而仍通行也。”[31]赵翼的评论，主要是针对当时度量衡制度在全国各地各有不同，以及政府法令有时而穷、无法有效执行统一度量衡制度，在此两种情境下，他要问的是：何以当时全国的度量衡工具仍能有效运作而让各地使用者双方都愿意接受？他提出的观察与解释是：“市侩牙行自能参校，锱黍不爽”。可见在促成买方及时找到卖方的作用外，牙行也有协商各地市场上通用度量衡工具的功能，这些论述都已出现在十八

[31] （清）赵翼，《陔余丛考》，据乾隆五十五年（1790）“湛贻堂”版本影印，台北：华世出版社，1975，卷30，页3。牙行涉及如何统一不同地区通用度量衡工具的问题，参见：梁方仲，《中国历代户口、田地、田赋统计》，上海：上海人民出版社，1980，页535；韦庆远，《清代牙商利弊论》，见氏著《明清史论析》，北京：中国社会科学出版社，1989，页289−298；邱澎生，《由苏州经商冲突事件看清代前期的官商关系》，见《文史哲学报》，43（1995）：页30−34。

世纪。[32]

许多官员也将自身对牙行“通商便民”的认识化为制度性的政策设计，希望在牙行便利交易的同时，还能透过牙行的协助以减少市场上时或发生的商业债务纠纷。乾隆元年（1736）十一月，时任江西按察司使的凌燽下令江西全省州县官员一体推动“行店联单之法”。在该条命令中，凌燽首先分析了当时商业债务纠纷的主要缘由：“照得：一应客商载货投行，凭牙发店，评价归账，皆藉牙行于中交易，客人与店家别无执据，以致不法牙行往往侵吞客本，贻累客商。”[33] 为了防止不法牙行危害交易安全，凌氏和其同僚设计了“合同联票”制度，其运作细节如下：

> 嗣后，各（牙）行照式设立合同联票。凡客货到行，行家代为发店后，即将客货若干、议价若干、付过下欠若干、约定何日兑交，三面填明合同票内，中用本客、本店图记花押，将联票裁分，一付本客收执，一存本店查对。至日清账，店家合票发银；如无合同对验，店家概不许发银。如有无票私给者，概不作准，仍照客执联票清追其银；或不能一次全还，即将陆续还过完、欠数目，填明票内。如有拖欠，任客同经手牙行执票鸣官。尔行家，务宜公平立票，以彰信实；尔商贾，务宜收

[32] 苏州纱缎牙行与赵翼在十八世纪前半所提出牙行功用的论述，其实很像现代一些经济学者用来分析“组织”与“市场”两者复杂互动关系的“交易成本”概念。“交易成本”至少可简要地区分为以下三类：“测量与信息成本”（search and information costs）、“谈判与决策成本”（bargaining and decision costs）与“监督与执行成本”（policing and enforcement costs），有关这些概念的界定与讨论，参见：R. H. Coase, *The Firm, the Market and the Law*, pp. 6–7. 或参见本书中译：科斯，《厂商、市场与法律》，陈坤铭、李华夏译，页 16–17。

[33]（清）凌燽，《西江视臬纪事》，影印清乾隆八年（1743）刊本，见《续修四库全书》，上海：上海古籍出版社，1997，史部，册 882，卷 4，页 149。本书刊于乾隆八年，但此条法令则发布于乾隆元年（1736），参见：《西江政要》（布政司本），卷 2，页 52。

> 票作凭，以免私侵；尔店家，务宜凭票发银，以免重索。牙行如有匿示不挂，不遵设立合同，即属存心存骗。察出，即行追帖革牙，不许复充。[34]

这里主要涉及大宗贸易的市场运作，“牙行、客商、店家”三者是凌燽亟思规范的三类业者，所以文末才分别出现针对“尔行家、尔商贾、尔店家”的三小段叮嘱词句。虽然该命令主要想防阻的是不法牙行的“侵吞客本，贻累客商”，但是，在解决此问题的手段上，却仍是要藉助全省各县的所有牙行来为政府把关，由牙行协助推广这种结合“三面填明合同票”、“本客、本店图记花押”以及“将联票裁分，一付本客收执，一存本店查对”三合一流程的制度。尽管这套合同联票制度后来推行成效不佳，但是，由凌燽及其同僚在江西全省推行的“行店联单之法”看来，这些官员试图赋予牙行更多积极职能以减少商业债务纠纷，确是很明显的事实。与其说这套制度是要打击不法牙行，不如说是更加强牙行的职能，而其立意当然是要减少“侵吞客本，贻累客商”的可能纠纷。

无论是苏州纱缎牙行，还是赵翼、凌燽等士大夫与官员，他们不约而同地由不同面向解释或是强调了牙行对市场交易的重要性，这些言论与政策主张其实也都正面呼应了乾隆所认识到的“民间贸易，为设立牙行，以评市价，所以通商便民，彼此均有利益”的事实。由此看来，牙行在经济事务上的作用，不仅是法律明文规定的，同时政府官员与社会大众对牙行何以重要的道理也有颇为深入的认识。

对牙行“通商便民”角色的认识与期许，与十六世纪以降对

[34] （清）凌燽，《西江视臬纪事》，卷 4，页 149。

“羁旅远商”的同情，这是两股同时发展中的社会意识。两种意识的共同作用，也出现在十八世纪和商业债务有关的法律规范调整上。最明显的事例，即是法律条文开始更明确地区分债务纠纷中的牙行责任问题。乾隆二十三年（1758）十二月刑部议定通行的新例（后文简称《牙行侵欠控追》例），[35] 即特别针对“侵欠”讼案中牙行应付的不同责任，在适用的判罪法条上做了进一步厘清，牙行是否真对客商财货“侵吞入已”，这变成了该例文规范的重点：

> 牙行侵欠控追之案，审系设计诓骗，侵吞入已者，照《诓骗》本律，计赃治罪；一百二十两以上，问拟满流；追赃给主。若系分散客店，牙行并无中饱者，一千两以下，照例勒追，一年不完，依《负欠私债》律治罪；一千两以上，监禁严追，一年不完，于负欠私债律上加三等，杖九十。所欠之银，仍追给主。

承追之员，按月册报，巡道稽查，逾限不给者，巡道按册提比。如怠忽从事，拖延累商者，该巡道据实揭参，照《事件迟延》例议处；有意徇纵者，照《徇情》例，降二级调用；如有受财故纵者，计赃从重，以枉法论。[36]

依本例的规定，牙行如若真的将客商财货“侵吞入已”，则便依照《诈欺官私取财》律中第三款“诓骗”规定文字，[37] 按侵吞财

---

[35] 据吴坛考订：“此条系乾隆二十三年十二月内刑部议覆原任云南布政使傅靖条奏定例。乾隆二十六年馆修入律。”（参见：《大清律例通考》，卷 15《户律：把持行市》，页 534）

[36] （清）薛允升，《读例存疑（重刊本）》，册 3，卷 17，页 411–412。

[37] 此条律文编入《大清律例》的《刑律：贼盗：诈欺官私取财》，该条律文可分三款，其中第三款即规定对“冒认及诓赚局骗拐带人财物”行为的处罚，清代法律书籍多将此款条文简称为《诓骗》律，该条该款律文如下：“若冒认及诓赚局骗拐带人财物者，亦计赃准窃盗论，免刺。”（薛允升，《读例存疑（重刊本）》，册 4，卷 30，页 721）

物价值而予“计赃治罪”。但若是牙行“并未中饱”而只是客商财货“分散客店”，则牙行暂时不必负担赔偿客商损失的主要责任；不过，牙行没有责任只是暂时的，因为法律条文赋予其“照例勒追”的职责，并依客商财货损失在一千两以下或以上为标准，订出不同的“勒追”期限，如果该被控“侵欠”牙行不能于期限内代客商追回损失财货，则便要依照另一条律文定刑，这另一条律文便是《违禁取利》律的第二款“负欠私债”文字规定。[38] 在这条新订例文中，牙行无论有无对客商财货“侵吞入己”，其实都要负法律责任，只是，真有侵吞入己则适用较严重的《诓骗》律而科以较严的处罚；而并未侵吞入己者则援用较轻微的《负欠私债》律而处以较轻刑度。而无论是适用哪一条律文，被控“侵欠”的牙行都很可能面临“杖刑”甚或是“流刑”的处罚。《牙行侵欠控追》例文除了区别了牙行在商业债务中应该担负的不同责任之外，中央政府也要求地方官员更严肃地看待客商与牙行间的债务诉讼；这种要求不只是道德劝说，而是具体规定承审官员须将债务讼案的审理状况依期限规定呈送上级长官检查进度，这即是条文中规定的“按月册报，巡道稽查”。

《牙行侵欠控追》例的实际执行情形如何？由江西布政司发布于乾隆二十四年（1759）的一份公文书，不仅可看到当时地方政府如何立即回应乾隆二十三年十二月刑部颁行全国的这条例文，还可藉以对照乾隆元年凌燽颁行的“联票”制度在江西施行二十

[38] 此条律文编入《大清律例》的《户律：钱债：违禁取利》，该条律文可分四款，其中第二款律文的后半部文字，即是时人通称的《负欠私债》律，该条该款律文如下：“其负欠私债违约不还者，五两以上，违三月，笞一十；每一月加一等，罪止笞四十。五十两以上，违三月，笞二十；每一月加一等，罪止笞五十。百两以上，违三月，笞三十；每一月加一等，罪止杖六十。并追本、利还主。”（薛允升，《读例存疑（重刊本）》，册3，卷16，页397）

多年后的成效究竟如何。乾隆二十四年，江西布政使对全省官员颁达了《严禁牙行掩骗客本》公文书，这是一份针对“牙行掩骗客本”而制定的省内通行法令，公文开头即指出二十多年前由凌燽颁行的“三联行票”立意虽好但此时则已然成效不彰：“查联票一法，彼此互相钤制，欺瞒之弊可除，但各属鲜有实力奉行”，其故安在？这位布政使分由牙行与客商两方面立场做了解释：

> 大率牙行既不愿遵行，地方官亦不便琐屑督押致扰他弊。而客商到行，不过脱货求利，更不知有此联票之法。[39]

看来是本地牙行觉得麻烦而外来客商也多不知晓有此制度可以防阻未来可能的债务纠纷，加上地方官不能或不愿主动强制业者采纳这种制度，所以“三联行票”在江西全省的实施效果有限。[40] 而在结总了凌燽联票之法“固属杜弊之一端”后，这位布政使笔锋一转，随即提出了另一项他认为才是真能减少客商与牙行间债务纠纷的“正本清源之道”：“盖牙行殷实，自不肯累商；及疲乏之人，不合充牙，亦无从害客。要当于承克之始，加意慎重。平日再立法稽查，相辅而行，或可收杜弊之实”，这里强调的其实即是慎选有财力充分而有资格经营中介业务的牙行。值得注意的是，这名布政使其实是藉鉴了所属南昌府辖下一名州县官员的实务经验，同时，在隐约批评了凌燽联票之法立意虽好但“各属鲜有实力奉行”之余，凌燽的设计依然被采纳到这位布政使的建议中：

> 南昌府积守合州县，按季查各牙完粮底册，如有开除，即

[39] 《西江政要》（布政司本），卷2，页52。

[40] 当然，这是二十多年后的情形，凌燽任上是否真是如此？那又另待考索。

> 属消乏，即勒令歇业，出示行门，尚为清源之一法。至于交易票簿，虽别立名色，要不出互相钤制之意，则三联行票已包举无遗，旧曾饬行，似亦可仍循其式。应请通饬各属：嗣后，选充牙行，务择有产有粮确系殷实……仍按季核查，如该牙粮产有开除者，即勒令歇业，将帖立押缴销；大张告示，寔贴行门，俾远客知所趋避，不致受骗。如此，则疲乏者不得混厕牙行，庶吞欠之事可绝。仍令于各行遍贴告示，务必遵用三联行票，以杜欺瞒诓诱之端。如有以牙欠告发者，遵照新例，分别照《诓骗》律及《负欠私债》律办理。[41]

这位引文最后出现的“遵照新例”，指的正是前面所讨论的乾隆二十三年（1758）十二月由刑部议定通行的《牙行侵欠控追》例，其最主要立法原则即是将牙行“侵欠”客本的行为区别出“侵吞入己”与“并未中饱”两项，然后以《诓骗》及《负欠私债》两条律文分别治罪。江西省级官员在乾隆二十四年即订立这份《严禁牙行拖骗客本》公文书，由这里也可以看出十八世纪中期清朝中央政府的立法效果。这位江西布政使采纳了已于南昌府行有成效的办法:由州县官主动检查牙行每年的田土房产缴税纪录，若是名下已无产业，“即属消乏”，表示该牙行资产出现问题，此时，地方官不仅要对这名牙人“勒令歇业”，更主动将该牙行不良纪录“大张告示，寔贴行门”，以助使远来客商“知所趋避”。虽然凌燽的三联行票被批评，但此制度依然因其设计细节“已包举无遗”而被现任省级官员继续实行，只是，要如何让牙行愿意配合？那便不是政府能单方面规范的，主要应仍取决于当时客商如

---

[41] 《西江政要》（布政司本），卷 2，页 52－53。

何评估若是不选用联票则日后与牙行、店家发生货款纠纷的风险成本到底有多高。

《牙行侵欠控追》例在当时应是援用场合挺多的立法，主要在于这条例文对商业经营过程中牙行与客商间债务纠纷关涉第三人的若干细节问题，特别是将“牙行并无中饱者”的情境在法律规范中正式区别出来，这使审理商业债务纠纷的官员可以考虑较多较复杂的商业问题。以乾隆四十一年（1776）送呈中央政府讨论的广州“革监倪宏文赊欠英吉利国夷商翁等货银万余两无还”一案为例，广东巡抚李质颖在审理此案时只将倪宏文处以“减等拟徒，援赦杖责”刑责，乾隆皇帝批评这项判决“殊属宽纵”，并称赞“幸而部臣议驳”，刑部官员在此案审转过程中将倪宏文“改拟杖流监追”。在讨论这件商业债务讼案时，中央司法官员在驳覆改拟的主要理据是:“今倪宏文拖欠夷商货银，数至盈万，实属有心诓骗远人，非内地钱债之案可比。至所供落价亏本，及赊与客贩、舟覆货沈等语，均系狡词支饰，岂可凭信”。[42] 由这段驳覆文字看来，这里涉及的关键即是此案在《牙行侵欠控追》例的规范中究竟是要适用“侵吞入己”的《诓骗》律还是要适用“牙行并无中饱”的《负欠私债》律，显然，广东巡抚认定此案被告倪宏文的犯行是后者，而刑部官员与皇帝认定是前者。乾隆批评这名广东巡抚:“平日尚能认真办事，何以审拟此案荒唐若此！”将其“著交部察议”之外，并进一步下令:

> 著速饬追之员先将倪宏文监追，转饬该犯原籍，查产变抵，照收给与夷商收领。其不敷之数，勒限一年追清；如限满

[42] 《高宗纯皇帝实录》，影刊本，北京：中华书局，1986，清乾隆四十一年（1776）十一月下，页 687。

> 不能全完，即令该省督、抚、司、道，及承审此案之府、州、县官，于养廉银内按数摊赔。即传朕旨，赏给该夷商清账归国，勿使向隅。其各员所赔之数，俟倪宏文名下追出抵还，仍将倪宏文照部议发配。[43]

这样处罚倪宏文并连带让承审官员“按数摊赔”是否是对这批英国“夷商”的高规格礼遇呢？乾隆自己在讨论本案判决时即说:“外国夷商，贩货来售，内地民人，与之交易，自应将价值照数清还。若因拖欠，控告到官，尤宜上紧严追给领，并将拖欠之人从重究治。庶免夷人羁滞中华，而奸徒知所惩儆”；而批评广东巡抚送呈的判决结果“殊属宽纵”时，乾隆又再次提及“地方官庇护内地奸商，而令外夷受累，屈抑难伸，其事实乖，殊非体恤远人之道”。[44]这里面似乎涉及了乾隆在意的“体恤远人之道”，衍生而来的华洋债务讼案“尤宜上紧严追给领，并将拖欠之人从重

---

[43] 《高宗纯皇帝实录》，乾隆四十一年（1776）十一月下，页 687-688。

[44] 《高宗纯皇帝实录》，乾隆四十一年（1776）十一月下，页 687。有关本案更细节的讨论，以及十八世纪清政府、广东十三行商人与外国商人间债务纠纷的种种法律内以及法律外的处理，参见：Kuo-tung Anthony Ch'en（陈国栋）, *The Insolvency of the Chinese Hong Merchants*, 1760-1843. Taipei: Institute of Economics, 1990. 陈国栋，《论清代中叶广东行商经营不善的原因》，见氏著《东亚海域一千年》，台北：远流出版公司，2005，页 365-394；章文钦，《清代前期广州中西贸易中的商欠问题》，《中国经济史研究》，1990，1（1990）。郭德焱，《清代广州的巴斯商人》，北京：中华书局，2005，页 80-94；范金民，《明清商事纠纷与商业纠纷》，南京：南京大学出版社，2007，页 180-185。洋人也有欠广州行商巨款不还的例子，1806 年左右，广州行商“丽泉行”的“昆水官”潘长耀（当时外国商人将昆水官英译为 Consequa 或是 Conseequa）在几位美国商界友人帮助下，聘请美国律师在美国本土控告欠款的美国商人，该案于 1806 年 9 月在宾州（Pennsylvania state）费城（Philadelphia）郡普通法院开庭，该案纪录现存美国“宾州地区巡回法庭档案”（Records of the Circuit Court for the District of Pennsylvania）；潘长耀甚至在 1814 年 2 月 10 日写信向美国总统陈情而在美国华盛顿特区的国家档案馆留有《广东行商昆水官致美总统迷利臣禀》，参见：格兰特（Fredric D. Grant）著，周湘译，《丽泉行的败落——诉讼对十九世纪贸易的危害》，见《史林》，4（2004）：页 75-87。

究治”等既定立场，也的确会影响被告倪宏文的处境。但是，必须注意的是，在本案审理过程中，无论是地方或是中央层级的审理官员，其实都必须考虑被告所宣称的“落价亏本、赊与客贩、舟覆货沈”等理由，虽然本案的地方官员接受上述被告提出理由而中央官员与皇帝则认定其“均系狡词支饰，岂可凭信”，我想特别指出的是：这里反映的问题，已不只是审案者个人临案判断证据真假与有效程度如何的审讯能力高下，而是在既有《牙行侵欠控追》例文规范下，审判者必须辨明被告究竟应该适用《诓骗》律还是《负欠私债》律。在此情况下，法律体系及其执行也能更正式地对牙行与客商间种种复杂商业行为做出细致区别，从而对各种不同性质的债务纠纷做成既符合法律条文规定而又带有弹性调整作用的判决。

尽管乾隆二十三年（1758）十二月的《牙行侵欠控追》例文区别了牙行是否“侵吞入己”的不同规定，但在“牙行并未中饱”的情境下，被控“侵欠”的牙行依然要依客商请求赔偿货款数额而“照例勒追”，期限内无法代客商追回货款，即需要依《负欠私债》律接受科刑并且赔偿客商。这里存在的问题是：按此例文规定，即使牙行本人并未侵欠客商财货，但他依然会被判处有罪。何以如此？在史料有缺情形下，我目前只能做些推测：这大概是因为立法者相信牙行在执行中介业务时有责任保护客商的交易安全，若是交易过程中的第三人（无论是其他店家或是棉、丝小生产者）无法清偿客商财货，则牙行仍要负责清偿客商损失。这由《牙行侵欠控追》例文被归类收入《大清律例》中的《户律：市廛：把持行市》而非《户律：钱债：违禁取利》，或许也可做些佐证，因为《把持行市》主要规范的是市场交易秩序与安全，而《违禁取利》则主要处理当事人财货增加的不当得利问题。当然，这些只是单纯由法律条文做推论，至于在当时实际发生的商业债务讼案里，客商控告对象到底是牙行多还是交易第三人（如店家）多？这需要更多史料做判断。

伴随十六到十八世纪全国市场的发展，士大夫与官员，甚至是皇帝，也并非对当时商业发展漫不经心，无论是对客商远地经商遭遇的关心与同情，或是对牙行功能的认识与依重，在在是实在于当时社会之中。而由有关牙行与客商债务纠纷的法律规范看来，无论是各地方政府的告示或政令（特别是像江西按察使凌燽推行的“联票”，或是由南昌府属州县推广到全省的在破产牙行门前“大张告示，寔贴行门”办法），或是中央政府颁布通行的管理牙行新例以及乾隆二十三年颁行的《牙行侵欠控追》例文，这些法律规范也有利于客商解决或防止债务纠纷，特别是对那些由于第三人造成的债务无法清偿问题，这正是《牙行侵欠控追》例所定义和规范的牙行“并未中饱”情形（其中即包括了当其他店家等“第三人”无法清偿客商债务，而不是牙行本身无法清偿客商钱财），虽然这套新的法律规范仍然未能明确指出第三人无法清偿时所应负的法律责任，但因为明确规定牙行在一定期限内无法代客商追回钱财即需依《负欠私债》律处理，还是能在相当程度上更加保障客商经营时的交易安全。由强烈表反映同情远来客商的论述，到制订《牙行侵欠控追》例，这一系列由政治社会论述到实际修法立法的过程，正构成十六到十八世纪中国市场经济发展的有机一环。

第二节 地方与中央政府立法过程中的过失论述

《牙行侵欠控追》例文其实已隐然涉及了商业经营中的“过

失”责任认定问题，也就是说：何以即使牙行并未侵吞客商财货而仍然可能要负赔偿责任？从现有史料看，当时官员并不以有无“过失”来解释牙行的“侵欠”问题，但由后代研究者的立场看，牙行虽然“并未中饱”但却仍要在若干期限内帮客商收回因为第三人造成的损害，否则即要“照例勒追”，这里似乎预设了牙行要依其误托第三人的业务“过失”而自动负起连带责任。当然，后代研究者的立场也不一定最能说明当时历史实际，在史料限制下，此问题目前也无法深论。不过，在十八世纪清朝中央与地方各级政府制订与讨论的与商业经营相关法律中，则确实已直接涉及了“过失”方面的问题，只是，这些法律规范的制订与讨论不在与牙行有关的债负论述上，而特别集中在当时当铺业者与托典民众间的赔偿责任问题。本节将对这方面问题多做讨论。

一、浙江当铺赔偿案例与“过失”法律原则争议

“过失”观念被用到规范民间财货纠纷与赔偿责任的法律条文中，至少在汉代《二年律令》等法律条文中已散见于对失火、船人载货捆扎不结实、纵放牲畜毁人庄稼等导致财货损失的相关规定，[45] 但正式编入法典，则仍以《唐律》《杂律》门中的《受寄物费用》条律文较为清楚。明代大体承继唐律此条法律，但在法条的编排结构上，则改置于《大明律》《户律》的《钱债》门，且名称也稍稍改为《费用受寄财产》律。[46]

明律《费用受寄财产》条文字如下：“凡受寄人财物畜产而费用者，坐赃论，减一等；诈言失死者，准窃盗论，减一等。并追

[45] 徐世虹，《张家山二年律令简中的损害赔偿之规定》，见《华学》第六辑，北京：紫禁城出版社，2003，页 135-146。

[46] 此条文在唐律与明律中的简要比较，参见：吴坛，《大清律例通考》，卷 14，页 527。

物还主。其被水火、盗贼费失及畜产病死有显迹者，勿论。”[47]而这条律文也被当时熟悉诉状写作的专家转化为通用的诉状范本，如晚明一部“日用类书”即载有一份与财货纠纷相关的诉状模板，其中一段文字如下：

> 诈言故失，如窃如偷。寄之且与心交，昧之乃欺天理。费用理合赔还，死、失岂无显迹。[48]

在这份可供民众书写诉状参考的模板文字里，罗列了诸如“诈言故失、费用、失死、显迹”等关键词词，这都明显反映范本作者直接取材于当时通行《大明律》的《费用受寄财产》律文。

日用类书载录的这份诉状范本何以要特别提及《费用受寄财产》律文中的那些关键词呢？一个可能的解释是：为了预先防范被告假托“故失”而将其“费用受寄财产”的偷窃行径予以脱罪。何谓“故失”？依当时法律规定是“其被水火、盗贼费失及畜产病死有显迹者”，而若符合“故失”的法律定义，则被告即可以“勿论”，亦即无需赔偿原告。为了预先防范这种“诈言故失”行径，日用类书这份诉状模板才罗列这段文字。《大清律》完全承继此条明律，而针对此律中最能让原告失望而被告脱罪的此条法律后半部文字：“其被水火、盗贼费失及畜产病死有显迹者，勿论。”由十八世纪初年著名律注家沈之奇撰著的《大清律辑注》对此条法律文字有如下的释义：

---

[47] 《大明律》，怀效锋点校，北京：法律出版社，1999，卷9，页83。

[48] 《新刻天下四民便览三台万用正宗》，卷8《律例门：财本类》，页348。对明清“日用类书”发展的综述，参见：吴蕙芳，《万宝全书：明清时期的民间生活实录》，台北：台湾政治大学历史学系，2001。

> 若被水火盗贼费失及病死各有显迹可据者，勿论。不坐罪，亦不追赔，事出不测，非受寄者之过也。[49]

《大清律辑注》是清代流传甚广的律学名著，对后来清朝的法律释义学有很大的影响力。沈之奇此处是以“事出不测，非受寄者之过”对法条文字做了释义，其中所用理据，其实即已相当接近现代西方法律区别有无“过失”（negligence）的观念或原则。[50]财物为“水火、盗贼费失”，以及牲畜“病死”，这些法律文字上明定的天灾人祸，若真是“各有显迹可据者”的话，则便符合《费用受寄财产》律文所规定的“勿论”条件。用沈之奇的话说，这段条文规定的法律效果即应该是：被告“不坐罪，亦不追赔”；而之所以无需坐罪、不必追赔，则正因为是“事出不测，非受寄者之过也”。

然而，若真是“事出不测，非受寄者之过”，则被告即不用赔偿原告吗？对原告而言，自己存放寄托在被告处所的财货或牲畜，一旦遭受“各有显迹可据”的天灾人祸而减少或是消失，则原告这些损失难道便真的“勿论”而无法得到赔偿了吗？至少在十八世纪中期，这条《费用受寄财产》有关“勿论”的法律规定即已面临社会大众颇为强大的挑战与检验，而发生这类问题的最明显场域，则是在当铺失火或失窃时的赔偿问题上：委托民众财货因火灾或盗窃遭受损失时，当铺主人到底应不应该赔偿典客？而如果需要赔偿，则又该如何区别赔偿的比率？在十八世纪中期的浙江、

[49] （清）沈之奇，《大清律辑注》，新校本，卷 9，页 584。

[50] 一般说来，“过失”（negligence）在现代英美法中：“一般含义是指缺乏注意（careless），其在法律上的含义，则指未达到一个通情达理的人在当时的情况下根据法律所应达到的注意标准。”（薛波主编，潘汉典总审订，《元照英美法词典》，北京：法律出版社，2003，页 955）

江苏、安徽、湖南、江西等许多地方，许多地方官开始更被委托财物受损失民众与经常同样是受害人的当铺主人夹在中间，面对典当民众与典铺商人针对自身权益的不同请求，许多承审官员都被这类赔偿问题引发的讼案卷入，相互辩难、讨论，终而做成裁决，这是一段极有趣的司法故事。

按现有材料看，这段十八世纪的司法故事肇端自浙江省。乾隆十一年（1746）的五到七月间，浙江省布政使与按察使在审转省内呈送的一份典铺失火案件判决书时，发现当时浙江全省司法官员处理这类案件的方式各有同异，为了加强法律适用方面的统一性，他们便试图拟订一份可供日后全省处理同类案件的法令规范；然而，在布政使、按察使转送浙江巡抚与闽浙总督等上级长官核定此套法令时，几位省级官员却又针对一些具体细节产生不同意见，因而在浙江省内开展了一场为期至少三个月的法律论辩，这场辩论的主题即是有关如何修订全省通用的典铺火灾赔偿责任法律规范。

论辩的起始，浙江省布政使与按察使两人先对当时省内常见的典铺火灾案件做了以下的仔细分析：

> 查得：典铺一项，上输朝廷课税，下通民间缓急，理宜矜恤。且当票之内，原载有“风烟不测，各听天命”之语。如遇（自行）失火、（邻火）延烧，情形各有不同，赔、免，应行区别。缘各属失火、延烧当物，从前议赔数目，前后参差，因之，议详亦各互异，不免胥役从中援引轻重，致启小民争端扰累。本司等正在酌议画章程，会请宪示。[51]

[51]《治浙成规》，见《官箴书集成》第六册，合肥：黄山书社，1997，卷 5，页 528。

文中首先称赞了典铺主人“上输朝廷课税，下通民间缓急”的贡献，从而开宗明义点出典铺主人也是火灾的受害人因而“理宜矜恤”。此外，这里也透露了当时浙江省内民间通行的“当票”文契一般是开列有“风烟不测，各听天命”的条款，这条款主要指的是讲明典当民众事先即需要知道自己该负担火灾的风险，万一典铺起火致使寄存财货受损时，典当民众应要自认损失，不该再向典铺要求赔偿。然而，在实际发生典铺起火财货受损案件时，这种当票文契大概罕能阻挡典当民众强烈要求典铺赔偿甚至向官府提出告诉。

若严格按照《费用受寄财产》中有关“勿论”的法律规定，则只要符合“事出不测，非受寄者之过”的通行解释，当铺主人是可以“不坐罪，亦不追赔”；但在当时司法实务上，如何认定“非受寄者之过”？可能仍有不小争议。任何一种火灾都是“事出不测”而“非受寄者之过”吗？答案显然并不如此，至少即很难将典铺内部职员“自行失火”也说成是“非受寄者之过”。浙江布、按两使在上述引文中即提及：“如遇（自行）失火、（邻火）延烧，情形各有不同，赔、免，应行区别”，这说的即是火灾至少有“自行失火”与“邻火延烧”两类，很难将“自行失火”说成是完全“非受寄者之过”，因此，通常这类案件的处理情形应是自行失火者应“赔”而邻火延烧者应“免”。然而，究竟该“赔”损失财物的全部或是部分金额？而应“免”的情形又是否便真的让典当民众拿不到任何补偿？当时浙江省内承审官员对这类案件如何议赔的处理方式也不一致，甚至前后矛盾（“议赔数目，前后参差”），从而引发“胥役从中援引轻重”弊端，甚至造成“小民争端扰累”。问题不可谓不严重，浙江布、按两使因而主张修订适用浙江全省的法例（也可称为“省例”），[52] 希望日后省内承审官员可循统一法令判决此类案件，这个修法主张区别了四种典铺火灾情形，并依序做了或“免”或“赔”的具体建议：

> （1）如邻火沿烧当房、住屋，一切对象俱未搬移、尽成灰烬，验明取结，免其议赔。
>
> （2）如典户本家不慎失火，烧去住房、当屋，亦令地方官查勘情形，如无放火偷运情弊，取结，一体免赔。
>
> （3）如仅烧当房而住屋未焚、力尚可赔者，茕茕典质之人，若不议赔偿，未免有向隅之泣，应将典质衣服、珠玉、米谷、丝、棉及木器、书画各项物件，概以贯五扣利找赔；金银器饰，虽被焚烧，尚可淘取，以值十当七计重扣利赔还；铜铅锡铁，火镕渣汁，亦可淘取，应以贯六扣利找赔。
>
> （4）若住屋被焚而当房尚存者，毋论沿烧、自起，应听取赎。倘有遗失，照议分别赔偿。其应扣利银，总以失火日为止；年月已满，概不准找，应赔银两，统限两月内赔清。[53]

典铺主人是否在火灾后赔偿典当民众的财物损失？是上列四项规定的重点。而有两个判别标准通贯这四项规定的内容：一是将“当铺”财货损失区分成存贮财物的“当房”与典铺主人自住的“本家”；二是将当铺失火原因分为“邻火沿烧”与“本家不慎

[52] 有关清代“省例”发展概况以及学界对此类法律规范性质的初步讨论，参见：寺田浩明，《清代の省例》，见滋贺秀三编，《中国法制史：基本资料の研究》，页 657–714；谷井阳子，《清代则例省例考》，见杨一凡总主编，寺田浩明主编，《中国法制史考证》丙编第四卷，页 120–214；王志强，《清代的地方法规》，见氏著《法律多元视角下的清代国家法律》，北京：北京大学出版社，2003，页 19–49。

[53] 《治浙成规》，卷 5，页 528–529。为便利讨论，笔者已将此段引文各分小段并加添编号。

失火”，综合这两个判准而产生了上列四项规定的不同适用情境。简单地说，这四项规定将典铺主人是否赔偿这个问题分为两大类：第一类是典铺主人依法“免其议赔、一体免赔”，第一和第二项规定即属此类情形；第二类则是典铺主人需依财物损失的具体情况，按损失财货性质分别以“贯五扣利找赔、值十当七计重扣利赔还、贯六扣利找赔”等不同比率赔偿典当民众，并将赔偿时限的计算通则订为“其应扣利银，总以失火日为止；统限两月内赔清”，第三和第四项规定情形属之。

浙江巡抚读到这份修法建议后表示可以接受上开四项规定的第一项（“如邻火沿烧当房、住屋，一切对象俱未搬移、尽成灰烬，验明取结，免其议赔”），但他无法同意第二项（“如典户本家不慎失火，烧去住房、当屋，亦令地方官查勘情形，如无放火偷运情弊，取结，一体免赔”），而其反对的具体理由是：“邻火延烧，该典原属因人连累；至本家失火，乃系典户自不小心谨慎所致。典质之人俱系穷民，因本典自己失火，而与邻火沿烧者漫无区别，概置不议，殊于情理未平。”[54]这里强调的是“典户自不小心谨慎”与“该典原属因人连累”两者差别应在法律判决上做出区分的合理性，也就是说，关于典铺主人在火灾引起典当民众托存财物损失的请求赔偿案件中，政府法律应该考虑的关键是：典铺主人自身是否“小心谨慎”？或换成现代法律用语说是：究竟典铺主人有无“过失”？

为消除上级长官的质疑，两位布政使与按察使再次阐释了他们建议修法的理据，他们响应的重点有二：一是“典铺当物被焚，原应议令赔偿，但质典之人虽系穷民，而典户出资，输税、便民，

[54] 《治浙成规》，卷5，页529。

亦宜矜恤。况烧毁物件，在典质之人，所失无多；而典户亏本，盈千累万，似应按其情形，量加区别”，这第一项理据强调的是典铺主人对国家税收与协助百姓藉贷应急的重要贡献，不能因为托存典当民众多系穷民，而不管典铺主人是否有能力在火灾后赔偿财物损失民众。第二项理据则是强调：“本司等原议：典铺被焚当物，无论延烧及本家失火，但免赔偿者，系指住房、当屋尽成灰烬未经搬移而言……若仅烧当房而住屋未焚，均议赔偿”，关键仍在于遭受火灾的典铺是否有能力赔偿，因此，浙江布、按两使再次澄清他们的修法建议是要区别典铺主人居住的“住屋”与典铺存贮当物的“当房”是否同时失火烧毁。在陈述第二项理据的同时，他们更进一步阐发了自己对“小心谨慎”、“事出不测”等当时区分《费用受寄财产》有关“勿论”关键术语的法律见解：

> 夫邻火延烧，因人连累，情固可悯；而本典失火，虽不小心谨慎所致，然事出不测，当房、住屋一概焚毁，家资荡然，亦有力不能赔之势。如不论沿烧、自起，住、当房屋尽焚，概议赔偿，恐力不能赔，徒启地棍勒诈之端，而究无赔偿之实。典铺视为畏途，民用不能缓急，殊多未便。[55]

这里出现了一项当时可能较不寻常的法律见解：“邻火延烧，因人而累，情固可悯”，但即使典铺本身“不小心谨慎”引发火灾而造成财物损失，其实也仍然是“事出不测”，也不是典铺主人愿意看到的结果。这里似乎隐含了对沈之奇所谓“事出不测，非受

---

[55] 《治浙成规》，卷5，页529−530。

寄者之过也”之类较通行的法律推理做了扩张性的阐释：即使是自己典铺内部职员“不小心谨慎”，也有可能算入“事出不测”，而仍然属于“非受寄者之过”。当然，两位布、按使并未将这套“事出不测”的扩张性阐释说得很清楚，他们最清楚强调的其实是再次呼应了前述第一项理据：“典铺视为畏途，民用不能缓急，殊多未便”，这里说的依然是典铺在日常生活协助百姓藉贷应急的贡献，并再附加上一条避免地棍勒索的搭配性小理由：“住、当房屋尽焚，概议赔偿，恐力不能赔，徒启地棍勒诈之端，而究无赔偿之实。”

在浙江出现的这场立法论辩中，浙江巡抚的质疑最终未能奏效，乾隆十一年七月，闽浙总督接受两位布、按使的全部修法建议，并称赞这套典铺失火“分别议赔”的法令是：“情理得平，不致偏累。”[56]

值得注意的是，乾隆十一年七月议定的《典铺失火》例在浙江省境内还有其他后续效应，当此例被援用到典铺失窃案件时，又再做了调整。《治浙成规》收录了两件典铺失窃代表性案例，一是乾隆十五年（1750）萧山县典铺主人单家治呈报的当货被窃案，二是乾隆二十一年（1756）三月二十九日夜晚发生的秀水县典商“卜义兴”失窃当货案，这两件案子最后都是“照典当失火之例”处理，以乾隆十一年典铺失火法令为准则，将赔偿比率定为“贯五赔偿”，其细节则是：“照例：当本一两，再找给银一两，扣利赔偿，其利扣至失事之日为止。若年月已满者，概不准找。”不过，乾隆十五年萧山县典铺窃案最后“照典当失火之例”做成赔偿判决的背后，其实有着一场规模较小的争议，萧山知县及其上级长

[56] 《治浙成规》，卷5，页530。

官绍兴知府间，对典铺失窃是否可以完全比照失火案例处理，特别是其中有关典铺主人是否可以在某些情况下“免赔”的问题，双方立场迥异，萧山知县似乎主张“失窃”也可比照“失火”而区出两种，一是“强劫”，可比照“邻火延烧”；一是“鼠窃”，可比照“本家自行失火”，两者不同的法律效果在于：“强劫”可以免赔，而“鼠窃”则要做赔偿。绍兴知府无法同意此种区分，他主张典铺主人在法律上应负更大的责任：“无论强劫、鼠窃，难辞典守之责”，浙江省级长官同意绍兴知府的看法，并对典铺“失火”与“失窃”二者差异在法理上做了区别：

> 失火事属天灾，猝不及防，是以原情分别找赔。至于典铺失窃，与失火不同，凡开张典铺，俱系有力之家，所收当货，理宜高厚墙垣，每夜轮值支更，巡查严密，以防盗贼，岂容怠惰偷安致有疏失！虽典户出资图利输税便民亦宜轸恤，而典质之人俱系穷民，所典或系己物，或系亲友藉贷，价值当不及半，一旦被窃，尤堪悯恻。应如该府所议……如此，则典户既有专责，而穷民亦不致于连累，庶几情理两得其平矣。该县请照《失火找赔》之例，似毋庸议。

看来，萧山知县也援用了前述乾隆十一年浙江布、按两使着重典铺主人贡献的提法，强调典铺主人“出资图利输税便民亦宜轸恤”，但绍兴知府与这次浙江省长官则更多地强调典铺主人的财富能力与业务责任：“凡开张典铺，俱系有力之家，所收当货，理宜高厚墙垣，每夜轮值支更，巡查严密，以防盗贼，岂容怠惰偷安致有疏失！”此外，典当民众的损失也更多地被重视：“典质之人俱系穷民，所典或系己物，或系亲友藉贷，价值当不及半，一旦被窃，尤堪悯恻。”很明显地，前述乾隆十一年闽浙总督笔下的“情理得平，不致偏累”，和这里所引乾隆十五年浙江省级官员笔下的“情理两得其平”，两者包含的意思是不太相同的，前者偏重的是若典铺主人赔偿太多则“典铺视为畏途，民用不能缓急，殊多未便”，而后者偏重的则是“穷民不致于连累”而“开张典铺，俱系有力之家，所收当货，理宜高厚墙垣，每夜轮值支更，巡查严密，以防盗贼，岂容怠惰偷安致有疏失！”

由乾隆十一年的典铺失火立法辩论，到乾隆十五年的典铺失窃修法争议，规模虽有大小之异，但却都涉及法律规范如何判定当铺主人在事故中的“过失”程度及相应而来的应负责任问题；同时，由涉及争议官员的法理论据看来，无论失火或失窃，有关“事出不测，非受寄者之过也”这项清律《费用受寄财产》“勿论”原则的运用，其实是处于变动过程中的，不同官员对典铺主人在失火或失窃中究竟有无“过失”的界定，其实也同时涉及他们对“有力之家”的典铺主人以及“典质之家”是否多属“穷人”等问题的既定看法。这些问题在其后的他省相关立法与中央政府的律例修订过程中，一样表现出来，我将在结论中对这些问题续做讨论。

二、湖南、江西省例与《大清律例》的当铺、染坊赔偿立法

乾隆二十四年（1759）十一月十九日，湖南按察使严有禧在审转桂东县发生的“扶映巨”染房失窃案时，转引了该县知县卢廷琮呈送上级核可的公文书。在该份公文书里，这位卢知县建议湖南省内各级长官可以援用“江、浙两省现行省例”以处理此案，他援用的江、浙省例相关条文如下：“凡当铺、染坊，除邻火延烧、强盗打劫之案俱免勒赔，其自己失火、窃贼鼠盗，即照原当之票，

找赔半价。”[57] 此外，卢知县还对邻省这套法律的立法理由与执行细节都做了详细说明：

> 盖缘质当货物，十仅当五，如物价一两，当银五钱，其所亏半价，除去应收月利，按数赔还。至染坊收染物色，更非典当已经得受质银以应质需可比，若不谨慎数藏，遇有火、贼二患，在染坊，染价有限；而众姓之货值，所存不赀。应令新者照时价赔偿，旧者量减十分之四；并令染坊收染之时，即于票内注明新旧字样，以杜争端。倘赔偿之后，获贼到案，即令贼属变赔；如不足数，仍着染坊赔还。[58]

卢知县转引的江、浙省例，其基本立法原则如下：失火与失窃都可各自分为两种，凡属失火中的“邻火延烧”与失窃中的“强盗打劫”，其法律结果都是“俱免勒赔”；而失火中的“自己失火”与失窃中的“窃贼鼠盗”，其法律结果则都是“照原当之票，找赔半价”。我目前仍未能找到当时江苏省关于典铺或染坊赔偿的法律规范，但由乾隆十一年七月议定的浙江《典铺失火》例以及乾隆十五年的浙江典铺失窃判决看来，卢廷琮在乾隆二十一年所引述的“江、浙两省现行省例”，似乎已开始逐渐定型并相继为其他省份所藉鉴；这套法律规范的基本立法原则，即是区别四种失火、失窃情境，并分别规定了“俱免勒赔”与“找赔半价”两类赔偿办

[57] 《湖南省例成案》，据清刊本摄制微卷，台湾“中央研究院”历史语言研究所藏，卷33《户律钱债门：费用受寄财产》，页25–26。由前述《治浙成规》记录的乾隆十五年、二十一年典铺失窃案判决看来，内容与卢廷琮此处援引“江、浙两省现行省例”有所差异，特别是卢氏所谓“邻火延烧、强盗打劫之案俱免勒赔”，即与《治浙成规》所见强盗打劫的规定不同。此中缘由，仍有待进一步考查。

[58] 《湖南省例成案》，卷33《户律钱债门：费用受寄财产》，页25–26。

法。此外，还可发现：这套处理“火、贼二患”赔偿方式的法律规范，也已不限于典铺这个行业，染坊也成为另一个适用对象。当然，典铺与染坊两个行业接受民众委托存放的财货性质有异，如何赔偿各不同财货的具体细节，仍有差异，对比卢廷琮所引染坊赔偿新、旧衣料的不同计算方式，以及前节引用浙江乾隆十一年七月议定《典铺失火》例第三项规定典铺赔偿各项不同财货计价方式，即可得窥一二。

卢廷琮知县在送呈审转的公文书上，不仅建议长官援用江、浙省例判决县内“扶映巨”染房失窃案，他在这份公文的开头，还写下自己对当时这类“火、贼二患”赔偿案件的实地观察与处理经验：

> 民间失火，虽属天灾；事主被窃，亦属不幸。但穷民甚多，若不议赔，则聚讼盈廷，告讦纷纷。地方官以例既未载，束手莫展。而穷民扰攘私闹，恃众搬抢，每至酿成大狱。且恐不肖典商、染坊，乘机私运，藉隙暗藏；而人情莫测，诈伪百出，甚至监守自盗，纵火焚屋，以及失少报多，尤为流弊无底。[59]

卢知县观察到：当时湖南各县的典铺、染坊在遭逢“火、贼二患”后，对托典民众的财物损失经常不予赔偿，这不仅引发不少托典民众“聚讼盈廷，告讦纷纷”，更让地方官面对此类案件时因为“例既未载”而“束手莫展”，最后结果是：“穷民扰攘私闹，恃众搬抢，每至酿成大狱”。然而，卢知县在深稔此类案件可能引发民众告讦纷纷甚至是恃众搬抢结局的同时，仍是不忘典铺、染坊

[59]《湖南省例成案》，卷33《户律钱债门：费用受寄财产》，页25。

经营者也是受害者的事实:“民间失火，虽属天灾；事主被窃，亦属不幸”，尽管他也同时知道有些不肖典商、染坊“乘机私运、监守自盗、失少报多”等流弊。在这种无法可依的局势下，要如何兼顾典铺、染坊主人以及穷苦托存财物民众损失的两难局面？更加强了卢知县建议长官援用江、浙两省现行省例的迫切性。

按察使严有禧最终接受了卢知县的分析与建议，同时，严有禧还添加了更多的立法理由并综合拟订了各项赔偿办法，以供湖南巡抚在修订法律时做最后定夺。他的立法理由是:“本司查：当铺、染坊，原为贸易取利。凡有他人典、染对象，理宜慎密收藏，授受清楚，岂容稍有玩视。然而，盗窃、火焚，亦事所常有。在店户，以资本已无，焉能再偿原物；在民人，又以付交什物，何甘素手空回。构讼纷争，势所不免。更恐狡黠之徒捏饰焚、窃情形，阴图侵肥私，均未可定。”他接受了卢廷琮转引的江、浙省例，建议采用如下两项办法：一是:“邻火延烧、大盗强劫二者，原非得已，地方官如果查明属实，被烧之物，免其赔偿；劫去原赃，俟获盗追出给领”；另一则是:“其自行失火烧毁，或被鼠窃偷摸，乃该店户防范不慎所致，典守之责，咎无可辞。在当物，已得过一半典价，即照原票银数找赔，仍扣除月利。在染物，新者照时价赔偿，旧者量减十分之四；并令染坊于收染时给与一票，注明是何什物，及新旧字样；店中底簿，亦令照填。遇有失事，以便核对估赔。”[60]

严有禧在乾隆二十四年十一月十九日做的修法建议，得到湖南巡抚的同意，这套典铺与染坊的相关赔偿法令，不仅用来解决桂东县的扶映巨案件，也进一步成为湖南省通行的法令。湖南巡抚很快即在同年十一月二十二日发布命令:“如详，通饬遵

[60] 《湖南省例成案》，卷 33《户律钱债门：费用受寄财产》，页 27。

照，出示晓谕办理。扶映巨之案，即饬议赔，仍勒缉赃贼，务获究报。"[61]"扶映巨"染坊因为遭受的是"鼠窃偷摸"，所以被要求"议赔"，而其之所以不能像"大盗强劫"般"免其赔偿"的主要理由，用严有禧所主张的法律理由来说即是："鼠窃偷摸，乃该店户防范不慎所致，典守之责，咎无可辞"。继湖南省之后，江西省也在次年的乾隆二十五年（1760）通过了类似立法："染铺被火……实系延烧查明确凿，请免赔偿。"[62]

综合江西、湖南、浙江、江苏等省有关当铺、染坊失火或失窃如何赔偿的诸多立法例看来，确是可以发现其间共通的特征：尽管小有争议，但对于邻火延烧与强盗打劫两类原因造成财物损失的案件而言，几乎已经确定了业者在原则上无需赔偿的共识。何以业者遭到邻火延烧或是强盗打劫即无需赔偿呢？若以严有禧使用的法律推理来说，其中道理即是："原非得已"，这和沈之奇解释《费用受寄财产》律有关"勿论"规定的法律释义是同样的道理，正是所谓"事出不测，非受寄者之过也"。

然而，中央政府有关典铺、染坊失火失窃赔偿案件的立法活动不仅开始的较晚，而且还对于上述省份已然确立的邻火延烧与强盗打劫无需赔偿法律原则做了修正。浙江、湖南、江西等省是在乾隆十一年（1746）到乾隆二十五年（1760）间陆续通过了典铺、染坊失火失窃赔偿的省例，成为各省处理同类案件的统一法律规范。但直至乾隆三十七年（1772），这类法律条文才正式进入了《大清律例》，距较早出现此类省例的浙江已时隔二十七年；同时，中央政府此条立法例似乎也并不直接来自江苏、浙江、湖南

[61]《湖南省例成案》，卷33《户律钱债门：费用受寄财产》，页28。

[62]《西江政要》（按察司本），卷2，页36。

或是江西现行省例的影响，而是肇因于乾隆三十四年（1769）十月间北京城的“兴隆当”失火案件，步军统领衙门审理此案时顺便奏请制定了该条法律，不知何故，这次立法过程拖得很长，直至乾隆三十七年才正式编入《大清律例》，而且被编入的是《刑律：杂犯：失火》门，而不是《户律：钱债：费用受寄财产》门，该条例文有如下规定：

> 凡京城当行失火，除所当货物未被焚烧者，仍按件准令取赎外，其已被烧毁者，俱按票价量减，以七成赔还。倘奸商、店伙人等有乘机偷盗情弊，审实，照窃盗律治罪。[63]

虽然这条例文规定的是“京城当行失火”，不一定完全适用全国各省，但在立法原则上则反映一个关键差异：原先其他省份省例所具备的区分“邻火延烧、自行失火”原则在《大清律例》此条例文中消失了，取而代之的赔偿原则是“其已被烧毁者，俱按票价量减，以七成赔还”，一律以当票议定价值打七折赔偿损失财物的民众，而不再区分当铺业者是否“不慎”失火，也不管该失火事件究竟是不是“事出不测”；当然，其他省例中因为“事出不测，非受寄者之过”而推导出来的“免其议赔”规定，也不可能出现在《大清律例》此条例文中。可以说，原先几个省份制订与执行法律规范时所体现的“过失”原则，并未被中央政府修订颁行的此条立法例所采纳。

四年后，两江总督高晋对这条《大清律例》例文提出修法建议，乾隆四十一年（1776）六月初一日，清高宗读到了高晋引用

[63]（清）吴坛，《大清律例通考》，新校本，页982。

其治下通行典商收当货物失火延烧如何赔偿的立法通例，以此间接批评了乾隆三十七年颁布的上述《大清律例》例文，高晋的看法是："江苏、安徽、江西三省典铺，失火、延烧着赔，按照所当货物，分别减数赔偿，经户部议覆通行各省。较之原例通以七成赔还者，似属周详。"[64]看来，"通以七成赔还"的规定不够"周详"，正是高晋批评的重点。同时，由高晋奏议还可得知，在乾隆三十七年《大清律例》新例文公布前，户部原先即已议覆"通行各省"，批准了典铺"（自行）失火、（邻火）延烧"的区别性赔偿办法，由此可见：乾隆三十七年的《大清律例》新例，既不与几份现行省例相合，也不符合户部批准通行全国的法令。清高宗读到高晋奏折后加上了朱批："此奏是"，并于六月五日将此朱批奏折发交刑部官员集议讨论；六月二十三日，刑部官员在尚书英廉领衔下，即依两江总督高晋的修法建议上奏皇帝，六月二十四日即"奉旨依议，钦此"。[65]乾隆四十二年（1777），清廷即重新修订了《大清律例》旧有的乾隆三十七年例文，新例文字规定如下：

> 凡典商收当货物，自行失火烧毁者，以值十当五，照原典价值计算作为准数。邻火延烧者，酌减十分之二，按月扣除利息，照数赔偿。其米、麦、豆石、棉花等粗重之物，典当一年为满者，统以贯三计算，（自行失火烧毁者）照原典价值给还十分之三；邻火延烧者，减去原典价值二分，以减剩八分之数，

[64] 吴坛，《大清律例通考》，页982。本段引文摘自《大清律例通考》，至于高晋原奏，则收于清乾隆四十一年六月二十三日刑部尚书英廉等人所上奏折《奏议典商收当货物失火延烧赔偿章程》，此奏折影印见张伟仁主编，《"中央研究院"历史语言研究所现存清代内阁大库原藏明清档案》（后文以《明清档案》简称此书），台北：联经出版公司，1986—1995，册227，页48-55。

[65] 《明清档案》，册227，页52、55。

给还十分之三，均不扣除利息。倘奸商合伙人等，于失火时将当不及五、贵重器物贪利隐匿及乘机盗卖情弊，照所隐之物，按所值银数计赃，准窃盗论治罪，追出原物给主。其未被焚烧及搬出各物，仍听当主照号取赎。[66]

乾隆四十二年新例重新添入了既有几省省例中区分“自行失火烧毁”与“邻火延烧”的不同赔偿原则，但是，中央政府颁行的这条新例在规范“邻火延烧”部分仍有所不同：不是像有些省例规定的“免其议赔”，而是比“自行失火烧毁”者再酌减若干比率赔还，其赔还细节依托存典货的性质而有不同，一般对象是以“自行失火烧毁”赔偿额度“酌减十分之二”赔还，“米、麦、豆石、棉花等粗重之物”则以“自行失火烧毁”赔偿额度的“减剩八分之数，给还十分之三”。简单地做个计算，乾隆四十二年新订的典铺赔偿办法是：将损失财物依一般财货与大宗物资做区别，“自行失火”原则是一般财货赔 50% 而大宗物资赔 30%，至于“邻火延烧”情形，则是一般财货赔 40% 而大宗物资赔 24%。

比起乾隆三十七年“其已被烧毁者，俱按票价量减，以七成赔还”的中央政府原订《京城当行失火》例文，乾隆四十二年这条新修《大清律例》例文适用对象不仅由京城扩大到全国典商，更重要的是，它还正式承认了当时若干省份已经率先施行的区分“自行失火”与“邻火延烧”不同赔偿原则，尽管中央政府并非是照单全收，并不接受“邻火延烧”典商无需赔偿托典民众的规定，而是一方面在若干程度上嵌入“事出不测，非受寄者之过”的“过失”法律原则，让“邻火延烧”的赔偿方式仍能与“自行

[66] （清）吴坛，《大清律例通考》，页 982。

失火”情形有所区别；但另一方面，则又并未照搬几份既存省级立法前例对于遭受“邻火延烧”损失受典财物的当铺主人可以“免其议赔”的规定，而是依照托存财货性质，而分别订出40%或24%的赔偿比率，虽然这个比率仍比“自行失火”的50%或30%为低。

另外也要注意的是，乾隆四十二年的《大清律例》新例文，只规范了典铺失火的赔偿，它不仅未论及典铺失窃如何赔偿，也未将赔偿办法推广到染坊失火或失窃的案件上。《大清律例》在这方面其实是呈显某种法律规定上的空隙，还比不上一些既存的省级法例，要再经过六十多年后，才有新出例文填补此条法律空隙：道光二十三年（1843），添加了有关“染店”失火的规定；道光二十四年（1844），则增入有关典铺与染店失窃的规定。与增修例文内容的同时，道光二十四年也正式将所有这些有关典铺、染坊失火和失窃的例文，由原来的《刑律：杂犯：失火》门，改置于《户律：钱债：费用受寄财产》门。[67]

由清代地方与中央政府对典铺、染坊失火与失窃进行的立法工作看来，这里至少留下两项立法方面的问题值得继续探究，一是乾隆四十二年中央政府律例公布后，既有省例存在对典铺失火所做的不同法律规范是否便会在审判过程中完全失去影响力？二是明知不少省例已对典铺、染坊同时做了失火与失窃方面的规范，但何以乾隆四十二年《大清律例》新例文仍然只处理典铺失火而不旁及其他情形呢？这两个问题仍需再找更多史料来回答。

尽管目前受限史料恐怕暂时无法回答上述两个问题，但由

[67] 有关这方面法律条文添增与移置的立法过程，参见：《钦定大清会典事例》，卷764，页11-12。

十八世纪浙江、湖南、江西地方政府订颁有关典铺、染坊赔偿法律命令的演变，以及中央政府两次对《大清律例》“失火”门相关例文的调整，还是可清楚看到“事出不测，非受寄者之过”这项《费用受寄财产》有关“勿论”法律原则，如何逐步适用到典铺、染坊遭受火灾与劫盗事故后如何赔偿托存财货民众财产损失的法律案件上。这些十八世纪陆续出现在地方与中央政府的法律规范，其主要内容不是在对典铺、染坊主人或任何其他关系人施加刑罚，而是要试图订定出“情、理两平”的赔偿责任，无论是对典铺主人“免其议赔”或是赔偿50%、40%、30%、24%，这些都不是刑事上笞、杖等罪罚，而是面对各个案件中对赔偿问题有不同主张的双方民众，官员希望在其判决中做出能让原、被告双方都能甘心接受的赔偿比率与赔偿细节。

同时，官员在制订这些回复当事人财产的赔偿性法律条文时，为了使赔偿办法能够“情理两平”，也时常运用两类论述来进行论证或是修辞：最明显的一类论述，即是如何判定该案是否是“受寄者之过”的问题（本章称之为“过失”原则），官员集中论证的是典铺或染坊主人在不同性质事故中，究竟是属于“理宜慎密收藏，授受清楚，岂容稍有玩视”的“不慎自行失火”情形，还是“邻火延烧，该典原属因人连累”的情形。另外一类论述较隐藏，但不仅经常和第一类论述搭配在一起，同时也有重要的影响力，那即是：将案件双方区分成“有力之家”与“穷民”，并把典铺主人形容成是“有力之家”，而将托典民众归类为“具系穷民”。无论是乾隆十一年浙江巡抚质疑布、按两使草拟法令时的说词：“邻火延烧，该典原属因人连累；至本家失火，乃系典户自不小心谨慎所致。典质之人俱系穷民，因本典自己失火，而与邻火沿烧者漫无区别，概置不议，殊于情理未平”；或是乾隆二十一年湖南桂东知县所说的“民间失火，虽属天灾；事主被窃，亦属不幸。但穷民甚多，若不议赔，则聚讼盈廷，告讦纷纷”，这里都暗示了法律争议案件中应该如何处理或是兼顾富人与穷人之间利益矛盾的课题，也成为不少卷入立法争议官员用以铺陈自身修法立场的重要线索。

小　结

由十八世纪清代地方与中央政府法令中涉及商业“债负”与“过失”赔偿责任两类问题的内容演变与立法过程，本章对牙行与当铺两种商业组织做了些检视，至于所要探讨的重点，则不在于这些商业组织的功能如何变化，而是试着将这两类商业组织放回当时的法律运作架构做讨论。

由各类涉及客商与牙行“债负”关系的法条或禁令内容，笔者分析了十八世纪地方官员如何一方面对远来客商“本亏货折”情境致予深深同情，另一方面却同时在理解牙行“通商便民”正面功能下而对“牙行侵欠”问题进行法律改革，诸如江西省级官员由推广“合同联票”（乾隆元年，1736）到主动将财务有问题的牙行“大张告示，寔贴行门”以提醒客商注意（乾隆二十四年，1759），以及乾隆二十三年（1758）十二月由中央政府议定通行的《牙行侵欠控追》例。特别是《牙行侵欠控追》例，这条法律将牙行与客商间的债负关系区分为“侵吞入己”与“并未中饱”两类，在法律规范上为复杂的商业债务关系预留了可予区别的空间，从此，债负法律即可以更清楚地区别牙行、客商与其他店家之间的金钱与财货往来关系，当客商无法讨回所属钱财时，这里面的

"债务"关系即可能分属牙行无法清偿（"侵吞入己"）或是其他店家无法清偿（"牙行并未中饱"）两类。前者的无法清偿，《牙行侵欠控追》例便规定以既有的《诓骗》律处理；至于若是属于后者情形的无法清偿，《牙行侵欠控追》例则明确限定期限要求牙行代为取偿，否则即将被控牙行依《负欠私债》律治罪。对客商与牙行而言，经营上的债务风险便能更加地明确责任所属问题。在后者情形下，牙行虽系"无辜"，即使牙行并未中饱客商钱财但仍需要依法代替其他店家清偿债务，这看似对牙行经营者不公平，但是却将原来法律上规定不够明确的债务责任问题，做了更清楚界定。这对十八世纪中国商业组织的发展应有较正面的作用，也是当时法律运作架构有利经济发展的一个变化。

当铺、染坊这类收贮民众财货的商业组织，在经营商业时总难免遇上水火风雨等自然灾害或是盗窃强劫等人为损失，这些都是商业经营上的风险，这类风险要如何分担？若依当时一些省份通行当票合同的规定，上面已预先写好"风烟不测，各听天命"等字样，然而，一旦发生自然或人为损失，面对"聚讼盈廷，告讦纷纷"甚或是"穷民扰攘私闹，恃众搬抢"的财物损失赔偿争议事件，政府官员也很难但凭当票上的约定而束手不管让激动群众"各听天命"。十八世纪区别典铺"自行失火"与"邻火延烧"的法律规范，在地域上由浙江、江苏、安徽而蔓延到湖南、江西，并且在内容上由典铺失火扩展到典铺失窃乃至染坊失火与失窃，这在当时可谓是有关民间商业经营赔偿责任问题的一波省级立法运动。最后，甚至也若干程度地影响到刑部统一制颁的《大清律例》，终而在乾隆四十二年的新例中纳入了"自行失火"与"邻火延烧"的区别性赔偿原则。当时因为当票规定"风烟不测，各听天命"而使业者有较强理由可据以宣称不予理赔，而面对可能群情激愤四处抗议的托典财物已然损失的民众，何以官员仍然要在法律上赋予典商在“邻火延烧”等情形下可以“免其议赔”的保障？由前述几段法律论述中，已可见到官员再三强调的理据：“质典之人虽系穷民，而典户出资，输税、便民，亦宜矜恤”，这里反映的是官员希望能同时兼顾典铺主人与托典民众两者的利益。然而，毕竟“邻火延烧”与后来出现的“强盗打劫”可以依法“免其议赔”已经成为当时省例的立法主流，典铺与染坊主人当然是这类立法的受益者，在此套法律规范下，他们可以在面对自然与人为风险时同时得到当票合同与官方法律的双重保障。但是，如果托典、托染民众真的“俱系穷民”，则何以官员真能如此安心让典铺与染坊主人在“风烟不测”时不必赔偿而让穷民“各听天命”呢？特别是明清许多城镇中的典铺多系外来客商所开设，[68]面对又是富人，又是外来客民，地方官员何以如此心安理得地区别“邻火延烧、强盗打劫”而好似独厚富人呢？

这里至少存在两个可能：一是官员真的偏袒富人，甚至经常希望在冲突纠纷中得到富人的财物打点而沦为官商勾结的情境。乾隆年间江苏昆山县人龚炜即生动地记录了当时实际发生的典商与官员“贼串合诈坑贫民”案件，面对昆山县某家典铺“诳报”当房失火（其实是别处失火而并未真的延烧当房）而知县竟信以为真，引发本地士民不满，甚至出现“雷神巧，火神更巧”的讥讽语句，而且还出现“士民哗于学宫者，不下数千人”的抗议典商诳报邻火延烧不予赔偿的事件，据信，该家典商趁夜将当房民众

[68] 明代南京城即有众多徽州典客，顾起元《客座赘语》如此描述当时情形：“典当铺在正德前，皆本京人开，今与绸缎铺、盐店，皆为外郡外省富民所据矣”（新校本，张惠荣校点，南京：凤凰出版社，2005，卷 2《民利》，页 69）。不少研究都提及这个外地客民在城镇中开设典铺的现象，可略见：范金民、夏维中，《明清徽州典商述略》，见《徽学》第二辑，合肥：安徽大学出版社，2002，页 129－138。

托存财货运到了其位于苏州城内的另座典铺。[69] 官商勾结的结果，使得十八世纪法律也可得以若干程度反映典商利益，这是一个可以再讨论的方向（至少需要再多对当时参与立法官员的私生活做更多调查）。但另一个可能性，则涉及了士大夫、官员乃至皇帝对富人社会功能评价的微妙转变，以及在此微妙转变中重新界定了富人与穷人之间的关系。除了前节所述浙江、湖南官员在立法时多次提及的典铺主人有“输税、便民”的功能外，乾隆十一年浙江布、按两使所用的话语，更点明了他们对典铺如何有益社会大众的具体评价：立法之所以不该让典铺主人一律赔偿，正因为不能因为赔偿方法过于严苛而让商人将经营“典铺视为畏途”，进而造成“民用不能缓急，殊多未便”的不利结果。没错，当时还是有其他官员强调托典民众的生计问题要比“矜恤”典商更加重要，所谓的“典质之人俱系穷民，所典或系己物，或系亲友藉贷，价值当不及半，一旦被窃，尤堪悯恻”，正反映此派官员的基本态度；但是，由相关立法过程看，认为穷人比典商“尤堪悯恻”的言论，仍然不是这套立法论述的主流意见。

社会上对富人的评价当然是多种多样的，我无意在此强调何者才是当时真正的主流意见，只是，就十八世纪典铺失火失窃赔偿问题的立法论述看来，其中确实明显存在一种肯认典商有利穷人的价值默认。这种论述当然不一定会是当时评价富人的最普遍方式，[70] 但在十八世纪中国，某些有关富人对社会有贡献的言论

[69] （清）龚炜，《巢林笔谈》，新校本，北京：中华书局，1981，卷 2，页 50。

[70] 晚明一部公案小说，即曾透过虚构人物说出一段反映当时轻视甚至是敌视富人的另一类话语：“古称为富不仁，汝家巨富，未必全无过也。”（李春芳编次，《海刚峰先生居官公案》，影印明万历三十四年［1606］金陵万卷楼虚舟生刊本，上海：上海古籍出版社，1990，第 70 回《判江城匿名害人》，页 362）如果“为富不仁”是当时不少人的既定观念，则十八世纪典铺失火失窃赔偿立法中“矜恤”典商论述的发展，便更加显得特别有意义。

已在愈来愈多场合出现，一位江西按察使下达于嘉庆九年（1804）的公文书，在鼓励省内富有农民可以“仿照当铺款式”贷谷给其他贫穷农民而酌收利息的同时，他主张未来应让这些富有农民可以“亦立当票，于还谷之时，发给当户收执，以为来年当谷之据”，以便利双方藉贷关系能预先“杜绝争端”。[71]而在推行这项政策时，这位按察使还做了如此评论：

> 夫欲保全富户，必使穷民明白其中利害，方可加以惩劝，盖富乃贫之母，为国家元气，富户凋敝，不仅贫民失依，元气亦伤。[72]

他不仅自己认为“富乃贫之母，为国家元气”，甚至还希望晓谕省内穷民能够认识到“富户凋敝，不仅贫民失依，元气亦伤”的道理。类似的主张，其实也出自于十八世纪全国知名的幕友与官员汪辉祖（1730—1807）口中：

> 藏富于民，非专为民计也。水旱戎役，非财不可。长民者，保富有素，遇需财之时，恳恻劝谕，必能捐财给匮，虽悕于财者，亦感奋从公，而事无不济矣。且富人者，贫人之所仰给也。邑有富户，凡自食其力者，皆可藉以资生。至富者贫，而贫者益无以为业，适有公事，必多梗治之患。故保富，是为治要道。[73]

---

[71] 《西江政要》（按察司本），卷43，页7。
[72] 《西江政要》（按察司本），卷43，页6。
[73] （清）汪辉祖，《学治续说》，《汪龙庄遗书》本，“保富”条，页125。

"保富，是为治要道"，这是汪辉祖的学幕经验，也是他劝告其他有志幕学甚至是有机会为官者的箴言。

除了"保富"这类言论外，富人是否该为穷人的不幸处境负责？也意外成为一个曾被公开讨论的话题。当雍正皇帝强迫曾静（1679—1736）与他进行"法庭辩论"时，他们两人意外地留下了这份中国史上少见的关于贫、富生成原因的对话录：

> 问曾静：旨意问你，书内云土田尽为富户所收、富者日富、贫者日贫等语。自古贫富不齐，乃物之情也。凡人能勤俭节省、积累成家，则贫者可富；若游惰侈汰、耗散败业，则富者亦贫。富户之收并田产，实由贫民之自致窘迫、售田产于富户也……你以富者日富、贫者日贫俱归咎于君上，有何理据呢？
>
> 曾静供：此是弥天重犯山鄙之粗见、不通世事之愚论。岂知贫以游惰而致、富因勤俭而得，此等不齐，自天降下民已然，原非人力之所能挽。盖天之生物不齐，因五气杂揉，不能一致，人之昏明巧拙、才质不同，乃造化之自然，虽天亦无可如何。人之贫富，视乎作为营办，作为营办又视乎才力之巧拙昏明，此自然之理势也。况天道福善祸淫，更幽远莫测，其穷困者，安知不是天厄之；其丰亨者，安知不是天相之乎！皇上以抚育为心，举一世而涵濡之，岂愿其有此。得圣谕点化，更觉分明。[74]

[74] 《大义觉迷录》，影印清雍正年间内府刻本，台北：文海出版社，1970，卷1。对曾静案件所做的思想与文化史分析，参见：王泛森，《从曾静案看十八世纪前期的社会心态》，见《大陆杂志》，85,4（1992）：页1-22；史景迁（Jonathan D. Spence），《皇帝与秀才：皇权游戏中的文人悲剧》，邱辛晔译，上海：上海远东出版社，2005。

简单地说，雍正认为贫与富的经济状况都是个人能力或是品格的展现：“凡人能勤俭节省、积累成家，则贫者可富；若游惰侈汰、耗散败业，则富者亦贫”，表现在土地所有上的贫富不均问题，其实是“贫民之自致窘迫、售田产于富户。”而无论是被迫或自愿，曾静的响应也很令人吃惊，除了同意雍正关于富人“勤俭”而穷人“游惰”的因果关系说明外，他甚至进一步推论了雍正的贫、富因果关系论述，将贫、富处境说成是上帝意旨的展现：“天道福善祸淫，更幽远莫测，其穷困者，安知不是天厄之;其丰亨者，安知不是天相之乎！”雍正与曾静其实不只是要解释个人何以会变成贫人或是富人，而更想要对贫富不均的社会现象由整体性质上进行说明，双方讨论的重点，其实更像是要证成雍正提出的这个有关社会经济整体性质的结论：“贫富不齐，乃物之情也。”[75]

也许是急于为自己政绩“辩诬”（如质疑曾静之前说的“你以富者日富、贫者日贫俱归咎于君上，有何理据呢？”），雍正在某种激动心情下才说出这句“贫富不齐，乃物之情也”的结论，但是，这样的语句其实可能正好更反映了他对社会上贫富不均现象的解读与认知，此时反而无需以其他社会上主流的伦理道德观念

---

[75] 将社会上贫、富差异现象做某种宗教性的解释，并不始自曾静；明代以前，类似“富贵在天”等隐含各人贫富状态缘由的讨论其实很模糊，如元末明初时人转引宋人邵雍的话：“邵子曰：夫人不能自富，必待天之与其富，然后能富。人不能自贵，必待天之与其贵，然后能贵。若然，则富贵在天也，非在人也”（长谷真逸，《农田余话》，影印明万历刻《宝颜堂秘笈本》，见《四库全书存目丛书》，台南县：庄严出版公司,1995，子部，册239，卷下，页338），但这里“天”的含义与内容并不很清楚。至少到了南宋，则已出现将个人性格与自身贫富结果联系起来的讨论，参见：Joseph P. McDermott（周绍明），“Family Financial Plans of the Southern Sung.” Asia Major 4, 2 (1991): pp.41−42。而即使到了晚明“功过格”思潮日益普及，功过格作者在宣扬“财富是对善（行）的奖励”时，也同时经常很“明确地怀疑富人的道德能力”（参见：包筠雅，《功过格：明清社会的道德秩序》，页227）。只是，我觉得雍正与曾静这儿的讨论，其实并不侧重个人境遇的富或贫，而是更着重于贫富不均的社会现象，并在讨论过程中带入更多试图说明经济现象何以常处“不平等”状态的“社会性”解释。

来遮掩自己心中的真实想法。依此想法，则穷人之所以陷入贫困，不仅是由于他们自己的“游惰侈汰、耗散败业”，而更可能是反映“贫富不齐，乃物之情也”的天地自然之理，无论是从哪一方面做说明，则富人其实都无需太为穷人的贫困处境再负任何实质或是道义上的责任。

对于贫富不均的生成原因问题，乾隆大概难得再有机会像《大义觉迷录》中雍正这般少有忌惮地畅谈“贫富不齐，乃物之情也”。但乾隆三十三年（1768）三月间，对于当时两淮盐政尤拔世奏请下令对盐商“教以节俭，冀挽浇风，以示俭朴”的言论，乾隆则以“寄信上谕”方式痛斥此论“殊为不晓事体，若执此谬见，复何以办理鹾政耶？”而乾隆之所以要大动肝火斥责尤拔世，则是他对富人与穷人间的社会经济关系其实也有一套特别看法：“此等殷商，坐拥厚赀，即费用略多，亦复何碍？且使游手好闲之徒，藉以资其膏润。若徒拘崇俭之虚名，更复加以禁遏，则伊等转以自封为得计，于酌盈剂虚之道深属无当。”[76]这段评论虽未直接讨论穷人究系自己“游手好闲”所致或者仍是受害于富人的巧取豪夺，但由所谓富人“坐拥厚赀，即费用略多，亦复何碍”的评论内容看来，乾隆显然并不将富人财富对立于穷人生计，他反而认定“费用略多”的富人消费行为其实正可让“游手好闲之徒，藉以资其膏润”，乾隆认为富人“费用略多”根本即是一种有益穷人生计的“酌盈剂虚之道”；[77]而尤拔世竟然想对盐商“教以节俭”，

[76] 尤拔世的奏折以及乾隆的反应，这些经过都可见于陈国栋生动的转引与分梳，参见：陈国栋，《有关陆楫〈禁奢辨〉之研究所涉及的学理问题——跨学门的意见》，见《新史学》，5，2（1994）：页159-162。

[77] 由一般经济学原理对“消费、浪费、过度消费、消费不足”与“节俭的矛盾”等语句的分析，参见：陈国栋，《有关陆楫〈禁奢辨〉之研究所涉及的学理问题——跨学门的意见》。

这不是反而破坏了“酌盈剂虚之道”吗？若依尤拔世建议，则富人不见得真正“节俭”而穷人则极可能更加无以为生，乾隆批评其“不晓事体”，正为此故。

综合看来，十八世纪中国社会对有关“富人到底对穷人做了什么？”这样的问题，其实同时存在着种种不同的论述。如果由一串光谱来定位正反两面评价，则认为富人经常“为富不仁”应该对穷人贫困处境负责是一极端，而认为“富乃贫之母，为国家元气”等“保富”论述则为另一极端，处在此两极端中间的，则至少还有雍正的“贫富不齐，乃物之情也”、乾隆认可的富人“费用略多”可使穷人“资其膏润”这样一种“酌盈剂虚之道”，以及明末清初以来几类讨论禁奢政策适当与否的论述。[78]将此问题拉回到本章主要节次的分析，由明末李乐将客商收不回钱财的经商债务现象描述成“这商货中间，又有藉本置来者，举家悬望，如何负了他？负了他，天不容，地不载，世间极恶大罪！余目击心伤”，到清初福建巡抚张伯行痛斥牙店、棍豪、衙胥“赊营、揭藉”客商钱财不还而使其“本亏货折”，进而为这些远来客商慨叹“谁怜越陌度阡、目断家园于异国？”乾隆五年（1740）乾隆下令整顿不肖牙行“侵蚀客本，（拖）欠货银”问题时，也在将“羁旅远商含忍莫诉，甚属可悯”这样的文字直接放入通令全国的上谕里，这些讨论牙行、店家积欠客商债务不予清偿的债负论述，背后其实都反映了当时对富人评价问题的微妙转变。至于十八世纪渐次推展的典铺、染坊赔偿责任问题立法运动，由省例到《大清律例》的修订，各级地方官员更是在讨论典铺主人究系“不慎”

[78] 针对明末清初讨论禁奢政策问题的不同言论，有学者曾由“明末清初经世思想的脉络”提供更多的例证，参见：林丽月，《陆楫（1515—1552）崇奢思想再探——兼论近年明清经济思想史研究的几个问题》，见《新史学》，5，1（1994）：页131-151。

抑或“连累”等“事出不测，非受寄者之过”相关法律问题时，经常带入了如何兼顾典商“有力之家”与典物民众“具系穷民”之间利益的讨论，这里面当然也直接碰触到当时官员如何看待“富人到底对穷人做了什么？”这样的问题。只有当富人无需太为穷人生活困境负太多“抽象责任”时，这类涉及“过失”责任的法律论述，才能开始让法律制订者更有意识地去区别“自行失火”与“邻火延烧”的不同赔偿责任，从此意义而言，法律规范里明文规定的金钱财物等实质赔偿责任，其实是与法条文字背后所蕴含的对富人应该如何对穷人生计担负义务的“抽象责任”概念相互关联。

总之，由十八世纪中国有关客商债负与典铺赔偿责任的法律论述，可以让我们进一步理解当时法律规范如何厘清客商、牙行与店家等第三人之间的复杂债权债务关系，以及如何试图将典铺、染坊的经营风险予以更明确地界定，这些法律规范的演变，将会对牙行、店家、典铺、染坊甚至是多由客商经营的棉布字号与丝业账房等商业组织的结构与运作，带来更多而且更深的影响。尽管传统中国未出现近代欧洲法典化运动意义下的民、商法典，但这些包括债务、过失在内的各类民间契约关系，却绝非是与政府法律缺乏任何有意义的互动。[79]

有学者已明确指出:“对于中国社会的契约秩序（有）异于西

[79] 对明清契约研究所做的综合讨论，以及建议兼采当事人主观看法来分析传统中国的契约关系，参见：岸本美绪，《明清契约文书》，王亚新译，见滋贺秀三等著，《明清时期的民事审判与民间契约》，页 280-326。而对过去不少研究侧重由“交易成本”讨论契约，有学者则建议重新找回“社会伦理关系”这项“失落的隐喻”，藉以更细致地检明清各类契约关系，参见：Jonathan K. Ocko, “The Missing Metaphor: Applying Western Legal Scholarship to the Study of Contract and Property in Early Modern China.” In Madeleine Zelin, Jonathan K. Ocko, and Robert Gardella eds., *Contract and Property in Early Modern China*, pp. 178-205.

洋近代的特殊性质，不（该）仅仅停留在有无近代性的讨论上；进一步考虑其固有的特点究竟是什么，具有更重要的意义。”[80] 在笔者看来，如何更深刻地理解传统中国契约等“私法”关系的演变？将会是进一步研究明清中国社会经济变化特点的重要一环。当然，总有人仍然喜欢以“农业社会 vs. 商业社会”的两极化对照来掌握传统中国社会经济的“特点”。然而，传统中国固然未发展成十八世纪后半英国工业革命以后普及的动力机器技术与工厂制生产组织，也没有类似十八世纪英国法官引入商业习惯判案以及十九世纪欧陆法学家推动的民商法典化运动；但是，当时中国发生的种种经济社会变化，也绝非是“没有发展的增长”能有效说明，就算不符合近代西欧式的“商业社会”，但其间发生的种种重要变化却也不是一句“农业社会”所能轻易概括。

由十六到十八世纪一批批明清士大夫、官员甚至是皇帝本人对外来客商受债务问题困扰所传达出来的深切同情，乃至十八世纪地方与中央法律规范如何厘清客商、牙行与店家等第三人之间的复杂债权、债务关系，以及如何试图将典铺、染坊的经营风险予以更明确地界定，这些都不是“农业社会”即能概括的变化。明清中国真的不曾出现有利市场经济发展的“商业法律”吗？真的只有近代欧洲标准下的普通法变化或民商法典化运动才能算是促进经济发展的“商业法律”吗？要想更有效地论辩这些问题，仍然需要更多司法案例做检证。本章追索十八世纪实际发生于地方与中央的债负与过失相关法律条文，一方面论证其间值得重视的内容变动，另一方面也希望强调以下多项史实：十六世纪以后不少士大夫与官员对“羁旅远商”的深切同情，以及十八世纪地

[80]　岸本美绪，《明清契约文书》，页 311。

方官员在论述典铺、染坊赔偿问题时所常表露的对富人有利“输税、便民”的价值观，甚至是其间强调不能让典商赔偿过甚而使其“视典铺为畏途”以免“民用不能缓急，殊多未便”等论点，这些社会评论或是法律论述，其实都涉及了当时对外来客商与“有力之家”富人究竟应该如何评价的问题，也关联到当时人们如何看待富人对穷人该负何种社会责任的问题，这些结合观念心态与法律规范的变化，都是值得重视的变化。本章结论是：十八世纪“牙行侵欠”债负与典铺失火遭窃“过失”赔偿两类法律修订过程，以及其间反映的推理与辩论方式，都让我们有机会进一步理解十六到十八世纪中国市场经济变迁的内在理路。

第七章　由苏州金箔业讼案检视晚清的商事立法

二十世纪的最初十余年，也约是在清朝统治的最后十多年间，中国政府不仅开始大量继受许多原本实行于欧陆、英美或是日本的商业法律，同时也开始大力提倡本国商人筹组商会，并且赋予商会执行多项商业法律的正式任务。这是政府在经济立法上的努力；而在商人方面，则也开始更主动地争取参与制定与修改商业法律的主导权，包括苏州商会在内的全国商会代表，即于清末两度齐聚上海，共同议商“民间版”的全国性“商律”修制工作。大致看来，在清末推动经济立法的过程中，政府与商人之间其实充满了程度不同的合作、对抗与妥协。

就在苏州商会积极涉入这波政府加速制订以及商会主动参与的商事立法过程中，同时间，许多发生在苏州本地的各类商事讼案，也开始由苏州商会介入协调与裁决。藉由分析一起发生在光绪末年的苏州市场讼案，笔者希望考察清末法律变迁过程中的两类不同性质法律规范：一是“国家制定法”，这同时包括了传统的《户律》“市廛”章法律规范以及清末新颁的《公司律》等藉鉴外国的“商法”；二是那些影响苏州市场经营的“商业习惯”，以及地方司法衙门采择既有的本地商业习惯而能够影响相关判决的“习惯法”。透过这两类不同性质法律规范的考察，笔者将探究以下两个问题：第一，不同性质的法律规范，究竟在什么时候、并以何种方式进入司法审判与调解过程？第二，涉及讼案的双方当事人究竟如何使用不同策略来利用“国家制定法”与“习惯法”以提高胜诉的可能性？简言之，本章主要目的即是想透过个案研究，增进学界对“国家制定法”与“习惯法”彼此如何区隔与竞合的理解。

第一节 晚清商事立法下的政府与商会

晚清政府开始主动而全面地介入全国经济事务，不仅政府组织在经济行政方面开始出现诸如设立商部等巨大变化，制颁商律等相关经济立法工作也加速展开。这些政府经济组织、经济功能以及经济立法的重大变化，主要和晚清追求富强的“商战”思想与“收回利权”运动密切相关。

十九世纪晚期以降，开始有愈来愈多的国内外人士在中国提倡“重商、商战”思想，郑观应、陈炽等人也建议清廷加意扶植本国工商业，并主张制订商律藉以保护并奖励本国商业的发展。戊戌变法时期，康有为、梁启超等人也曾建议制订商法，商战思想逐渐形诸政策，政府开始倡设“保商局、商务局”等经济行政机构。[1] 八国联军侵入北京，慈禧在重回京师被迫变法后，包含经济立法在内的各

[1] 参见：赵丰田，《晚清五十年经济思想史》，台北：华世出版社，1975；王尔敏，《商战观念与重商思想》，见氏著《中国近代思想史论》，台北：华世出版社，1977，页233-379；张晋藩，《中国法律的传统与近代转型》，北京：法律出版社，1997，页430-433；黄克武，《清季重商思想与商绅阶层的兴起》，见《思与言》，21，5（1984）：页486-500；李达嘉，“商人与政治：以上海为中心的探讨，1895—1914”，台北：台湾大学历史学研究所博士论文，1994，页33-55；果鸿孝，《论清末政府在经济上除弊兴利的主要之举》，见《中国社会经济史研究》，3（1991）：页69-79。

项法律修制工作，也更积极展开。

特别是《辛丑和约》要求中国赔偿四亿五千万两海关银，平均每年要支付二千二百万两，这数字已占去清政府当时全年税入八千余万两的四分之一以上。为保证中国能够按期向各国支付这笔巨额赔款，《辛丑和约》不仅设定了中国的海关税、常关税、盐税做抵押，相关外国政府也希望藉由修订进口税则、裁减厘金、扩展内河航权以及在中国境内开采矿产、修筑铁路等方面占有利权，一方面保障每年赔款能够按期收到，一方面也希望更有效地增加本国商人在中国的经济权利。在这场由光绪二十八年到三十二年（1902—1906）的长达六年商约谈判之中，清政府分别与英、美、日、葡、德、意等国陆续展开磋商，[2]藉由与各国代表一场接一场的面对面谈判，许多清朝官员体认到两个重要道理：一是面对各国步步进逼要求在中国获取各种具体经济利益的巨大压力，“挽收利权”工作已刻不容缓。二是中国如欲挽回利权，其中一个重要前提，即是中国要先进行相关的修法与立法工作，在拟出一套能被欧美列强认同与配合的法律体系后，外国政府也会考虑尊重或是放弃在中国的领事裁判权。[3]从而，经济事务的“挽回利权”，便与法律事务上的“挽回法权”，两者息息相关互为表里。

晚清以来，不仅是政府更加理解“收回利权”的迫切性，许多中国商民的实际经济利益也因为产销组织、金融系统等等方面的制度性变革，[4]不仅面临外国商人在商业竞争上的更大挑战，也

---

[2] 中华人民共和国海关总署研究室编译，《辛丑和约订立以后的商约谈判》，北京：中华书局，1994，《出版说明》，页1－2。

[3] 日本政府在1899年透过制订种种现代欧陆法律，而使外国政府取消在日本的领事裁判权，也对此时中国官员与知识份子产生鼓励与刺激作用。

[4] 郝延平，《中国近代商业革命》，陈潮等译，上海：上海人民出版社，1991。

扩大了本国商人参与市场经济的范围，各类新式企业数目也不断增加。[5] 晚清中国，在政府官员与民间商人之间，“收回利权”已成为共同利益与共同主张，并逐渐汇成一场大规模的经济、政治与社会运动，[6]“收回利权、挽回利权”的思想和主张乃加速落实为具体政策。另一方面，配合戊戌变法以来政府译书工作扩及外国法典与法学文献的需要，清廷乃于光绪三十年四月一日（1904年5月15日）正式成立了“修订法律馆”；光绪三十一年（1905）以后，全国各地又纷纷创设新式法律学堂，政府也更积极延聘日本法学专家来华讲授近代法学并协助制订法律，这些现象反映着晚清法制“近代化”工作的展开，[7] 也为晚清日益普遍的“挽回法权”思潮与相关政令，提供了落实与支撑的法学专业人材。

晚清包含商事立法在内的各种经济法律制颁过程，正是在这种“挽回利权”与“挽回法权”相为表里的交互作用下加速演进。同时，十八、十九世纪以来中国境内所发生的华商与洋商贸易纠纷也日益增加，众多商业讼案造成许多清朝官员的困扰，处理稍有不善，不仅本国商人不满，更愈来愈能引致外国政府及其在华领事官员的巨大压力，这也都构成清末商事与经济立法的动力来

[5] 有关清末以来新式企业的分类统计数字，参见：张玉法，《清末民初的官办工业》，台湾“中央研究院”近代史研究所编，《清季自强运动研讨会论文集》下册，台北：台湾“中央研究院”近代史研究所，1988，页629－704；张玉法，《清末民初的官督商办工业》，见《“中央研究院”近代史研究所集刊》，17下（1988）：页35－68；张玉法，《清末民初的民营工业》，见《“中央研究院”近代史研究所集刊》，18（1989）：页315－561。

[6] 参见：李恩涵，《论清季中国的民族主义》、《中国近代之收回铁路利权运动（1904—1911）》，二文都见氏著《近代中国史事研究论集》，台北：台湾“商务印书馆”，1982，页45－67、541－560；唐文权，《经济民族主义的勃起》，见氏著《觉醒与迷误：中国近代民族主义思潮研究》，上海：上海人民出版社，1993，特别见页162－177对“抵制外货”与“收回利权”的介绍。

[7] 黄源盛，《晚清法制近代化的动因及其开展》，见氏著《中国传统法制与思想》，台北：五南图书出版公司，1998，页290－305。

源。法律修订馆大臣伍廷芳曾很好地点出其中问题的症结：

> 中国华洋讼案，日益繁多。外人以我审判与彼不同，时存歧视。商民又不谙外国法制，往往疑为偏袒，积不能平。每因寻常争讼细故，酿成交涉问题。比年以来，更仆难数。若不变通诉讼之法，纵令事事规仿，极力追步，真体难充，大用未妙，于法政仍无济也。[8]

清朝官员在处理日益增多的“华洋讼案”中，时常同时面对来自外国领事与本国商民的压力与质疑，因为洋商拥有母国政府在华领事裁判权做后盾，难免本国商人怀疑司法判决不公，长期忍受司法积怨，“每因寻常争讼细故，酿成交涉问题”。尽管存在诸如洋商指控的仿冒未经授权商品的“中国人民违犯迹近假冒之弊”，[9] 这些侵权行为固然是华商该负之责任，不能以“不谙外国法制”搪塞；然而，领事裁判权的存在，则确是经常使本国商人在华洋商业讼案中处于不利地位的制度性因素。然则，要使外国政府放弃既已取得的领事裁判权，便也必须拉近华商与洋商在商业讼案中商业法律规范，试着制订出华洋商人都可接受的商事、民事与经济立法。

上述华洋商事讼案增加对清朝官员与本国商人所带来的冲击，其实也是一个中国如何融入世界性资本主义及其配套经济法制的问题，而不只是如何挽回本国被侵占的经济资源与被剥夺的司法审判权而已。然而，无论是要强调“挽回”或是要凸显“融入”

[8] （清）伍廷芳，《奏诉讼法请先试办折》（1906 年 4 月 25 日），见丁贤俊、喻作凤编，《伍廷芳集》，北京：中华书局，1993，上册，页 279。

[9] 《辛丑和约订立以后的商约谈判》，页 18。

的重要性，总之，都是要试图拉近当时中国固有法律与欧美强权国家近代法律之间的差距，这是清末十年出现一连串经济立法的基本立法原则。但最困难的问题则是：究竟如何才能“拉近”双方的法制差距？

光绪二十九年二月二十五日，清政府发布“通商惠工，为古今经国之要政，急应加意讲求”的上谕，并派载振、袁世凯、伍廷芳等人负责起草“商律”。光绪二十九年七月（1903 年 8 月）清廷设立“商部”，各项经济立法更是加速展开；同年十月，清廷重申命令各省成立“商务局”以负起振兴各省商务的职责；同年十一月二十四日（1904 年 1 月 11 日）由商部奏定《商会简明章程》，要求官员在各地劝设“商会”。自此，商部（后称农工商部）、商务局（后称农工商务局）以及商会（后分总会、分会与分所），便成为清末推动各类经济法令实际执行工作的专责机构。商部之下，设有四司、两馆：平均司、通艺司、保惠司、会计司为四司，而法律馆、商报馆为两馆。虽然商部内部组织有诸如许多事务与“外务部”重叠等权责不清的问题[10]，但这毕竟是重要的政府经济行政组织变化。[11] 光绪三十二年九月二十日（1906 年 11 月 6 日），为配合“预备立宪”事宜，清政府将“工部”并入“商部”成为“农工商部”，地方上又再增设“劝业道”，同时也调整农工商部内

[10] 织田万在 1905 年开始用调查资料撰写《清国行政法》时，即已质疑 1903 年清政府新成立的“商部”组织方式，他批评“商部”和“外务部”职责相互重叠而且彼此权限划分不清，因而比不上日本政府设立的“农商务省”（参见：织田万，《清国行政法泛论》，台北：华世出版社，1979，页 361-362）。

[11] 参见：王尔敏，《中国近代之工商致富论与商贸体制之西化》，见台湾“中央研究院”编，《“中央研究院”国际汉学会议论文集》下册，台北：台湾“中央研究院”，1981，页 1215—1262；朱英，《论晚清的商务局、农工商局》，见《近代史研究》，4（1994）：页 73-91；阮忠仁，《清末民初农工商机构的设立：政府与经济现代化关系之检讨，1903—1916》，台北：台湾师范大学历史研究所，1988，页 49-115；曾田三郎，《清末における“商战”论の展开と商务局の设置》，见《アシア研究》，38，1（1991）：页 47-78。

部组织。[12]

自光绪二十九年底起，商部与农工商部陆续制颁了多种经济立法，并制订相关实施细则与解释命令，其中不少是涉及市场组织、债务契约、物权、商标、金融组织、商业与矿业投资等方面的重要法律。[13] 如光绪二十九年九月，公布《奖励华商公司章程》；[14] 光绪二十九年十一月二十四日（1904 年 1 月 11 日）制定《商会简明章程》廿六条，光绪二十九年十二月五日（1904 年 1 月 21 日）颁定《商人通例》九条和《公司律》十一节一百三十一条，构成清代公布《钦定大清商律》的最初主体。光绪三十年，又陆续颁布《商标注册试办章程》廿八条与《公司注册试办章程》十八条。光绪三十二年四月（1906）公布《破产律》九节六十九条，作为光绪二十九年所颁《钦定大清商律》的补充内容。此外，光绪三十二年还颁定《奖给商勋章程》八条，光绪三十三年七月则将原颁《奖励华商公司章程》由八条扩修为廿条，并制颁《华商办理实业爵商章程》十条。光绪三十三年九月（1907），并颁布《矿务正章》七十四款、《矿务附章》七十三条。另外，度支部也在光绪三十四年正月定颁《厘定各银行则例》，内容包括《大清银行则

[12] “改平均司为农务司，专司农政”；“改通艺司为工务司，专司工政”；“改保惠司为商务司，专司商政，以旧隶会计司之赛会、词讼各项属之”；并将原属“商部”主管的铁路、轮船、邮政等事务划属新设“邮传部”，参见：北京故宫博物院明清档案部编，《清末筹备立宪档案史料》，北京：中华书局，1979，上册，页 481。

[13] 清末经济立法的主要内容，可查考《大清法规大全》（影印清宣统间政学社石印本，台北：宏业书局，1972），内收《实业部》、《财政部》等编所录法令与奏章。清末经济立法的相关研究，参见：朱英，《论清末的经济法规》，见《历史研究》，5（1993）：页 96-97；慈鸿飞，《中国资本主义经济法在清末的产生、特点及历史作用》，《南开经济研究》，1994，1（1994）：页 72-74、66。

[14] 早在“百日维新”期间的清光绪二十四年（1898），政府即制定了《振兴工艺给奖章程》十二款，有学者称此章程为“中国有史以来的第一套奖励工商办法”，参见：李达嘉，“商人与政治：以上海为中心的探讨，1895—1914”，页 41；施仁章，《清末奖励工商实业政策及其影响》，见《中国社会经济史研究》，2（1982）：页 78-84。

例》廿四条、《银行通行则例》十五条、《殖业银行则例》三十四条、《储蓄银行则例》十三条，并于光绪三十四年七月制颁《银行注册章程》八条。[15]

在这些经济立法当中，《钦定大清商律》可谓是影响经济行为较为广泛的“商事立法”。学者指出：晚清商事立法可大致分为光绪二十九年至光绪三十三年以及光绪三十四年至宣统三年等两个阶段，第一阶段的立法工作主要由商部主导，第二阶段则改由修订法律馆及当时聘请的日本法律顾问所主导。[16]然而，要同时留意的是：无论商部或是修订法律馆所主导的经济与商事立法工作，都设计了一些赋予“商会”从中协助或实际执行的法律条文。探究晚清商事立法的演变，不能只将目光放在政府部门或外国顾问上，要同时留意社会团体与政府法律之间的复杂互动。

商会在晚清包含商事法律在内的经济立法工作中，具有很重要的角色，特别是在许多法律程序与法条执行面上，更是如此。如《简明商会章程》和《公司注册试办章程》中，商会即取得各地公司申请合法“注册”的登录权力。《商会简明章程》第十九款规定：“凡商家定货之合同、房地出入之文契，以及抵押称货之券据，凡可执以凭者，均应赴商会注册。将凭单上盖明图记，以昭信实而杜诳诈欺伪等弊。”[17]《商人通例》第三条也规定妇人经商必须“呈报商部存案，或在该处左近所设商会呈明，转报商部存案”，以取得政府合法保护。《破产律》第一条也规定：商人破产，“应赴地方官及商会呈报”；而《破产律》第三节规范“债主会议”

[15] 《大清法规大全：财政部》，卷 9，页 2688—2698。

[16] 黄源盛，《中国法律文化的传统与蜕变》，见氏著《法律继受与近代中国法》，台北：黄若乔，2007，页 24-25。

[17] 《天津商会档案汇编（1903—1911）》，天津：人民出版社，1989，页 25。

各条（第十七至廿四条）内容，将负责“清理破产一切事宜”各项手续事务几乎都发交商会主持。[18]

这些商事立法适用于全国范围，而各地商会在申请成立时，又是按照中央颁布的商会相关法规而取得核可。以苏州成立的苏州商务总会为例，[19] 光绪三十一年九月（1905）拟呈的《苏商总会试办章程》第六十三条即规定:“按部章第十九款，凡商家定货之合同、房地出入之文契，以及抵押称贷之券据，凡可执以为凭之件，欲赴本会注册，将凭单上盖明图记，以昭信实而杜诳诈欺伪等弊者。本会当照办。”[20] 光绪三十一年十二月（1905 年 11 月 14 日）的《商部为释注册有关规定札饬苏商总会》更进一步做了解释:“查《奏定公司注册试办章程》……各省商会所办注册之事，系指各商将合同、文契、券据赴商会呈报存案而言。”[21] 光绪三十四年二月，农工商部发函苏商总会，要求协助通知“凡与银行相近各商号，即饬遵守（各种银行）则例，按期赴部注册”。[22] 可见全国各地商会对政府经济法令实际执行工作的重要性。

晚清“商律”中最早制颁的详细法典即是《公司律》。清朝官员对“公司”的认识是逐步发展的，薛福成在光绪初年已指出“公司”对国家发展经济的重要性:“商非公司不巨，公司非有商律不多。华商集股，设有欺骗，有司罕为究追，故集股难。西国商

[18] 《大清法规大全：实业部》卷九所收《商律破产律》(册 6，页 3037)。亦可见《商务官报》，第 4 册，光绪三十二年闰四月五日，页 22-23。

[19] 全面介绍苏州商会组织与功能的专著，参见：马敏、朱英，《传统与近代的二重变奏：晚清苏州商会个案研究》，成都：巴蜀书社，1993；朱英，《辛亥革命时期新式商人社团研究》，北京：中国人民大学出版社，1991。

[20] 章开沅、刘望龄、叶万忠主编，《苏州商会档案丛编》第一辑，武汉：华中师范大学出版社，1991，页 29。

[21] 《苏州商会档案丛编》，页 33。

[22] 《苏州商会档案丛编》，页 1194。

律精密，官民共守，故集股易。”[23] 因为“公司”在募款集股的便利性，商人可将吸纳更多投资要人资金创成大规模企业，所以说“商非公司不巨”。同时，晚清政府发展经济挽回利权，更需要本国商人创建大企业，才能与以大企业为主体的外国在华商人竞争。不过，创建公司需要政府相关法令配合，只有透过“商律”的保护和规范，才能得到投资人的信任，使公司有健全的发展基础。因此，修立“商律”便十分重要。商部成立后，便将包含《公司律》在内的商律立法列为当务之急。

光绪二十九年底（1904）公布的《公司律》，其实主要继受自外国的公司立法内容。在全文十一节一百三十一条的《公司律》内容中，约有五分之三的内容仿自师法德国制度的日本，另外五分之二的内容则是仿自英国，因而使得这部 1904 年《公司律》同时混合了“英美法”和“大陆法”的立法精神。[24] 而也正因为翻译与搬抄英国与德国两个不同源头的国外公司立法经验，这便致使 1904 年《公司律》确实存在许多模糊不清与模棱两可的法律规定；[25] 同

[23] （清）张之洞，《劝学编》，见王树枏编，《张文襄公全集》，台北：文海出版社，1980，卷 203，页 33 下。

[24] 赖英照，《中国公司立法之回顾与前瞻》，见氏著《公司法论文集》，台北：财团法人“中华民国”证券市场发展基金会，1986，页 1－49。Chun Li, “The Kung-ssu-lu of 1904 and the Modernization of Chinese company law.” *Chengchi University Legal Review* 10 (1974): 171－221.

[25] 1807 年的法国商法首先承认公司可以作为一种“有限责任”（limited liability）的法人（juristic person）组织，此后要等到 1860 年代，才有德意志共通商法典（Handelsgesetzbuch）与英国公司法案（Companies Act）相继追随法国商法此项公司立法例。日本明治政府则于 1899 年兼采德国与英国法律而制成商法典。从公司法在国际上的立法先后时间看，1904 年创立的清末《公司律》其实不算太晚。可见：William C. Kirby, 1995. “China Unincorporated: Company Law and Business Enterprise in Twentieth-century China.” *The Journal of Asian Studies* 54,1(1995): 47－48. 至于对德意志共通商法典核心内容的介绍，可见：维亚克尔（Franz Wieacker），《近代私法史：以德意志的发展为观察重点》，陈爱娥、黄建辉译，页 426－427。

时，《公司律》中也对中国传统商业行为较少规范和保护，本国商人从而难以有效配合，清政府初次进行的经济立法工作因为“移植性”太强而难以顺利植入中国社会。如何有效地结合外国经济立法规定以及中国固有的商业习惯，便成为商部在经济立法工作上亟待解决的问题。

商部需要全国各地商会配合，才能使经济法令顺利执行，若商人与商会质疑商部制颁商律等经济法令，当然会影响经济立法与经济发展政策的落实。清代中央政府逐步理解到：要想制订一套适合中国商人实用的经济法令，光靠移植外国经济法律并无法奏效;因而在往后修制经济法令时，商部也开始更重视商会的意见，并请商会协助调查全国各地商人的商业习惯及其对政府制颁经济法令的意见。这已经超越了单纯要求商会配合政府执行商事立法的层面，而是开启了一条商人团体直接参与全国性商事立法的合法管道。

光绪三十二年四月（1906）公布《破产律》时，商部官员即指出：臣等“调查东西各国破产律，及各埠商会条陈、商人习惯，参酌考订，成商律之破产一门”[26]。可见商部官员在制订《破产律》时，确有参考商会条陈的中国“商人习惯”；只是，商部虽有此种认知与宣称，但在实际效果上，许多商人仍然不满意政府制颁的商事立法内容。如上海、镇江、宁波等城市的钱业商人，即于光绪三十二年六月透过张謇和上海商会向商部反映意见，批评政府新颁的《破产律》其实是部“窒碍”难行的法律，商部官员也对此做了颇为详细的回应与辩解：

[26]（清）沈桐生辑，《光绪政要》，影印清宣统元年（1909）崇义堂刊本，台北：文海出版社，1985，卷 32，页 15 上。

> 本部厘定此律，本为便商起见。故上年定议编纂，即先征各商会及商务议员之意见。嗣经陆续汇齐，始行参照起草。故此律大半均系采自各处条陈。惟其中有虽为中国习尚，而按之法理未甚允协者，则酌量参用各国成例，以期补偏救弊。统按此律，全体沿袭中国习惯者居多，采用外国条文者甚少。诚以中国商民程度未齐，国家法律只能引之渐近。各国法律虽称精美，亦不能尽行援据，致蹈过高难行之弊。[27]

由商部回复可知，清政府在制定《破产律》确和初颁《公司律》不同，在起草法律时，已听取“各处条陈”的商会和商务议员意见。商部官员同时强调：此次颁布《破产律》的内容，是“全体沿袭中国习惯者居多，采用外国条文者甚少”。虽然如此，参与经济立法的许多官员，其实早已认定了欧美法律的优越性：“各国法律虽称精美”，只因为“中国商民程度未齐”，所以政府才无法配合外国的“精美”法律，只好暂时先公布“沿袭中国习惯者居多”的《破产律》。

然而，至少由钱业商人的反对意见看来，商部制定的《破产律》并未符合官员宣称的“采用外国条文者甚少”，这里恐怕反映了中国商人和商部官员之间的严重歧见。尽管商部愿意主动听取商会商人的意见，但在修订与推行商事立法的过程中，如何才能真的化解“中国习惯”和“外国条文”之间的矛盾，其实一直是当时无法有效解决的问题。

光绪三十三年（1907），清政府继续修订商律，并聘请日本法

[27] 《商务官报》，台北：台北“故宫博物院”，1982，第12册，光绪三十二年六月二十五日，页16下－17下。

律顾问志田钾太郎协助修订。在聘请外国顾问的同时，商部也依然要求商会协助调查各地商业习惯并予汇整后送至商部，以作为修法时的参考。而就在商部调查本国各地商业习惯的同时，上海商务总会却不再等待政府要求协助提供调查资料而已，商人们开始径行串联，主动邀集海内外各地的商会，准备共同研讨一部符合中国实际的商法草案。

光绪三十三年十月（1907 年 11 月），以及宣统元年十一月七日（1909 年 12 月 19 日），各地商会两次齐聚上海，召开了中国历史上极富创新意义的“商法草案讨论大会”。两次大会中，各地商会代表汇聚了如何编订商法的各种意见，商人们希望能以大会讨论结果作为政府修订商律的参考；在此过程中，苏州许多地方的商会也推派代表参加了这两次的商法草案讨论大会[28]。第一次商法讨论大会上，通过了《商法草案提纲》，要求各地商会回至本地调查“各地商情民俗”等商业习惯，并且由孟昭常等人专门负责和各地商会联络、翻译外国商法以及起草中国商法草案等工作。宣统元年闰二月，商人终于正式完成了商法草案第一编的《公司法》，共计四百余条。宣统元年十月，再完成了草案第二编的《商法总则》。二编草案皆在宣统元年十一月召开的第二次商法草案讨论大会上，由各地商会代表逐条讨论修订通过。最后再由商会公推代表赴京，将所议定的商法草案送呈政府。

然而，就在商会集会讨论商法草案的同时，中央政府却于宣统元年（1909）率先公开了由日本顾问起草完成的商律草案内

---

[28] 苏商总会、常昭商务分会、盛泽商务分会、平望商务分会、梅里商务分会、吴江县震泽商务分会皆有代表参加第一次的商律讨论大会（《天津商会档案汇编（1903—1911）》，页 285）。

容，[29]许多商会闻讯后皆表示不满与抗议，认为日本法律顾问修订的商律内容并不符合中国的商业习惯。商部决定继续加强与各地主要商会的联络与协调，苏州商会也成为商部官员联系的重要对象之一。宣统元年三月十九日（1909 年 5 月 8 日），商部官员朱汝珍拜访苏州商务总会总理张履谦，但当日因故未能相遇，朱氏乃将用来调查中国商业习惯问题的空白表册留下，并转交张氏一封信函，上面说道：

> 弟由沪来来苏，见贵省行商皆有同业规条。团体所集，恒能自为裁判，扩而充之，即吾国商法之泉源□□伏恳贵商会搜集苏商各行同业公议规条，不拘雅俗，一并附寄敝馆，俾编纂时免与之大相抵捂。[30]

商部官员对于会馆公所原已制定的“同业公议规条”，也表现了相当兴趣，甚至认为：“扩而充之，即吾国商法之泉源”，所以也希望苏商总会回复问册时，一并协助将“苏商各行同业公议规条”附上。次日，张履谦在回复朱汝珍的信中即说：“前今两日彼此造

[29] 宣统元年商律草案共有五编 1008 条法律，分别为:《总则》九章 103 条、《商行为》八章 236 条、《公司律》6 编 16 章 312 条、《手形法》(即“票据法”) 3 编 15 章 94 条，以及《海船律》6 编 11 章 263 条。其中的《手形法》，大体依照 1899 年（明治卅二年）日本公布商法相关内容制定（见：岛田正郎，《清末における近代的法典の编纂》，东京：创文社，1980，页 52），基本上并不考虑中国本身商业习惯下各种不同票据的实际使用状况。民国初年以降的各次票据法草案，也同样多直接抄袭外国立法例（见：柯芳枝，《清末民初中国法制现代化之研究：商人通例、商行为法、票据法、保险法篇》，台北：台湾“国科会”、“中华文化复兴委员会”补助专题研究报告，1973），清末与民初此方面情况颇类似。清末清政府修订《商律》时自日本聘得法律顾问志田钾太郎（1868—1951），有关此君大略生平，参见：黄源盛，《晚清法制近代化的动因及其开展》，页 302。

[30] 《苏州商会档案丛编》，页 248-249。

访未值，为怅。捧诵手示并调查商习惯问题十册……具见博采周咨、郑重商法之美意。诚以兹事体大，各处习惯不同，闭门造车者，出门每不能合辙……当即遵宪德意，将问题转致各业，依限集议，详细条答。并调取各项条规，送请贵馆核存，以为编订商法之预备。"[31]张氏代表商会立场，含蓄批评了政府经济立法过程中的"闭门造车"流弊，希望政府往后能多听取本国商人意见，同时也应允朱氏代发"问册"以及代为搜集苏州各会馆公所工商业团体的"同业规条"。

由宣统元年三月到九月间，商部官员和苏商总会等各地商会展开积极联络，商部逐渐对商会配合速度太慢感到不耐烦。宣统元年九月廿日，朱汝珍发给苏商总会一封《催办函》，其中提到："现商法已着手起草，各商会答复者仅一二起"，[32]可见各地商会办理调查和填写问册的速度不如商部的预期，苏商总会也是尚未回复问册的商会之一。对于填写回报问册速度的缓慢，各地商会也有自己的理由，但商部官员似乎认为一切都只是藉口：

> 或有以本馆名词未易了解为言者，不知法律名词，必谋其画一，万难迁就各省之俗……各省学习法政者已不乏其人，商会尽可邀同学界中人共相研究耳。[33]

商部官员认为：政府编查法律馆制定商业习惯调查问册中所使用的"法律名词"，其实不算太难理解，而且，站在中央政府的立场，无论是制定问卷调查册籍或是法律条文，也不得不在文字运

[31] 《苏州商会档案丛编》，页 254-255。

[32] 《苏州商会档案丛编》，页 256。

[33] 《苏州商会档案丛编》，页 256。

用上“谋其画一”，故而“万难迁就各省之俗”。不仅如此，商部官员还认为：“各省学习法政者已不乏其人”，商会其实可以请求协助，而不该以此作为拖延的藉口。总之，商部官员希望商会不要轻视政府商业习惯调查的重要性，否则：“事前不尽报告之义务者，事后断无驳议之权利。事前可采习惯而制法典，事后不能执习惯而议法典”。

但究其实际，苏商总会并非没有积极办理调查工作。早在宣统元（1909）年四月，苏商总会即已拟妥《研究商习惯问题简章》，规定自四月十一日开始，以“每星期六下午二时至五时，为研究时间”，邀集苏州商人出席集会，共同调查研议，“以备法部修律之采择，而保商人之权利”。[34] 但是何以苏商总会的调查回报速度不如商部的要求？在宣统元年十一月十二日（1909年12月24日）苏商总会《复朱汝珍函》上，似乎透露了一些重要讯息：

> 兹闻上海商法草案于十月下旬蒇事，现正邀集各商会公同议决。约计当在本月间，方可送呈贵馆。敝会所有答复之件，可否展缓一月？俾得从容蒇事，务乞曲亮为荷。[35]

可见苏商总会的真正希望，是在等待宣统元年十一月上海商法草案讨论会的议决结果，苏州商会希望和全国商会一致行动，雅不愿将各别商会的意见送交政府，以免分散商人群体的力量，这显示了苏商总会具有与全国各地商会一致行动的行动策略。

综合来看，晚清政府为了追求富强、推展商战与收回利权，

---

[34] 《苏州商会档案丛编》，页255。

[35] 《苏州商会档案丛编》，页257。

开始更重视本国商人的经济利益。为建立有利发展全国经济的法律制度，政府开始积极从事包含商事立法在内的各项经济立法工作。从此，在摸索建立能够降低交易成本并保障提升经济资源运用效率的各种经济制度时，商人与商人团体不再是独自努力，政府也开始积极提供各项有利经济发展的法制做支撑。在清末商事立法过程中，商人团体开始有更好的机会，将其意见与利益反映给政府，甚至直接参与立法工作，充分反映清末商人团体和政府在商事立法过程中的互动与合作。[36]

然而，在政府制订包含商事立法在内的各种“国家制定法”时，主要由于是继受欧美日本的法条内容与立法原理，不仅与传统明清的“国家制定法”有冲突，和民间社会经济长期发展的“习惯法”也时生杆隔，特别是许多参与商事立法工作的官员，基本上罕能理解民间各种行之有年并不断发展的商业习惯。当部分有识官员理解个中问题时，他们又是面对着纷然杂陈的各行业与各地区不同的商业习惯，商会乃成为政府修法时藉以参酌本国商业习惯的最主要凭藉。然而，不仅商会对晚清经济立法意见与清政府有落差，即使是各地商会负责人，他们对于明清传统市场经济逐步发展出来各类商业习惯或是各地衙门累积各种“习惯法”的实际情形又能理解多少？其实颇令人质疑。

不过，即使清末新颁商事立法的“国家制定法”与实际商业行为遵守的“习惯法”之间存有不小矛盾，但两者总是存在一些实际交汇的领域，这不仅对通商大都会的“新式企业”为然，对

[36] 有学者认为：宣统二年（1910）由农工商部所公布的包含《总则》（7 章 84 条）与《公司律》（6 章 334 条）的《大清商律草案》，主要即是根据商会召开“商法草案讨论会”议修商法内容而定案。相关讨论，参见：朱英，《中国早期资产阶级概论》，开封：河南大学出版社，1992，页 274－279；虞和平，《商会与中国早期现代化》，上海：上海人民出版社，1993，页 206。

一些“旧式”商号与作坊也是如此。

第二节 金箔业讼案陈词中的“把持”与“专利”

就在清末政府努力制颁各项经济立法，以及商会介入政府经济立法程度日益加深的新局势中，苏州金箔业者则在光绪三十二年至三十四年（1906—1908）间，发生了一起持续至少二年半的商事讼案，涉讼双方相互指控，先是由知县官府审理，后再发交苏州商务总会调停。而在苏州商务总会调停过程中，双方不仅分别申请加入商会，并且各自筹股成立“公司”，虽然一度在商会公证下签订和解协议书，但随即爆发破坏协议事件，双方继续相互指控，最终则以双方相继退出商会结局。这起至少为期两年半的商事纠纷也由商会档案中暂停纪录。[37]

苏州城内有不少经营“金箔业”的工商业者，其中又依工艺种类与市场占有情况不同，而分为经营“捶金箔、切金箔、贴金箔”以及“首饰包金、金线作”等五类不同业者，[38] 本案起初的

[37] 现已出版的苏州商会档案共收有十四份文件，与此番为期两年半的商事纠约直接相关。笔者即根据这十四份文件整理这起讼案的始末，这些文件都见《苏州商会档案丛编》全书共计十二类、1238 件文件的第五类“调解商事、劳资纠纷”项下“典型案例：张金业与金线业纠纷案”（页 574-589）。其中，第五件的《绣章公司为控圆金公司把持金线业事致苏商总会节略》，信函日期列为“光绪三十三年四月”，但这似乎是编者自行编按的日期，核对信函内所载事件内容，这个日期可能有误，应当系于至少光绪三十三年八月以后。

[38]《苏州商会档案丛编》，页 575。这是金线业者呈控讼状对苏州金箔业的分类，若依现代学者分类，则又略有不同：金箔业主要是苏州传统金银器皿制造业的一支，康熙年间，苏州金银首饰与器皿制作即分为“银楼作坊”与“小炉散户”两类，而按制作工艺的不同，又出现以下的专业分工：凿子、收挑、累丝、包金，并有镀金、套色、发蓝、点翠等名色（段本洛、张圻福，《苏州手工业史》，南京：江苏古籍出版社，1986，页 83）。

被告即为“贴金箔”的“张金作”业者，原告则为“金线作”业者。早在光绪三十一年十月（1905 年 11 月）苏州商务总会经商部核可授印正式成立之前，张金业者与金线业者也已在苏州城内各自捐款成立了不同的团体组织：“圆金公所”与“嘉凝公所”。光绪三十二年二月（1906 年 6 月），苏州府长洲县知县在接获金线业者“宋恒昌单记”等十四家行号提出的讼状后，[39]判决金线业者胜诉。在金线业者的诉状中，张金业者被指控为“紊乱妨业、越俎搀夺”，讼状的陈情及主张如下：

> 张金作，其业最优，皆居奇货，并不教授外姓。身等金线作业，苏地生意非比从前，故金线作户大小祇二十余家，造货，需用张金作（所）卖金箔，与购往来，犹如船靠水行。上年，同业在旧立坐落长邑（长洲县）间邱坊巷内嘉凝公所，汇议商情，整顿业规，厘定原办同人无依、养老、赙恤善举，当经禀蒙前宪（苏州府知府）许颁给示谕，暨长宪（长洲县知县）遵饬，会同元、吴两宪（元和、吴县知县），一体给示在案，原为维持同业大局。今不料彼贴金箔，即张金作业中，有张祥泰、刘永顺、朱天利、方公茂，既登优业，尚复瞵视身等金线一项，伊等盗袭制造，较占上手，因向客帮抖揽滥售，任意越项搀夺，又挖身业散伙做工，竟图一棒打尽，使身等……糊口与善举无着，殊出情切！无如伊等悍然，顾有意侵夺，身等无门可告，因念当青天在上，待民如子，若不陈求苏困，势致坐以待毙！为此，沥情禀叩，电察恩赐，示谕贴金箔即张金

[39] 清代自雍正年间以后，苏州城即分为吴、元和与长洲三县，形成一府三县首长同辖一城的行政区划。

作张祥泰等，推己及人，各安各业，毋再搀夺。并请饬该业圆金公所司事，传知理导，以杜阳奉阴违，挽全生业，同人感深再造，等情。[40]

由金线业者十四家行号联名诉状看来，主要是对长洲知县“动之以情”而非对张金业者“控之以法”，在通篇讼状中，完全未提及被告干犯何种政府法令，而是一再陈诉下面二个藉以说服法官判禁张金业者经营自己生意的“情理”：一，比起张金业者的被告，自己金线业的生意已经大不如前，“糊口”日益艰难；二，因为原本有限的生意已被张金业者强走，连带使原本金线业者成立并经官府立案保护用来办理照顾同业“无依养老赙恤”等“善举”的“嘉凝公所”也无法继续维持。这两个理由，可用状词中的“糊口与善举无着，殊出情切！”两句话做概括。长洲县知县判决金线业者胜诉的判决书，大旨如下：“谕仰圆金公所司董，即便遵照。理令张祥泰等循照向章，各做各业，毋许平空搀夺，以安生业，取具遵结，呈县备核。如果抗违不遵，禀候提究。该司董毋任偏袒，致干未便。切切。”[41] 张金业者成立的“圆金公所”司董受到长洲县的严重警告，要求他们立即退出属于金线业原告经营的“生业”。

光绪三十二年五月二十六日，就在长洲县判决金线业者胜诉的同月内，张金业很快向长洲知县提出反控，要求官府依照相关法律，将金线业者“提案讯惩而儆把持”，诉状上说：

---

[40] 《苏州商会档案丛编》，页 575。

[41] 《苏州商会档案丛编》，页 575。

> 金箔生业，虽各有专门，实则同本分枝。即金线各作，素向身等擀买张金，切丝捻线发卖，犹如身等擀买乡工金线，彼此营生。况伊业朱森泰、吕永与、李同盛等，亦挂张金招牌，此是生意买卖接续相沿，历来如是。其所控身业挖伊散伙做工，更属荒谬，第伊捻金线一帮，素来蛮霸，即伊同行，尚有城乡之别，而城中各店，不许雇用乡工，定有罚规。可想身等何能挖其散伙。至身等所擀乡线系是熏黄，与伊真金，名同货异，毫不相关。乃今宋恒昌等，有意奸控讼制，希图把持。缘奉谕饬为迫，匍辕声明，禀求伏乞大老爷电鉴，俯赐饬提宋恒昌、张恒盛、韩侍记等，到案讯惩，以儆把持而安生业。再，此次奸控，竟有未知列名者居多，实由张宝兴向身等勒捐起见，一经宪讯，定必水落石出。沾仁上禀。[42]

这份讼状涉及两件清律罪名，一是"把持"罪，一是"奸控"罪。[43]长洲县接到此讼词后，几乎等于冻结了原先判决，在同年的六月四日（1906 年 7 月 24 日），不再明确批示张金业者不准"夺业"，而委请商会调解后的批文则为："候照会商务总会，传集双方，理处复夺。"[44]

长洲县批文既"照会"苏州商务总会，也另将"县谕"批文发给张金业者。张金业者接到长洲县"县谕"后，立即请求商会"裁判公断"，除了再次申覆原先呈请长洲县诉状内强调的金线业

[42]《苏州商会档案丛编》，页 576。

[43]"把持"罪指的是清律《户律》编《市廛》章的《把持行市》条，"奸控"则应是指清律《刑律》编《诉讼》章《诬告》条，这两条条文及所附例文的演变，参见：薛允升，《读例存疑（重刊本）》，册 3，页 409－413；册 4，页 995－1010。

[44]《苏州商会档案丛编》，页 576。

者“奸控讼制”与“希图把持”内容之外，这份提呈商会的裁判公断请求书，还另外附上长洲县“县谕”抄本、“具诉禀底”以及自己与同业间的“历年往来账簿”；同时，张金业者并于信中提及自己的不同籍贯身份：“窃身原籍镇江。”看来这也算是一桩“土、客冲突”的商务纠纷，涉及苏州本地与外来客籍工商业者间的经商矛盾。

由光绪三十二年六月到光绪三十三年四月（1907 年 5 月）之间，发生了不少金箔业者涉讼双方继续冲突的事件，在商会介入调解过程中，双方其实依然透过各种手段继续角力。然而，受限史料有阙，许多重要细节已无法在此厘清。不过，确定的是，商会调停工作在光绪三十三年四月十日（1907 年 5 月 21 日）得到了正式成果，张金业者与金线业者在商会公证下签订了“议定书”，前者承诺“永远不收乡工金线”，后者承诺“不到南京、杭州、上海、镇江乡庄收买张金”。有趣而又重要的是，这时签约双方已不再是各自联名呈控的行号业者，而是两家新成立的“公司”代表人：张金业者组成的“公兴公司”代表人徐万祥等四人，以及金线业者组成的“绣章公司”代表人张云峰等二人。议定书最末署词曰：“双方公司议定，永远遵守”。

值得注意的是，金线业者在“绣章公司”与“公兴公司”签订议书后，为恐张金业者“复踏故辙”一面“包揽乡工各色线，嘱勒售与彼”，一面“将张金货价高抬居奇，使金线业腹背受敌”，故很快又由金线业同业宋恒昌等联名向长洲县要求重申光绪三十二年五月判决自己胜诉的禁示，警告张金业者“不准混越僭夺”，金线业者呈词中说及：“蒙商务总会公议，各归本业，虽允签字，惟恐日久玩生，复萌故智，则金线一业之绝灭，可立而待也”。受理金线业者呈词后，同年四月廿四日（1907 年 6 月 4 日）

长洲县知县向张金业者徐寿福[45]等人下令:“自谕之后，张金业者若再不知自爱，如敢抗违不遵，仍捻金线以及收买乡工各色金线，抑藕口调换等情，一经告发，定即从严恶惩，决不宽贷。该业等务各自爱，永远遵守。金线亦不准做张金，各安本业，毋再违抗。切切，此谕！”。

不管是经过商会的中证“公断”或是长洲县的“切切”谕示，这个议定书很快就被破坏，协下议定书不到四个月，在光绪三十三年八月十日（1907 年 9 月 17 日），苏商总会即因为接获张金业者“公兴公司”检举查证属实，判决金线业“绣章公司”因为私购上海张金而“公同议罚，照价拾倍核算，该款归入张金业公兴公司”。这起“违约罚款”事件虽由公兴公司与绣章公司代表一同签字同意，但是，也引发了金线业者的强烈不满，一路发展下去，终于使绣章公司因为“抗拒公论”不遵守商会公证下双方所签订之协议书，被苏州商会“斥逐出会”，绣章公司也可能因而被取消公司注册资格而解散。[46]

光绪三十四年七月，金线业者索性绕过商会重回长洲县控告张金业者。光绪三十四年八月，长洲县知县判令张金业、金线业“各归各业，不得搀夺”并且言明“先行试办三月，设有查出，照十倍议罚”，并且“当堂饬取双方遵断保证”，省释完案”。然而，同年九月，张金业者突然反悔并呈禀长洲知县表示“无从试

[45]　金线业者徐寿福，亦即是“公兴公司”代表人之一的徐万祥。在《苏州商会档案丛编》所收相关文件中，徐万祥分别有以下几个不同名字：徐寿福、徐春福、徐梅安、徐梅庵。46 张金业者称绣章公司被商会斥逐出会后，“公司已散，力难复叙”（《苏州商会档案丛编》，页 587）。

[46]　张金业者称绣章公司被商会斥逐出会后，“公司已散，力难复叙”（《苏州商会档案丛编》，页 587）。

办……现在各安各业，不必再照议约，免起争端”，[47] 由于张金业者组成的公兴公司仍为苏商总会会员，而商会有协助会员出庭应讯的义务，这也是会员的权利。[48] 长洲知县乃于同年十月致函苏商总会：“张金业既已遵断于前，何又反悔于后？查该业向在贵会注册，合行照会。为此照会贵会，请烦查照。希即秉公理劝，传谕该两业遵照堂谕及前立协约办理，均不准搀，以免争竞，而维商业。是所厚望”，[49] 光绪三十四年十一月，商会无力劝谕张金业者遵照长洲县判示，也将张金业者自商会会员名录中除名，并且正式行文商部提出“理结金线、张金两业纠讼案记录”，苏商总会完全退出这起商事讼案造调解工作。

这场金箔业讼案中双方的是非曲直，实在很难论断，姑且不论长洲县等地方官员是否弄得清楚，即使是同为商人而又实际介入调解长达两年多的苏商总会，对双方这种先是协定协议而又片面毁约的动作，都不见得理解其背后的真正动机，甚至直指涉讼当事人为“非可理谕”。光绪三十四年十一月十六日（1908 年 12 月 9 日），在向长洲县“移复”的公文中，苏商总会表明了自己对这起金箔业讼案与协商过程的看法：“本会查核两业，先经在（本）会书立议约，今纷讼不已，情词各执，断断争辩者，皆已往之事，可不提论。此后惟有令其仍遵前议，勿再违约。况经贵县持平核断，取有双方遵断保证，又何能任期反悔。今金线业已自知不合，愿

[47] 《苏州商会档案丛编》，页 587。

[48] 按光绪三十一年九月（1905）议定《苏商总会试办章程》的第 47 条规定：“凡既经入会注册之商号，由本会开单备文送至地方官衙门存案。嗣后，该号应事被控牵涉，应请地方官先行知照本会”，下开三种情形，本案张金业者例子似即属第一种情形：“该商号因号中商务被控必须传讯者，本会公同据实查复，俾良懦者得尽其词，狡黠者无可饰辩”（《苏州商会档案丛编》，页 27）。

[49] 《苏州商会档案丛编》，页 586。

缴罚款，即有不甘之处，亦惟有令其再将第二次罚款缴出而已。乃金线业已愿遵断，而张金业反不遵议约。劝导再三，非可理谕……合备移文，移复贵县。”[50]不管张金业者、金线业者在这起长达两年半的调解过程中，表现出来的毁约动作究竟是“非可理谕”还是确有所图，至少，在商会介入的同时，涉讼双方提出来的讼状陈词，在关键用语上也有了重大转变。以金线业与张金业双方向政府和商会呈交讼状或陈词看来，在商会介入前，双方向长洲县呈控讼状内容，分别是金线业者强调的“糊口与善举无着，殊出情切！”以及张金业者指控对方“奸控讼制，希图把持”。而在商会介入后，“利权”二字则成了双方陈词的关键词眼。

光绪三十三年四月商会公证签订协议书后，金线业“绣章公司”在同年八月被张金业“公兴公司”检举私买上海张金而被商会裁定“违约罚款”，金线业者向苏商总会陈情，一方面强调“绣章公司”不足以取代更能代表全体金线业者意思的“嘉凝公所”，因此，绣章公司对外签署协议书的约束效力也无法及于全体金线业者;另一方面，金线业者对苏商总会的这份陈词内容也有所转变，不仅反控张金业者“把持”（陈情信主旨称为：“为控圆金公司蓄意把持金线业”），同时，更指控张金业者“妄夺隔行利权”；[51]光绪三十三年九月十五日（1907年10月21日），金线业者再以“金线同业”名义向苏商总会“声明”：

> 吾业金线一宗，创始以来，均是一业所造……金线一宗，名目甚多，各家做各样生意，连年以来，业中失察，以致被张

[50]《苏商总会为已照章令张金、金线两业出会事移复长洲县文》(《苏州商会档案丛编》，页589)。

[51]《苏州商会档案丛编》，页578。

金业（即擢金作）侵沾利权，与乡人掉换，自己发料，将金线贱售主顾，败坏吾业。我行无人出头，均是自悔自心，屡被擢金作数家侵占利权……吾业利权，被他夺去，只有尾微之生意，何能得活！[52]

这份“声明”其实是一份呈交商会的陈情书，其内容虽不忘再次强调“尾微之生意，何能得活！”的“生计”问题，但是，“利权”二字，却已成为陈词中的关键术语。与此同时，张金业者“公兴公司”也向苏商总会强调自己努力遵守光绪三十三年四月商会公证协定书的诚意：

开会公议：商等不收乡工金线，因捻金线亦不准收买外路张金。如有主顾，祇可彼此批买，各归利权。双方在（商）会互允签字可稽。商等自经会议之后，兢兢恪守，未敢稍存意见。[53]

由此看来，“利权”二字，很可能是光绪三十三年八月以后苏州工商业者间流行指控对方保障己方的新兴诉讼术语。

尤有甚者，在向苏商总会解释自己何以片面毁约不遵守光绪三十四年九月长洲县“各归各业、试办三月”的县谕与双方保证时，张金业者又援引了“专利”问题的讨论。为了“论证”金线业者主张的“利权”不应提升为得到政府特别保障的“专利”，张金业者此时已无法再接受金线业者提出“永远不收乡工金线”的

[52]《苏州商会档案丛编》，页582-583。
[53]《苏州商会档案丛编》，页581。

主张，在致苏商总会的“声明”上，张金业者进一步区分了“工业”才有“专利”而“商业”则不能有“专利”的看法：

> （金线业者）张立保等，又在长、吴两署诬控敝业朦混领示，捏称换买金线系是伊之行业。殊不知，金线一经伊业捻成，人人可以贩卖。如花线店、京货店，亦有金线发卖者也。只要勿捻，不得谓之搀夺。要知捻金线是工业，定有行规，别行不能僭占。换买是商业，古今中外亦无禁止之例。即照新法论，能造唯一无二之物，准许专利。只要该物是得有专利人所造，何人不能贩买，从未闻有说贩买者为搀夺。张立保等不讲情理，迭次讼制，希图把持……兹闻又赴两县诬控，虽未批示，然恐临剖不及，已先具禀声诉矣。合并声明。[54]

张金业者的意思是：只要自己不经营金线业者从事的手工艺作坊，单是向“乡工”收买金线，即是属商业而非工业范畴，而无论是依旧有“行规”或是“专利新法”的规定，都没有禁止商业范畴中的“贩买”金线行为。准此，张金业者向乡镇手工艺作坊购买金线，当然也就不算是“搀夺”，而自己也没有必要遵守不能向“嘉凝公所”以外金线业者购买金线的议约。

整体来看，“利权”和相关的“保护专利”要求，其实并未完全取代原有商事讼案经常出现的“生计攸关、维持善举、禁止把持”等要求，而是清末苏州商事讼案中双方诉讼策略的一种补充，反映了这是一种能够增进涉讼工商业者胜诉机率的有效要求，至少，涉讼双方当时应是如此相信的。

---

[54] 《苏州商会档案丛编》，页 587－588。

第三节　由习惯法到国家制定法？

由光绪三十二至三十四年间的苏州金箔业讼案看来，其中一个显著现象即是诉讼双方在商会调解过程中先后成立了自己的“公司”：张金业者的“公兴公司”成立于光绪三十二年冬天，而金线业者的“绣章公司”则成立于光绪三十三年春天。

然而，为什么双方要选在商会调解与准备诉讼的过程中各自成立“公司”？我们虽然无法得知当事人的全部动机，但至少，当金线业者组成“绣章公司”时，他们心中所想的道理，其实是与政府推动《公司律》的立法意旨有着不小距离。光绪三十三年九月十五日（1907 年 10 月 21 日），金线业者在以“金线同业”名义向苏商总会呈寄的陈情信中，解释了自己当初成立“绣章公司”的“缘由”：张金业者“立名公兴公司，入与商会，欲压我业权利。故此，我业不得而已，亦立公司”。[55] 不管金线业者担心的“欲压我业权利”是否即是张金业者成立“公兴公司”的主要动机，然而，希望争取诉讼及调解中的更有利位置以及本身行业的更大利益，很可能真是金线业、张金业者双方分别成立“公司”的关键理由。

原本清政府公布《公司法》的立法意旨，从消极面而言，是在外国政府修订商约压力下，被迫保护洋商在中国经商的公司；从积极面而言，则是要保护那些足以和洋商竞争从事“商战”藉以“收回利权”的本国公司与其他名称的企业。

其实，清政府自始至终也并非不保护本国商人的财产与经营安全，但在清末，政府除了被迫保护洋商之外，到底当时公布的

[55] 《苏州商会档案丛编》，页 583。

《公司律》又为本国商人经商利益提供了何种保护的具体办法？商部在奏拟《公司律》提出的立法说明中指出："筹办各项公司，力祛囊日涣散之弊，庶商务日有起色，不至坐失利权，则公司条例亟应先为妥订，俾商人有所遵循，而臣部遇事维持、设法保护，亦可按照定章核办"，[56] 这里强调的仍是国家整体利益的"商务"与"利权"，对于商人而言，这些文字其实只是政策宣示而并非具体的好处。《公司律》对商人提供的具体好处究竟在哪里？《公司注册试办章程》第五条，可能提供了一个颇为关键的指引："凡各省各埠之公司、厂、行号、铺店等，一经遵照此次奏定章程赴部注册，给照后，无论华、洋商，一律保护。其未经注册者，虽自称有限字样，不得沾《公司律》第九条、第二十九条之利益"，[57] 而依《公司律》第九、二十九两条规定："合资有限公司（股份有限公司）如有亏蚀、倒闭、欠账等情，查无隐匿银两、讹骗诸弊，祗可将其合资银两之尽数（股份银两缴足），并该公司产业变售还偿，不得另向合资人（股东）追补。"[58] 这里反映的法律规范，主要是带入了企业经营"有限责任"的权利义务概念，只要是符合"合资有限公司、股份有限公司"成立要件并经商部核可注册，这类"公司"就能享有政府提供的财产保护：在企业经营"有限责任"外，"不得另向合资人（股东）追补"。尽管光绪二十九年十二月公布的《公司律》全文多达一百三十一条，但这种企业经营"有限责任"权义规范的引入，却是光绪二十九年《公司律》保障本国商人利益的最关键内容。

---

[56] 《大清法规大全》，册6，页3021。

[57] 《大清法规大全》，册6，页3016。

[58] 《公司律》第9、29两条文字基本相同，只要以括号内字代换即可（原文可见《大清法规大全》，册6，页3022、3024）。

然而，以清末苏州金箔业者相互争讼的例子来看，成立“公司”能够透过“有限责任”权义新规范而降低经商与投资风险，则似乎是个较无关紧要的考虑；至少就“短期”利益看来，增加业者自身在商事讼案中的更大胜诉机会，更为重要。由苏州金箔业者纷纷成立公司来看，政府制订的《公司律》已获得利用，这是个事实，然而，金箔业者着眼保障的“利权”则是由自己业者做界定，既非政府着眼保障的国家整体“商务利权”，也不是《公司律》立法新意的“有限责任”权义观念，当然，更不可能是外国政府强迫清政府保护的洋商利权。

无论是中央政府公布《公司律》宣扬保护国家整体利益的“商务”与“利权”，或是商会依《公司注册试办章程》第七条规定执行公司注册实务，[59] 苏州金箔业者在讼案进行与调解过程中先后注册成立“公司”，当然是反映“国家制定法”在地方上获得“实践”，只是，在金箔业者根据《公司律》与《公司注册试办章程》等法律成立公司时，其背后的“实践逻辑”则和政府制颁相关法律的用意有所不同。

除了对“公司”的法律规范外，有关“专利”法规的出现，也是这场苏州金箔业讼案反映的一个有趣现象。前引张金业者主张的“即照新法论，能造唯一无二之物，准许专利”，看来与以下《商会简明章程》第二十六条的规定系出同源：“凡商人有能独出心裁制造新器，或编辑新书，确系有用，或将中外原有货品，改制精良者，均准报明商会考核后，由总理具禀，本部酌量给予专照

[59] “凡公司设立之处，业经举行商会者，须先将注册之呈，由商会总董盖用图记，呈寄到部，以凭核办。其未经设有商会之处，可暂由附近之商会，或就地著名之商立公所，加盖图记，呈部核办。”（《公司注册试办章程》，见《大清法规大全：实业部》卷八，册6，页3017）

年限，以杜作伪仿效而示鼓励”。[60]

清末“专利”法律规范的源头，其实是与商标、版权等法律规范一样，基本上都是在清末商约谈判中逐渐被明确导入中国法律体系内。在光绪二十八年至三十二年（1902—1906）的清末商约谈判中，“专利”即与“商标”、“版权”等法律术语，由外国商约谈判代表透过清政府谈判官员施压，有效地传回清廷决策官员，并在收回利权与法权的诱因下，逐渐被列入清末经济立法的议事日程中。光绪二十八年（1902）的中美商约谈判伊始，美方代表交付讨论的《通商行船条约》草案第三十至三十二款，即分别明列了“商标独用、专用利权、版权专利”等字词及规范内容。[61]而在中英商约谈判中，至少在光绪二十九年七月（1903年9月），英方代表即已在谈判桌上积极主张中国各级中央与地方政府必须切实保障“英商贸易牌号”[62]。光绪二十八年开始中日进行商约谈判时，日方代表也曾提出“日本臣民特为中国人备用起见，以中国语文编成之各书籍、地图、海图及其余一切著作，执有印书之权，即由中国设法保护，以免利益受损”。[63]这些外国谈判代表提付讨

[60]《大清法规大全：实业部》卷七，册6，页2996。

[61] 第30款规定：“中国今允在中国境内美国人民、行铺及公司有商标实在美国已注册，或在中国已行用，或注册后即欲在中国行用者，中国政府准其独用，实力保护。”第31款规定：“中国政府今亦允，凡美国人民创制各物，已经美国给以执照者，经向南、北洋大臣注册后，援照所允保护商标之办法，保护其在执专用之利权。”第32款规定：“无论何国，若以所给本国人民版权之利益一律施诸美国人民者，美国政府亦允将美国版权律例之利益给予该国之人民。中国政府今允，凡书籍、地图、印件、镌件或译成华文之书籍，系经美国人民所著作，或为美国人民之物业者，由中国政府援照所允保护商标之办法及章程，极力保护，俾其在中国境内有印售此等书籍、地图、镌件或译本之专利。”（《辛丑和约订立以后的商约谈判》，页156）

[62] 中国政府应“由南、北洋大臣在各管辖境内设立牌号注册局一处，派归海关管理……并请转行各省承认保护英商贸易牌号之责，以防中国人民违犯迹近假冒之弊”（《辛丑和约订立以后的商约谈判》，页18）。

[63]《辛丑和约订立以后的商约谈判》，页212。

论的法律议题，在清政府收回利权与法权的需求下，都冲击到不少清政府的决策官员。

尽管商标、版权与专利在现代法律规范中，其实各有不同的适用范围，然而，在清末商约谈判过程中，三者几乎同时出现而又交互影响，确实给予清政府官员很大的刺激。不过，三者在商事与经济立法过程中，却有继受难易程度的不同，尤以“版权”法律规范最难为清政府接受。若以中美商约谈判为例，清政府官员反对保护版权的理由即是：“恐怕因此提高书价，使穷一点的人买不起书”，[64] 虽然在光绪二十九年八月（1903 年 10 月）依然将版权条款列入中美、中日的《通商行船续约》之中，[65] 然而，不仅条文对保护版权范围有较严格限制，[66] 也未见后来清政府积极推动著作权法的努力。至于对外国商标与专利法规的法律继受工作，清政府则积极许多。光绪三十年商部拟定的《商标注册试办章程》、《商标注册试办章程细目》与《商部商标局办法》，[67] 即为

[64] 《辛丑和约订立以后的商约谈判》，页 160。关于传统中国与近代西方“版权”观念的差异，参见：William Alford, *To Steal a Book Is an Elegant Offense: Intellectual Property Law in Chinese Civilization*. Stanford, California: Stanford University Press, 1995, pp.9–29. William Alford, “Don’t Stop Thinking About...Yesterday: Why There Was No Indigenous Counterpart to Intellectual Property Law in Imperial China.” *Journal of Chinese Law* 7, 1（1993）：3–34；安守廉（William Alford），《知识产权还是思想控制：对中国古代法律文化透视》，梁治平译，见梁治平编，《法律的文化解释》（增订本），北京：三联书店，1998，页 332–361；邓建鹏，《宋代的版权问题——兼评郑成思与安守廉之争》，见《环球法律评论》，1（2005）：页 71–80。

[65] 王铁崖编，《中外旧约章汇编》，北京：三联书店，1959，第二册，页 186–187、193。

[66] 如中美《通商行船续订条约》第十一款虽然规定中国政府保障属于美国人民的版权，但限制在“专备为中国人民所用之书籍、地图、印件、镌件者，或译成华文之书籍系经美国人民所著作，或为美国人民物业者，由中国政府援照所允保护商标之办法及章程，极力保护十年，以注册之日为始”，并言明：“不论美国人所著何项书籍、地图，可听华人任便自行翻译华文，刊印售卖”（王铁崖，《中外旧约章汇编》，第二册，页 186–187）。

[67] 《大清法规大全：实业部》卷八，册 6，页 3008–3018。

明显继受外国法律的结果。

清末政府也倡导、制订与推广专利法律概念与各项相关法规。光绪三十一年九月二十一日（1905 年 10 月 19 日）发布的《商部咨各省呈请专利办法文》，显示了当时政府官员对欧陆、英美、日本“专利”立法用意的认识：

> 查东西各国近百年来，讨究艺术，研精阐微，一切事物，无不日趋于新，凡国中士民有能创新法、得新理、制新器实便民而利用者，准其呈官考验，得实，则给以凭照，许其专利若干年，他人不得仿效，其奖劝甚至而定例甚严，必须确系创作从来未有物品，始得享此利益。所以人人竭思殚虑，求索新法，用能智巧日出而不穷。[68]

然而，这种中央政府官员对国外“专利”立法用意的认识，一旦落实到全国各省府州县的地方层级时，情形则出乎商部官员预料：

> 近来中国风气初开，商民渐知专利之益，往往寻常仿制物品，率行禀请专利。核与各国通例殊属不符。本部综理商政，提倡不遗余力，所有各项公司、局厂，凡有关振兴商业、挽回利权之举，正宜设法劝办，俾得逐渐推广。间有创办公司，本部准予专办者，然均指定地方，其范围极狭，实于力与维持之中，仍寓严示限制之意。盖先办之人，一经准其专利，则虽有资本雄厚者，且将坐视垄断、无所措手，不特无此办法，且足窒兴盛之机，殊与本部振商宗旨相背。查前年与美、日等国订

[68] 《大清法规大全：实业部》卷一，册 6，页 2954。

> 定商约，载明创制之物准予专利执照，本部正拟订此项专利章程，一经奏定施行，均应一律遵守。现在各省商人呈请专利，往往即行照准，或咨部立案办理，殊属参差，亟宜酌定办法以昭划一。[69]

其实，要分辨“寻常仿制物品”与“确系创作从来未有物品”之间的差异，也的确需要专利检验机构的配合，地方官员不见得有能力与人手配合各项技术专利的审查考核工作，其中存在实际执行上的困难，甚至也为不肖官吏提供受贿的机会；因此，难免即如商部官员指陈的：“现在各省商人呈请专利，往往即行照准，或咨部立案办理”，形成浮滥给予专利执照的流弊。

然而，若由各省商人纷纷呈请专利的现象做观察，则政府倡导“专利”法律规范何以如此大受民间工商业者欢迎？以苏州金箔业讼案双方的例子看，这似乎即是原本行业“行规”的独占市场主张，藉由政府新颁专利法令而获得“就地合法化”。这为原本苏州各行业组成“会馆、公所”时的独占市场主观意愿，开辟了一个方便的合法化阶梯。

传统的会馆公所“行规”中，的确存在一些收取入行规费、强订伙友开业与学徒修业年限等不同的设立市场进入障碍手段，那是工商业者试图排除或减少更多营业竞争者加入市场的反映。然而，这些手段毕竟是工商业者的主观意愿，历代政府公布施行的成文法典中，一直存有很强的反对“垄断”的法理传统，对工商业者“行规”中试图独占市场的努力，产生制度性的喝阻作用。在明清律例体系中，这种法理限制与法律喝阻的作用，主要即是

---

[69] 《大清法规大全：实业部》卷一，册6，页2954-2955。

来自“把持行市”罪的规范与处罚。虽然政府官员有时也会考虑“小民生计”及其引发的失业危机导致社会治安问题，有时也可能暂且搁置“法理”而转为酌估“情理”，适度尊重工商业者关于被人“夺业”影响“生计”的限制市场竞争宣称与行为。然而，工商业者透过行规要求限制市场竞争，以及政府法理不容市场垄断，两者经常处于角力过程之中。如果“把持行市”罪条属于国家制定法而“行规”限制市场竞属于习惯法，则传统中国的国家制定法与习惯法之间，本来即是充满了竞争、冲突与妥协。

自十七、十八世纪以后，愈来愈多城镇中的行业组织，透过仿效同乡联络乡谊的“会馆”以及举办慈善救济的“公所”等名义，得到一个在“生计、治安”考虑之外，更有效地降低政府官员以“把持行市”阻止限制市场竞争的风险。十八世纪到十九世纪末，苏州与其他商业发达城镇中纷纷出现众多工商业者捐款成立的会馆或公所，本案例中金箔业者成立的“嘉凝公所、圆金公所”不过是其中的两个，这些会馆公所团体活动的专属建筑物，以及各自夹杂着限制市场竞争、降低市场交易成本（如议定行佣、请颁官定度量衡、设置仓库与航船等不同因素在内的“行规”），以联络乡谊或是同业办善的名义，得到地方政府的“立案”保护。当然，不是以同乡联谊或是兴办善举名义立案的会馆公所便一定能够顺利达成限制市场竞争的目标，“把持行市”罪依然有其作用的时机与范围，以苏州金箔业案例看，张金业者不顾长洲县的“各归各业”判决，反而以“把持”控告金线者，长洲知县不得不将调解工作交付商会，这即是很典型的市场纠纷案例。即使不是涉讼双方都有会馆公所组织，任何个人的工商业者一旦碰上有宣称“不能夺业”的会馆公所时，“把持行市”罪都是他最可以保护自己不受对方“行规”约束的法理基础。

如果会馆公所以“同乡联谊、同业办善”名义向地方政府“立案”，也是所谓“国家制定法”中不可分割一部分的话，则原属行业“习惯法”的行规以及属于国家制定法的会馆公所“立案”之间，其实也形成了很强的内在联系。这种内在联系主要来自提倡同乡联谊以及协助人民兴办善举的社会价值观，而这些社会价值观则共同为许多官员与工商业者所分享，无论他们背后主要动机是源于“教化”的政治理想或是“积德”的宗教观念。十七、十八世纪以后，会馆、公所等工商团体组织持续在城镇中成功设立，并将自身的“行规”向地方政府“立案”，这个会馆公所与行规立案制度逐渐在许多任务商业发达城镇中得到很大发展，也连带增强了习惯法与国家制定法之间相互交汇的程度。

有学者强调：传统中国“国家法”具有“一种受到自觉维护的更具统一性的精英知识传统”，而“习惯法”则“具有自发性和丰富的地方色彩”，两者尽管“在长期演进和互动过程中彼此渗透”，但是，“这两种不同的知识传统之间缺少一种内在的有机的联结”，从而“表现于知识传统的，是缺乏一种关于习惯法的说明性学理；表现于社会方面，是缺少一个从事于这种探究和说明工作的群体”，因此，传统中国的国家法与习惯法之间尽管也有“分工”但却“实具有断裂性质”。[70]这种界定“有机联结”与“分工但却断裂”的方式，也确有所见；不过，其藉以观照对比的架构，则基本上是根源于西方历史中的法律与社会关系（而且，也可能只是研究概念上经过高度抽象与简化的理想型），如果将观照对比架构拉回明清历史的发展脉络中，则十七、十八世纪以来中国政府官员与

[70] 梁治平，《清代习惯法：社会与国家》，北京：中国政法大学出版社，1996，页127-129、139-140。

民间工商业者之间，透过政府法令维护“同乡联谊、同业办善”财产与团体合法地位的制度性发展，则也确是不可忽略的重要现象。

更进一步看，明清传统法律罕见民商法范畴上“关于习惯法的说明性学理”虽然确是实情，当时中国相对而言也的确缺乏“一个从事于这种探究和说明工作的群体”；然而，国家法与习惯法之间是否真能以“统一的精英知识”与“多元的地方性知识”做区分？以十七、十八世纪以下中国城镇工商业者“会馆、公所”的发展来看，则对此问题则仍然不能无疑；毕竟，“同乡会、善堂”这类社团组织在明清时代的发展演化与普及推广，也都是先由官员与士绅发展成为一种全国性的制度，[71]苏州与其他城镇的工商业者不过是模仿或是“挪用”了这个当时已然成形并且稳固的全国性制度而已，很难说是真和“菁英知识传统”有本质性的差别。

当然，统一的“菁英知识”与多元的“地方性知识”之间，毕竟仍是到清末才有更显著的接触交流与汇通尝试。这集中表现在清末政府开始更大规模的民商事习惯法调查以及宣统三年（1911）制定《大清民律草案》第一条的开宗明义规定：“民事，本律所未规定者，依习惯法；无习惯法者，依条理。”至少自宣统二年（1910）以降，基于修订民商各律的需要，清政府“修订法律馆”等构关的官员即开始更积极地赴各省调查“民商事习惯”，甚至还制订《调查民事习惯章程》并设计“调查民事习惯问题”等问卷，并间接参考《瑞士民法》第一条以及直接根据日本明治八年（1875）太政官布告第103号裁判事务，[72]形构了宣统三年《大

[71] 刘广京，《后序：近世制度与商人》；梁其姿，《施善与教化：明清的慈善组织》，台北：联经出版公司，1997，页71-183。

[72] 黄源盛，《民初大理院关于民事习惯判例之研究》，见《政大法学评论》，63（2000）：页1-46。

清民律草案》第一条的“民律、习惯法、条理”层级规定。

本章前引朱汝珍委请商会调查苏州商事习惯与行业规条，也是清末这波民商事习惯调查与民事习惯法整合运动的一环。以清末苏州金箔业讼案为例，民间工商业者透过注册成立公司以及强调行业“利权”甚或“专利”等诉讼陈情文字，不仅反映了民间对《公司律》、专利法令等“国家制定法”的特殊响应方式，在这个响应过程中，公所变成了“公司”，行规也变成了“专利”，但是，这些都是工商业者自己在诉状与陈词中的“论述”，只是巧妙地“挪用”在《公司律》与包括《简明商会章程》在内的各项“专利”相关法令内。因此，所谓的“习惯法”与“国家制定法”区分，其实都是金箔业者涉入讼案时可以操持挪用的制度性基础，那是一种表现在司法审判与调解场域内的具体“实践”，一如十七、十八世纪会馆公所运用同乡会馆、慈善善堂的现有合法团体，顺利得到地方政府“立案”。

小 结

“法律是由各种实践（practices）、论述（discourses）与制度（institutions）合成的复杂体（complex）。在这个法律形式多元性（plurality of legal forms）的现实基础上，国家制定法（state law）持续地想将法律挤压成某种单一体（unity），但总是难以完全成功”，[73]也许清末苏州金箔业商事讼案也可以印证这个有关“法律”

[73] Alan Hunt and Gary Wickham, Foucault and Law: *Towards a Sociology of Law as Governance.* London & Chicago: Pluto Press, 1994, p.39.

本质的观察取径。

清末商事立法的制颁与推动过程，并不只是反映着一种由“习惯法”走向“国家制定法”的过渡，因为这只是站在政权统治或是法令制订者的角度看问题；若由实际经商者的立场来看，“习惯法”也好，“国家制定法”也罢，其实都是经济活动与司法诉讼过程中可资利用的“制度”；而在不同法律制度的限制之下，涉及经营纠纷或诉讼的工商业者总会找到当时最合适他们使用的法律“论述”与“实践”。晚清以前，金箔业者在诉状中运用禁止“把持行市”和有碍“生计、善举”等明确主张，清末则在陈情中使用某某注册“公司”名称和传达行业“利权、专利”等新兴术语，配合着“嘉凝公所、圆金公所、绣章公司、公兴公司”的团体组织，在不同时机试图影响或说服地方官府与商会，这些都可视为是法律的“论述”与“实践”。在运用这些论述的实践过程中，无论是金线业者或是张金业者，他们在这起为时两年半的商事讼案里，不断依违于长洲县知县与苏州商务总会之间，试图促成最能符合自己利益的协商与裁决结果。

在清末政府官员与知识分子提倡收回利权、收回法权积极推动经济立法，以及各地商会领袖齐聚一堂力争在经济立法过程中扩大修订参与权的同时，苏州金箔业者也参与了清末“法律”继受与变迁的过程，只是，那是在传统把持行市罪、会馆公所“立案”以及清末《公司律》、专利法令的法律制度下，他们使用各种可能的论述与实践，来参与这场清末法律继受与变迁过程。

结语
重新省察明清中国的商业法律

如同本书《导论》曾经简介过的明清中国经济主要变迁趋势，在十六到十九世纪之间，中国经济发生了长程贸易扩张与国内市场成长的显著变化，从而使当时中国出现一种“已开发、开发中、未开发”区域之间彼此经济分工的重要现象。这个市场经济发展大趋势对于当时中国处理商业纠纷的法律机制，也带来更多的冲击，特别是在长江、大运河等全国商业交通主干道沿在线的特定城镇中，用来处理商业纠纷的既有法律机制更是出现较显著的演变与发展。

以位居全国经济中心地位的江南地区而论，此地区内的许多城镇在十六世纪以后，即纷纷出现众多外来客商与本地牙行间的商业纠纷，这些纠纷涉及中介费用（所谓的“牙佣”）、债务、度量衡、储货、运输等等不同内容。有些商业纠纷是由商人私下协调解决，有些纠纷则被自觉权利受损的商人提呈控到地方政府，从而演变成许多与“契约”（contract）或“侵权”（tort）有关的诉讼。要附带说明的是：这些客商与牙行之间的诉讼案件，在十六至十九世纪之间其实是遍及全国交通路线上，并不限于江南地区，而面对这些有关契约或侵权的商业案件，各地官府也必须经常介入调解或是做成裁决。[1] 如何处理牙行拖欠商人货款这类层出不穷的讼案？在十八世纪中国已经变成中央政府颁布相关法律的动力来源，区分牙行是否故意拖欠客商财货，也成为当时新出法律的重要规范对象，这是一项全国性的涉及契约与侵权法律规范的调整。

同时，像是当铺或染坊发生火灾与盗窃事件而造成委托人财产损失时，官府如何面对民众向当铺、染坊老板索取赔偿的压力？委托人与受委托人原先订定的商业契约在讼案中究竟具有何种地位？这些问题都在十八世纪发生于江苏、浙江、安徽、湖南、江西等地，并且冲击到中央政府的法律修订工作。在此修订法律的过程中，可以看到省级与所属地方官员之间的辩论、本省地方官向他省既有案例的仿效，乃至于中央政府参酌地方“省例”而最后调整了全国性法律，这些涉及“过失赔偿”的法律规范，都因为民间经济组织及其实际商业经营的影响，而使诸如赔偿责任的认定、不同赔偿比率的适用条件等等基本上不涉及刑事责任的法律规范发生重要转变，这当然也都和契约、侵权等法律问题直接相关，也都不限于在江南地区发生这些商业法律变化而已。

至于江南地区中的苏州、松江等城镇，商人经营的棉布、丝织等手工行业则在十七至十九世纪之间引发较许多工资纠纷、罢工事件乃至于相关的讼案。棉布、丝织都是当时中国进入长程贸易的重要商品，具有较大的全国市场营销范围，出资制造这些商品的商人虽然并不直接经营工场，但却间接雇用了众多的工人，从而也时常遭遇所属工人要求增加工资的集体抗争，有时候甚至

[1] 在众多牙行与客商的商纠纷中，拖欠货款即是颇为常见者，明清全国范围内的更多这类现存商业司法案例，可见一部近著的最新整理：范金民，《明清商事纠纷与商业纠纷》，页 64－77。

发展成规模颇大的罢工事件。从十七世纪末年开始，这些工资纠纷与罢工事件便成为在苏州、松江职司审判官员的重大挑战；同时，还有棉布商人之间“部分仿冒”或是“顶让转卖”商标牌记，以及棉布商人希望终止现有踹坊、染坊加工工场所引发的委托契约讼案，这些都是十六世纪以前中国未曾出现的新经济现象，而这些经济现象所引发的种种商业纠纷，也在在挑战着本地司法官员的能力与智慧。由一些留在苏州、松江碑刻上的诉讼纪录看来，许多本地司法官员不仅试着理解当时通行的商业习惯，也的确依据既有法律条文的原则、原理，甚或是将农业部门的地主、佃农关系“类推适用”到棉布业的商人委托加工关系，从而创造出一些可以具体援用的法律推理，并做成中央政府、上级地方长官、涉讼双方当事人乃至于当地社会可以大致接受的裁决。这些案件也都为明清中国商业法律的发展提供了具体实例。

本书处理案例有限，不仅未能专门处理合伙、金融、运输等更多商业纠纷本应包括的重要议题，同时，在分析的时间与空间上也并不全面，未能更大规模地处理明清五百多年间在更多地域内发生的商业纠纷与相关诉讼的历史。然而，本书对一些有限案例所做的分析，毕竟仍是十年来爬梳史料与思考研究的成果，野人献曝，仍然希望能对明清中国处理商业纠纷相关法律规范的变迁历程，提供两项初步观察。

第一，我们既需更重视明清中国“理论上的法律”（law in theory）与“事实上的法律”（law in action）之间的差异，并且也要细致地考掘“理论上的法律”与“事实上的法律”在当时中国已然形成的一种特殊衔接机制。

一般人只要稍稍知晓明清中国市场经济发展的些许史实，则多半会联想到当时不少商业纠纷也可能会呈控地方官府并获得若干程度的处理，因而应该不会太过质疑明清中国在商业诉讼领域上也有“事实上的法律”可为官员审理裁决的依据。但是，若要判定明清中国在商业诉讼领域上也有“理论上的法律”，则可能绝大多数人都会予以反对或是保留。以下，笔者将论证明清中国在商业诉讼领域上既有“事实上的法律”也有“理论上的法律”。

如同许多学者所知道的：明清中国传统法律虽然依案件涉及法典刑度规定轻重而有“自理刑案”与“审转重案”的差别，但毕竟从未在法律体系上出现区分“刑法”与“民法”差异的法律论述；同时，许多著名的律学专家也确实并不标榜“契约、侵权”等商业案件可以构成特殊法律范畴的概念或理论。表面上看来，一直要等到清光绪末年，政府才真正启动了藉鉴西方、日本近代法制而起草“商律”的法律改革，最后便是出现了宣统二年（1910）公布的包含《总则》与《公司律》在内的《大清商律草案》；直到此时，中国才在“理论上”出现了“商法”（至于清末政府推行商法在“事实上”的效果究竟如何？则当然也是个复杂问题，本书第七章即以苏州的实际例证做了些分析）。要之，在明清中国固有法制之下，法学家与政府官员基本上从未明白强调或是承认“民、商事习惯”的重要性，更不用说是要发展一套“商法、商人法”的法律论述。

本书提供的一些案例与讨论，主要是以实际例证说明当时官员、商人在商业诉讼进行过程中，确实是有“事实上的法律”足以作为呈控、审理、调解与裁决的依据，这些商业法律在“事实上”确实于明清中国的许多地方以及许多议题上具体出现过。然而，明清商业发展对法律规范的影响，难道真的只在“事实上的法律”层次出现吗？对于那些商业诉讼领域内部的“理论上的法律”，在明清中国是否真的未曾出现？笔者认为并不尽然。这基本上是个极复杂的课题，既涉及我们对当时历史实际变化的理解是否足够，也联系到我们对这个课题的基本认框架能否超越本书《导论》中所提及的“西方中心主义”史观。

笔者认为：明清中国商业发展对相关法律规范的影响，不仅出现在“事实上的法律”层面，而且也反映在“理论上的法律”层面；然而，我们若要看清楚这个作用于“理论上的法律”的变化，便需要更好地回到传统中国法律体系赖以运作的制度性背景，而不能老将眼光放在有没有出现“公司法、海商法、破产法、票据法”商业法典或是有没有一套有关“契约、侵权”的西方“商法、商人法”论述上，这些都是基于欧洲的特殊历史经验，不该继续妨碍到我们对明清历史变化的理解。

问题的症结，仍是要回到传统中国法律体系的特殊性上。然而，究竟什么才是传统中国法律体系的“特殊性”？我们最常听到这方面问题的答案，大概便是只有刑法而无民法的“民、刑混同”，以及程序法与实体法揉杂不分的所谓“诸法合体”，这些答案其实都是源自于与西方法律的简单对比，也是目前仍然流行的说法。[2] 这个流行说法也不算大错，只是，其背后藉以将传统中国法律与近代西方法律做比较的立论根据，却带有很强的片面性，它只单挑西方法律经验中的“民、刑区分”与程序法、实体法“不合体”等“法典本身”特征做判准，而严重忽略了法典本身之外的中国与西方法律的“制度背景”。

本书《导论》即已提及，笔者并不反对拿中国历史与西方做比较，但对片面性的比较则不得不予保留。若要比较欧洲与中国

---

[2] 对“民刑混同、诸法合体”这些长期盛行的主流说法，近年来学界已出现若干质疑与挑战的新看法，对这些新看法的整理与讨论，参见：苏基朗，《现代法学诠释中的“中华法系”——以产权与合约为中心》，见《法学》，12（2006）：页 62-68。

法律发展的差异，则传统中国很早即有统一的法典以及足以配合这套法典施行全国的政府司法人员，这也更是中国与欧洲极不相同但又影响深远的特殊历史经验，可是，前述那类“民刑混同、诸法合体”的流行说法，却只单独挑选“法典本身”特征作为比较的判准，而严重忽略“制度背景”的重大差异，从而妨碍我们理解中、西法律发展在历史上的关键区别及其可能的深远影响。

早自公元八世纪前半叶，传统中国即已颁布了像是《唐律疏议》、《大唐开元礼》这样高度体系性的成文法典与礼典，[3] 这套成文法典与礼典的传统，对宋代以下的法律体系有深远影响，也构成十四世纪后半明太祖及其法律官员制订颁行《大明律》，乃至于十七世纪以降屡次修订《大清律例》的根本基础。同时，在郡县制度运作下，中央对全国各地省府州县统一派出包含职司审判工作在内的官员，这套司法体系在承平之际有效运作时，既能使现行成文法典能更好地一体落实，又赋予官员可视各地不同社会经济变化与文化、族群情境差异而在一定程度内调整既有法律规范的弹性。这种兼顾统一规定与若干弹性的法律体系，在很大程度内，足以保障全国各地能使同一类罪行援用同一类法律规范甚至是同一条法律文字，这套很特别的法律体系在明清中国（特别是十八至十九世纪之间）又经过“审转、审限”加严、加密等司法机制的进一步规范，更加强化了这套法律体系的运作效果。

因而，相对而言，自《唐律》以至《明律》、《清律》的传统中国法学家，他们面对现行法律规范内含与全国各地个别案件不

[3] 有关唐律如何成为中国历史上“集战国以来成文法典发展的大成”，以及何以此下各朝代订律“莫不以唐律为蓝本”，对这些问题的精要讨论，参见：高明士，《中国中古政治的探索》，台北：五南图书出版公司，2006，页 227-251。

同事实之间落差的紧张性，远比同时期绝大多数的欧洲法学家为小。即使宋代以后江南地区商业开始更好地发展，乃至于十六至十九世纪之间中国长程贸易与国内市场的兴起，中国既有法典也有一定的弹性可因应当时许多新兴社会经济现象而做成调整，因而，中国的法学家与各级司法官员其实并不需要大张旗鼓地宣扬或是创造发明有关类似“契约、侵权”等法学领域的新概念或新理论，也并不需要费劲地到处收罗、鉴别与制订所谓的“习惯法”。明清中国继承的这套足以更好地兼顾统一施行与弹性调整的法律体系，正是十四至十八世纪之间民族国家仍在兴起过程中的众多欧洲法学家所无法想望的特殊情境，从而也塑造了明清中国商业诉讼领域有关“理论上的法律”以及“事实上的法律”相互衔接与共同演化的特殊模式。

明清商业法律如何在“理论上的法律”与“事实上的法律”相互衔接与共同演化？最明显的例子便是当时市场法规的变动。如本书第一章分析明律与清律《户律：市廛》章这些主要用来规范市场交易行为的法律条文，即可以看到在那些看似没有新出概念的法条增修过程中，相关法律规范如何可以弹性适应当时商业发展而做成种种具体调整。明清《户律》编《市廛》章虽只包括五条律文和二十六条例文，但却反映明清政府对市场规范做出的两项重大改革：一是“编审行役制”的逐步废除，二是“官牙制”的进一步完善。前者让包括会馆、公所在内的民间商人团体有更好的发展空间，后者则使政府既能透过官牙制度改革而加强对客商财货的保障，又如实反映政府不断缩小原先对市场上一般商品价格的行政干预，转而将市场管理重点放在对粮食价格做更好的监督。明清法律继承了唐律以来禁止“把持行市”以及强调“时估”监管物价的传统“法律理论”，但又逐渐将这套法律理论适用到一个新的大规模解除经济事务管制的经济变化过程中，诸凡废除“编审行铺”、推广与改革“官牙”，乃至于将多种多样的物价管控限缩到只监测粮食价格变动以作为启动粮食仓储政策的依据，这确实反映“理论上的法律”与“事实上的法律”一种巧妙的衔接机制真的发生在明清《户律》编《市廛》章的法条增修过程中。

至于当铺失火与失窃的例子，又是另一个例证，官员与法学家不用强调到全国各地搜集“商事习惯”，因为他们本来即已在各地发生讼案中同时考虑相关法律的统一规定以及当地商业习惯甚至是民众情感之间的可能紧张与落差，并希望能在审理个别案件中发现更好的法条援引或是类推适用办法，并在各省讨论后将个别案件变为往后可资遵循或参考的“成案”，甚至有时省级官员还据本省“成案”建议中央政府修补既有的全国性法律。这些十八世纪发生于浙江、湖南、江西等省的当铺失火与失窃个案，不仅变成“省例”，甚至还冲击既有的《大清律例》《费用受寄财产》相关法律规范；这些都不只是处理商业讼案的“事实上的法律”，而且还是根据《唐律》以来“其被水火、盗贼费失及畜产病死有显迹者，勿论”的既有法律理论，按照清代注律名家沈之奇对这项法律概念的释义则是：“不坐罪，亦不追赔”者，以“事出不测，非受寄者之过也”。对许多熟悉沈之奇《大清律辑注》的清代官员、幕友甚或是较有心上进的吏胥而言，判决典铺商人有时候可完全不必赔偿或是只要部分赔偿的裁决依据，不需要诉诸商事习惯或是自己新创的某些法律理论，而只要在《大清律例》这部所谓的“刑法典”（或所谓“民、刑混同”、“诸法合体”的刑法典）之内，即可以透过对既有法条的诠释与个案适用法律问题的讨论，许多当时的法律专家仍然可以找到一些有效衔接“事实上的法律”

与“理论上的法律”的可用办法。[4]

这里当然不是说《大清律例》已经包含了所有可以适用商业诉讼领域的原理与原则，当时法律肯定有许多赶不上经济发展实况的限制（但同时期的欧洲不也同样经常如此？）。只是，笔者要强调的是：无论是在明清《市廛》章律例演变的例子或是《费用受寄财产》里，传统中国法学专家都不需要先在全国各地搜集不同的商业习惯然后再去编辑与提倡某些所谓的“习惯法”，只要透过既有法典在全国司法衙门的法律适用过程，各地司法官员仍可以逐步地将当地法律规范与社会经济实况的落差“回馈”到本省“省例”或是中央政府的全国性法律修订过程中。

第二，在讨论商业诉讼领域的法律规范变动时，也该更重视那些明清法律的制度变迁，并且要更留意法律制度变迁与当时经济变化之间的复杂互动，切莫再将“农业社会”与“商业社会”等经济结构差异简单地对应于“传统中国法律”与“资本主义法制”的法律制度差异，一句简单的明清“传统法律”基植于传统中国的“农业社会”经济条件，既昧于当时中国长程贸易与全国市场发展不断冲击所谓“农业社会”的史实，也低估了明清法律制度变迁下种种“意图之内”与“意图之外”结果对所谓“传统

[4] 有学者也鼓吹要将西方与中国的不同法律运作方式都视为是历史上“法的制度化”的有机一环，西方近代法律发展史上采用了“规则型”制度，选取社会中的一部分规则（如挑选与制订“习惯法”），使之客观化后，再加上政治权力的支持，从而全力推动法的制度化。明清中国虽然并不特别标榜“依法审判”，但在审理案件时，则皇帝与官员仍然极为注重如何在法条与案情之间维持一种全国范围内的“公论”，从而也“进行了种种制度性经营”，并且一样“到达了相应的安定性配置方式”，这可谓为一种“非规则型”的法律制度化类型，参见：寺田浩明，《试探传统中国法之总体像》，见《法制史研究》，9（2006）：页 232-238。如果不反对法律条文规定在维持司法“公论”过程中也具备关键地位的话，则这种可与“规则型”对比的“非规则型”法律制度化类型，也仍然足以印证笔者提及明清中国商业案件审理过程中“事实上的法律”与“理论上的法律”的相互衔接机制。

法律”的重塑与调整。

本书所分析的明清法律“制度变迁”，既包括十八世纪以降“审转、审限”机制加严、加密等司法稽查制度的调整，也包括明清中央与地方司法官员、幕友、讼师等法律专家所抱持或所援用“法律价值观、法律信念、法律推理”等规范内容或是论证方式的演变。至于本书所指明清法律制度变迁引发的“意图之内”与“意图之外”不同结果，“意图之内”指的是官方制度设计原本想达成的效果，而“意图之外”则指的是官员、幕友、讼师乃至商人、民众自行挪用或是变化衍生而为制度设计者所意料之外的结果。

清代固然继承许多明代的具体司法制度，但同时也有重要的新发展；特别是十八世纪“审转、审限”的司法案件稽查机制变得日益严密，致使清代与明代司法制度在具体的法律实践面向上出现较大的差异。这个制度差异同时产生了“意图之内”与“意图之外”的不同效果：不仅全国各地司法官员面对中央司法机关施加的稽查审核压力愈来愈强大，而以刑部为代表的中央司法机关也愈来愈成为全国最专业法学官员的聚集中心。比较而论，这些变化基本上都符合皇帝与中央司法机关将审转、审限机制予以加严、加密的原初意旨，故而是种“意图之内”的结果。然而，审转、审限制度的加严、加密，却“意图之外”地既让更多地方官员感到需要花费较多个人俸金去聘请包含“刑名师爷”在内的各种幕友，并也给予民间讼师更多的操持司法与代理诉讼的营业空间，不仅全国幕友与讼师人数增多这一现象并非中央政府始料所及，更意外的结果甚至是：“幕学”传达的“天衣无缝”写作心态，以及“讼师秘本”发展出来的“百战百胜”诉讼理想。这些意图之内与意图之外的不同结果，都伴随审转、审限司法制度变革而日益显著，这是十八、十九世纪发生于中国的重要法律制度变迁。

综合来看，无论是法学专家聚集刑部以及地方官员受司法稽查压力增大等等“意图之内”的结果，或是幕友、讼师职业群体人数不断扩大及发展“天衣无缝、百战百胜”特殊法律价值观的“意图之外”结果，这些不同法律专业人士虽然彼此具有或合作、或竞争、或敌对的不同人际关系，但总的来说，因为这些分别来自官方（如刑部官员）、“半官方”（如幕友）与民间（如讼师）等法律专业人士的各别存在与共同作用，相对而言，明清中国的司法体系乃变得更加能够“就法律论法律”。[5] 这当然不是说明清中国司法已可免除政治特权、暴力、贿赂的随时介入与蛮横干预，但是，在包含商业诉讼在内的许多一般性质案件中，“就法律论法律”的现象已确实变得更加显著；这个“就法律论法律”现象的显著出现，的确未曾伴随近代欧洲法学家与哲学家对“法治国、依法为治（rule of law）”乃至“个人主义、理性、启蒙”等法律与政治理念的论述话语，但却是以审转、审限司法稽查机制加严加密，以及讼师、幕友、刑部官员等法律职业群体不断扩增，为其有效运作的制度性基础。由十八至十九世纪之间，在审转、审限司法稽查机制的运作框架之下，刑部官员、幕友、讼师等法律专业人士，便与许多涉讼民众一块，共同加入了这个相对而言也能

[5] 有学者也从明清中国司法文书运用各种不同“法律修辞”之间的共通性，进而论证当时中国各级司法官员、幕友、讼师在面对司法规则、程序与过程等问题时其实怀抱着颇为共通的社会观与世界观，从而构成一群足以界定司法场域的“解释社群”（interpretive communities），可见：Jonathan K. Ocko（欧中坦），“Interpretive Communities: Legal Meaning in Qing Law,” in Robert E. Hegel and Katherine Carlitz edited, *Writing and Law in Late Imperial China: Crime, Conflict, and Judgment*. Seattle and London: University of Washington Press, 2007, pp.261–283.

“就法律论法律”的司法场域，从而形塑了包含商业诉讼领域在内的明清法律制度变迁。

尽管明清中国仍有许多商业纠纷并不寻求法律体系的支持，如有学者藉由分析明清牙行拖欠客商货款的司法案例而强调：由于侵欠客商货款的牙行“常能得到地方官府胥吏的直间（或）间接庇护”，故而“客商大多只在货款久拖而追讨无着的情形下才被迫告官”，[6] 此项观察固然有一定道理，但却忽略了更大范围内的法律制度变迁因素。整体而论，由于明清两代审转、审限制度变迁的“意图之内”与“意图之外”不同结果的综合作用，明清商人面对各类商业纠纷时，仍是处于一个较为不同的法律制度框架之下，特别是在经济发达地区的城镇里，商人提呈讼状时，一方面既能以较高金钱聘得更有胜诉实力的本地知名讼师为其执笔操刀并出谋划策；另一方面也可能得到本地官员更多的关注，甚至是获得官员承认那些足以规范商业经营的惯例，从而累积了本地适用商业诉讼领域的相关“成案”。

诸如一位开设典铺的商人因为遭受火灾损失财物而被托典民众控告，或是一位经营棉布字号的徽州商人控告棉布工人以提高工资而集体罢工，在这类商业诉讼进行的过程中，涉案商人不仅可以私下雇请更有能力的讼师暗中撰写诉状并且提供各种足堪趋吉避凶甚或是“百战百胜”的诉讼策略，甚至也能运用类似“恤商美政”、“身家切系，国课攸关”或是“富乃贫之母，为国家元气”等各种足以绾合个人利益与公共利益的法律修辞，藉以打动官员援用更有利于自己商业经营的法律推理，进而做成涉讼商人所乐意见到的裁决。

---

[6]　范金民，《明清商事纠纷与商业纠纷》，页 76－77。

法律专业人士的成长，是明清司法足以“就法律论法律”的重要制度基础。有学者曾正确地指出：十九世纪后期中国因为社会动荡加剧致使法律运作效能降低的现象，绝不能上推至十八世纪至十九世纪前期的中国司法概况。[7] 我们不应低估明清官员与幕友因为熟读法条而可以妥善援用法律推理的能力，同时，也要注意官员、幕友这些官方与半官方的法律专家，并非是把审判的依据轻易地让渡给各地所谓的“风俗”或是习惯，而是在相当程度上确实具有将各类案件裁融并转化为符合明清律例规范框架的卓越能力。[8]

然而，法国学者巩涛（Jérôme Bourgon）同时还指出：正因为具备转化各项案件符合既有法条规定的卓越能力，明清中国的法律专家总是想着如何能够“针对种种不同的民间习惯与社会现实情境做出裁减或是重塑，以使其更好地融入《大清律例》之中”。这便使得明清中国法律是“以牺牲法理的复杂性与精确性为代价，转而追求法律的同一性（uniformity）与通贯性（comprehensiveness）”；也正因为如此，传统中国法律乃不可能出现欧洲法律中的“民法”（civil law）或是“私法”（private law）的法律范畴。毕竟，在那些熟悉法律条文的官员与幕友心中，各地民间习惯所反映的“风俗”从来都是需要被政府改革的对象（所谓的“正风俗”），“风俗”基本上不会倒过头来作为官员正视吸纳并据以改革既有法律条文的关键理由。所以，明清中国也便

---

[7] 步德茂（Thomas M. Buoye），《司法档案以及清代中国的法律、经济与社会研究》，邱澎生译，见《法制史研究》，4（2003）：页217－243。徐忠明，《依法判决？明清时期刑事诉讼的一个侧面》，见氏著《案例、故事与明清时期的司法文化》，北京：法律出版社，2006，页301－323。

[8] Jérôme Bourgon, “Uncivil Dialogue: Law and Custom Did not Merge into Civil Law under the Qing.” *Late Imperial China* 23.1 (2002): pp.50－90.

从来没能出现欧洲法律史上的“习惯法”（customary law）、“民法”或“私法”。[9]

这种明清中国没有“习惯法”的解释脉络，有其一定的道理，我们的确应该正视明清法律专家裁融并转化司法个案差异与法条统一规定之间可能落差的卓越能力，也要注意“习惯法”出现在欧洲历史上的特殊情境；但是，笔者依然要指出：不要忽略在清代审转、审限机制加严加密之下种种“意图之内、意图之外”的不同法律效果，特别是在讼师、幕友、官员的既紧张又互补的综合作用下，那些所谓“恤商美政”、“身家切系，国课攸关”、“富乃贫之母，为国家元气”等各式各样统合商人利益与公共利益的法律修辞，仍然足以让苏州、松江这类市场经济发达地区的地方司法衙门采用棉布加工契约、判别棉布商标是否被盗用、棉布牌记如何顶接转卖等既有的商业习惯，或是促成浙江、江苏、湖南、江西全省官员裁定当铺失火失窃案件中实行的“过失”赔偿原则，这些都是由商业诉讼引发的法律变动，不少裁决甚至累积为足以影响此后当地同类商业诉讼结果的“省例”或是地方司法“成案”。

综而言之，明清官员不必标榜近代欧洲式的“私法、商法、商人法”相关概念、理论及其所适用的特定法律推理或法律修辞，但是，在幕友、讼师的幕后协助与共同作用下，一些商业讼案所援用的法律推理已然隐身于种种独特的法律修辞面纱之下，从而潜入了《大清律例》、各省“省例”或是地方“成案”之中。这些商业诉讼领域的法律变迁不仅与十六至十九世纪之间的长程贸易与全国市场发展有密切关系，也与明清两代法律专业人士数量成

---

[9] Jérôme Bourgon, “Rights, Freedoms, and Customs in the Making of Chinese Civil Law, 1900—1936,” in William C. Kirby edited, *Realms of Freedom in Modern China*. Cambridge, Mass.: Harvard University Press, 2004, pp. 87−90.

长以及十八世纪审转、审限机制加严加密等制度变迁紧密联系。传统中国法律与经济之间的复杂互动，绝不需要等到十九世纪后半中国“引入”西方资本主义的产销方式才开始发生；城镇中的商业诉讼领域如此，农村中的土地买卖行为也出现值得注意的经济与法律变迁。如学者已然论证的：在十八世纪广东的农地买卖中，发生了产权纠纷引发殴杀暴力案件数量日渐减少的趋势，这足以反映当地民众日益接受市场经济运作之下“祖产”常随金钱交易而快速转手的事实，用暴力维护“祖产”的正当性，在更多乡民心中逐渐减削其力道，这或许即见证了当地农民既有“道德经济”（moral economy）的逐渐松动。[10]

广东不会是这类“市场经济”与“道德经济”此长而彼消的特例，在十八世纪中国本土境内愈趋成形的“已开发、开发中、未开发”经济分工区域格局里，类似的经济与法律变迁都已然发生，而这些重要的历史变迁，也都不需要等到十九世纪后半西方“资本主义法律制度”引入中国，或是清末制颁《钦定大清商律》等商事法典，才发生于中国本土境内。的确，清末以前的中国，始终没有出现近代欧洲的“资本主义法律制度”，但这却并不保证许多学者对明清“传统法律”基植于传统中国“农业社会”经济条件的假想足以有效成立，即使不谈农村地区土地交易的法律制度变动，至少，在十八至十九世纪期间的苏州、松江等江南工商业城市，乃至全国长程贸易路在线的许多城镇里，都或多或少地见证了明清“商业法律”的种种不同程度发展，这些发展绝非无关紧要，也无法仅以“例外”视之。

---

[10] Thomas M. Buoye, Manslaughter, Markets, and Moral Economy: *Violent Disputes over Property Rights in Eighteenth-century China*. Cambridge University Press, 2000.

1880年代，一位看来常有机会在香港与清朝通商口岸城市近身观察中国经济与法律实务的外国人，做了一段有关中国到底有没有“商业法律”的评论：“因为中国没有成文的商业法典，便认为中国人没有任何商业法律（commercial law），这是一种常见的错误认识。要是没有近代法律注释家的论述，我们也可能误以为英国根本没有普通法（Common Law）。在《大清律例》以及其前出现过的历朝刑法典之外，还有中央政府颁布的许多诏令或通行，地方省级法官也针对商业法律的相关问题做成不少裁决；而这些例案、命令与裁决的合辑，都由刑名幕友、税关监督以及其他重要的中国内陆官员所掌握。尽管各省有不同的贸易习惯，但对熟悉商业法律领域的人而言，这些涉及商业问题的法律合辑仍然足以提供很好的保护，让种种商业贸易习惯可以在审判过程中经常得到尊重。”[11]明清中国到底有没有“商业法律”？这是十九世纪后半一位来华外国人士所做的一个带有“中、英”比较观点的结论，透过与英国1750年代以降诸如布雷克史顿（William Blackstone）等著名法律注释家阐扬英国普通法义蕴的历史做对照，[12]这位外国评论者认为：清代中国也有众多的商业法律，并且是由全国众多幕友与相关官员负责操作这些法律，只是，因为没有出现与布雷克史顿同样重要的法学家阐扬中国商业法律的精蕴，故此，人们才误以为清代中国没有任何商业法律。

然而，这个清代实际存在一套商业法律运作机制但却没有商业法学著作的看法，对当代中国学者而言，其实有点像是新奇可

---

[11] “The Commercial Law Affecting Chinese; with Special Reference to Partnership Registration and Bankruptcy Laws in Hongkong,” Reprinted from the *China Mail*, *1882*, pp.1–40.

[12] 布雷克史顿注释英国普通法的过程与意义，参见：David Lieberman, *The Province of Legislation Determined: Legal Theory in Eighteenth-century Britain*, pp.31–67.

怪之论，这里涉及一些复杂的历史认识问题，需要再做些分梳。

早自清末民初以来，即使像郑观应这样博识务实的商人兼知识分子，也断言明清中国没有“商律”，他于十九、二十世纪之交已清楚指出:中国“因无商律”，因而商人遇到经营损失时，便“不敢上控”请求官府协助处理；并进而评论道:“中国只有刑律，无民律、商律、报律、航海诸律；故商民讼事，律多未载，地方官与胥吏随意判断，商民负屈甚多”，郑氏从而主张:“国家非有商律”，否则，“商务必不能旺”。[13]这段文字至少同时包含了实然与应然两个不同层面的问题：先谈应然面，清末中国需要发展“商律”，才能在国际商业竞争中立定脚跟，这是绝大多数评论者都会同意的问题。但更多的麻烦会出在实然面上，我们要追问：清代两百余年间的大多数商人是否都“不敢上控”？清代全国各地的众多地方官与胥吏是否对商业讼案经常“随意判断”？如果大多数商人经常“不敢上控”，则本书第五章介绍的十六世纪初年明朝中央政府于《弘治问刑条例》所做的规定：江西商人涉及“负欠钱债”案件，“止许于所在官司陈告”而不准再经常往赴京城控告，这条规定表面看来是禁止商人“上控”，但不正是反映当时商人实际上经常“上控”吗？否则，中央政府何必特别立法禁止此现象呢？至于在十七世纪松江、苏州棉布商人要求江苏各级地方官员取缔棉布字号仿冒等案例之中，多位理讼官员承认商业经营习惯的态度，也不好轻易将其说成是“随意判断”。十六世纪江西商人往京城控告钱债案件，以及十七世纪江苏地方官员处理松江、苏州两府棉

[13] 郑观应，《盛世危言》，见夏东元编，《郑观应集》，上海：上海人民出版社，1982，上册，页 612-613。这段有关“中国只有刑律，无民律、商律、报律、航海诸律”的话，仅见于 1900 年八卷本的《盛世危言》，并不见于之前印行的 1894 年五卷本以及 1895 年十四卷本《盛世危言》的同段内容。

布商人商标讼案的积极态度，当然不足以概括全国范围的商业诉讼情形，但是，像郑观应那样使用商人“不敢上控”与官吏“随意判断”来概括明清将近五百五十年间全国各地的商业诉讼现象，又是否真的足够公平？

我们后代人在有限史料中能够解读的商业诉讼现象肯定很有限，但是，郑观应在晚清乱局中综理出来的“不敢上控、随意判断”现象是否真的更有普及性或代表性呢？身处晚清变法图存的政经局势中，郑观应要求政府推展扶持商务的良善愿望肯定十分强烈，在那种情境下，重话批评是为了加速改革，应然面上的期待经济改革影响到实然面上的史实判定，这很自然，晚清绝大多数知识分子本来也没有多少余裕去斤斤计较商人“不敢上控”与官吏“随意判断”是否合乎全部史实，也大概不太关心这样论断是否不尽公平甚或是“厚诬古人”，但是，对关心明清历史究竟实际发生什么经济与法律变迁的我们而言，便不能轻易放过正、反两方面的史料。本书的主张是：明清中国当然存在许多商人不敢上控与官吏随意判断商业诉讼的案例，但是，如果刻意忽略明清中国商业诉讼或其他相关领域的历史变化，甚至还由此不证自明地推导出“因为明清经济不发达，故而在商业法律上并不出现有意义的发展”，则这便是本书不可不辩的既有论调或是刻板印象。

郑观应提及的清代中国“商民讼事”在《大清律例》上是“律多未载”，这更是一个很有意义的观察与评论。郑观应的看法明显与上文引述那位几乎同时代的在华外国人不同：“在《大清律例》以及其前出现过的历朝刑法典之外，还有中央政府颁布的许多诏令或通行，地方省级法官也针对商业法律的相关问题做成不少裁决；而这些例案、命令与裁决的合辑，都由刑名幕友、税关监督以及其他重要的中国内陆官员所掌握”，因而，“尽管各省有不同的贸易习惯，但对熟悉商业法律领域的人而言，这些涉及商业问题的法律合辑仍然足以提供很好的保护，让种种商业贸易习惯可以在审判过程中经常得到尊重”。十分巧合地，本书许多章节正好可以呼应这位在华外国人的观察。以《市廛》律例内容的演变为例，这些主旨在于规范市场交易秩序的法律条文固然不能与十九世纪以来欧美各国制订诸如公司、票据、海商、保险等详实细密的法律规范相提并论，但若因此即谓当时官员在制度上都无法依照《市廛》律例等相关法条妥善地处理商业讼案，则也可能推论过当。因而，郑观应所谓的商民讼事“例多未载”，也对也不对，这其实是个比较性的问题，比起近代西方“商法”的进展，肯定是“例多未载”；但对明清时代众多商业城镇中的各行业商人而言，则《市廛》章各条律例的足以普遍适用，甚至像是本书第六章分析的当铺、染坊“损害赔偿”的“过失”责任问题，在若干省份与后来中央政府立法过程中的陆续传播与发展，这些现象也不好只以“例多未载”轻易带过。

尽管可以争辩郑观应有关商人“不敢上控”、官吏“随意判断”以及商民讼事“例多未载”这些观察是否全面而公平，但是，郑观应提及的“中国只有刑律，无民律、商律、报律、航海诸律”，这则确实成为很难辩驳的观察。因为“商律”在晚清本来即是一个外来译名，而当代中文学界虽以“商法”取代晚清的“商律”译名，但基本上，无论昔日的“商律”或现在的“商法”，这两名词在中文学界几乎有如“工业革命”（The Industrial Revolution）的中译一般，已经变成约定俗成的专有名词；虽然西方各国“商法”其实有着不同类型与差异的发展历程，但相对于西方以外的国家或地区而言，不同于“审判机关”这类普通名词，“商法”本身已然上升为一种专有名词，仅仅适用于西方独特的历史现象。拿已经事先界定好的名词再去争辩别的国家或地区有没有“商法”，基本上是一种套套逻辑，因而，再去争辩明清中国有无“商法”其实没有太多意义。然而，问题的关键在于：没有近代西方的“商律、商法”，是否即反映明清中国没有“商业法律”上的有意义发展？或者再讲的更露骨些：没有“商律、商法”，是否即能推导出诸如“因为明清经济不发达，故而在商业法律上并不出现有意义的发展”等结论？本书反对这种粗略的比较与推论，并试图论证明清中国“商业法律”也曾出现有意义的发展，在那些藉以规范市场交易、解决商事纠纷乃至裁定契约、产权方面权利、义务关系的“商业法律”内容上，明清中国都有值得注意的变化；而这些明清商业法律内容的变化，固然有其源自明清法典的法律规则（rules）与原则（principles）的形塑作用，但也受到十六至十九世纪之间中国长程贸易与全国市场发展的冲击与影响。

尽管如此，对于那些依然深信“因为经济不发达，故而明清中国在商业法律上并不出现有意义发展”的人们而言，本书仍要提醒：这样的看法或信念究竟有多少出诸具体事例？而又有多少来自于某种不证自明的历史想象？明清中国“商业法律”确实有异于近代西方种种不同的“商法”发展模式，但没有西方“商法”，却也绝对不能“不证自明”地推导出当时中国并不出现市场经济与法律体系之间的复杂互动。我们固然可以发现明清中国“商业法律”与同时代欧美国家在“商法”发展上的种种差异，但是，这些差异却不宜简化为明清中国则在商业法律从未出现任何有意义的变化。

最后，也许可以再引用人类学家吉尔兹（Clifford Geertz）一段话，来为明清中国“商业法律”究竟该如何与欧洲“商法”相互比较的问题，提供一点参照式的结语："我们现在面对自我定位的时候，既不可将他人远远推向相对的极端，亦不可将其拉进而有如我们自身的摹本，而是要将我们自己置身于他人中间"。[14] 明清中国没有近代欧洲的商法，但与近代欧洲各国出现种种不同商法的复杂历史过程一样，在明清中国的商人、工人、农民、士人、讼师、幕友、地方与中央各级司法官员以及皇帝的互动之中，也于商业纠纷与商业讼案的司法领域内出现种种有意义的变化，未来要如何更全面而细致地理解这些历史变化？认真对待比较，会是一项重要的研究心态调整：不再将"他人远远推向相对的极端"而说明清中国绝无近代西方商法，也"不可将其拉进而有如我们自身的摹本"而说明清中国也有近代西方商法，只有"将我们自己置身于他人中间"，认真地比较不同地区人们各自相异而又相同的历史经验，在重新认识自己的过程中，也重新认识了他者！当作如是观！

[14] 吉尔兹（Clifford Geertz），《地方性知识》，王海龙、张家瑄译，北京：中央编译出版社，2000，页245。

参考书目

一、史料

（一）案例、省例、档案、碑刻

1.《上海碑刻资料选集》，上海博物馆编，上海：人民出版社，1981。

2.《天津商会档案汇编（1903—1911）》，天津：人民出版社，1989。

3.《清代乾嘉道巴县档案选编》下册，四川省档案馆、四川大学历史系主编，成都：四川大学出版社，1996。

4.《西江政要》（按察司本），清刊本，台湾“中央研究院”历史语言研究所傅斯年图书馆藏。

5.《西江政要》（布政司本），清刊本。

6.《刑案汇览》，（清）祝庆祺编次、（清）鲍书芸参定，影印清光绪十二年（1886）刊本，台北：成文出版社，1968。

7.《刑案汇览续编》（清）吴潮、何锡俨汇纂，（清）薛允升鉴定，影印清光绪二十六年（1900）成都重刊本，台北：文海出版社，1970。

8.《“中央研究院”历史语言研究所现存清代内阁大库原藏明清档案》，张伟仁主编，台北：联经出版公司，1986—1995。

9.《明清苏州工商业碑刻集》，苏州历史博物馆等编，南京：江苏人民出版社，1981。

10.《治浙成规》，见《官箴书集成》第六册，合肥：黄山书社，1997。

11.《宫中档乾隆朝奏折》，台北：台北“故宫博物院”，1983。

12.《清末筹备立宪档案史料》，北京故宫博物院明清档案部编，北京：中华书局，1979。

13.《清代巴县档案汇编：乾隆卷》，四川省档案馆编，北京：档案出版社，

1991。

14.《湖南省例成案》，清刊本微卷，台湾“中央研究院”历史语言研究所藏。

15.《疑狱笺》，（清）陈芳生，影印清康熙三十年（1691）刻本，见《四库全书存目丛书》，子部，册37，台南：庄严文化公司，1995。

16.《说帖辑要》，（清）宋谦重编，清道光年间抄本，有清嘉庆十六年（1811）陈廷桂旧序，台湾“中央研究院”历史语言研究所傅斯年图书馆藏。

17.《驳案新编》，影印清光绪十年（1884）朱梅臣辑《驳案汇编》本，见《续修四库全书》，上海：上海古籍出版社，史部，册873。

18.《审看拟式》，（清）刚毅，清光绪十五年（1889）刚毅自序，江苏书局刊本，台湾“中央研究院”历史语言研究所傅斯年图书馆藏。

19.《谋邑备考》，清乾隆年间刊本，台湾“中央研究院”历史语言研究所傅斯年图书馆藏。

20.《苏州商会档案丛编》第一辑，章开沅、刘望龄、叶万忠主编，武汉：华中师范大学出版社，1991。

21.《苏藩政要》，（清）不著撰人，清抄本，台湾“中央研究院”历史语言研究所傅斯年图书馆藏。

22.《续增刑案汇览》，（清）祝庆祺编次、（清）鲍书芸参定，影印清光绪十二年（1886）刊本，台北：成文出版社，1968。

（二）法条、典章、律例注释

1.《三台明律招判正宗》，据内阁文库藏明万历三十四年（1606）刊本摄制，台湾“中央研究院”历史语言研究所傅斯年图书馆藏。

2.《大元圣政国朝典章》，影印元刊本，台北：台北“故宫博物院”，1972。

3.《大明令》，见《皇明制书》，影印明万历年间刊本，台北：成文出版社，1969。

4.《大明律》，怀效锋点校，新校本，北京：法律出版社，1999。

5.《大明律附例注解》，（明）姚思仁，影印明刊本，北京：北京大学出版社，1993。

6.《大明律集解附例》，（明）高举，影印明万历年间浙江官刊本，台北：台湾学生书局，1970。

7.《大明律释义》，（明）应槚，据日本内阁文库藏明嘉靖二十八年（1549）刊本照相复印，台湾“中央研究院”历史语言研究所傅斯年图书馆藏。

8.《大清法规大全》，影印清宣统间政学社石印本，台北：宏业书局，1972。

9.《大清律》，清顺治年间刊本，台湾“中央研究院”历史语言研究所傅斯年图书馆藏本。

10.《大清律例通考校注》，（清）吴坛，约编成于清乾隆四十三年（1778），新校本，北京：中国政法大学出版社，1992。

11.《大清律集解附例》，（清）沈之奇原著，洪皋山增订，影印清乾隆十一年（1746）新镌本，北京：北京大学出版社，1993。

12.《大清会典则例》，影印文渊阁四库全书本，册620-625，台北：台湾“商务印书馆”，1986。

13.《中外旧约章汇编》，王铁崖编，北京：生活·读书·新知三联书店，1959。

14.《王肯堂笺释》，（明）王肯堂，书前有明万历四十年（1612）著者原序，另有清康熙三十年（1691）顾鼎重辑序，台湾“中央研究院”历史语言研究所傅斯年图书馆藏。

15.《王仪部先生笺释》，（明）王肯堂，影印清康熙三十年（1691）顾鼎重辑序刊本，见《四库未收书辑刊》第1辑第25册，北京：北京出版社，1997。

16.《正德大明会典》，（明）李东阳等奉敕撰，影印明刊本，东京：汲古书院，1989。

17.《宋会要辑稿》（清）徐松辑，影印民国25年（1936）北平图书馆印本，北京：中华书局，1957。

18.《辛丑和约订立以后的商约谈判》，中华人民共和国海关总署研究室编译，北京：中华书局，1994。

19.《明代律例汇编》，黄彰健编，台北：台湾“中央研究院”历史语言研究所，1979。

20.《律例笺释》，（明）王肯堂，据明刊本拍摄微卷，北京图书馆藏。

21.《唐律疏议》，（唐）长孙无忌等撰，新校本，刘俊文点校，台北：弘文馆出版社，1986。

22.《清会典》，（清）昆冈等奉敕著，据清光绪二十五年（1899）石印本影印，北京：中华书局，1991

23.《清会典事例》，（清）昆冈等奉敕著，据清光绪二十五年（1899）石印本影印，北京：中华书局，1991。

24.《通制条格》，黄时鉴点校，新校本，杭州：浙江古籍出版社，1986。

25.《钦定大清会典事例》，见《续修四库全书》，史部，册 798-814，上海：上海古籍出版社，1997。

26.《新编文武金镜律例指南》，（清）凌铭麟辑，清康熙年间刊本，台湾"中央研究院"历史语言研究所傅斯年图书馆藏。

27.《万历大明会典》，（明）李东阳等奉敕撰、申时行等奉敕重修，影印明万历十五年（1587）司礼监刊本，台北：国风出版社，1963。

28.《诸司职掌》，（明）明太祖敕撰，影印明刊本，见《玄览堂丛书》初辑，册 12-13，台北：台北图书馆，1981。

29.《读例存疑（重刊本）》，（清）薛允升著，黄静嘉编校，台北：成文出版社，1970。

30.《读律私笺》，（明）王樵，万历二十三年（1595）九月王樵序刊本，北京图书馆藏。

31.《读律佩觿》，（清）王明德，影印清康熙十五年（1676）王氏冷然阁重刻本，见《四库全书存目丛书》，子部，第 37 册，台南：庄严文化公司，1995。

32.《读律提纲》，（清）杨荣绪，影印清光绪三年（1877）启秀山房丛书本，见《丛书集成三编》，台北：新文丰出版公司，1997。

33.《读律琐言》，（明）雷梦麟，影印明嘉靖四十二年（1563）重刊本，台北：台湾学生书局，1986。

（三）判牍、政书、幕学

1.《平平言》，方大湜，影印清光绪十八年（1892）刊本，见《官箴书集成》第七册，合肥：黄山书社，1997。

2.《未信编》，（清）潘月山，见《官箴书集成》第三册。

3.《州县初仕小补》（清）褚瑛，影印清光绪十年（1884）森宝阁排印本，见《官箴书集成》第八册。

4.《西江视臬纪事》，（清）凌燽，影印清乾隆八年（1743）刊本，见《续修四库全书》，史部，册 882，上海：上海古籍出版社，1997。

5.《佐治药言》，（清）汪辉祖，见《汪龙庄遗书》，影印清光绪十五年（1889）江苏书局刊本，台北：华文书局，1970。

6.《佐治药言》，（清）汪辉祖，见《官箴书集成》第五册。

7.《作邑自箴》，（宋）李元弼，见《官箴书集成》第一册。

8.《居官日省录》，（清）觉罗乌尔通阿，影印清咸丰二年（1852）刊本，见《官箴书集成》第八册。

9.《明刑管见录》，（清）穆翰，影印清光绪七年（1881）《临民要略》序刊本，见《丛书集成续编》，集部，168 册，上海：上海书店，1994。

10.《治谱》,（明）余治强，影印明崇祯十二年（1639）呈祥馆重刊本，见《官箴书集成》第二册。

11.《牧令须知》,（清）刚毅辑，影印清光绪十五年（1889）刊本，台北：文海出版社，1971。

12.《皇朝经世文编》,（清）贺长龄辑，影印清刊本，台北：世界书局，1964。

13.《宰惠纪略》,（清）柳堂，见《官箴书集成》第九册。

14.《病榻梦痕录》,（清）汪辉祖，见《汪龙庄遗书》，影印清光绪十五年（1889）江苏书局刊本，台北：华文书局，1970。

15.《健余先生抚豫条教》,（清）尹会一，见《官箴书集成》第四册。

16.《庸吏庸言》,（清）刘衡，影印清同治七年（1868）楚北崇文书局刊本，书前有清道光十年（1830）自序，见《官箴书集成》第六册。

17.《新吾吕先生实政录》,（明）吕坤，见《官箴书集成》第一册。

18.《盟水斋存牍》,（明）颜俊彦，新校本，中国法律古籍研究所整理点校，北京：中国政法大学出版社，2002。

19.《图民录》,（清）袁守定，见《官箴书集成》第五册。

20.《幕学举要》,（清）万维翰，见《官箴书集成》第四册。

21.《福惠全书》,（清）黄六鸿，见《官箴书集成》第三册。

22.《齐民四术》,（清）包世臣，新校本，潘竟翰点校，北京：中华书局，2001。

23.《学治说赘》,（清）汪辉祖，见《官箴书集成》第五册。

24.《学治臆说》,（清）汪辉祖，见《官箴书集成》第二册。

25.《学治识端》,（清）徐寿兹，影印清光绪二十七年（1901）刊本，见《官箴书集成》第九册。

26.《杂著》,（元）胡祇遹，新校本，杨讷点校，见《吏学指南外三种》，杭州：浙江古籍出版社，1988。

27.《续佐治药言》,（清）汪辉祖，见《官箴书集成》第五册。

（四）讼师秘本、日用类书、商书、医书

1.《折狱明珠》,（明）清波逸叟编，傅斯年图书馆摄自日本内阁文库藏本微卷，书前有明万历三十年（1602）自序，书末刷印“辛丑仲秋刊行”（辛丑年可为明万历二十九年（1601）或清康熙六十年（1721）。

2.《居家必用事类全集》，影印明刻本，见《四库全书存目丛书》，子部，

册 117，台南：庄严文化公司，1995。

3.《法家须知》，（明）野叟，明末刊本微卷，台湾“中央研究院”历史语言研究所傅斯年图书馆藏。

4.《按律便民折狱奇编》，（明）乐天子编，明末翠云馆刊本微卷，台湾“中央研究院”历史语言研究所傅斯年图书馆藏。

5.《神农本经会通》，（明）滕弘辑，影印明万历四十四年（1616）滕万里刊本，见《四库未收书辑刊》，柒辑，北京：北京出版社，1997。

6.《新安原版士商类要》，（明）程春宇，影印明刊本，见杨正泰编著《明代驿站考》，上海：上海古籍出版社，1994。

7.《新刻天下四民便览三台万用正宗》，影印明末刻本，见酒井忠夫监修，小川阳一编，《中国日用类书集成》第三卷，东京：汲古书院，2000。

8.《新刻法笔新春》（又名《刑台秦镜》），清刊本，日本东京大学东洋文化研究所“大木文库”藏。

9.《新刻法笔新春》，（清）不著撰人，清刊本，东京大学东洋文化研究所“大木文库”藏。

10.《新镌订补释注霹雳手笔》，（明）不著撰人编，明刊本微卷，台湾“中央研究院”历史语言研究所傅斯年图书馆藏。

（五）经注、文集、语录

1.《大泌山房集》，（明）利瓦伊桢，影印明万历三十九年（1611）刊本，见《四库全书存目丛书》，集部，册 153，台南：庄严文化公司，1995。

2.《太函集》，（明）汪道昆，据日本内阁文库藏明万历十九年（1591）序刊本影印，台湾“中央研究院”历史语言研究所傅斯年图书馆藏。

3.《方麓居士集》，（明）王樵，明崇祯八年（1635）补刊万历年间刊本，据台北图书馆藏本翻拍微卷。

4.《方麓集》，（明）王樵，影印文渊阁四库全书本，册 1285，台北：台湾“商务印书馆”，1983。

5.《正谊堂集》，（清）张伯行，影印清光绪五年（1879）刊行吴元炳编《三贤政书》本，台北：台湾学生书局，1976。

6.《玉茗堂全集》，（明）汤显祖，影印明天启年间刻本，见《续修四库全书》，集部，册 1362，上海：上海古籍出版社，1995。

7.《石洞集》，（明）叶春及，影印文渊阁四库全书本，册 1286，台北：台湾“商务印书馆”，1986。

8.《伍廷芳集》，（清）吴廷芳著，丁贤俊、喻作风编，北京：中华书局，

1993。

9.《朱子语类》，（宋）朱熹，见新校本《朱子全书》，朱杰人、严佐之、刘永翔主编，上海：上海古籍出版社，2002。

10.《尚书日记》，（明）王樵，影印文渊阁四库全书本，册 64，台北：台湾“商务印书馆”，1983。

11.《尚书要旨》，（明）王肯堂，见《四库全书存目丛书》，经部，册 51，台南：庄严文化公司，1995。

12.《胡文忠公文集》，（清）胡林翼，影印清刊本，台北：河洛图书出版社，1979。

13.《陔余丛考》，（清）赵翼，据清乾隆五十五年（1790）“湛贻堂”版本影印，台北：华世出版社，1975。

14.《书帷别记》，（明）王樵，影印明万历王启疆等刻本，见《四库全书存目丛书》，经部，册 51，台南：庄严文化公司，1995。

15.《桐乡劳先生遗稿》，（清）劳乃宣，影印 1927 年桐乡卢氏校刊本，台北：艺文印书馆，1964。

16.《海忠介公全集》，（明）海瑞，见《丘海二公合集》，清康熙四十七年（1708）刊本，台湾“中央研究院”历史语言研究所傅斯年图书馆藏。

17.《寄簃文存》，（清）沈家本，影印民国年间沈寄簃遗书刊本，台北：台湾“商务印书馆”，1976。

18.《张文襄公全集》，（清）张之洞，王树枏编，台北：文海出版社，1980。

19.《论语义府》，（明）王肯堂，重印明刻本，见《四库全书存目丛书》，经部，册 161，台南：庄严文化公司，1997。

20.《盛世危言》，郑观应著，见夏东元编《郑观应集》，上册，页 225-938，上海：上海人民出版社，1982。

21.《懒真草堂集》，（明）顾起元，影印明万历四十二年（1614）刊本，台北：文海出版社，1970。

（六）笔记、小说、善书、方志、地理书

1.《了凡四训》，（明）袁黄，影印重刻本，见蓝吉富主编，《大藏经补编》，册 28，台北：华宇出版社，1986。

2.《公门不费钱功德录》，影印“天壤阁丛书”清刊本，见《丛书集成新编》第 32 册，台北：新文丰出版社，1985。

3.《月浦志》，（清）张人镜纂，见《中国地方志集成：乡镇志专辑》，第

4 集，上海：上海古籍出版社，1992。

4.《功过格分类汇编》，影印清光绪二十七年（1901）仪征吴氏“有福读书堂”重刊本，见《丛书集成续编》，第 62 册，台北：新文丰出版社，1989。

5.《四进士》，见刘烈茂、苏寰中、郭精锐主编，《车王府曲本菁华》，册五，广州：中山大学出版社，1991。

6.《外冈志》，（明）殷聘尹纂，见《中国地方志集成：镇志专集》，册 2，上海：上海书店，1992。

7.《宛署杂记》，（明）沈榜，北京：北京古籍出版社，1982。

8.《松窗梦语》，（明）张瀚，新校本，盛冬铃点校，北京：中华书局，1985。

9.《花当阁丛谈》，（明）徐复祚，影印清嘉庆十三年（1808）黄廷鉴重刊本，见《丛书集成新编》，辑 1，册 85，台北：新文丰出版公司，1985。

10.《客座赘语》，（明）顾起元，新校本，张惠荣校点，南京：凤凰出版社，2005。

11.《为政善报事类》，影印元延祐六年（1319）序刻本，见《官箴书集成》第一册。

12.《迪吉录》，（明）颜茂猷编，影印明末刻本，见《四库全书存目丛书》，子部，册 150，台南：庄严文化公司，1995。

13.《海刚峰先生居官公案》，（明）李春芳编次，影印明万历三十四年（1606）金陵万卷楼虚舟生刊本，上海：上海古籍出版社，1990。

14.《巢林笔谈》（并附《巢林笔谈续编》），（清）龚炜，据清乾隆三十年（1765）、乾隆三十四年木刻本排印，新校本，北京：中华书局，1981。

15.《农田余话》，（明）长谷真逸，影印明万历刻《宝颜堂秘笈本》，见《四库全书存目丛书》，子部，册 239，台南：庄严出版公司，1995。

16.《广志绎》，（明）王士性，新校本，见周振鹤编校，《王士性地理书三种》，上海：上海古籍出版社，1993。

17.《潜书》，（明）唐甄，见《续修四库全书》，子部，册 945，上海：上海古籍出版社，1997。

18.《贤博编》，（明）叶权，见《明史资料丛刊》第一辑，南京：江苏人民出版社，1981。

19.《阅世编》，（清）叶梦珠，成书于清康熙年间，新校本，台北：木铎出版社，1982。

20.《续见闻杂记》，（明）李乐，影印万历年间刻本，见《见闻杂记》，上海：上海古籍出版社，1986。

21.《郁冈斋笔麈》，（明）王肯堂，影印明万历三十年（1602）王懋锟刻本，见《续修四库全书》，子部，册 1130，上海：上海古籍出版社，1997。

22. 乾隆《元和县志》，影印清乾隆二十六年（1761）刻本，见《续修四库全书》，史部，册 696，上海：上海古籍出版社，1997。

23. 嘉靖《江阴县志》，影印明刊本，见“天一阁明代方志选刊”，台北：新文丰出版社，1985。

24. 嘉庆《高邮州志》，见《中国方志丛书》，台北：成文出版社，1970。

（七）实录、正史、官报、纪传

1.《大清圣祖康熙皇帝实录》，台北：台湾华文书局，1964。

2.《大义觉迷录》，影印清雍正年间内府刻本，台北：文海出版社，1970。

3.《元史》，新校本，台北：鼎文书局，1981。

4.《本朝分省人物考》，（明）过庭训，影印明天启二年（1622）刊本，台北：成文出版社，1971。

5.《光绪政要》，（清）沈桐生辑，影印清宣统元年（1909）“崇义堂”刊本，台北：文海出版社，1985。

6.《明史》，新校本，台北：鼎文书局，1981。

7.《明实录》，台湾“中央研究院”历史语言研究所编，台北：台湾“中央研究院”历史语言研究所，1966。

8.《（清）高宗纯皇帝实录》，影刊本，北京：中华书局，1986。

9.《商务官报》，影印清刊本，台北：台北“故宫博物院”，1982。

10.《国榷》，（明）谈迁，新校本，台北：鼎文书局，1978。

11.《清史稿》，新校本，台北：鼎文书局，1981。

12.《汉书》，新校本，台北：鼎文书局，1981

13.《旧唐书》，新校本，台北：鼎文书局，1981。

14.《续资治通鉴长编》，（宋）李焘，新校本，北京：中华书局，2004 年二版。

二、近人论著（专书之属）

（一）中文

1. 卞利，《明清徽州社会研究》，合肥：安徽大学出版社，2004。

2. 王振忠，《明清徽商与淮扬社会变迁》，北京：三联书店，1996。

3. 王国斌，《转变中的中国——历史变迁与欧洲经验的局限》，李伯重、连玲玲译，南京：江苏人民出版社，1998。

4. 王业键，《中国近代货币与银行的演进（1644—1937）》，台北：台湾“中央研究院”经济研究所，1981。

5. 王尔敏，《中国近代思想史论》，台北：华世出版社，1977。

6. 王卫平，《明清时期江南城市史研究：以苏州为中心》，北京：人民出版社，1999。

7. 史景迁（Jonathan D. Spence），《皇帝与秀才：皇权游戏中的文人悲剧》，邱辛晔译，上海：上海远东出版社，2005。

8. 包筠雅（Cynthia J. Brokaw），《功过格：明清社会的道德秩序》，杜正贞、张林译，赵世瑜校，杭州：浙江人民出版社，1999。

9. 吉尔兹（Clifford Geertz），《地方性知识》，王海龙、张家瑄译，北京：中央编译出版社，2000。

10. 考夫曼（Arthur Kaufmann），《类推与“事物本质”——兼论类型理论》，吴从周译，颜厥安审校，台北：学林文化公司，1999。

11. 朱英，《中国早期资产阶级概论》，开封：河南大学出版社，1992。

12. 朱英，《辛亥革命时期新式商人社团研究》，北京：中国人民大学出版社，1991。

13. 何勤华，《中国法学史》，北京：法律出版社，2000。

14. 吴承明，《中国资本主义与国内市场》，北京：中国社会科学出版社，1985。

15. 吴家麟，《法律逻辑学》，台北：五南图书出版公司，1993。

16. 吴蕙芳，《万宝全书：明清时期的民间生活实录》，台北：政治大学历史学系，2001。

17. 李文治、魏金玉、经君健编，《明清时代的农业资本主义萌芽问题》，北京：中国社会科学出版社，1983。

18. 李恩涵，《近代中国史事研究论集》，台北：台湾“商务印书馆”，1982。

19. 李伯重，《江南的早期工业化（1550—1850）》，北京：社会科学文献出版社，2000。

20. 李贵连，《沈家本传》，北京：法律出版社，2000。

21. 李贵连，《沈家本年谱长编》，张国华审订，台北：成文出版公司，1992

22. 伯尔曼（Harold J. Berman），《法律与革命》，贺卫方、高鸿钧、张志铭、夏勇译，北京：中国大百科全书出版社，1993。

23. 那思陆，《明代中央司法审判制度》，台南：正典文化出版社，2002。

24. 那思陆，《清代中央司法审判制度》，台北：文史哲出版社，1992。

25. 阮忠仁，《清末民初农工商机构的设立：政府与经济现代化关系之检讨，1903—1916》，台北：台湾师范大学历史研究所，1988。

26. 邱澎生，《十八、十九世纪苏州城的新兴工商业团体》，台北：台湾大学出版委员会，1990。

27. 杜信孚，《明代版刻综录》，扬州：江苏广陵古籍刻印社，1983。

28. 林咏荣，《唐清律的比较及其发展》，台北：编译馆，1982。

29. 段本洛、张圻福，《苏州手工业史》，南京：江苏古籍出版社，1986。

30. 范金民，《明清江南商业的发展》，南京：南京大学出版社，1998。

31. 范金民，《明清商事纠纷与商业纠纷》，南京：南京大学出版社，2007。

32. 韦庆远，《明清史辨析》，北京：中国社会科出版社，1989。

33. 科斯（R. H Coase），《厂商、市场与法律》，陈坤铭、李华夏译，台北：远流出版公司，1995。

34. 唐文基，《明代赋役史》，北京：中国社会科学出版社，1991。

35. 唐文权，《觉醒与迷误：中国近代民族主义思潮研究》，上海：上海人民出版社，1993。

36. 徐泓，《清代两淮盐场的研究》，台北：嘉新水泥公司，1972。

37. 徐新吾，《中国经济史料考证与研究》，上海：上海社会科学院出版社，1999。

38. 袁良义，《清一条鞭法》，北京：北京大学出版社，1995。

39. 郝延平，《中国近代商业革命》，陈潮等译，上海：上海人民出版社，1991。

40. 马小红，《礼与法：法的历史连接——构建与解析中国传统法》，北京：北京大学出版社，2004。

41. 马敏、朱英，《传统与近代的二重变奏：晚清苏州商会个案研究》，成都：巴蜀书社，1993。

42. 高明士，《中国中古政治的探索》，台北：五南图书出版公司，2006。

43. 高浣月，《清代刑名幕友研究》，北京：中国政法大学出版社，2000。

44. 孙丽娟，《清代商业社会的规则与秩序》，北京：中国社会科学出版社，2005。

45. 张晋藩，《中国法律的传统与近代转型》，北京：法律出版社，1997。

46. 张晋藩，《清律研究》，北京：法律出版社，1992。

47. 张海鹏、张海瀛编，《中国十大商帮》，合肥：黄山书社，1993。

48. 梁方仲，《中国历代户口、田地、田赋统计》，上海：上海人民出版社，1980。

49. 梁其姿，《施善与教化：明清的慈善组织》，台北：联经出版公司，1997。

50. 梁治平，《清代习惯法：社会与国家》，北京：中国政法大学出版社，1996。

51. 陈学文，《明清时期商业书及商人书之研究》，台北：洪叶文化公司，1997。

52. 郭德焱，《清代广州的巴斯商人》，北京：中华书局，2005。

53. 庄吉发，《清世宗与赋役制度的改革》，台北：台湾学生书局，1985。

54. 许涤新、吴承明主编，《中国资本主义发展史》第一卷《中国资本主义的萌芽》，北京：人民出版社，1985。

55. 陈春声，《市场机制与社会变迁：十八世纪广东米价分析》，广州：中山大学出版社，1992。

56. 福柯（Michel Foucault），《规训与惩罚：监狱的诞生》，刘北成、杨远婴译，北京：生活·读书·新知三联书店，1999。

57. 傅衣凌，《明清社会经济史论文集》，北京：人民出版社，1982。

58. 傅筑夫，《中国经济史论丛》，北京：生活·读书·新知三联书店，1980。

59. 博登海默（Edgar Bodenheimer），《法理学：法哲学及其方法》，邓正来、姬敬武译，结构群审译，台北：结构群出版社，1990。

60. 彭慕兰（Kenneth Pomeranz），《大分流：中国、欧洲与现代世界经济的形成》，邱澎生、陈巨擘、张宁、连玲玲、巫仁恕、吕绍理、杨淑娇、林美莉、刘士永译，台北：巨流图书公司，2004。

61. 童光政，《明代民事判牍研究》，桂林：广西师范大学出版社，1999。

62. 黄宗智，《中国研究的规范认识危机：论社会经济史中的悖论现象》，香港：牛津大学出版社，1994。

63. 黄宗智，《民事审判与民间调解：清代的表达与实践》，刘昶、李怀印译，北京：中国社会科学出版社，1998。

64. 黄源盛，《中国传统法制与思想》，台北：自印本，1998。

65. 黄源盛，《法律继受与近代中国法》，台北：黄若乔，2007。

66. 黄彰健，《明清史研究丛稿》，台北：台湾“商务印书馆”，1977。

67. 杨联升，《中国文化中“报”、“保”、“包”之意义》，香港：中文大学出版社，1987。

68. 虞和平，《商会与中国早期现代化》，上海：上海人民出版社，1993。

69. 维亚克尔（Franz Wieacker），《近代私法史：以德意志的发展为观察重点》，陈爱娥、黄建辉译，台北：五南图书出版公司，2004。

70. 赵世瑜，《吏与中国传统社会》，杭州：浙江人民出版社，1994。

71. 赵丰田，《晚清五十年经济思想史》，重印1939年原刊本，台北：华世出版社，1975。

72. 刘石吉，《明清时代江南市镇研究》，北京：中国社会科学出版社，1987。

73. 刘秋根，《明清高利贷资本》，北京：社会科学文献出版社，2000。

74. 诺斯（Douglass C. North），《制度、制度变迁与经济成就》，刘瑞华译，台北：时报文化出版公司，1994。

75. 樊树志，《明清江南市镇探微》，上海：复旦大学出版社，1990。

76. 潘敏德，《中国近代典当业研究（1644—1937）》，台北：师范大学历史研究所，1985。

77. 郑昌淦，《明清农村商品经济》，北京：中国人民大学出版社，1989。

78. 郑秦，《清代司法审判制度研究》，长沙：湖南教育出版社，1988。

79. 赖英照，《公司法论文集》，台北：财团法人“中华民国”证券市场发展基金会，1986。

80. 戴炎辉，《唐律通论》，台北：编译馆，1964。

81. 缪全吉，《清代幕府人事制度》，台北：月刊社，1971。

82. 魏天安，《宋代行会制度史》，北京：东方出版社，1997。

83. 韩大成，《明代社会经济初探》，北京：人民出版社，1986。

84. 韩秀姚，《明清徽州的民间纠纷及其解决》，合肥：安徽大学出版社，2004。

85. 瞿同祖，《清代地方政府》，范忠信、晏锋译，何鹏校，北京：法律出版社，2003。

86. 织田万，《清国行政法泛论》，台北：华世出版社，1979。

87. 罗威廉（William Rowe），《汉口：一个中国城市的商业和社会（1796—1889）》，江溶、鲁西奇译，北京：中国人民大学出版社，2005。

88. 苏亦工，《明清律典与条例》，北京：中国政法大学出版社，2000。

89. 释圣严，《明末佛教的研究》，台北：东初出版社，1993。

（二）日文

1. 山本进，《明清时代の商人と国家》，东京：研文出版，2002。

2. 山根幸夫，《明清华北定期市の研究》，东京：汲古书院，1995。

3. 寺田隆信，《山西商人の研究——关于明代の商人と商业资本》，京都：京都大学东洋史研究会，1972。

4. 桑原骘藏，《支那法制史论丛》，东京：弘文堂书房，1935。

5. 岛田正郎，《清末における近代的法典の编纂》，东京：创文社，1980。

6. 酒井忠夫，《中国善书の研究》，东京：国书刊行会，1960。

7. 斯波义信，《宋代商业史研究》，东京：风间书房，1968。

8. 滋贺秀三编，《中国法制史：基本资料の研究》，东京：东京大学出版会，1993。

（三）英文

1. Alford, William. *To Steal a Book Is an Elegant Offense: Intellectual Property Law in Chinese Civilization*. Stanford, California: Stanford University Press, 1995.

2. Baker, J. *H. An Introduction to English Legal History*, Fourth Edition, London: Reed Elsevier (UK) Ltd, 2002.

3. Basile, Mary Elizabeth. Jane Fair Bestor, Daniel R. Coquillette, and Charles Donahue, Jr. edited, translated, and introduced, *Lex Mercatoria and Legal Pluralism: A Late Thirteenth-century Treatise and its Afterlife*, Cambridge: The Ames Foundation, 1998.

4. Bodde, Derk and Clarence Morris, *Law in Imperial China: Exemplified by 190 Ch'ing Dynasty Case*. Cambridge, Mass.: Harvard University Press, 1973.

5. Buoye, Thomas M. *Manslaughter, Markets, and Moral Economy: Violent Disputes over Property Rights in Eighteenth-century China*. Cambridge University Press, 2000.

6. Ch'en, Kuo-tung Anthony (陈国栋). *The Insolvency of the Chinese Hong Merchants, 1760—1843*. Taipei: Institute of Economics, 1990.

7. Chia, Lucille (贾晋珠), *Printing for Profit: The Commercial Publishers of Jianyang, Fujian (11th–17th Centuries)*, Cambridge and London: Harvard University Asia Center, 2002.

8. Coase, Ronald H. *The Firm, the Market and the Law*. Chicago and London: The University of Chicago Press, 1988.

9. Cole, James H. *Shaohsing: Competition and Cooperation in Nineteenth-*

Century China. Tucson: The University of Arizona Press, 1986.

10. Cornish, W. R. and G. de N. Clark, *Law and Society in England, 1750—1950*. London: Sweet & Maxwell Ltd., 1989.

11. Dunstan, Helen. *Conflicting Counsels to Confuse the Age: A Documentary Study of Political Economy in Qing China*, 1644—1840. Ann Arbor: Center for Chinese Studies, The University of Michigan.1996.

12. Golding, Martin P. *Legal Reasoning*, Broadview Press, 2001.

13. Hunt, Alan and Gary Wickham, *Foucault and Law: Towards a Sociology of Law as Governance*. London & Chicago: Pluto Press, 1994.

14. Landau, Norma ed. *Law, Crime and English Society, 1660—1830*. Cambridge: Cambridge University Press, 2002.

15. Lester, V. Markham. *Victorian Insolvency: Bankruptcy, Imprisonment for Debt, and Company Winding-up in Niniteenth-Century England*. Oxford: Clarendon Press, 1995.

16. Lieberman, David. *The Province of Legislation Determined: Legal Theory in Eighteenth-century Britain*. Cambridge: Cambridge University Press, 1989.

17. Liu, Ts'ui-jung（刘翠溶）. *Trade on the Han River and Its Impact on Economic Development, c. 1800—1911*. (Taipei: The Institute of Economics, Academia Sinica, 1980.

18. Macauley, Melissa. *Social Power and Legal Culture: Litigation Masters in Late Imperial China*, Stanford: Stanford University Press, 1998.

19. Mann, Susan. *Local Merchants and the Chinese Bureaucracy, 1750—1950*. Stanford: Stanford University Press, 1987.

20. North, Douglass C. *Institutions, Institutional Change and Economic Performance*. Cambridge: Cambridge University Press, 1990.

21. Pomeranz, Kenneth. *The Great Divergence: China, Europe, and the Making of the Modern World Economy*, Princeton: Princeton University Press, 2000.

22. Rowe, William T. *Saving the World: Chen Hongmou and Elite Consciousness in Eighteenth China*. Stanford: Stanford University Press, 2001.

23. Will, Pierre-Etienne. *Bureaucracy and Famine in Eighteenth-Century China*. Trans. By Elborg Forster, Stanford, California: Stanford University Press, 1990.

三、近人论著（论文之属）

（一）中文

1. 王家范，《中国社会经济史面临的挑战：响应《大分流》的“问题意识”》，《史林》（上海），4（2004）：页46-52。

2. 卞利，《论明清徽商的法制观念》，《安徽大学学报（哲学社会科学版）》（合肥），23，4（1999）：页70-76。

3. 夫马进，《明清时代的讼师与诉讼制度》，王亚新译，见王亚新、梁治平编，《明清时期的民事审判与民间契约》，北京：法律出版社，1998，页389-430。

4. 夫马进，《讼师秘本〈萧曹遗笔〉的出现》，郑民钦译，见寺田浩明编，《中国法制史考证》丙编第四卷《日本学者考证中国法制史重要成果选译：明清卷》，北京：中国社会科学出版社，2003，页460-490。

5. 王文宇，《论类推适用与法律解释》，见氏著《民商法理论与经济分析》，台北：元照出版公司，2000，页279-300。

6. 王泛森，《从曾静案看十八世纪前期的社会心态》，《大陆杂志》（台北），85，4（1992）：页1-22。

7. 王志强，《清代的地方法规》，见氏著《法律多元视角下的清代国家法律》，北京：北京大学出版社，2003，页19-49。

8. 王重民，《王肯堂传》，见氏著《冷庐文薮》，上海：上海古籍出版社，1992，页166-168。

9. 王振忠，《十九世纪华北绍兴师爷网络之个案研究——从《秋水轩尺牍》、《雪鸿轩尺牍》看“无绍不成行”》，《复旦学报》（上海），4（1994）：页71-107。

10. 王国斌，《农业帝国的政治经济体制及其当代遗绪》，邱澎生译，见卜正民（Timothy Brook）、布鲁（Gregory Blue）编，郭慧英等译，《中国与历史资本主义：汉学知识的系谱学》，台北：巨流图书公司，2004，页281-334。

11. 王业键，《明清经济发展并论资本主义萌芽问题》，《中国社会经济史研究》（厦门），3（1983）。

12. 王业键，《清代的粮价陈报制度》，《故宫季刊》（台北），13，1（1978）：页53-66。

13. 王业键，《清代经济刍论》，《食货复刊》（台北），2，11（1973）：页541-550。

14. 王道瑞，《清代粮价奏报制度的确立及其作用》，《历史档案》（北京），4（1987）。

15. 王尔敏，《中国近代之工商致富论与商贸体制之西化》，见台湾“中央研究院”编，《“中央研究院”国际汉学会议论文集》下册，台北：台湾“中央研究院”，1981，页1215—1262。

16. 王泽鉴，《举重明轻、衡平原则与类推适用》，见氏著《民法学说与判例研究》第八册，台北：自印本，1996，页1-98。

17. 史建云，《重新审视中西比较史——《大分流：欧洲、中国及现代世界经济的发展》述评》，《近代史研究》（北京），3（2003）：页198-223。

18. 田中正俊，《关于明清时代的包买商制生产——以丝、棉纺织业为中心》，栾成显译，见刘俊文主编，《日本学者研究中国史论著选译》第二卷，北京：中华书局，1993，页248-310。

19. 寺田浩明，《试探传统中国法之总体像》，《法制史研究》（台北），9（2006）：页223-241。

20. 朱英，《论晚清的商务局、农工商局》，《近代史研究》，4（1994）：页73-91。

21. 朱英，《论清末的经济法规》，《历史研究》（北京），5（1993）：页92-109。

22. 朱传誉，《明代出版家余象斗传奇》，《中外文学》（台北），16，4（1987）：页150-168。

23. 全汉升，《美洲白银与十八世纪中国物价革命的关系》，见氏著《中国经济史论丛》，香港：新亚研究所，1972，页475-508。

24. 全汉升，《清朝中叶苏州的米粮贸易》，见氏著《中国经济史论丛》，页567-582。

25. 安守廉（William Alford），《知识产权还是思想控制：对中国古代法律文化透视》，梁治平译，见梁治平编，《法律的文化解释》（增订本），北京：生活·读书·新知三联书店，1998，页332-361。

26. 何敏，《从清代私家注律看传统注释律学的实用价值》，见梁治平编，《法律解释问题》，北京：法律出版社，1998，页323-350。

27. 何勤华，《明清案例汇编及其时代特征》，《上海社会科学院学术季刊》（上海），3（2000）：页107-115。

28. 吴奇衍，《清代前期牙行制试述》，《清史论丛》（北京），6（1985）：页26-52。

29. 吴承明，《西方史学界关于中西比较研究的新思维》，《中国经济史研究》（北京），3（2003）：页 3-7。

30. 吴承明，《现代化与中国十六、十七世纪的现代化因素》，《中国经济史研究》，4（1998）：页 3-15。

31. 巫仁恕，《节庆、信仰与抗争——明清城隍信仰与城市群众的集体抗议行为》，《"中央研究院"近代史研究所集刊》（台北），34（2000）：页 145-210。

32. 李伯重，《"相看两不厌"——王国斌〈转变的中国：历史变迁及欧洲经验的局限〉评介》，《史学理论研究》（北京），2（2000）：页 148-158。

33. 李伯重，《中国全国市场的形成》，见氏著《千里史学文存》，杭州：杭州出版社，2004，页 269-287。

34. 李明辉，《朱子论恶之根源》，见钟彩钧主编，《国际朱子学会议论文集》，台北：台湾"中央研究院"文哲研究所，1993，页 551-580。

35. 李伟国，《宋代经济生活中的市侩》，《历史研究》，2（1992）：页 110-124。

36. 李达嘉，《商人与政治：以上海为中心的探讨，1895—1914》，台北：台湾大学历史学研究所博士论文，1994。

37. 李学勤，《"市法"讲疏》，见氏著《简帛佚籍与学术史》，台北：时报文化出版公司，1994，页 380-387。

38. 杜正胜，《战国的轻重术与轻重商人》，《"中央研究院"历史语言研究所集刊》（台北），61，2（1990）：页 481-532。

39. 步德茂（Thomas M. Buoye），《司法档案以及清代中国的法律、经济与社会研究》，邱澎生译，《法制史研究》，4（2003）：页 217-243。

40. 谷井阳子，《清代则例省例考》，见杨一凡总主编、寺田浩明主编，《中国法制史考证》丙编第四卷，页 120-214。

41. 岸本美绪，《明清契约文书》，王亚新译，见滋贺秀三等著，《明清时期的民事审判与民间契约》，页 280-326。

42. 岸本美绪，《清初上海的审判与调解——以〈历年记〉为例》，见台湾"中央研究院"近代史研究所编，《近世家族与政治比较历史论文集》，上册，台北：台湾"中央研究院"近代史研究所，1992，页 241-257。

43. 周齐，《明代中后期唯识学的流行及其特点分析》，见黄心川主编，《玄奘精神与西部文化——玄奘精神与西部文化学术研讨会论文集》，西安：三秦出版社，2002，页 191-207。

44. 果鸿孝，《论清末政府在经济上除弊兴利的主要之举》，《中国社会经济史研究》，3（1991）：页 69-79。

45. 林干，《讼师对法秩序的冲击与清朝严治讼师立法》，《清史研究》（北京），3（2005）：页 1-12。

46. 林丽月，《〈兼葭堂稿〉与陆楫“反禁奢”思想之传衍》，见《明人文集与明代研究》，台北：中国明代研究学会，2001，页 121-134。

47. 林丽月，《陆楫（1515—1552）崇奢思想再探——兼论近年明清经济思想史研究的几个问题》，《新史学》（台北），5，1（1994）：页 131-151。

48. 林丽月，《试论明清之际商业思想的几个问题》，见《近代中国初期历史研讨会论文集》，台北：台湾“中央研究院”近代史研究所，1989，页 711-733。

49. 邱澎生，《18 世纪中国商业法律中的债负与过失论述》，见《复旦史学集刊》第 1 辑《古代中国——传统与变迁》，上海：复旦大学出版社，2005，页 211-248。

50. 邱澎生，《也是“商法”问题：试论十七世纪中国的法律批判与法律推理》，《法制史研究》，8（2005）：页 75-123。

51. 邱澎生，《以法为名：明清讼师与幕友对法律秩序的冲击》，《新史学》，15，4（2004）：页 93-148。

52. 邱澎生，《十八世纪滇铜市场中的官商关系与利益观念》，《“中央研究院”历史语言研究所集刊》，72，1（2001）：页 97-104。

53. 邱澎生，《由市廛律例演变看明清政府对市场的法律规范》，见台湾大学历史系编，《史学：传承与变迁学术研讨会论文集》，台北：台湾大学历史系，1998，页 291-334。

54. 邱澎生，《由苏州经商冲突事件看清代前期的官商关系》，《文史哲学报》（台北），43（1995）：页 37-92。

55. 邱澎生，《有资用世或福祚子孙：晚明有关法律知识的两种价值观》，《清华学报》（新竹），新 33，1（2003）：页 1-43。

56. 邱澎生，《真相大白？明清刑案中的法律推理》，见熊秉真编，《让证据说话——中国篇》，台北：麦田出版公司，2001，页 135-198。

57. 邱澎生，《禁止把持与保护专利：试析清末商事立法中的苏州金箔业讼案》，《中外法学》（北京），3（2000）：页 311-328。

58. 俞伟超，《汉代的“亭”、“市”陶文》，《文物》（北京），2（1963）。

59. 姜伯勤，《从判文看唐代市籍制的终结》，《历史研究》，3（1990）：页 18-26。

60. 施仁章，《清末奖励工商实业政策及其影响》，《中国社会经济史研究》，2（1982）：页 78-84。

61. 洪焕椿，《论明清苏州地区会馆的性质及其作用》，《中国史研究》（北京），2（1980）：页40－59。

62. 柯芳枝，《清末民初中国法制现代化之研究：商人通例、商行为法、票据法、保险法篇》，台北：台湾“国科会”、“中华文化复兴委员会”补助专题研究报告，1973。

63. 范金民，《清代江南棉布字号探析》，《历史研究》，1（2002）：页88－98。

64. 范金民、夏维中，《明清徽州典商述略》，见《徽学》第二辑，合肥：安徽大学出版社，2002，页129－138。

65. 唐文基，《明代的铺户及其买办制度》，《历史研究》，5（1983）：页140－150。

66. 徐忠明，《依法判决？明清时期刑事诉讼的一个侧面》，见氏著《案例、故事与明清时期的司法文化》，北京：法律出版社，2006，页301－323。

67. 徐泓，《明代社会风气的变迁——以江、浙地区为例》，见《第二届国际汉学会议论文集·明清与近代史组》，台北：台湾“中央研究院”，1989，页144－159。

68. 徐泓，《明代后期的盐政改革与商专卖制度的建立》，《台大历史学系学报》（台北），4（1977）：页299－311。

69. 徐世虹，《张家山二年律令简中的损害赔偿之规定》，见《华学》第六辑，北京：紫禁城出版社，2003，页135－146。

70. 格兰特（Fredric D. Grant），《丽泉行的败落——诉讼对十九世纪贸易的危害》，周湘译，《史林》（上海），4（2004）：页75－87。

71. 康豹，《汉人社会的神判仪式初探：从斩鸡头说起》，《“中央研究院”民族学研究所集刊》（台北），88（1999）：页173－202。

72. 张玉法，《清末民初的民营工业》，《“中央研究院”近代史研究所集刊》，18（1989）：页315－561。

73. 张玉法，《清末民初的官督商办工业》，《“中央研究院”近代史研究所集刊》，17下（1988）：页35－68。

74. 张玉法，《清末民初的官办工业》，见台湾“中央研究院”近代史研究所编，《清季自强运动研讨会论文集》下册，台北：台湾“中央研究院”近代史研究所，1988，页629－704。

75. 张晋藩，《清代律学及其转型》（上），《中国法学》（北京），3（1995）：页82－99。

76. 张晋藩，《论中国古代民法研究中的几个问题》，见氏著《法史鉴略》，北京：群众出版社，1988，页118－142。

77. 张伟仁,《良幕循吏汪辉祖：一个法制工作者典范》,《台湾大学法学论丛》(台北)，19，1（1989）：页 1-49。

78. 张伟仁,《清代司法组织概述（之一）——参与中下层司法工作的个人、团体和官司》，见张伟仁辑著,《清代法制研究》，台北：台湾“中央研究院”历史语言研究所，1983，辑 1 册 1，页 143-295。

79. 张伟仁,《清代司法程序概述（之一）——失盗案件的初步处理及防文武的参劾》，见张伟仁辑著,《清代法制研究》，辑 1 册 1，页 297-430。

80. 张伟仁,《清代的法学教育》(下),《台湾大学法学论丛》，18，2（1989）：页 1-55。

81. 章文钦,《清代前期广州中西贸易中的商欠问题》,《中国经济史研究》，1（1990）。

82. 孙慧敏,《清末中国对律师制度的认识与引介》,《“中央研究院”近代史研究所集刊》，52（2006）：页 165-210。

83. 梁庚尧,《宋代牙人与商业纠纷》,《燕京学报》(北京)，新 14 期（2003）：页 41-70。

84. 梁庚尧,《从田宅易纠纷的防治看宋代的庄宅牙人》，见《薪火集：传统与近代变迁中的中国经济》，台北：稻乡出版社，2001，页 99-127。

85. 郭东旭,《宋代之讼学》，见漆侠编,《宋史研究论丛》，保定：河北大学出版社，1990，页 133-147。

86. 郭东旭,《论宋代法律中“例”的发展》，见邓广铭、漆侠主编,《中日宋史研讨会中方论文选编》，保定：河北大学出版社，1991，页 260-272。

87. 郭润涛,《试析清代幕业经济生活状况》,《中国社会经济史研究》，4（1996）：页 38-48。

88. 陈天锡,《清代幕宾中刑名钱谷与本人业此经过》，见《庆祝蒋慰堂先生七十荣庆论文集》，台北：台湾学生书局，1968，页 161-175。

89. 陈自强,《民商合一与民商分立》，见氏著《代理权与经理权之间——民商合一与民商分立》，台北：元照出版公司，2006，页 251-304。

90. 陈弱水,《立法之道：荀、墨、韩三家法律思想要论》，见刘岱总主编，黄俊杰分册主编,《中国文化新论：思想篇》二，台北：联经出版公司，1982，页 79-105。

91. 陈高华,《元代的和雇与和买》,《元史论丛》第三辑，北京：中华书局，1986，页 130-143。

92. 陈国栋,《论清代中叶广东行商经营不善的原因》，见氏著《东亚海域一千年》，台北：远流出版公司，2005，页365-394。

93. 陈国栋，《有关陆楫《禁奢辨》之研究所涉及的学理问题——跨学门的意见》，《新史学》，5，2（1994）：页159-179。

94. 陈智超，《宋代的书铺与讼师》，见《刘子健博士颂寿纪念宋史研究论集》，东京：同朋舍，1989，页113-119。

95. 陈景良，《讼学、讼师与士大夫——宋代司法传统的转型及其意义》，《河南省政法管理干部学院学报》，1（2002）：页58-73。

96. 陈学文，《明中叶"奢能致富"的经济思想》，《浙江学刊》（杭州），4（1984）。

97. 陆拯，《王肯堂医学学术思想研究》，见陆拯主编，《王肯堂医学全书》，北京：中国中医药出版社，1999，页2717—2735。

98. 陶希圣，《唐代管理"市"的法令》，《食货半月刊》（上海），4，8（1936）：页1-8。

99. 傅武光，《朱子对恶的来源的说明》，见氏著《中国思想史论集》，台北：文津出版社，1990，页155-195。

100. 游子安，《明末清初功过格的盛行及善书所反映的江南社会》，《中国史研究》，4（1997）：页127-133。

101. 游子安，《颜茂猷与明清劝善书》，见罗炳绵、刘健明主编，《明末清初华南地区历史人物功业研讨会论文集》，香港：香港中文大学历史学系，1993，页243-254。

102. 童光政，《明律"私充牙行埠头"条的创立及其适用》，《法学研究》，26，2（2004）：页116-125。

103. 钞晓鸿，《明清人的"奢靡"观念及其演变——立足于地方志的考察》，《历史研究》，4（2002）：页96-117。

104. 黄克武，《清季重商思想与商绅阶层的兴起》，《思与言》（台北），21，5（1984）：页486-500。

105. 黄源盛，《民初大理院关于民事习惯判例之研究》，《政大法学评论》（台北），63（2000）：页1-46。

106. 滋贺秀三，《中国法文化的考察：以诉讼的形态为素材》，王亚新译，见滋贺秀三等著，《明清时期的民事审判与民间契约》，页1-18。

107. 慈鸿飞，《中国资本主义经济法在清末的产生、特点及历史作用》，《南开经济研究》（天津），1（1994）：页72-74、66。

108. 杨联升，《侈靡论——传统中国一种不寻常的思想》，陈国栋译，见杨联升，《国史探微》，台北：联经出版社，1983，页169-188。

109. 经君健，《清代关于民间经济的立法》，《中国经济史研究》，1（1994）：页 42-55。

110. 熊秉真，《从唐甄看个人经验对经世思想衍生之影响》，《“中央研究院”近代史研究所集刊》，14（1985）：页 1-28。

111. 赵毅，《铺户、商役与明代城市经济》，《东北师大学报（哲学社会科学版）》（长春），4（1985）：页 34-40。

112. 刘志远，《汉代市井考：说东汉市井画像砖》，《文物》，3（1973）：页 52-56。

113. 刘淑芬，《中古都城坊制的崩解》，《大陆杂志》，82，2（1991）：页 31-48。

114. 刘翠溶，《明清时代南方地区的专业生产》，《大陆杂志》，56，3-4（1978）：页 125-159。

115. 刘广京，《后序：近世制度与商人》，见余英时，《中国近世宗教伦理与商人精神》，台北：联经出版公司，1987，页 25-53。

116. 郑逸哲，《沈家本之“罪刑法定主义”思想》，《台湾大学法学论丛》，19，1（1989），页 51-78。

117. 邓亦兵，《牙行》，见方行、经君健、魏金玉主编，《中国经济通史·清代经济卷》，北京：经济日报出版社，2000，中册，页 1311—1352。

118. 邓云乡，《汪辉祖及其著述》，见氏著《水流云在丛稿》，北京：中华书局，2001，页 524-541。

119. 邓建鹏，《宋代的版权问题——兼评郑成思与安守廉之争》，《环球法律评论》（北京），1（2005）：页 71-80。

120. 巩涛（Jérôme Bourgon），《西方法律引进之前的中国法学》，林蕙娥译，见《法国汉学》第 8 辑《教育史专号》，北京：中华书局，2003，页 220-249。

121. 卢建荣，《法官与政治威权：中古三法司联合审案制下的实际权力运作（514-755）》，《台湾师大历史学报》（台北），28（2000）：页 1-67。

122. 赖惠敏，《乾隆朝内务府的当铺与发商生息（1736—1795）》，《“中央研究院”近代史研究所集刊》，28（1997），页 137-175。

123. 阎鸿中，《唐代以前“三纲”意义的演变——以君臣关系为主的考察》，《钱穆先生纪念馆馆刊》（台北），7（1999）：页 56-75。

124. 戴建国，《宋代的公证机构——书铺》，《中国史研究》（北京），4（1988），页 137-144。

125. 滨岛敦俊,《明代的判牍》, 徐世红、郑显文译, 见中国政法大学法律古籍整理研究所编,《中国古代法律文献研究》, 成都: 巴蜀书社, 页196–222。

126. 瞿同祖,《清律的继承和变化》,《历史研究》(北京), 4 (1980), 页133–143。

127. 魏天安,《宋代行会的特点论析》,《中国经济史研究》(北京), 3 (1993), 页141–150。

128. 魏天安,《宋代的科配与时估》,《河南师范大学学报(哲学社会科学版)》(开封), 4 (1982): 页27–36。

129. 苏基朗,《现代法学诠释中的"中华法系"——以产权与合约为中心》,《法学》(上海), 12 (2006): 页62–68。

(二)日文

1. 小口彦太,《清代地方官の判决录を通して见たる民事的纷争の诸相》,《中国: 社会と文化》, 3 (1988): 页35–49。

2. 川村康,《宋代断例考》,《东洋文化研究所纪要》, 126 (1995): 页107–160。

3. 川胜守,《明末清初の讼师について－旧中国社会における无赖知识人の一形态》,《东洋史论集》, 9 (1981)。

4. 中村茂夫,《清代の刑案:〈刑案汇览〉を主として》, 见滋贺秀三编,《中国法制史: 基本资料の研究》, 页715–737。

5. 夫马进,《明清时代の讼师と诉讼制度》, 见梅原郁编,《中国近世の法制と社会》, 京都: 京都大学人文科学研究所, 1993, 页437– 483。

6. 夫马进,《讼师秘本の世界》, 见小野和子编,《明末清初の社会と文化》, 京都: 京都大学人文科学研究所, 1996, 页189–238。

7. 日野开三郎,《唐宋时代の商人组合"行"の研究》, 见氏著《东洋史学论集》第七卷, 东京: 三一书房, 1983, 页263–504。

8. 水野正明,《《新安原板士商类要》について》,《东方学》,6 0 (1980): 页96–117。

9. 加藤繁,《唐宋时代の商人组合"行"に就いて》, 见白鸟博士还历纪念编委会编,《白鸟博士还历纪念东洋史论丛》, 东京: 岩波书店, 1925, 页293–350。

10. 古林森广,《北宋の免行钱について——宋代商人组合"行"の一研究》,《东方学》, 38 (1969): 页1–14。

11. 寺田浩明,《清代の省例》, 见滋贺秀三编,《中国法制史: 基本资料の研究》, 页 657-714。

12. 佐久间重男,《明代の商税制度》,《社会经济史学》, 13, 3 (1943)。

13. 佐佐木荣一,《明代の两京商人を对象とそる杂泛について》,《文化》, 17, 6 (1953): 页 675-685。

14. 佐藤武敏,《唐代の市制と行》,《东洋史研究》,25,3(1966):页 1-25。

15. 佐藤学,《明代の牙行について——商税との关系を中心に》, 见《山根幸夫教授退休纪念明代史论丛》, 东京: 汲古书院, 1990, 页 841-860。

16. 佐藤学,《明末京师の商役优免问题について》,《集刊东洋学》, 44 (1980): 页 64-78。

17. 佐藤学,《明末清初期一地方都市における同业组织と公权力——苏州府常熟县"当官"碑刻お素材に》,《史学杂志》, 96, 9 (1987): 页 1468-1487。

18. 谷井俊仁,《王樵の著述出版活动》, 见矶部彰编,《东アジア出版文化研究こはく》, 东京: 日本文部科学省特定领域研究"东アジア出版文化の研究"报告书, 2004, 页 61-103。

19. 宫泽知之,《宋代の牙人》,《东洋史研究》, 39, 1 (1980): 页 188-189。

20. 纸屋正和,《两汉时代の商业と市》,《东洋史研究》, 52:4 (1994): 页 655-682。

21. 陶安 (Arnd Helmut Hafner),《律と例の间——明代赎法を通じて见た旧中国法の一班》,《东京大学东洋文化研究所纪要》138 (1999): 页 1-65。

22. 曾田三郎,《清末たおける"商战"论の展开と商务局の设置》,《アジア研究》, 38, 1 (1991): 页 47-78。

23. 森田成满,《清代の判语》, 见滋贺秀三编,《中国法制史: 基本资料の研究》, 页 739-757。

24. 新宫学,《明代后半期江南诸都市の商税改革と门摊银》,《集刊东洋学》, 60 (1988): 页 93-113。

25. 奥崎裕司,《明末清初の利殖规范——功过格の一侧面——》, 见《佐久间重男教授退休记念: 中国史·陶磁史论集》, 东京: 燎原株式会社, 1983, 页 231-261。

26. 滨岛敦俊,《明代の判牍》, 见滋贺秀三编,《中国法制史: 基本资料の研究》, 页 509-538。

（三）英文

1. "The Commercial Law Affecting Chinese; with Special Reference to Partnership Registration and Bankruptcy Laws in Hongkong," Reprinted from the *China Mail*, 1882. pp.1-40. (in "The Collection of Books on China", in Peabody Essex Museum, Salem, Massachusetts. call no. c 347.7, c734)

2. Alford, William. "Don't Stop Thinking About...Yesterday: Why There Was No Indigenous Counterpart to Intellectual Property Law in Imperial China." *Journal of Chinese Law* 7, 1 (1993): 3-34.

3. Baker, J. H. "The Law Merchant and the Common Law before 1700," *Cambridge Law Journal*, 38, 2 (1979): 295-322.

4. Bourgon, Jérôme. "Rights, Freedoms, and Customs in the Making of Chinese Civil law, 1900—1936", in William C. Kirby edited, *Realms of Freedom in Modern China*, Cambridge, Mass.: Harvard University Press, 2004, pp. 84-112.

5. Bourgon, Jérôme. "Uncivil Dialogue: Law and Custom Did not Merge into Civil Law under the Qing." *Late Imperial China*, 23.1 (2002): pp.50-90.

6. Brook, Timothy. "The merchants' network in 16th century China: a discussion and translation of Chang Han's 'On merchants,'" *Journal of the Economic and Social History of the Orient*, 24, 2 (1981): pp.165-214.

7. Ch'eng, I-fan.（程一凡）"Development and Frustration of Statecraft in mid-Ming China: As Reflected in the Experiences of the Gu Family of Jiangnan during the Sixteenth Century." Ph.D. Dissertation, University of California, Berkeley, 1988.

8. Chen , Fu-Mei Chang（陈张富美）, "On Analogy in Ch'ing Law," Harvard Journal of Asian Studies 30 (1970): pp.223-224.

9. Donahue, Jr. Charles. "Medieval and Early *Modern Lex mercatoria*: An Attempt at the probatio diabolica," *Chicago Journal of International Law*, 5, 1(2004—2005): pp.21-37.

10. Epstein, Richard A. "Refelections on the Historical Origins and Economic Structure of the Law Merchant," *Chicago Journal of International Law*, 5, 1 (2004—2005): pp.1-20.

11. Huang, Philip C.C.（黄宗智）"Civil Law in Qing and Republican China: The Issues." In Kathryn Bernhardt and Philip C.C. Huang eds. *Civil Law*

in Qing and Republican China. Stanford, California: Stanford University Press, 1994.

12. Kirby, William C. "China Unincorporated: Company Law and Business Enterprise in Twentieth-Century China." *The Journal of Asian Studies* 54, 1 (1995): pp.43−63.

13. Li, Chun. "The Kung-ssu-lu of 1904 and the Modernization of Chinese company law." *Chengchi University Legal Review* 10 (1974): pp.171−221.

14. Liu, Kuang-ching. (刘广京) "Chinese Merchant guilds: An Historical Inquiry." Pacific Historical Review 57, 1 (1988): pp.1−23.

15. MacDonagh, Oliver. "The Nineteenth-Century Revolution in Government: A Reappraisal." *The Historical Journal* 1, 1(1958), pp. 52−67.

16. McDermott, Joseph P., "Family Financial Plans of the Southern Sung." *Asia Major*, 4, 2 (1991).

17. North, Douglass C.. "Institutions, Transaction Costs, and the Rise of Merchant Empires," in James D. Tracy ed. *The Political Economy of Merchant Empires*, Cambridge: Cambridge University Press, 1991, pp.22−40.

18. Ocko, Jonathan K. "The Missing Metaphor: Applying Western Legal Scholarship to the Study of Contract and Property in Early Modern China," in Madeleine Zelin, Jonathan K. Ocko, and Robert Gardella eds. *Contract and Property in Early Modern China*, pp.178−205.

19. Ocko, Jonathan K. "Interpretive Communities: Legal Meaning in Qing Law, " in Robert E. Hegel and Katherine Carlitz edited, *Writing and Law in Late Imperial China: Crime, Conflict, and Judgment*, Seattle and London: University of Washington Press, 2007, pp.261−283.

20. Rowe, William T. "State and Market in Mid-Qing Economic Thought: The Career of Chen Hongmou, 1696—1771" *Etudes Chinoises* 12, 1 (1993), pp.7−39.

21. Sachs, Stephen E. "From St. Ives to Cyberspace: The Modern Distortion of the Medieval' Law Merchant'," *American University International Law Review*, 21 (2006): pp.685−812.

22. Twitchett, Denis. "The T'ang Market System." *Asia Major: A British Journal of Far Eastern Studies,* new series, 12:2 (1966), pp.202−248.

23. Wallis, John. and Douglass North, "Measuring the Transaction Sector in the American Economy, 1870—1970." In Stanley L. Engerman, and Robert E.

Gallman edit,. *Long-Term Factors in American Economic Growth*. Chicago and London: The University of Chicago Press, 1986, pp.95－161.

24. Will, Pierre-Etienne. "Discussions about the Market-Place and the Market Principle in Eighteenth Guangdong." 见《中国海洋发展史论文集》第七辑，台北：台湾"中央研究院"中山与人文社会科学研究所，1999，上册，页 331－357。

25. Yang, Lien-sheng（杨联升）. "Government Control of Urban Merchants in Traditional China." *The Tsing Hua Journal of Chinese Studies,* new series, 8:1–2 (1970), pp.186－209.

26. Zelin, Madeleine. "A Critique of Rights of Property in Prewar China," in Madeleine Zelin, Jonathan K. Ocko and Robert Gardella eds. *Contract and Property in Early Modern China*, pp.17－36.

四、工具书

1.《中国法制史书目》，张伟仁编，台北：台湾"中央研究院"历史语言研究所，1976。

2.《元照英美法词典》，薛波主编，潘汉典总审订，北京：法律出版社，2003。

3.《仁井田文库汉籍目录》，东京大学东洋文化研究所编，东京：东京大学东洋文化研究所，1999。

4.《牛津法律词典》，马汀（Elizabeth A. Martin）编，蒋一平、赵文伋译，余振龙审译，上海：上海翻译出版公司，1991。

5.《四库全书总目》，（清）永瑢、纪昀等撰，影印《文渊阁四库全书》本，台北：台湾"商务印书馆"，1983。

6.《明人传记数据索引》，台北图书馆编，台北：台北图书馆，1965。

图书在版编目（CIP）数据

当法律遇上经济：明清中国的商业法律 / 邱澎生著 .
— 杭州：浙江大学出版社，2017.10
ISBN 978-7-308-17138-0

Ⅰ. ①当… Ⅱ. ①邱… Ⅲ. ①商法—法制史—研究—中国—明清时代 Ⅳ. ①D923.990.2

中国版本图书馆CIP数据核字（2017）第169495号

当法律遇上经济：明清中国的商业法律
邱澎生 著

责任编辑 王志毅
装帧设计 蔡立国
出版发行 浙江大学出版社
（杭州天目山路148号 邮政编码310007）
（网址：http:// www.zjupress.com）
制　　作 北京大观世纪文化传媒有限公司
印　　刷 北京天宇万达印刷有限公司
开　　本 635mm×965mm 1/16
印　　张 26.5
字　　数 308千
版 印 次 2017年10月第1版 2017年10月第1次印刷
书　　号 ISBN 978-7-308-17138-0
定　　价 72.00元

版权所有 翻印必究 印装差错 负责调换
浙江大学出版社发行中心联系方式：（0571）88925591；http://zjdxcbs.tmall.com

《當法律遇上經濟：明清中國的商業法律》
邱澎生 著
2009 © Wu-Nan Book Inc.
本书为（台湾）五南图书出版股份有限公司授权浙江大学出版社在中国大陆出版发行简体中文版。
浙江省版权局著作权合同登记图字：11-2016-421号